기후, 문화 그리고 인간

한국 선사시대 사회문화적 변화에 대한 고고학, 기후학, 공간정보학의 학제적 연구

Climate, Culture and Human
Interdisciplinary Approaches of Archaeology, Climatology and Geographical Information Science to Korean Prehistoric Sociocultural Changes

김범철 편

진인진

기후, 문화 그리고 인간
한국 선사시대 사회문화적 변화에 대한 고고학, 기후학, 공간정보학의 학제적 연구

초판 1쇄 발행 | 2021년 5월 31일

편　집 | 김범철
지　음 | 김범철, 신숙정, 박정재, 최진무, 이기성, 손준호, 조윤재, 하시노 신페이[이민영 옮김]
발행인 | 김태진
발행처 | 진인진
등　록 | 제25100-2005-000003호
디자인 | 배원일, 김민경
주　소 | 경기도 과천시 별양상가 1로 18 614호(별양동 과천오피스텔)
전　화 | 02-507-3077~8
팩　스 | 02-507-3079
홈페이지 | http://www.zininzin.co.kr
이메일 | pub@zininzin.co.kr

ⓒ 진인진 2021
ISBN 978-89-6347-466-3 93900

* 이 책 내용의 전부 또는 일부를 다시 사용하려면 반드시 자료 제공 협조기관과 출판사 모두의 동의를 얻어야 합니다.
* 책값은 표지 뒷면에 있습니다.
* 본문에 쓰인 글꼴 중 프로그램 코딩이 수록된 부분은 아래의 글꼴을 사용하였습니다.
  Copyright (c) 2015, NAVER Corporation (http://www.navercorp.com), with Reserved Font Name D2Coding.
  Copyright (c) 2015, NAVER Corporation (http://www.navercorp.com), with Reserved Font Name D2Coding-Bold.
  This Font Software is licensed under the SIL Open Font License, Version 1.1.
  This license is copied below, and is also available with a FAQ at: http://scripts.sil.org/OFL

* 이 책은 2016년 대한민국 교육부와 한국학중앙연구원(한국학진흥사업단)을 통해 한국학 특정분야 기획연구(역사기초자료연구)의 지원을 받아 수행된 연구임(AKS-2016-SRK-1230001).

서문

필자가 대학을 다니던 1980년대 말, 적어도 필자 주변에는 전파론으로 우리 선사·고대 사회문화변천을 이해하는 것에 탐탁찮아 하는 사람이 많았다. '신고고학'의 분위기가 강했다. 물론 당시 영미英美학계에서는 이미 후기과정고고학의 움직임이 자리를 잡아가고 있어 다소의 시차가 있지만, 우리 분위기는 그러했다. 최소한 필자가 느끼기는 그랬다. 널리 알려진 대로, 신고고학 또는 과정고고학자들은 일차적으로라도 사회문화적 변동의 동인動因으로 인구압, 기후의 열화劣化(또는 호전) 등을 꼽는다. 이른바, 체계중심의system-centered 접근을 하는 것이다. 그래서 한국고고학에서도 그런 요소를 찾아 내재적인 발달과정을 탐색하려는 움직임이 있었다. 그도 그럴 것이 '중국으로부터의 전파'라는 전통적인(?) 도그마에 피로감이 커졌었다. 그러나 그러한 시도는 실질적인 성과를 내지는 못했다. 얼마 지나지 않아, 후기과정고고학의 분위기가 유입되고, 신고고학의 접근이 무슨 큰 죄를 진양 평가 받는 분위기도 생겨났다. 그 와중에 '기후'라는 요소를 문화변천에 대한 고고학의 설명에 포함시키는 것이 다소 시대에 뒤떨어진 듯 여겨지기도 했다.

그러나 후기과정고고학이 득세한 이후에도 세계 여기저기서는 (간헐적이나마) 고환경에 대한 고고학적 복원이 끊임없이 시도되었다. 이러한 경향에 비춰보자면, 우리가 너무 즉각적인 반응을 한 것이 아닌가 하는 생각이 들기도 한다. 특히 최근 '기후(변동)climate [change]', '회생resilience', '사회생태적socioecological' 등의 화두로 사회문화변천의 문제에 접근하는 저작이 적지 않음을 보면, 더욱 그러하다. 사실, 그런 저작들은 대부분 고환경(또는 고기후)복원을 통해 인류에 미친 환경변화의 영향을 통시적으로 이해하려는 (초)대형 연구 사업을 기반으로 한다. (지금 보면, 우리의 이른 포기 또는 전환이, 고古환경의 복원과 같이 막대한 노력과 재원이 드는 작업을 엄두내지 못한 탓은 아니었을까 하는 생각도 든다.)

환경복원에 치중한다고 하여, 그러한 저작과 사업들이 (정도의 차이는 있지만) 환경결정론을 전제하지는 않는다. 다만, 환경 또는 기후변화라는 불가항력적 영향을 '공정하게' 평가해야 한다는 점은 공통적으로 (최소한 표면적으로나마) 인식하는 듯하다. 이 책의 저자들도 그런 인식을 공유한다. 다만,

인류사의 흐름에 있어 기후 또는 환경이 미친 영향의 정도, 특히 인과성을 평가하는 데에는 다소의 차이가 있다. 그렇다고 우리 선사·고대문화의 흐름에서 기후변화에 대한 관심이 없어도 된다거나 현재 그 영향력이 공정하게 평가받거나 충분히 탐구되고 있다고 생각하는 것은 전혀 아니다.

어찌 보면 역설적이게도, 필자를 포함한 이 책의 저자들이 책의 출간이나 그 배경이 되었던 연구 사업—「동북아 기후변화 맥락에서 본 한국 선사시대 도구문화의 추이」(한국학 특정분야 기획연구, 과제번호: AKS-2016-SRK-1230001)—에 참여를 결심한 데에는 현재의 무관심이나 폄훼가 큰 동력이 되었다. 기후변화가 우리 선사·고대의 사회문화적 변동에 끼친 영향이 미미했던 지대했던, 제대로 한 번 다루어지기는 해야 할 것이라는 생각을 갖게 되었다. 나아가는 길에 남기고 온 뭔가는 없어야지 하는 마음이었다.

선진 학계의 사례를 보아도 그러하고, 그간 우리 학계의 이력을 보아도 그러하고 기초자료의 수집과 분석, 그에 의거한 해상도 높은 기후궤적의 복원, 복원된 궤적과 선사문화변동 상 주요 결절의 대비 등, 거명하면서도 벅찬 작업들을 개인이 수행하는 것은 거의 불가능하다. 그래서 다양한 분야의 전문가들이 협업을 하는 것이 보편화해있다. 우리 저자들도 그리하였다. 동북아시아의 맥락에서 고고학 및 여타 분야의 조사를 통해 획득된 기후자료를 취합하여 해상도 높은 기후궤적 및 (시대별) 기온등치선을 복원하고 이를 우리 선사시대 문화상, 특히 (생산)도구상의 변화와 비교하면서 생계전략의 변화를 그려볼 목적으로 뭉쳤다. 결국, 한·중·일 고고학의 전문가, 기후학 전문가, 공간정보학 전문가가 포함된 협업체가 구성된 셈이었다. 진용이 갖춰졌으니 변수를 통제할 수 있다는 생각에 2016년 사업을 개시할 당시, 아니 그 이전 몇 년간 응모를 도모하던 때, 우리는 확신에 차 있었다. 그러나 (당초 목표했던) 제법 촘촘한 기온등치선을 복원하는 작업은 생각만큼, 성과를 내지는 못했다. 수천 건의 기후자료를 모으고 재구성한다고 해상도 높은 기온등치선이 복원될 수는 없었다. 개별 자료의 해상도가 현저하게 낮은 경우가 대부분이었고, 순수기후자료는 더더욱 부족했다. 몇 명이 기존의 기후관련 자료를 이리저리 만진다고 될 문제가 아니라는 생각마저 들었다. 사실, 그것은 국가적 규모의 사업이라는 것, 왜 선진학계에서는 큰 연구소나 정부가 연구를 뒷받침했는지도 깨닫게도 되었다. 그러나 (비록 다른 계기로 추동된 것이지만) 사업 진행도중 기후(지리)학 전공 동료의 홀로세 기후궤적 복원은 우리 작업의 한 축을 든든하게 해주었다. 한편, 방대한 양의 석기자료를 집성하여 그 변천이나 지역성을 파악함으로써, 당초 목표했던 다른 한 축도 마련되었다. 이러한 양축을 비교해가며 나름의 그림을 그리게 되었고 3년간 총 18편의 전문학술지 논문—구체적인 정보는 책 말미의 「발표논문 목록」에 제시됨—에 반영되었다.

이런 성과를 소개하는 발표의 장도 가졌다. 창립 30주년 기념 제48회 한국상고사학회 학술대회(『동아시아에서의 한국 상고사』, 2017. 12. 14, 청주), 4th Asian Conference on Geography (『Rising Asia and Our Geography』, 2018. 12. 6~8, 중국 광저우廣州), 제39회 호서고고학회 학술대회(『기후의 고고학』, 2019. 4. 19, 부여), 2019 기후고고학 워크숍(『동북아 기후변화 맥락에서 본 한국 선사시대 도구문화의 추이: 고고학·기후학·공간정보학의 학제적 연구』, 2019. 5. 10, 청주), 한국신석기학회 창립 30주년 기념 2020년도 정기학술대회(『기후 변화와 신석기시대 문화 변동』, 2020. 11. 21, 진주) 등 여러 학술대회에서 우리 모두 또는 일부가 연구의 진척을 소개하였다.

이외에 필자와 동료들을 뿌듯하게 하는 또 다른 성취도 있었다. 바로 후속세대의 양성이다. 자료조사 및 수합, 몇몇 분석을 담당했던 연구보조원—다른 한편으로는, 저자들의 지도학생— 몇몇이 사업기간 중 석사학위를 받았다. 비록, 이 사업의 자료를 직접 활용하지는 않았으나 우리의 사업이 학술·재정적으로 도움이 되었던 것은 분명하다. 그들이 우리가 못 다한 일을 마무리 짓고 더 발전시켜 주었으면 하는 바람을 전해본다. 기대를 전하는 마음으로, 행정서류 끝자락 밖에는 이름이 오르지 못한 것에 미안해하는 마음으로 그들을 거명한다. 박주영, 박성현, 이민영, 조아영(이상 충북대학교), 정원영, 이운영, 김현석(이상 고려대학교), 김수영, 노양지(이상 한국전통문화대학교), 조명식, 김혜미(이상 경희대학교), 김추홍(이상 서울대학교). 감사하고 응원한다. 기왕 감사의 말씀을 시작했으니 좀 더 해보자. 기회를 열어 준 한국학진흥사업단, 사업 내내 뒤치다꺼리를 하느라 수고하셨던 충북대학교 산학협력단에 감사드린다. 사업 선정과 평가에서 좋은 점수를 주셨던 익명의 심사자들께도 감사드린다. 부족한 예산에도, 책의 출판을 허락해주신 도서출판 진인진과 지인공간의 김지인 대표께도 감사드린다. 마지막으로, 사업에는 참여하지 않았지만 격려와 옥고를 주신 한강문화재연구원 신숙정원장과 일본 도쿠시마德島대학 하시노 신페이교수께도 감사드린다.

저자들을 대표하여
김범철

목차

서문 ｜ 김범철	003
목차	007
그림목차	009
표목차	012
서론: 한국 선사시대 '기후변동고고학' ｜ 김범철	014
Ⅰ부 한국 선사·고대 '기후변화-사회문화변동' 관계 이해의 토대	030
1. 한국 선사고고학의 (고)환경 인식 ｜ 신숙정	032
2. 한국 선사시대 생계전략의 변화와 기후 ｜ 김범철	066
Ⅱ부 한국 선사·고대의 기후변화 이해를 위한 방법적 시도	084
3. 홀로세 기후변화와 한반도 과거 사회 ｜ 박정재	086
4. 고고자료 관리를 위한 GIS 활용 ｜ 최진무	106
Ⅲ부 한국 선사시대 도구문화와 기후	136
5. 한일 선사시대 목제도구 조성의 이해 ｜ 이기성	138
6. 청동기시대 석기 조성비 비교 ｜ 손준호	162

Ⅳ부   시야의 확장: 기후와 문화변동에 대한 중·일 고고학의 이해   180

　7. 중국 西漢 묘제 변천과 기후변화 | 조윤재   182

　8. 日本列島への水稲農耕伝播をどう説明するのか:
　　　考古学における気候変動データ適用の試み | 端野晋平   210
　　　일본열도로의 수도작 전파를 어떻게 설명할 것인가?:
　　　고고학에서의 기후변동자료 적용 시도 | 하시노 신페이[이민영 옮김]   228

총론: 한국 선사시대 기후변동 연구의 미래 | 신숙정   246

참고문헌   257
발표논문목록   305
그림출처   307
찾아보기   311

그림목차

그림 01	세계 인구성장 이력	023
그림 02	그린란드의 기온 및 빙적(氷積)량 변화	025
그림 03	충적지 취락의 점유시기 변천도	072
그림 04	기존 연구의 기후궤적 비교	073
그림 05	백룡동굴 석순분석에 기초한 기후궤적	077
그림 06	광양시 일대 퇴적자료(왼쪽)와 백룡동굴 석순자료(오른쪽) 분석결과 비교	078
그림 07	복원된 기후궤적과 한국 선사시대 사회·문화·경제적 변화상 비교	080
그림 08	비금도 화분 다이어그램	092
그림 09	비금도 화분자료와 그린란드 빙하코어, 중국 허상동굴, 브라질 파드레동굴, 스페인 카이테동굴 산소동위원소자료 간 비교	093
그림 10	물영아리 TPIW자료와 적도서태평양 (필리핀 남쪽 해상) 해수면 온도자료 간 비교	095
그림 11	물영아리 TPIW자료와 인도네시아 근해의 해수면 온도자료의 비교	096
그림 12	(a) 킬리만자로 빙코어 먼지량, (b) 오만만 심해퇴적물 Dolomite 비율, (c) 중국 둥거동굴 산소동위원소비율, (d) 포매호의 수목화분비율, (e) 태양일사량, (f) 적도태평양 해수면 온도 간 비교	097
그림 13	(a) 광양 수목화분비율자료와 (b) 우리나라 SPD자료의 비교	099
그림 14	물영아리 화분 및 조류자료와 여타 주요 고기후자료 간 비교	101
그림 15	청동기시대 유적 데이터 객체와 구성요소	111
그림 16	유적 데이터베이스 논리적 모델	112
그림 17	유구와 유물의 속성을 정의하는 도메인	113
그림 18	유적 데이터베이스에 사용된 시간 객체모형	114
그림 19	필지병합 및 대표위치 추출과정	116
그림 20	UTM-K와 TM 중부원점 좌표계	118

그림 21	GRS80과 Bessel 타원체에 의한 TM 차이	119
그림 22	북한지역 유물 정보 지도 제작 사례	120
그림 23	말풍선에 연결된 상세설명 보기(왼쪽)와 전문설명 보기(오른쪽) 사례	121
그림 24	사진 및 도면 목록 패널(왼쪽)과 참고문헌 상세보기 패널(오른쪽) 사례	122
그림 25	철도와 유적 위치의 중첩 사례	123
그림 26	평양시 웹페이지 표출 사례	128
그림 27	배경지도 위에 사상 표현 사례	130
그림 28	선택지역의 좌표 표시 사례	132
그림 29	청동기시대 출토 목기 각종	142
그림 30	조몬시대 목제 용기 각종	151
그림 31	조몬시대 목제 용기의 기종별 출현시점	152
그림 32	야요이시대 목제 농경구 각종	153
그림 33	조몬시대 취락 주변의 삼림 훼손도와 식생모식도	157
그림 34	청동기시대 석기와 토제품 각종	164
그림 35	유구 종류별 석기 조성비	168
그림 36	지역별 석기 조성비	169
그림 37	입지별 석기 조성비	171
그림 38	시기별 석기 조성비	171
그림 39	탄소연대 측정치에 의한 시기별 석기 조성비	172
그림 40	굴지·벌채·목재 가공구의 시기별 조성비	173
그림 41	유형별 석기 조성비	175
그림 42	지역·시기별 석기 조성비	176
그림 43	기후변화 생물기후학자료	184
그림 44	상대 수종 관련 복사	188
그림 45	따디완 신석기시대 F405 출토 방목	195
그림 46	텐수이시 팡마탄묘 목판지도	196

그림 47	진대 함양성 위치도	197
그림 48	한 장안성 서안문 동문도東門道유적 및 미앙궁 전전 및 초방전椒房殿유적	199
그림 49	한 장안성유적 평면도 및 건장궁도建章宮圖	199
그림 50	미앙군 소부 및 중앙관서 유적 평·단면도	200
그림 51	허난성 웨이후이衛輝시 산비야오전山彪鎭 전국시대 동감銅鑒 수전水戰문양과 서한 목선	201
그림 52	진한의 마차	201
그림 53	진한의 일반 성읍城邑 및 원락院落 건축물	202
그림 54	차마갱	203
그림 55	쩡호이무 목곽 분실 현상	206
그림 56	남한지역 구분	230
그림 57	조몬·야요이시대와 무문토기시대의 병행관계	230
그림 58	창원 망곡리유적 환호출토 토기	232
그림 59	도래인의 고지추정자료	233
그림 60	오오하마유적의 풍성사층 퇴적 상황	235
그림 61	요시모하마유적의 풍성사층 퇴적 상황	236
그림 62	신마치유적 45호묘와 부장 토기	236
그림 63	후지사키유적 제8지점 제101호 옹관	237
그림 64	한반도 남부 기후변동 데이터 비교	238
그림 65	일본열도 서부 기후변동 데이터 비교	239
그림 66	저층의 운량과 우주선 양의 변동	240
그림 67	교정곡선으로 본 한랭기와 그 시기	242
그림 68	도래 각 단계의 기제 추정	243
그림 69	대평리 옥방 2지구의 밭 유구	244

표목차

표 01	후기구석기시대 고환경과 동물상	047
표 02	기후복원 대리자료의 종류와 특성	075
표 03	청동기시대 유구 데이터 사례	109
표 04	유적 주소 사례	115
표 05	한반도 지역 수정 TM 좌표계 원점들	117
표 06	한반도 지역 UTM-K 좌표계	118
표 07	선사시대 유적 출토 목기 일람	143
표 08	상대 수종 관련 갑골복사	187
표 09	상대 수종 관련 상형복사	188
표 10	서한 초기 인구증가 추이	194

북반구를 덮고 있는 빙하. 최후빙하극성기 빙하는 북미, 북유럽, 아시아 상당 부분을 덮고 있었지만 홀로세가 되자 빙하가 녹고 기온이 상승하고 지구 곳곳에서는 인류사의 획기적인 변화들이 일어났다.

서론

한국 선사시대 '기후변동고고학'
'Climate Change Archaeology' of Korean Prehistory

김범철 Bumcheol Kim

Ⅰ. 한국 선사고고학의 '기후'문제 인식
Ⅱ. 한국 기후(변동)고고학의 방향성에 대한 제언
Ⅲ. 이 책의 구성
Ⅳ. 새로운 움직임: 한국 선사시대 기후변동고고학의 가능성

일반적으로 '기후氣候'만큼, 인류문화의 변화에 심대한 영향을 끼친 요소도 드물다. 그도 그럴 것이 기후변화는,

"이해당사자가 대규모이고, 위험이나 불확실성이 심각하며, 경제적 영향에 대해서는 논란이 분분하고, 과학적으로는 답변이 곤란하며, 정치적으로는 복잡하고, 심리적으로 혼란스러우며, 그 충격은 심대하고, 여타 (비)환경 사안들과 [결합하여] 다양한 방향으로 진행될 수 있기 때문이다."(Dryzek et al. 2011:3).

이런 상황은 선사시대나 고대에도 마찬가지였을 것이다. 오히려 그 불가항력적 영향은 현재보다 더 했을지도 모르겠다. '환경결정론'의 위험에 대한 부단한 경고에도 불구하고, 광역적 차원에서 과거 기후나 환경을 복원하고 고고학적 현상과의 관계를 파악하려는 시도가 꾸준히 있었던 것은 그런 인식을 반영한 것이다(金範哲 2018). 그와 비교할 때, 우리 선사고고학 전반에 그러한 문제의식이 충분히 반영되고 있는지는 장담하기 어렵다.

I. 한국 선사고고학의 '기후' 문제 인식

물론, 단편적이나마 우리 선사·고대문화의 설명에 '기후'라는 요소를 끌어들이려는 시도가 없었던 것은 아니다. 오히려, 구석기문화 설명에는 당시의 극심한 기후변화가 적극적으로 인용되고 있다는 표현이 맞을 지도 모르겠다. '홀로세 기후최적기Holocene Climate Optimum, HCO(11,700~5,000년 전)'를 구가한 신석기문화의 설명에서도 '기후'라는 요인이 주목을 끌고 있다. 그러나 청동기시대로 오면서, 기후는 뒷전으로 밀리기 일쑤다.

그런 형편은 『한국고고학강의(개정 신판)』(한국고고학회 편 2010)의 서술에서도 잘 드러난다. 구석기시대의 경우, 본문 21쪽 중 2쪽이 조금 넘는 개별 절—「Ⅱ. 구석기시대의 자연환경」—이 할애되었을 뿐만 아니라, 곳곳에 기후 환경과의 관련사항이 서술되어있다. 신석기시대와 관련해서는 별도 절이 할애되지는 않았지만, 적잖은 곳에 짧으나마 기후에 관련된 서술이 있다. 반면, 청동기시대부터는

기후관련 설명은 찾기가 어렵다. 각 시대의 서두를 장식하는 'Ⅰ. 시대개관' 첫머리를 보면 그 이유의 일단을 알 수 있을 듯하다. 구석기시대는 "…유인원과 구별해 사람(hominin 또는 hominid)…", 신석기시대는 "후빙기가 도래한 다음에도…", 청동기시대는 "한반도와 그에 이웃한…" 등으로 시작한다. 결국, 구석기시대의 화두는 ('동물'과는 구별되는) 소위 '인간적임'을 확보하는 것이고, 신석기시대는 새로운(?) 환경에서 다양한 적응양상을 이해하는 것인 반면, 청동기시대는 이제 자연환경보다는 주변과의 관계, 즉 인문환경이 문화변천에 중요하게 작용한다는 점을 시사하는 듯싶다. 그러나 선진학계의 기후(변동) 관련 (대규모) 연구 사업(예를 들어, Crumley ed. 1994; Redman 2005; Redman et al. 2009)이 농경이 충분히 발달한 사회나 상당한 복합도complexity를 보이는 사회들에 집중되는 것을 보면, 우리 선사고고학에서 신석기시대 후기부터 청동기시대에 걸치는 2,000여년의 기간과 관련하여 기후의 영향에 대한 관심이 부족하다는 것은 온당하다고 할 수 없다.

  비록, 개설서에 반영되지는 않았지만, 청동기시대 이후의 기후변동과 사회문화적 변화의 관계를 탐색한 개별 연구는 종종 눈에 띤다. 먼저 들 수 있는 부류는 특정 문화요소―석촉 형식, 주거형태, 묘제 등―나 문화체계―돌대(각목)문토기 복합체―의 발생이나 파급을, 국소적 분석결과나 문헌기록에 의거하여 복원된 古기후정보와 대비하면서 매우 즉각적인 결론에 도달하는 연구(김재윤 2004; 安在晧 2012; 吳世筵 1995; 李基星·朴炳旭 2013)들이다. 특정 시점에 특정 기후조건이 특정 사회문화적 변화를 추동했다는 점을 밝히는 것은 나름의 의미가 있겠으나, 복원된 기후조건이 과연 그렇게 조밀하게 작동할 수 있으며, 전반적인 기후궤적에서 그러한 단기적 변화가 실제 문화체계를 바꿀 정도일지에 대해 다소의 의문이 든다.

  앞서와 같은 즉각적인 대입보다는 장기적인 기후궤적을 관찰하며, 특정 문화의 파급이나 취락 입지패턴의 의미를 되새기는 연구도 한 부류를 형성하고 있다(김재윤 2005; 소상영 2015; 이홍종·손준호 2012). 광역적이고 장기적인 변화를 논의한다는 의미는 있겠다. 다만, 앞의 경향과는 반대로 다소 해상도가 떨어지는 정보를 이용하는 것이 아닌지, 또 장기적인 기후변화에서 유사한 조건이 주어졌음에도 상이한 적응양상이 나타나는 현상에 대해서는 어떻게 설명할지에 대해서 다소의 의문이 든다.

  이들과는 다른 맥락에서 기존의 기후관련 정보를 재검토하는 시도(천선행 2010)나 최신 설명모형을 도입하여 한국 선사문화 변천을 설명해 보려는 시도(이희진 2016), 다양한 이론·교양서의 번역(마슬린 지음[남경태 옮김] 2010; 싱거·에이버리[김민정 옮김] 2009; 페이건[남경태 옮김] 2007, 2011; 페이건 편[이승호 외 역] 2011) 등은 그 시시비비를 가리기에 앞서 선사시대 기후변화에 대한 우리 연구의 진전을 추동할 움직임으로 보인다.

발굴보고서의 말미에 수록되는 각종 분석결과의 상당부분도 과거기후 복원에 활용될 수 있는 것들이다. 따라서 그 축적은 고무적인 현상이다. 그러나 종종 당시 기후에 대한 매우 정밀하고 즉각적인 답변을 바라는 탓에, 또는 시료의 원천적 문제나 기후변동에 대한 이해의 부족 탓에 그런 결과나 분석의 의미 자체를 폄훼하거나 사장해버리는 점은 아쉽다. 사실, 이 책의 기반이 된 사업—「동북아 기후변화 맥락에서 본 한국 선사시대 도구문화의 추이」(한국학 특정분야 기획연구, 과제번호: AKS-2016-SRK-1230001)—은 그런 자료를 수집하여 좀 더 생산적인 방향으로 재구성하려는 시도를 포괄하고 있다.

II. 한국 기후(변동)고고학의 방향성에 대한 제언

간략한 회고에도 불구하고, 우리 선사고고학이 기후문제에 대한 인식을 제대로 진전시키지 못했고 관련 정보의 체계적인 축적에도 적극적이지도 못했음은 분명해 보인다. 농경의 확산이나 사회복합화를 전후한 시기에 있었을 기후변화와 사회문화변동의 관계에 대한 관심이 부족한 점 또한 비판을 피해갈 수는 없다.

그런데 이러한 현상現狀의 방치가 계속된다면 한국 선사고고학의 진전이 심각하게 왜곡될 수 있을 뿐만 아니라, 그 현실적 존재의의도 훼손될 수 있다. 현재 우리가 직면한 위기와 관련하여, 사회생태적socioecological 회생력resilience을 제고하는 개념과 전략을 수립하려는 데에 '과거 자체가 (실전)정보의 보고寶庫'로 작동한다면, 고고학은 거기에 접근할 수 있는 가장 효과적인 경로인 셈이다(金範哲 2018). 다시 말해, 현재의 기후문제 해결에 크게 기여할 수 있다는 것이다. 최근 확장하고 있는 기후변동고고학climate change archaeology도 그 연장선상에 있다(van de Noort 2013). 결국 이러한 선진학계의 움직임과 함께 최근 빠르게 진척되어가는 역사시대 환경·생태사 관련 연구의 축적(김기봉 2009)은 사회적 요구에 부응하는 학계의 노력으로도 이해될 수 있을 것이다.

그럼에도 불구하고, 인류사 전체에서와 마찬가지로 우리 역사에 있어서도 중요성이 인정되는 농경의 발생, 복합사회의 등장을 전후한 시점에 우리 나름의 고기후정보 축적이나 기후(변동)고고학적 설명모형이 없음은 매우 아쉽다. 시기적 공백을 메운다는 측면에서라도 그러한 작업의 시급성은 재론의 여지가 없어 보인다. 시급한 만큼 좀 더 효율적인 작업수행이 절실해 보인다. 우리보다 기후 문제에 대한 고고학적 논의를 먼저 진행한 선진학계의 최근 경향[1]과 우리의 현실에 비춰, 앞으로 한국 선사시대 기후(변동)의 고고학이 정립되어가는 과정에서 필요할 혹은 유의해야 할 몇 가지를 살펴보려는 다음의 작업은 효율성 제고를 위한 노력의 일환이 될 것이다.

1. (고)기후궤적 복원에 대한 진전된 인식

국지적 기후―좀 더 특정하자면 (연평균)기온―의 변화는 전全지구적인 맥락에서 동떨어지지 않지만, 지역이나 시점에 따라 (전지구적 수준과는) 유발요인이 다를 수 있다. 전지구적 요인으로 대표적인 것은 (북구의 해·결빙에 따른) 해류의 변화, 태양 흑점의 변화, 엘니뇨남방진동El Niño Southern-Oscillation, ENSO 등인데, 우리 신석기시대 후기나 청동기시대의 기후변화는 그 중 ENSO와 궤를 같이 하는 것으로 이해되기도 한다(Park 2017).

이런 점을 감안하면 고고학자들이 사회문화적 현상과 결부시키기를 원하는 특정지역의 (고)기후 복원작업이, 전지구적 수준에서 보편적으로 나타나는 현상에 잇대는 것(甲元眞之[윤선경 譯] 2014) 정도에 머물 수는 없어 보인다. 그렇다면, 우리 선사시대 사회문화변동의 이해에서 기후변화의 문제를 온전히 다루려면, 그 '국지적'이라는 것을 어느 수준에서 정의해야할까? 지리적 인접성이나 사회문화적 변화의 연동성을 고려하더라도, '동북아시아' 정도는 되어야 할 듯하다. 그렇다고 전지구적 기후변화를 무시하자는 것은 아니다. 분명히 기후변화의 궤적에는 확연하고 보편적인 전지구적 변곡점은 있다. '8.2 ka', '4.2 ka', '2.8 ka'의 사건event으로 불리기도 하는 서기전 6250년, 2250년, 850년 무렵의 기온하강이 그 대표적인 예이다(甲元眞之[윤선경 譯] 2014). 넓게는 동북아시아, 좁게는 남한 지역에서도 그와 관련된 현상의 전부 또는 일부가 인지된다(박정재 2013, 2017).

그런데 동북아시아의 기후변화조차 위도와 육괴陸塊에서의 위치에 따라 그 영향력이 확연히 다르다. 그러므로 그러한 기후변화가 우리 선사문화에 어떤 영향을 미쳤는지를 치밀하게 탐구해 볼 충

---

[1] 이 부분과 관련하여 필자의 다른 글(金範哲 2018)을 참조하면 좋겠다. 그 글의 전반부에서 필자는 서구고고학의 사조와 환경 및 기후에 대한 인식의 변천에 관련된 몇 가지 문제를 다루었다.

분한 이유가 있지만 그런 흔적이 보이지 않는다고 해서 의아하게 생각할 일은 아니라는 것이다. 일례로 '2.8 ka 사건'은 남한지역에서는 얼마 전까지도 명확히 인지되지 않았다(최기룡 2001b와 비교).

그렇다면, 동북아시아조차도 '한 덩어리'로 이해해서는 곤란할 듯하다. 흔히 동북아시아 일대, 특히 우리 선사문화의 주요 무대가 되는 중국 동북지방과 한반도는 문화적으로는 '일체一體'로 인식된다. 그런데 과연 기후변화도 그럴지에 대해서는 확신하기 어렵다. 오히려 그렇지 않을 것이라는 의견이 제기되고 있다(박정재 2013). 세부지역—예를 들어 중국 동북지방, 북한지역, 남한지역, 일본 규슈九州 등—이 동북아시아 전체 기후변화궤적에서 완전히 독립적일 수는 없지만 (시간 폭을 어떻게 설정하느냐에 따라) 지역별로 기후 혹은 기후변화궤적에서 무시하기 어려운 정도의 차이가 나타날 수도 있다는 것이다. 따라서 동북아시아를 고찰범위로 한다고 해서 특정 지역 내 몇 지점의 기후자료를 확대 적용하여 얻어진 (고)기후 자료를 바탕으로 기온의 등고선을 설정하는 것은 위험한 일이다. 결국, 일관성이 담보되는 세부지역을 구별하고 그 기후궤적을 복원해야 한다. 그렇다고 하여 그 작업이 한두 유적이나 소규모지역을 대상으로 이루어질 수는 없고, 자료 수집과 복원에 있어서도 확연히 다른 전략이 요구된다.

주지하다시피, 기후(변화)를 복원하는 방법과 절차는 다양한데, 각종 시료의 자연과학적 분석이 가장 널리 활용되고 있고 많은 성과를 내고 있는 것도 이미 알려져 있다(박정재 2008; 이상헌 2008; 이영민 외 2008; 정대교·김복혜 2008; 조경남·우경식 2008; 현상민·木元克典 2011). 또한 문헌기록의 기상 관련기사를 탐독하면서 기후변화의 일단을 재구성하는 작업도 중요 부분을 차지할 수 있다.

특정지점의 시료를 채취·분석하는 작업은 과학적 전제와 절차에 따르는바, 큰 장점이 있다. 그러나 실제에 있어서 우리가 바라는 시간대에 관련된 제법 해상도 높은 기후궤적을 통째로 보여주기에는 부족함이 있다. 그에 더 하여 개별 분석결과의 해상도가 떨어지는 경우도 적지 않다는 문제도 간과하기 어렵다. 그럼에도 불구하고, 동북아 전체로 보면 단편적이나마 이미 많은 분석의 결과가 동아시아의 장구한 기후궤적의 일부가 될 수 있어 잘만 수합한다면 좋은 기초가 될 수도 있을 듯하다(劉昭民 1982; 王子今 1995; 王會昌 1996; 李伯重 1999; 周書燦 2007; 竺可楨 1964, 1972; 小野有五 1988; 小泉格 2009; 原田尚美 外 2009; 村上拓馬 外 2011).

기존의 분석 자료를 퍼즐맞추기식으로 재구성하는 것도 고려할 만한 일이다. 결국, 대상은 자연과학적 분석 자료이되, 방법은 문헌의 기상관련 기사를 재편하는 방식을 따르는 셈이 된다. 기존의 자료에는 최근의 관점에서 보자면 다소 의문스러운 해석도 있고, 지역에 따라 다소 불일치하는 결과도 포함되어 있다(滿志敏 1992; 於希賢 1995; 王蘇民 外 1997; 張德二 1998; 今村峰雄·藤尾慎一郎 2009; 辻誠一郎 1997). 이들에서 어떤 부분을 취신할지 여부는 그 분석과정의 적정성 및 해석의 타당성에 대한 평가에 달려 있다. 따라서 기후학자나 공간분석 전문가와의 협업적 연구가 절실하지 않을까 싶다.

그러한 협업의 과정에서 고고학자가 유념해야 할 것은 해당 시료가 갖는 한계를 명확히 인식하는 것이다. 현재 우리 기후복원에 가장 빈번하게 활용되는 화분花粉을 예로 들자. 특정 지역에서 인간의 거주 및 경작이 시작된 이후 그 지점 및 주변의 화분은 엄밀한 의미의 기후자료라기보다는 식생, 좁게는 생계환경을 보여주는 자료이다(박정재 2008). 유적의 발굴과정에서 확보된 시료 중 인간의 행위가 결부된 시점의 화분은 기후에 관련된 순수자료는 될 수 없는바, 인간의 손길이 닿지 않은 지점으로부터의 시료 확보가 필수적이라 하겠다. 물론 이것은 상당부분 기후학자의 몫이다. 결국, 기후문제를 우리 선사문화변동에 대한 이해에 융합하기 위해서는 다른 학문분야와의 협업이 요구된다고 하겠다.

협업의 과정에서 해당 시료의 한계를 명확히 인식해야 한다고 해서 발굴을 통해 확보된 화분자료, 수종분석자료 등을 전량 폐기해야 한다는 것은 절대 아니다. 최소한 그 자료는 당시의 식생 혹은 가용 생계자원 스펙트럼에 관한 직접적인 정보를 보여줄 뿐만 아니라, 누적된다면 기후를 보여줄 대체자료로 활용할 수 있어 보이기도 한다. 최근의 온난화로 남한지역에서는 예전에는 전량 수입에 의존하던 아열대성 과일의 재배가 가능해지지 않았던가? 기후조건을 완전히 넘어서는 작물의 재배가 신석기시대나 청동기시대에 가능했을까? 기후변화와 사회문화변화의 매개로서 작동할 식생의 변화를 복원한다는 측면에서도 분석 결과의 축적과 집성이 매우 중요해 보인다.

2. 기후, 사회, 고고학적 문화의 관계에 대한 비판적 인식

방대한 (고)기후자료의 복원이 완료되더라도, 이를 사회문화적 변천과 연결시키기 위해서는 좀 더 많은 장기적 안목과 정치한 이론적 논의가 요구된다. 비록, '국지적局地的'이라는 이름 아래 동북아시아를 고찰 범위로 설정하긴 했지만, 실제로는 매우 광대한 지역이다. 광역적인 기후변화는 매우 장구한 순환주기를 가질 뿐만 아니라, 인류의 대응 혹은 적응 또한 그다지 즉각적이지 않은 경우가 많다. 한편, 인류의 적응으로 나타난 결과가 단기적으로는 모순되거나 불합리해 보이지만 장기적 안목에서는 매우 합리적인 선택으로 이해될 수 있는 것들이 적지 않다(Fisher et al. 2009a·b; Redman 2005).

더구나 한·중·일, 동북아시아 3국과 같이 오랜 기간 긴밀하게 문화 및 인적 교류가 이루어진 경우, 한 지역의 사회문화적 변동은 여타 지역과 연동되어 있을 수밖에 없다. 기후변화에 대한 적응 결과로 나타난 특정 지역의 주민 이동이나 문화요소의 파급은 주변의 사회생태체계에 영향을 미치게 된다. 그러므로 우리의 선사·고대문화의 흐름을 기후변화와 관련짓는 작업에는 즉각적이고 단편적인 기후자료의 인용보다는 보다 장기적인 안목deep-time perspectives과 광범위한 고찰이 필요해 보인다(Redman 2005; Foster et al. 2003).

장기적 안목과 미시적 시각은 다소 배치되는 접근처럼 여겨질 것이다. 그러나 흔히 언급되는 범계[2]panarchy나 신환경결정론의 논리를 비판적 시각에서 보면 다른 생각을 할 수도 있다(金範哲 2018). **그림 01**에서 보듯, 세계 인구는 최초인류의 등장 이후 계속 성장해왔다. 범계의 설명논리에 따

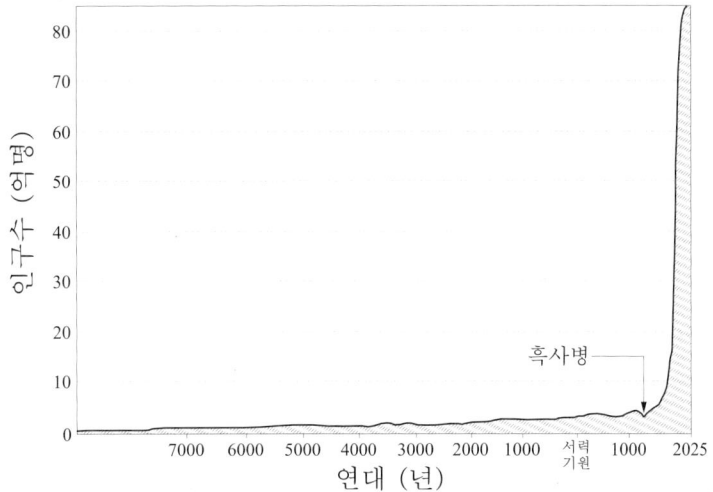

그림 01 세계 인구성장 이력

---

2 이 모형은 '∞'자형 모식도의 회생주기로 설명되는데, 특정체계가 시작 및 성장exploitation → 유지conservation → 쇠퇴 혹은 해체release → 재건reorganization의 4개 과정 혹은 r, K, Ω, a의 4개 국면phase을 반복적으로 거치면서 유지된다는 것이다(Holling and Gunderson 2002).

르자면, 계속 '성장exploitation'의 국면에 있는 것이다. 그러나 국지적으로는 많은 사회와 문명이 명멸明滅했다. 이런 모형이 우리 선사문화에 대해 적용력을 가질 수 있을지는 좀 더 미시적 시각에서 고찰대상을 명확히 하고, 해당 사회의 특성을 고려하면서 판단해야 할 듯하다.

다소 다른 맥락에서 유념할 점도 있다. 흔히 '흥망성쇠'를 언급하는데 그 대상이 사회인지, 문화인지, 아니면 정권인지를 정확히 규정해야 할 듯하다. 예를 들어, 한 왕조 혹은 문명이 망하고 새로운 왕조나 문명이 그 자리를 대신했다고 하자. 다른 한편으로 대체할 그 무엇도 없어졌다고 하자. 상위계층이나 문명의 멸망이지 인간집단으로서의 사회 전체의 멸망이나 교체는 아니다(McNeill 2005). 장기적 안목과 미시적 시각이 교집합을 이루는 부분이라 하겠다.

3. 장기적 안목과 미시적 접근의 조화

기후변화의 규모—또는 파급범위—와 강도는 그 차이에 따라 사회와 문화에 미치는 영향이 달랐을 것이다. 그렇다고 고고학적 문화상이나 고고학자료의 빈도에 비례적으로 반영되는 것은 아니다.

널리 알려진 대로, 영거드라이어스기Younger Dryas(12,900~11,700년 전)의 기후변화는 매우 심대한 것이었다. 그림 02에서 보는 바와 같이, 과거 15,000년 동안 그 어떤 시기에도 이렇게 현저한 기후변화는 없었다. 그러나 그 현상이 문화양상의 변화에 끼친 영향은 어떠한가? 그 시기의 끝에 일부 지역에서는 농경이 발생했다. 그러나 농경의 발생에 기후가 미친 영향은 논란의 대상이 되어왔다. 인구집단의 규모로 보건대, 그 영향이 그리 컸을까 싶다. 달리 표현하자면, 인구규모에 비례하여 생성된 고고자료의 양과 범위를 통해 인지되는 과거문화현상의 현저함이 기후변화의 규모와 강도를 파악할 수 있는 직접적이고 정량적인 지표가 될 수 있을지는 의문스럽다는 것이다.

중세온난기中世溫暖期(950~1250년)를 보자. 최근 소개된 대중서를 보면, 그 심대한 파장을 장황하게 얘기할 정도로 고고학자료의 밀도가 높다는 것을 알 수 있다(페이건[남경태 옮김] 2011). 기후변화의 파장을 기온변화만으로 단순화하여 언급하기는 어렵지만 영거드라이어스기에 그린란드Greenland의 기온은 15℃가량 하강했고 저위도에서는 2~6℃정도였다. 어쨌든 중세온난기 기후변화는 영거드라이어스기와 상대도 되지 못하는 1~1.5℃정도의 진폭을 가졌을 것으로 추정되기도 한다.

따라서 복원된 기후의 영향력은 당시 사회의 크기, 즉 인구규모를 고려하여 평가해야 한다. 실전에서 접할 수도 있는 상황을 가정해보자. 신석기시대 초기에 비해 청동기시대 중기에는 인구규모

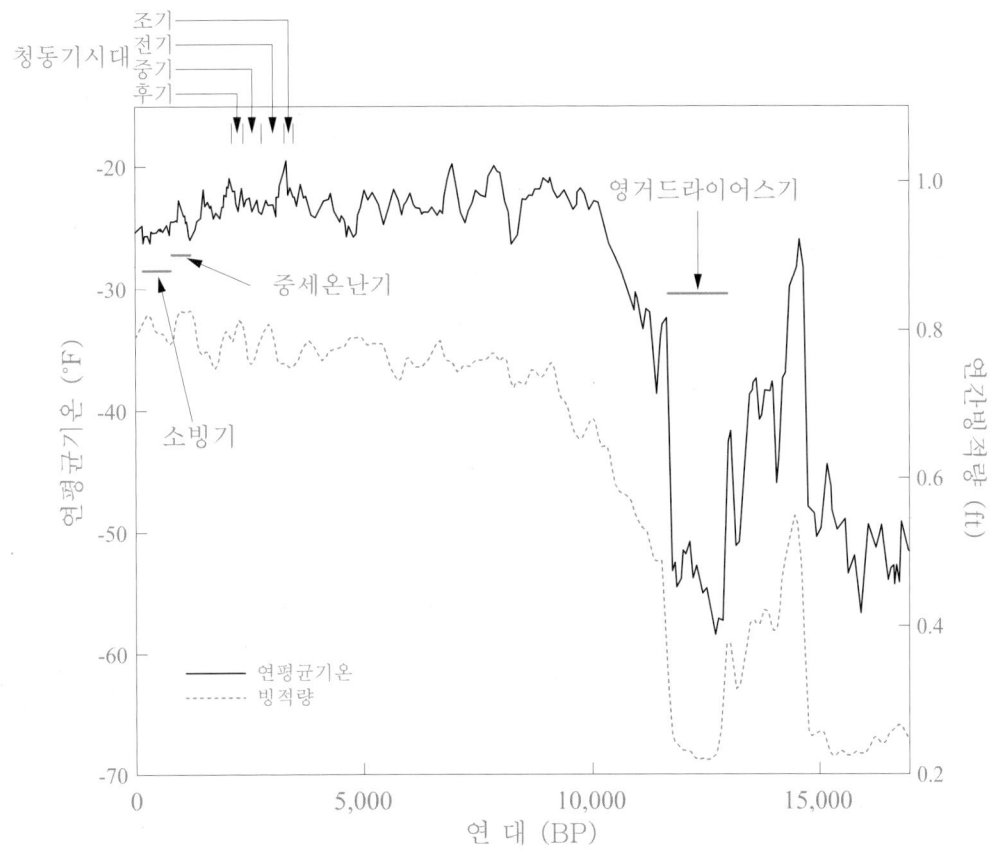

그림 02 그린란드의 기온 및 빙적氷積량 변화

가 상당히 커졌을 것이다. 만약 양 시기가 유사한 기후변화를 경험했다고 하자. 그러나 양 시기 유물의 빈도로 보건대 전자는 후자와 비교도 되지 않는다. 즉 고고학의 연구관행상 (발견)자료의 빈도로 당시 사회가 겪었을 변화의 영향력을 달리 판단할 가능성이 높고, 그 판단은 왜곡될 수밖에 없다. 당시의 인구규모를 고려한 균형 잡힌 비교가 필요하다고 하겠다.

(다소 역설적지만) 우리 선사고고학에서 신석기시대 후기~청동기시대의 기후문제를 적극적으로 다루어야 하는 이유가 바로 여기에 있다. 사회·문화-생태의 복합적인 상호작용이라는 측면에서 인간의 영향력과 역할이, 구석기시대보다는 신석기시대 후기~청동기시대에 훨씬 컸을 것이라는 점은

분명하다. 인구규모가 비약적으로 확대되었을 뿐만 아니라, 생계자원의 획득이 자연환경을 더욱 적극적으로 개변하는 방식으로 바뀌었기 때문이다. 그럼에도 불구하고 신석기시대 후기~청동기시대 연구에서 기후가 소홀히 다루어지는 것은 온당하지 않아 보인다. 더구나 **그림 02**의 좌측 상단에서 보듯, 청동기시대에도 (중세온난기와 비교해도) 무시하기 어려운 기후진동이 있었을 가능성이 높다. 그렇다면, 청동기시대 사회와 문화를 이해함에 있어 '기후'의 문제가 좀 더 진지하게 다루어져야 하지 않을까 싶다.

4. 유효한 고고학정보의 축적과 비교연구

앞서 살핀 바와 같이, 현재 선진학계에서 제시된 중요한 설명모형들은 광역적 취락분포유형의 복원 및 그 궤적의 파악을 바탕으로 하고 있다. 그 이유를 되짚지는 않겠으나 우리의 기후(변동)의 고고학도 그러한 유효한 '정보'의 축적이 절실해 보인다.

    물론, 서구학계처럼 체계적인 광역지표조사를 통해 해당 시기의 취락분포유형을 복원하면 좋겠으나 그것이 여의치 않다면, 기존의 발굴조사 '자료'를 잘 취합하고 체계적으로 분석해 대용자료로 활용할 수도 있다. 물론, 적절한 분석방법 개발이 병행되어야 할 것이지만 그리 큰 어려움이 있을 것 같지는 않다. 비록 기후문제를 직접 언급하지는 않았지만 발간된 보고서를 취합하여 신석기시대 인구변동을 추정한 연구(Kim et al. 2015)는 참조할 만하다.

III. 이 책의 구성

앞서 밝힌 바와 같이 이런 4가지 사항은 선진학계의 이론적 논의와 기후현상에 대한 인식을 참조하면서 우리 선사시대 기후(변동)고고학의 온전한 발달에 일조하고자 제안된 것이다. 또한 이 책의 배경이 되었던 사업에서 파생된 다른 연구 성과들[3]이 공감하는 바이기도 하다. 이 책은 그런 공감 속

---

3   이 책의 배경이 되었던 연구 사업으로부터 도출된 성과는 총 18편의 논문으로, 그 구체적인 발간정보는 책의 말미에 적시되어 있다.

에서 3년간 발표된 성과 일부를 포함하고, 사업과는 무관했지만 생각이 비슷한 연구자 두 사람—신숙정申叔靜과 하시노 신페이端野晋平—의 원고도 더하였다. 그리하여 이 책의 본론에 해당하는 부분에는 모두 8편의 글이 실리게 되었다. 개개 글들은 서로 다른 소재와 초점을 가지고 있지만 주제의 관련성이라는 측면에서 보면 몇 개 부류로 묶을 수 있다. 아니, 그들을 생각하며, 사업과 책이 구상되었다고 하는 것이 더 적절한 표현인 듯하다. 한국 선사·고대 '기후변화-사회문화변동' 관계 이해의 토대(Ⅰ부), 한국 선사·고대의 기후변화 이해를 위한 방법적 시도(Ⅱ부), 한국 선사시대 도구문화와 기후(Ⅲ부), 시야의 확장: 기후와 문화변동에 대한 중·일 고고학의 이해(Ⅳ부) 등이 바로 그 4가지 부류이며, 이 책을 구성하는 4개의 부部이다.

Ⅰ부는 한국 선사·고대 사회문화변동을 기후변화와의 관계 속에서 다루는 데 있어 골격이 될 만한 것을 아우른다. 신숙정은 「한국 선사고고학의 (고)환경 인식」(1장)에서 한국 선사고고학이 (고)기후를 포괄할 (고)환경의 문제를 어떻게 인식하고 관련 연구를 어떻게 흡수하며, 선사시대 사회와 문화를 어떻게 복원해왔는지를 검토하고 있다. (고)환경 및 식생·고기후·고지형분석은 물론, 고토양/뢰스 분석, 광여기형광분석, 문화유적 입지분석, 사면물질이동분석, 해수면변동 복원 등에 관련된 연구 성과를 광범위하게 섭렵하고 있어, 향후 연구를 위한 좋은 원천을 제공하기도 한다. 김범철金範哲은 「한국 선사시대 생계전략의 변화와 기후」(2장)에서 신뢰성이 높은 최신의 분석결과를 기초로 해상도 높은 한국 선사시대 고기후궤적 복원을 시도하고 있다. 청동기시대 조기를 제외한 3개의 세분기가 (상대적) 기후하강기와 정합성을 보이고 있다는 점이 주목된다.

Ⅱ부는 선사·고대의 기후궤적을 복원하는 데 기초가 될 화분의 분석 및 해석, 그런 정보의 공간적 관리에 대한 문제를 다루고 있다. 두 편 논문의 저자는 각각 기후(지리)학과 지리정보학의 전공자로, 이 책은 물론 그 배경이 되었던 (연구)사업을 학제적이게 한다. 박정재朴正宰는 「홀로세 기후변화와 한반도 과거 사회」(3장)에서 그간 본인이 화분분석을 통해 직접 축적한 기후궤적을 바탕으로 신석기시대 이후 한국 선사 및 고대의 사회문화적 변화, 특히 인구분포의 변화에 기후가 적잖이 작동하였음을 피력하고 있다. 다만, 그것이 환경결정론의 위험에 빠질 수도 있음은 스스로 경계하면서도 기후라는 불가항력적인 요소의 비중에 좀 더 적극적으로 주목해야 할 필요가 있음도 강조하고 있다. 앞서도 밝힌 것처럼 각종 기후 대용자료의 분포양상을 파악하는 것이 기후궤적 복원의 한 축이다. 이런 측면에서 「고고자료 관리를 위한 GIS 활용」(4장)에서 최진무崔鎭武가 설명하는 지리정보체

계를 활용한 고고자료의 관리는 중요성을 재삼 강조할 필요가 없을 듯하다. 뿐만 아니라, 그 활용의 폭은 기후관련 자료을 넘어 다양한 고고학자료로 확대될 수 있다.

Ⅲ부는 이 책의 배경인 연구 사업이 목표하였던 기후궤적과 선사시대—여기서는 신석기 및 청동기시대— 도구변화의 상관관계를 밝히는 작업 중 후자의 문제에 집중하고 있다. 「한일 선사시대 목제도구 조성의 이해」(5장)에서 이기성李基星은 일본의 목제도구조합의 연구를 적극 활용하면서 토양조건에 따른 한반도 선사시대 목기조합 복원의 한계 극복을 시도하고 있다. 사실, 보존상태가 열악하여, 전해지지는 않지만 한국 선사시대에 있어 목기는 도구조합에서 매우 핵심적인 역할을 차지하고 있었음은 물론, 당시 (기후의 대리지표로도 작동할 수 있는) 식생을 복원하는 데에도 결정적인 정보를 제공할 수 있을 것으로 기대된다. 손준호孫晙鎬는 「청동기시대 석기 조성비 비교」(6장)에서 기능별 석기 조성비가 기후변화에 따른 인간 활동의 변화를 반영하는 주요영역임을 강조하면서 청동기시대 세분기 및 지역별 비교를 시도하고 있다.

Ⅳ부에서는 한반도를 넘어 동북아시아로 시야의 확장을 도모한다. 조윤재趙胤宰는 「중국 西漢 묘제 변천과 기후변화」(7장)에서 서한 말기에 시작되는 전축계통 묘제의 활성화 원인을 기후변화에 따른 식생변화에서 찾고 있다. 하시노 신페이는 「일본열도로의 수도작 전파를 어떻게 설명할 것인가?日本列島への水稲農耕伝播をどう説明するのか」(8장)에서 수도작 개시 전후의 일본열도-한반도 간 교류와 풍성사구의 형성, 방사성탄소연대 교정곡선에서 본 기후변화의 연구 성과를 근거로 수도작 전파의 기제機制, mechanism를 탐색하고 있다.

Ⅳ. 새로운 움직임: 한국 선사시대 기후변동고고학의 가능성

앞서 지적한 바 있듯이 언제부터인가 사회복합화가 진행된 이후의 기후에 대해서는 다소 무관심한 경향이 있었다. 환경결정론에 빠질 것을 우려한 때문으로도 생각된다. 그러나 그러한 비판을 우려하여 기후변화라는 막대한 영향요소를 제외한 채, 인류문화의 진화를 설명하는 것은 목이 아프다고 밥을 먹지 않는 '인열폐사因噎廢食'의 오류가 될 것이다. 세계적인 조류도 그러하거니와 이제, 좀 더 적극적으로 기후변동을 우리 선사시대 사회문화적 진화의 설명에 편입(?)할 때가 되지 않았나 하는 생각이 든다.

이런 생각은 이미 크지는 않지만 어느 정도 '새로운 움직임'으로 현실화되고 있는 듯하다. 2019년 4월 제39회 호서고고학회 학술대회가 『기후의 고고학』이라는 제목으로 개최된데 이어 2020년 11월 한국신석기학회 창립 30주년 기념학술대회가 『기후 변화와 신석기시대 문화변동』이라는 제목으로 개최되었다. 우리 고고학계의 상황에 비춰보자면, 매우 이례적인 빈도라 하겠다. 이런 움직임이 우리 선사·고대 사회문화적 변동에 대한 이해에서 기후를 재조명하고, 나아가 한국적 기후변동 고고학이 온전하게 진전되어가는 계기가 되었으면 한다.

이 글의 전반부는 이미 발표된 논문―「溫暖濕潤 혹은 寒涼乾燥?: 韓國先史時代 文化變動에 대한 氣候考古學的 接近 試論」(『湖西考古學』 39, 2018)―의 일부 내용을 발췌·수정·보완한 것임.

신석기시대 배가 출토된 창녕 비봉리유적. 이 유적은 다양한 고고현상뿐만 아니라, 한반도 남부의 극적인 환경변화도 보여주고 있다.

I부

한국 선사·고대 '기후변화-사회문화변동' 관계 이해의 토대

신숙정 | 한국 선사고고학의 (고)환경 인식
김범철 | 한국 선사시대 생계전략의 변화와 기후

01

한국 선사고고학의 (고)환경 인식
Archaeological Notion of (Palaeo-)Environment in Korean Prehistory

신숙정 Sookchung Shin

Ⅰ. 고환경연구와 환경고고학
Ⅱ. 한국고고학에서 고환경 연구
Ⅲ. 분석결과와 학제적 토론

고고학 연구에서 (고)기후궤적의 복원은 (고)환경연구의 핵심에 있다. 인간 과거의 행위를 이해하는 데 있어 (고)기후연구는 (고)환경연구의 일환인 셈이다. 본격적으로 기후의 문제에 접근하기에 앞서 '환경'을 언급하는 것은 그런 이유라 보면 무방할 듯하다. 그럼, '환경'이란 무엇인가? 환경에는 문화적, 사회적 환경도 있으며 고고학자들은 여러 (측면의) 환경을 다 고려해야 하나, 여기는 자연환경에 대해 생각하는 자리이므로 "사람의 주위를 둘러싸고 있는 자연적 배경에 끊임없이 간섭하고 충돌하면서 변형시킨 결과물이자, 스스로는 인식하지 못하는 배경"이라는 사전적인 정의에서 출발하면 좋을 듯하다. 고환경은 "그 환경 중에 지질학적으로 과거 어느 시기an environment at a period in the geological past"가 될 것이다. 고고학에서 의미하는 고환경의 시기는 당연히, 인류와 관련된 과거 시점 즉 신생대 제4기에 해당된다.

이러한 고환경은 현대의 과학으로 복원 가능한 것일까? 환경이란 고정되고 불변의 실체가 아니며 그러한 상황을 만들어 간 인류의 활동이 끊임없이 개재된 것이다. 그러므로 특정 시기 환경의 특정 단면을 고정하여 분석/연구하고, 이를 바탕으로 과거의 인간 행위를 이해·설명하려는 고고학자들의 시도는 매우 곤혹스러운 것이 된다. 다만, 여기서는 '(선사)고고학에서의 환경연구'에 주목하는바, 그런 문제에 대해서는 주의만 환기하고, 환경연구의 역사를 되짚어보는 데에서 출발한다. 고고학에서 환경이라는 주제는 그 태동과 함께 성장하여 마침내 환경고고학이라는 분야로 발전하였다. 곧, 환경에 대한 관심은 근대고고학의 시초부터 있었다고 하겠다.

I. 고환경연구와 환경고고학

1. 고환경 연구의 발달

고고학처럼 환경·과학과 밀접한, 또는 그런 연구가 내재해있는 인문·사회학이 있을까? 고고학이 공간을 대상으로 하니 너무나 당연한 일이나, 한국고고학에서 종종 간과하는 사항이다. 서구의 근대고고학은 성립 당시부터 환경에 대한 관심과 함께 출발했고, 생물학이나 지질학의 이론들은 고고학적 사고와 발굴의 기초가 확립되는데 크게 기여했다. 환경연구자들과의 협력도 고고학 발달과정 내내 있어왔다. 더구나 근대고고학을 주도한 스칸디나비아 지역이나 영국·프랑스 등에서는 시기구분을 할 때도 고식생과의 관계를 긴밀히 생각하는 경향이 있었다.

예를 들어, 덴마크의 젊은 지질학자 스틴스트룹Johannes J. Steenstrup은 덴마크의 습지대 발굴과정에서 후빙기의 포플러 숲이 소나무 → 참나무 → 너도밤나무·느릅나무 숲으로 변화되는 양상에 주목하고, "환경변화의 역사와 문화진화를 연결시켜" 소나무숲은 석기시대 사람들, 참나무숲은 청동기시대, 너도밤나무와 느릅나무 숲을 철기시대와 대응시켰다(트리거[성춘택 옮김] 2010:134~136).

프랑스의 구석기 연구를 개척하였던 라르테Edouard Lartet는 원래 지질학자이자 고생물학자였는데, 1860년대 이후 구석기시대를 '들소의 시대' → '순록의 시대' → '털코끼리·털코뿔소 시대' → '동굴곰의 시대'로 분류한 바 있다.[4]

스위스에서는 1853~1854년 겨울 가뭄으로 서부지역의 호수 바닥이 드러나자, 고대 집자리가 노출되었다. 조사는 영문학 교수이자 취리히 호고가협회 회장이던 켈러Ferdinand Keller가 맡았고, 해당 전문분야에 대한 연구를 위해 지질학자, 식물학자 등을 자주 참여시켰다. 이곳에서 육상에서 찾아보기 어려운 나뭇더미들·뼈도구·멍석·바구니·음식물 등이 출토되었고 학자들은 유적과 자연환경, 경제 및 생활방식의 변화 등을 연구하였다(트리거[성춘택 옮김] 2010:139).[5]

요즘까지도 개설서에 인용되는 예로서 페르드Bucher de Perthes의 발견례가 유명하다. 그는 프랑스 서북부 솜므Somme강 옆의 아브빌Abbeville에서 뗀석기들을 찾아내었고, 이탄층 아래 하안단구 퇴적층(자갈층)에서 매머드·코뿔이의 뼈와 전기 구석기시대의 주먹도끼를 발견하였다. 그는 정밀한 층위관찰을 통하여 석기와 절멸동물들이 똑같이 오래되었다고 확신하였으며, 석기의 제작, 출현과정을 지질시대와 연결해서 생각하는 전통을 남겼다(1840년대의 연구 및 트리거[성춘택 옮김] 2010:146~147).

고고학에서 Boreal, Atlantic 등 기후구분으로 널리 인용하는 블리트-서난더Blytt-Sernander의 편년안은 덴마크 남부 토탄층에서 나온 대형 식물유체를 이용해서 만든 것이며, 포스트Lennart von Post는 1916년 과거 식생을 복원하는 수단으로 스웨덴 늪지의 꽃가루 연구를 발전시켰고, 꽃가루분대가

---

4 트리거[성춘택 옮김](2010:151~152)에서는 라르테가 행정관료로 서술되어있다. 별도의 검증이 필요해 보인다.

5 호수의 집들은 켈러Keller의 애초 추정과는 달리, 호수바닥에 세워진 것이 아니라 호수의 가장자리에 세워진 것으로 밝혀졌다. 여기에는 Muller-Beck(1972)의 논의가 있다.

시간의 폭을 알려주자 고고학에 적극 이용되었다.

    1900년대 이후 서부 유럽과 북구의 고고학은 환경을 우선으로 생각하는지, 문화유물에 비중을 두는지에 따라 약간씩 발달상의 차이가 있으나, 식생과 기후변화 연구는 계속 진전되어 갔다.

2. 환경고고학의 출현

고고학연구에서 환경을 중시하는 연구자들을 꼽을 때, 1950년대 영국 고고학자 클라크Grahame Clark를 기억해야 할 것이다. 그는 문화사적 연구를 하는 동시대 고고학자들과는 달리, 인간집단이 그들의 환경에 어떻게 적응하는가를 연구함으로써 선사시대 사회의 많은 양상을 이해하게 하였다. 새로운 분야 전문가들과의 협업이 필수적이었는데, 고동물과 고식물 분류자들은 당시의 환경과 먹을거리를 '동시에' 알려주었다. 특히 영국 북동부의 스타 카Star Carr유적에 대한 클라크의 획기적인 발굴은 석재 구조물도 없고 빙하기 직후에 해당하는 변변찮은 유적에서 얼마나 많은 정보를 모을 수 있는지 잘 보여주었다. 그는 환경과 생물 유체에 대한 주의 깊은 분석과 복원으로, 이곳이 호수 가장자리의 야영지이며 사람들이 말사슴red deer을 사냥하고 다양한 식물들을 먹었던 장소임을 밝혀주었다(Renfrew and Bahn 2004:37~40). 브레이드우드Robert J. Braidwood는 1952년부터 시작된 중동지역 발굴에서 농경의 원인을 찾아내기 위해 동물학자·식물학자·기상학자·지질학자 심지어 금속학자들과의 긴밀한 협력을 시도했다. 목표는 차일드V. Gordon Childe가 말한 바 있는 기후변화의 특성을 발견하거나, 동식물의 순화馴化, domestication 과정을 찾아내기 위한 것이었다. 이 방법은 고고학적 문제를 해결하기 위한 최초의 주요한 학제적 접근이며 오늘날 야외발굴에서 고고학조사단을 구성하는데 표준이 되었다(Lamberg-Karlovsky 1972:61~65).

    고생물학자·지질고고학자였던 쥬너Friedrich Zeuner는 고고학에서 환경고고학이라는 아분과 subdiscipline를 만든 사람인데, 1946~1963년 동안 런던대학교 고고학연구소에 재직하였다.[6] 그의 저작 몇몇(Zeuner 1945, 1963)은 아직도 언급되고 있다. 차일드와 동시기의 인류학자인 스튜어드Julian Steward의 생태학적 접근도 중요하다. 그는 문화변동을 설명하는데 관심이 많았으며, 또한 문화들은 그들끼리만 상호작용하는 것이 아니라 '환경과도 상호작용을 한다'는 사실을 부각시켜 주었다. 그

---

6 쥬너에 대해서는 윌킨스·스티븐스[안승모·안덕임 옮김](2007) 참조바란다.

는 환경에 대한 적응이 문화변동을 가져온다는 관점에서 연구를 수행하고, 이를 '문화생태학cultural ecology'이라고 불렀다.

지질학자로서 고고학연구에 직접적 영향을 끼친 사람으로는 부쩌Karl Butzer를 들 수 있다. 그는 고고유적에서 지질과 옛 지형을 추론해보는—지질지형의 복원—, 당시로써는 혁신적 발상을 하여 구석기 연구에 많은 도움을 주었다(Butzer 1964). 점차 생태학으로 연구를 확장(Butzer 1982)하였고, 문화체계와 환경을 조화시킬 수 있는 능력으로서 인간의 적응력을 강조하였다.

브로스웰Donald R. Brothwell과 힉스Eric Higgs의 방대한 편저(Brothwell and Higgs 1963)가 출간된 1963년도 환경에 대한 고고학연구의 획기적인 해라고 하겠다. 그들은 영국 고고학자로서 고인류, 고동물의 생태·병리, 환경고고학 등을 전공하였는데, 당시까지 고고학에서 활용한 여러 과학적 연구분야를 집대성하였다. 이 가운데 I장은 나이재기dating로서 탄소연대, 흑요석 연대, 고지자기, K-Ar, 현무암 연대, TL 등을 다루었고. II장은 환경(심해퇴적, 토양, 동굴퇴적, 꽃가루분석, 나무와 목탄, 고동물 등)을 다루었는데, 모두 환경고고학 연구에 매우 유용한 역할을 하게 되었으니 기념비적 업적이었다고 하겠다.

이러한 과정을 보면 환경고고학은 그 자체의 독자적인 이론과 연구방법론을 가지고 출발했다기보다는 동·식물학자, 지질학자 등이 고고학연구에 도움을 주는 과정에서 성립되었음을 볼 수 있다. 환경고고학의 중요성은 더욱더 증대되어 1970년대 이후에는 과거 사회와 옛사람들을 둘러싼 환경과의 관계를 복원하는 학문으로 뚜렷한 성격을 가지게 되었고, 대부분의 발굴수행 과정에서 빠질 수 없는 연구요소로 인식되었다.

3. 환경고고학 연구 분야

현재 환경고고학 연구에 관한 저서는 수없이 많겠으나, 필자가 손닿는 대로 참고한 몇몇 저서는 아래와 같다.

· Shackley (1981): 환경 연구의 기념비적 저서. 환경을 복원하는데 유용한 모든 인자들—미생물, 이끼, 꽃가루, 목탄, 씨앗, 패류, 곤충, 기생충, 동물, 물고기뼈 등—을 제시하고 이들을 식별하는데 주안점을 둠.

· Dincauze (2000): 고고학적 유적의 생태를 정확히 서술하고 해석하기 위해 동위원소·지자기를 이용한 연대측정과, 기후복원의 과학, 지형학, 퇴적학, 토양학, 고식물, 고동물 등에 걸치는 다양한 환경고고학적 방법들을 안내함.

· Head (2000): 환경변화 과정을 검증하는데 사용된 방법들을 분석하고, 인문학과 과학 사이 관념의 갭―문화적 경관(cultural landscapes)이란 원래의 자연지리가 인간행위에 의해 변형된 것이라는 일반적 관념 등―을 메우려는 시도를 한다. 장기적으로는 세계유산 보호, 경관 보존, 원주민과 문화관광사업 등에 대한 다양한 인문사회학적 주제들을 검토함.

· Evans and O'Connor (1999)와 O'Connor and Evans (2005): 인간의 환경을 지구과학에서 그러하듯, lithosphere, atmosphere, topography, biosphere 등의 영역sphere으로 나누고 지질·지형·지리·고생물에 관해 서술함.

· Wilkinson and Stevens (2003)와 윌킨스, 키스·스티븐스, 크리스[안승모·안덕임 옮김] (2007): 환경 연구의 목적을 고환경과 고경제로 나누어 서술하였으며 환경고고학의 철학적 기반을 마련하려고 노력함.

· Branch et al. (2005): 인간과 환경 사이의 관계를 복원하고 설명하기 위해 사용하는 다양한 방법들을 요약하고 평가함. 과학적 접근의 중요성을 매우 강조하였다. 도버의 청동기시대, 고대 메소포타미아 등을 예시로 분석, 설명함.

고고학적 발굴조사만으로는 알기 어려운 문제의 해결을 돕는 환경고고학은 당연히 학제적multidisciplinary 연구이며, 과거 인간들의 생활방식과 사람-환경 간의 상호작용에 대한 총체적인 이해를 위해 고고학자·인류학자·지구과학자들이 함께 협력하는 학문이다. 연구의 목표는 과거의 인간집단들이 점유한 경관과, 그들이 이룩한 경제[7]에 대해 연구하는 것이다. 그렇다면 환경고고학은 두 분야

---

7   선사시대 사람들의 경제에 대해서는 일반적으로 '생계subsistence'라는 용어를 사용한다. 즉 '사람들이 무

로 나뉠 것이다(윌킨스·스티븐스[안승모·안덕임 옮김] 2007:19).

1) 고환경 연구

과거 인류와 관련된 과거의 동물상, 식물상, 지형 등에 관한 연구이다. 고환경연구palaeoenvironmental studies는 지질·지형학, 동물학, 식물학 분야의 연구법과 거의 같으며, 다양한 대리자료proxy data를 활용한다.[8]

고고유적의 고환경 연구는 지형자료분석을 기초로, 제4기 지층에 대한 퇴적학·고생물학·지구화학·지구물리학 등 다양한 지형·지질학적 접근이 필요하다. 여러 가지 연대측정법—가속기질량분석accelerator mass spectrometry, AMS, 고지자기분석archaeomagnetic analysis, 광여기형광분석optically stimulated luminescence, OSL, 열형광분석thermo-luminescence, TL 등—이 요구되며 유적의 성격, 입지와 연구목적에 따라 분석법의 조합이 달라질 것이다.

고고학에서 고환경의 시간 범위는 구석기시대 이후 즉 신생대 제4기의 플라이스토세Pleistocene 또는 更新世와 홀로세Holocene 또는 全新世가 해당된다.[9] 우리나라의 구석기시대는 중기 구석기시대 늦은 무렵부터 출현하는데, 대략 5~6만 년 전부터로 볼 수 있고, 해양산소동위원소marine oxygen isotope stage, MIS 3기~1기에 해당하는 연대가 될 것이다. MIS 분기도 연구자·연구지역마다 조금씩 다를 수

엇을 어떻게 획득하여 먹고 살아갔는가'라는 것을 의미하되, '그저 근근이 살아가는', '팔기 위해서 생산하는 것이 아닌' 등의 의미가 담겨있다.

8   대용자료(또는 대리자료)란 과거의 환경조건을 이해하는데 필요한 자료들로서, 기후조건에 민감하게 반응하고 기후변화 기록을 효율적으로 보존하고 있는 물질들이 해당된다. 화분/포자·식물규산체·규조류·미세 동물화석·곤충화석 등의 고생물 화석들, 탄산염 패각·빙하코어·호수 퇴적물·동굴생성물 등의 퇴적물, 탄소동위원소 등을 통한 유기지화학 분석, 대자율 분석 등 물리학적 화학적 고생물학적 분석을 통해 얻게 되는 자료 모두를 포괄한다.

9   최근 전신세에서 인류세Anthropocene를 분리하려는 논의가 활발하다. 지구상에 인류문명의 부정적인 흔적—대표적인 예로서 플라스틱 암석plastiglomerate의 존재 등을 꼽을 수 있겠다—이 너무나 명백한 상황에서 새로운 지질시대를 설정하려는 움직임이며, 지구환경과 보전에 관한 정치적·사회적 행동의 변화를 촉구하는 의미가 함축되어 있음(김지성 외 2016).

있는데, 일본의 MIS 구분을 참고하면 MIS 3기는 60000~28000년, MIS 2기는 28000~15000년, MIS 1기는 15000년 이후이다(工藤雄一郎 2014:50).

2) 고경제 연구

옛사람들이 살아가는데 가장 중요한 먹을거리, 도구, 건축재료 등 모든 것이 환경에서 나오므로 환경연구로부터 자연히 고경제로 연구가 연결·확장된다. 가장 단순하게 여겨지는 '구석기시대의 석기' 예만 들더라도 유적 주변에 있는 "한정된" 암질들이 석재가 되는 것이며, 어떤 도구에 맞는 특별히 유용한 암질이 따로 있는 경우 원거리에서 가져올 것이다. 이로부터 교환(또는 교역)과 운송transportation이라는 중요한 분야로 연구가 확장될 것이다. 이렇게 고고학자들이 환경에 관심을 갖는 이유는 대부분 고경제에 대한 궁금증 때문일 것으로 여겨진다.

환경고고학의 연구가 한편으로는 심도 있는 복원·분석방법을 소개하고, 한편으로는 (고정불변의 옛 환경을 복원하는 관점에서 벗어나) 인간과 환경의 관계를 강조하는 관점에서 연구되는 시점에서, 최근 고고학의 연구 경향 가운데 '경관고고학landscape archaeology'의 개념을 상기할 필요가 있다. 주지하다시피, 제목으로는 얼핏 지질지형에 관한 고고학이라는 선입견을 주지만 실제로 고고학에서 말하는 '경관'은 그것과는 거리가 멀기 때문이다.

1980년대 이후 후기과정고고학의 사조 속에서 많은 고고학자들은 경관을 단순한 땅이 아니라, "사람들이 세계에 대해 생각하고 행위하는 방식의 표현"으로 생각하게 되었다. 즉 경관이란 인간행위의 주된 맥락을 구성하기 때문에, 어떻게 그것이 보이고 정신적으로 구성되는가의 측면을 중요시하게 되는 것이다. 유명한 '스톤헨지Stonehenge' 같은 거석기념물을 예로 든다면 이것을 그저 단순히 대규모의 기념물로만 보는 것이 아니라 대규모의 의례적 경관으로 해석한다(렌프류·반 편[이성주·김종일 옮김] 2010:26~30).

경관고고학의 개념과 관련 있는 맥락에서 최근의 고고학적 '유물artifacts' 개념도 언급할만하다. 유물이란 사람들이 발명해서 만들어 쓰고 살던 것들이라는 전통적 사고에서 벗어나, 사람들이 살아가던 경관과 세계 모두를 포함해서 유물로 보는 것이다. 그 자체의 자연미 때문에 사랑받던 야생의 지역도 유물로 판단된다. 예를 들면 오스트레일리아의 경우, 이곳은 동물과 사람들에 대한 상징과 표상을 그리고, 새기고, 쪼은 하나의 거대한 암석 캔버스로서 '유물을 포함한 유물을 묘사한 유물들

artefacts which depict artefacts which contain artefacts'이라고 생각되고 있다(Gamble 2001:55~56).

지형·지리학자들은 때로 고고학자들을 포함한 인문학자들의 지형, 경관에 대한 해석이 지나침을 지적해주기도 하는데,[10] 이러한 염려를 받아들이면서도, 위와 같이 경관고고학 또는 고고학적 유물에 대한 새로운 관점을 발전시켜 나가야 할 것이다. 우리 고고학자들은 지형학적 분류와 새로운 경관 인식의 경계지점에 놓여있는 듯하다(Ⅳ장의 고인돌 부분 참조).

II. 한국고고학에서 고환경 연구

위의 환경고고학 책들이 보여주는 환경연구방법들이 다소 도식적, 소극적이라는 느낌이 있다. 환경고고학은 1970년대 이후 침체한 듯하다고 자평들을 하는데, 아마도 화분으로는 당시의 기후·환경, 농경은 규소체 등 대상과 연구목적을 특정하고 고정된 방법과 틀에서 해석하기 때문일 듯하다.[11]

필자는 아래에서 우리나라 선사시대의 고환경·고경제 연구를 한꺼번에 묶어서 시대별로 요약·소개하려 한다. 두 분야의 연구가 양적으로 적고 나누기 애매한 부분이 많으며, 최근 지구과학자들의 환경 연구가 방법적으로 다양하며 정량적 연구 쪽으로 나아가고 있어 그 연구성과를 소개하는 것이 더 시급하다고 여겼기 때문에 시대별 테두리 내에서 이들을 정리해보았다. 학제적 이해와 협업의 중요성에 대해서는 Ⅲ장에서 언급할 것이다.

---

10 예를 들면, "… 풍화작용으로 형성된 지형이 분명함에도 불구하고, 기자신앙 또는 성석신앙 등 고인돌을 기반으로 하는 거석문화의 일부분으로 해석하여 모두 인공지형으로 해석하는 일부 연구자들의 자료를 보면서 지형학 분야의 연구자들의 연구성과가 민속학이나 설화문학 또는 암각화 분야 등 인문학 분야로 전파가 상당히 부족하다는 점을 확인할 수 있었다. …"는 논의(박경 2017:129) 등이다.

11 환경고고학만을 다룬 저술들보다는 오히려 고고학 개설류(렌푸류·반[이희준 옮김]의 『현대 고고학의 이해』 또는 프라이스[이희준 옮김]의 『고고학의 방법과 실제』 등)에서 간략히 소개하는 환경에 대한 이해가 더 포괄적이며 방법도 전진적임을 보게 된다.

1. 고환경 연구의 발달

한국의 고고학은 일인들에 의한 근대고고학으로부터 출발했는데, 그들이 연구를 시작할 무렵에도 환경적 사고는 있었다. 예를 들어 '지표조사'를 할 때도 시기에 따른 바닷물의 높낮이와 퇴적작용 등을 고려(鳥居龍藏 1917:835~840)하거나, 유판油坂패총─광복 이후 청진 농포동유적─과 원수대元帥臺패총의 유적 간 편년site seriation을 할 때 지형의 변천을 추정(橫山將三郞 1933, 1934)해보는 식이다. 유적에서 출토된 어패류 동정, 동물 분류, 석질 감정 등 각 분야에서 전문가의 도움과 자문을 받는 이른바 고경제적 사고는 더 많았다. 그러나 광복 이후 미술사적 관점의 고고학연구가 주도하면서 이런 경향은 사라지게 되었다. 반면 주변국 중국과 일본 등지에서는 고고학에서 환경연구를 매우 중시하였다.

중국은 1920년대 북경원인의 발굴과정부터 자연과학 분야의 협력과 참여가 기반이 되어있는 나라이다. 과학원Chinese Academy of Sciences, CAS 안에 제4기학과 고동물·고인류를 연구하는 고척추동물 및 고인류연구소古脊椎與古人類硏究所, Institute of Vertebrate Palaeontology & Palaeoanthropology, IVPP[12]이 있음과 그 활약상을 보면 잘 알 수 있다. 그리고 중국의 각 성省 단위로 있는 문물고고연구소文物考古硏究所에서 출간되는 보고서들의 환경, 자연유물ecofacts 연구는 비중이 크고 자세하다. 1990년에 전문학술지인『環境考古硏究』가 발간되었을 정도로 중요한 분야로 여기고 있다.

일본의 경우 1877년 갓 신설된 동경제국대학東京帝國大學(현재의 도쿄대학)의 초대 동물학교수로 초빙되어온 모스Edward S. Morse가 오모리大森패총을 발굴하면서부터[13] 자연과학과의 협업이 시작되었으니 태생적으로 환경에 대한 인식과 함께 고고학이 발달했다고 하겠다. 일본에서는 1926년 무렵이 되면 이미 해수면변동 현상인 조몬繩文 해진·해퇴 현상에 주목할 정도(勅使河原彰 1988:58)가 되었고, 이후 환경에 대한 관심을 놓친 적이 없다.

---

12 고척추 및 고인류연구소의 기원은 1929년 중국 지질학 탐사의 하부단위로 신생대 연구실Cenozoic Research Laboratory이 설립되는 데서 시작된다. 1953년 CAS의 古脊椎硏究室Laboratory of Vertebrate Palaeontology로 독립하였고, 1957년 Institute of Vertebrate Palaeontology로, 1960년부터 중국에서 발견되는 고인류화석들이 많아짐에 따라 현재의 IVPP로 발전해왔다.

13 그는 샌프란시스코에서 배를 타고 17일간의 항해 끝에 한밤중에 요코하마 항에 입항하였고(1877.6.17), 요코하마에서 동경으로 가는 도중 오모리 정차장 노선변의 패총을 발견한 것이다(加藤緣 2006).

러시아의 경우 기후, 기온 등 환경자료들과 고고학적 문화의 관련성을 잘 대비시켜 나간다고 여겨지는데, 일례로 연해주지방 자이사노프카Zaisanovka-7유적의 발굴보고서(Komoto and Obata eds. 2005)의 부제―Study on the Environmental Change of Early Holocene and the Prehistoric Subsistence System in Far East―을 보면 선사시대 생업보다 환경인식이 우선인 듯하다.

　필자는 오랫동안 이러한 상황을 부러워해 왔으나, 최근 우리나라의 고고학 발굴에서도 발굴자들이 해당 유적의 환경과 살림살이 등에 대해 조화롭게 이해하려는 노력이 높아지고 있다. 구석기시대 유적의 환경연구는 말할 것도 없이, 창녕 비봉리飛鳳里·고성 문암리文巖里유적의 경우 등 비범한 환경에서는 환경연구에 대한 관심이 크고, 청동기시대 취락의 입지 조성, 분포상의 특징 등에 대해서는 지리학자들과 함께 입지특성연구를 수행하고 있다.

　한국고고학의 시야에 환경이 들어온 계기는 아무래도 1963년 공주 석장리石莊里유적 발굴이 될 것이다. 구석기시대는 일단 빙하기와 간빙기가 교호작용을 이룬 긴 시기였고, 한데에 있는 구석기유적을 발굴하면 퇴적층과 석기밖에 없으니 지금과 매우 다른 환경에 대한 관심이 커지고, 분석방법을 발달시킬 수밖에 없었을 터이다. 따라서 지표 → 암반까지의 퇴적층·문화층 확인과, 각 층의 퇴적형성과정과 구성물질 파악 등이 중요해졌다. 1978년 연천 전곡리全谷里유적 발굴에서도 마찬가지여서, 그때 제기되었던, '현무암반 위 7m에 달하는 퇴적(점토)층은 어디에서 기원하는가?'에 이어지는 풍성토·운적토·사면붕적토·습지퇴적물 등의 논의는 아직도 지속되고 있다.

　고고학적 환경에 대한 관심은 개설류 편찬에 이어져 1974년부터 출간된『한국사』(국사편찬위원회)와 1978년에 간행된『한국사론』(국사편찬위원회) 등의 목차를 보면 자연환경에 대한 서술이 들어가기 시작하였다. 이 시기에 고경제적으로 중요한 발굴보고서가 간행되었는데 김해 수가리水佳里패총(釜山大學校博物館 1981), 통영 (노대리) 상노대도上老大島패총(東亞大學校博物館 1984)의 발굴보고서가 그것이다. 두 유적 모두 패총의 패각 속에 들어있는 물질들을 분석하여 패각류 속에서 많은 종류의 조개와 생선뼈, 사슴과Cervidae 및 동물유체, 바다포유류(고래, 물개, 바다사자 등)를 분류해내고 신석기시대 사람들의 사냥, 채집, 물고기잡이 살림을 확신하게 된 것이다. 이후로 패총유적을 발굴할 때는 패각에 대한 블록시료채취block sampling를 통해 유기물 동정을 하는 전통이 만들어졌다.

　1992년에는 일산의 토탄층 발굴을 통해 분해되지 않고 남아있던 화분·규조류·곤충류 등에 대한 관심이 생겨났다. 이 발굴은 (문화)유물artifacts에 주목하는 관행으로부터 서서히 벗어나는 계기를 마련해 주었고, 일산지역이 서해에 가까우므로 옛 지형과 해수면변동을 고려하게 되었다. 해수면변동에 대해서는 바닷가 패총 발굴 시부터 오랫동안 관심이 많았으며 개별 지구과학자들에 의한 연구(오건환 1994; 曺華龍 1987 등)도 진작부터 있었으나, 일산에서 고고학자들과의 협업이 이루어졌다.

2000년대 이후 매우 활발해진 구석기시대 유적 발굴로 인해 유적의 고환경에 대한 분석도 빈번히 이루어졌다. 예를 들어 진주 장흥리長興里유적의 경우 유적의 고토양층과 퇴적층 형성환경, 식생환경 등을 규명하고자 장흥리 제4기층의 분포·입도분석·연대측정·화분분석·지화학과 점토광물분석·박편분석·대자율분석 등 당시의 연구방법을 총동원하였고(김주용 외 2002), 이러한 방법은 이후 구석기 연구의 매뉴얼이 되어 최근까지 지속되고 있다.

2000년대 이전부터 지리학자들이 선도하기 시작한 지리정보체계geographical information system, GIS[14] 연구는 점차 고고학에 적용되어 문화재의 분포 양상에 대한 연구 등으로 이어졌고 이 주제로 학위논문이 나온 바 있다(李鎭永 2006). 최근에는 취락의 입지 특성, 분포예측 등의 작업이 활발해지는 가운데 점차 시굴지역 추천(박지훈 2011a; 이한동·김교원 2012)처럼 발굴자체의 시작을 주도하는(?) 작업들도 나오고 있다.

지표투과레이더ground-penetrating radar, GPR 탐사 등은 2000년대부터 간간이 이루어져 왔으나 GIS 작업과 더불어 유구의 분포 추정에 정확성을 기하고 있다(오현덕·신종우 2010; 오현덕 외 2014 등). 장차 고고학자들은 발굴지역을 찾는 일에서 벗어나 추정유구를 고고학적·역사학적으로 확인하는 일에 몰두하게 되지 않을까?

2. 최근의 연구경향

고고학 유적을 발굴할 때나, 발굴 뒤의 궁금한 문제들이 점차 늘어남에 따라 고고학자들은 자연과학자들에게 분석을 의뢰하게 되었다. 원래 지구과학 쪽에서 독자적으로 플라이스토세-홀로세에 대한 연구를 해왔지만 점차 고고학 쪽의 필요성이 증대함에 따라 협업 형태가 많아진 것이다. 현재 고고학과 관련되는 고환경연구는 대략 세 방향에서 이루어진다고 볼 수 있다.

---

14 GIS는 실세계의 다양한 형상들에 대한 공간자료를 수집하고 수치화하여 컴퓨터에 입력, 저장한 후 이를 변환, 분석하여 사용자가 원하는 내용을 출력, 표현하는 형태를 말한다(안형기 2010:183).

첫째, 지구과학자들의 연구: 플라이스토세 및 홀로세의 지질·지형, 고기후·고식생에 대한 연구는 매우 많다. 주요 학술지로는 『지질학회지』, 『한국지형학회지』, 『한국지리학회지』, 『대한지리학회지』, 『第四紀學會誌』, 『지리학논총』, 『한국지리정보학회지』, 『한국지역지리학회지』, 『지리학연구』 등이 있다.[15] 최근에는 『Holocene』, 『Geosciences』, 『Journal of Paleogeography』, 『Geoarchaeology』, 『Quaternary International』, 『Journal of Korean Earth Science Society』, 『Marine Micropaleontology』 등 국내외에서 발행되는 영문 학술지에 게재하는 비중도 높아지고 있다. 연구주제 대부분이 고고학적 고환경에 해당하기 때문에 고고학자들은 지구과학자들의 연구주제에 항상 관심을 기울여야 할 것이다.

지구과학자들의 수많은 고환경연구 가운데 고고학과 관련 있는 주제들을 다음과 같이 몇 가지로 분류할 수 있다.

① 플라이스토세 말기~홀로세의 고기후·고식생 연구: 주로 화분분석을 통해 이루어졌다. 우리나라에서 화분연구를 시작한 이래 2010년 무렵까지 근 100여 편의 논문이 나왔다(윤순옥·황상일 2010a). 그러나 점차 기후변화는 화분만으로 단정하기 어렵고 다중대리자료 multi-proxies에 기초해서 해석되어야 한다는 논의가 많아짐에 따라 최근에는 여러 다양한 분석방법을 동원하여 복합적 해석을 시도하고 있다.

② 지형의 분류와 형성 및 퇴적층의 구성물질과 지구화학적 특성에 대한 연구
- 하천지형: 하안단구, 선상지, 삼각주, 사주 등의 구성물질(퇴적물 특성)·형성시기·지형발달 살핌.
- 해안지형: 해안단구·해안사구의 구성물질(퇴적물 특성)·형성시기·지형발달 연구가 주로 이루어지며, 이들은 제4기 기후변화, 빙기-간빙기 순환과 관련된 해수면변동을 추정하는 데에도 유용하다.
- 뢰스-고토양층: 지구화학적 특성과 기원물질의 관점에서 연구되고 있다.

---

[15] 아마 필자가 모르는 학술지도 많을 것이다. 지구과학의 연구 분야가 워낙 광범위하다 보니 고고학의 학술지 종류보다 월등 많다고 여겨진다. 한편 비슷한 내용의 논문이 다른 학술지에 또다시 게재되는 경우도 있었다.

- 특정 지역에 대한 연구: 가령 제주도와 같은 화산지형GPR해안지형의 특성 연구, 협재GPR신양리·김녕 등지의 해안사구 연구 등. 강원도 등지의 석회암 동굴과 관련된 연구 등.

③ 해수면변동 연구: 홀로세 기후최적기ㅡ해진기라는 관점은 일치하나 해수면 상승 패턴에 대해 두 가지로 뚜렷이 대립되는 패턴의 연구들이 있다. 신석기시대 연구에 특히 중요한 부분이다.

둘째, 1990년대 이후(~2000년대에 걸쳐) 고고학과 내에서 고환경 또는 고경제를 연구하는 학자들이 배출되기 시작하였다. 프랑스, 미국, 일본 등지에서 화석학, 고동물학, 고민족식물학 등을 연구한 일군의 학자들—최삼용, 조태섭, 김건수, 이준정, 이경아, 김민구 등—이 연구를 수행하고 있다.

셋째, 가장 많은 경우로서, 고고학 유적 발굴 시 획득한 환경자료들을 지구과학자들에게 의뢰·분석하는 경우이다. 트렌치 단면을 활용해 퇴적물을 시추하는 과정을 대체할 수도 있고, 연대측정 결과도 발굴자들과 공유할 수 있는 점에서 지구과학자들도 이런 상황을 선호하는 듯하다. 분석결과는 대부분 발굴보고서에 실려 있다.[16]

자연과학자들에 의해 이루어지는 분석들은 대부분 연구지역의 제4기 환경에 대한 국지적 기후·환경복원을 제시하는 것으로서, 고고학자들이 원하는 "당시의 환경을 종합적으로 복원한 지식"을 얻어내기는 어렵다는 아쉬움이 있다. 발굴유적과 관련한 분석도 상황은 비슷하다. 자연과학자들도 가끔씩 종합적인 고찰은 하지만(예를 들면 후빙기 기후 개관으로 장병오 외 2006; 박지훈·장동호 2008b; 박지훈 2011a 등, 호수·습지퇴적물을 이용한 고기후연구에 박정재 2008; 정대교·김복혜 2008; 이상헌 2008 등), 인문학자들처럼 포괄적인 해석·인용은 잘 하지 않는다. 필자의 경험으로 자연과학자들은 원래 본인들이 계측하고 분석한 자료를 확대해석함을 경계하는 듯하다. 이점은 우리 인문학자들이 자료 해석 시 주의할 점이지만, 어떤 시기의 기후 일반에 대해 알고 싶어 하는 기대가 채워지지 못하는 아쉬움도 남는다.

발굴이 끝난 후에도, 과학자들은 분석의뢰 지역에 대한 관심이 촉발되거나 그 중요성에 주목하

---

16 각 발굴기관들의 유적발굴 보고서에는 환경분석자료들이 많이 실려있으나 현재 100여 개의 기관에서 어떤 분석을 했는지 개별적으로 찾아보기란 쉽지 않다. 더구나 대부분이 부록으로 실려있어 제목이 잘 드러나지 않거나, 분석자료가 다른 보고서에 실린 경우도 있다. 분석결과를 찾아보는 간단한 안내자료가 기관별로 있어야 할 것이다. 필자는 여기에 대해 의견을 개진한 바 있다(신숙정 2017).

여 연구를 이어가는 경우가 종종 나타나는데, 김포-일산, 평택, 동해안 일대, 낙동강 유역 등의 고환경, 고식생, 해수면변동 등에 대한 것이 있다. 우리 고고학자들은 이러한 후속 작업들에 대해서도 관심을 기울여야 해당 지역의 환경에 대해 폭넓은 인식을 갖게 될 것이다.

3. 구석기시대의 연구

1) 고환경/고식생 연구

우리나라 고고학에서 기후·환경 연구가 가장 활성화된 시기는 구석기시대이며, 2000년대 이후 유적에 대한 고환경·퇴적 분석은 정형화되었다. 또한, 제천 (포전리) 점말·단양 (도담리) 금굴 등의 동굴유적에서 나온 각종 동물뼈·뼈도구 등을 가지고 고동물을 분류·동정할 필요성이 생기고 동굴퇴적물의 화분분석도 시도되면서 고식생연구가 이루어졌다.

    서구의 구석기시대 고환경연구는 원래 플라이스토세의 동물상[17]과 식물상을 이용하는 것으로 출발하였으므로 이에 근거해 우리나라 후기 플라이스토세 동물상 연구도 시작되었다. 우리나라에서 MIS 3기는 상대적으로 온난하다보니 가장 풍부한 동물상이 나타나나 MIS 2기가 되면[18] 전 시기부터 계속 살았던 사슴과(사슴·말사슴·노루 등), 멧돼지, 말 등의 초식동물들과 함께 호랑이, 곰 등의 대형 식육류, 오소리·수달·산달·너구리 등의 소형 식육류도 나타난다. 기후·지형상 온대성의 숲 지역이 많고 초원과 같은 환경도 일부 존재했을 것으로 추정되나, 최후빙하극성기Last Glacial Maximum, LGM 무렵에는 동굴곰, 동굴하이에나, 털코끼리, 털코뿔이 등 지금은 절멸된 동물들이 나타나 대체로 춥되 기후변화도 심했음을 알 수 있다(조태섭 2005:133~134). 이들 대부분이 당시의 먹을거리였다는 점에서 구석기시대 고환경연구는 곧 고경제연구라고 할 수 있다.

---

17   동물상이란 한 유적에서 출토된 동물화석의 전체 구성상(또는 어떤 시기의 여러 유적에서 출토되는 동물들의 조합상)을 말한다. 동물상은 일반으로 구석기시대의 시대구분보다는 지질시대의 체계(한국에서는 플라이스토세 중기와 후기)를 따른다(조태섭 2015).

18   참고로, 일반으로 빙기에 중부유럽 10℃, 중위도지방 6℃ 일본 4~5℃ 정도 낮다고 한다(양재혁 2008:102). 6,000~5,000년 전 해진극상기·기후최적기의 중부유럽 여름기온은 현재 +2~3℃ 라는 언급도 있다(황상일·윤순옥 2011).

표 01　후기구석기시대 고환경과 동물상

연대(kya)	환경	동물상	석기
11	온난한 온대기후		
17~16	현재보다 냉량한 온대	현대형 동물상 등장	
24(LGM)	냉량건조한 기후	털코끼리-털코뿔소(한국 서북부)	좀돌날석기
30	건조화		
40	이전보다 냉량건조한 온대	쌍코뿔소 절멸(?)	
52~43	온난한 온대 → 냉량한 온대		

그러나 전체적으로는 열대~한대성의 급격한 기후변화는 겪지 않았고 온대성의 기후조건이 지속되었던 편으로 추정되었는데(조태섭 2015), 우리나라가 빙하 주변 지역이라 그럴 수도 있고, 대형동물들의 적응력 때문에 기후변화에 민감하지 않아서 그럴 수도 있다고 여겨진다(표 01[19]).

꽃가루분석은 북한에서 먼저 시작되었는데, 1962년 함북 화대 장덕리長德里의 이탄 채굴과정에서(이탄층 두께 3.86m) 털코끼리 화석이 나왔고, 이탄층의 화분분석으로 소나무·잎갈나무·가문비나무 등을 확인하여 당시는 침엽수가 우세하며 현재보다 한랭하고 다소 습한 기후라고 보았다. 현재 우리나라 북부 고원지대의 기후나, 북위 50° 정도의 아세아지역, 특히 흑룡강 유역의 기후와 유사할 것으로 추정하였다(로영대 1962; 한창균 2008:9에서 재인용).

남한에서는 2000년대 이후 대부분의 구석기 유적발굴에서 화분분석이 이루어진다. 호서지역을 예로 들면 군산 내흥동內興洞, 아산 풍기동豊基洞·장재리長在里 아골·장재리 곡교천曲橋川, 서산 석림동石林洞, 천안 성정동星井洞·운전리雲田里·불당동佛堂洞, 단양 (애곡리) 수양개·(여천리) 구낭굴, 청주 소로리小魯里, 제천 점말동굴, 공주 제민천濟民川유역 등 좁은 지역에서 화분분석이 집중적으로 이루어졌으며, 이를 종합한 연구도 나온 바 있다(박지훈 2011b[20]).

위 자료 가운데 MIS 3기에 해당하는 곳은 내흥동·풍기동·무안 피서리皮西里유적 등인데, 이 가운데 가장 이른 내흥동 Ⅰ화분대 〉 내흥동 Ⅱ, 풍기동 Ⅰ 화분대 등은 냉량한 기후조건 아래 참나무

---

[19]　한창균(2011)의 〈자료(上)〉(p. 813)을 전재·수정하였다.

[20]　무안 피서리의 분석 결과도 포함하고 있다.

속Quercus을 주종으로 하는 온대활엽수림이 번성하다가(~43,000년 전) 점차 소나무·가문비나무·잎갈나무·자작나무속 등의 한랭성 침엽수림으로 교체되어간다(~38,570년 전). 더 추워지고 건조화되어 가는 것이다. 최후빙하극성기 전후로부터 만빙기까지에 해당하는 성정동, 하남 풍산동豊山洞·신장동新長洞, 아산 장재리 곡교천〉소로리, 불당동, 아산 제민천 등을 보면 아고산형亞高山型 침엽수림이 발달하고, 한랭건조한 기후로부터 상대적으로 한랭한 기후로 변천해갔다고 한다(박지훈 2011b).

최근에는 최후빙하극성기의 기후환경을 검토하는데 당시의 한대전선의 분포를 밝히는 것으로 접근을 하거나(윤순옥 외 2009), 정량화된 화분 통계자료를 활용하여 등시화분선도를 작성, 시기별 식생 변천과 기후변화를 복원하는 연구가 시도(김혜령 외 2012:180) 되는 등 다양한 노력을 하고 있다. 장차 구석기시대(플라이스토세)의 고환경연구는 고고학 고유의 동물상 식물상 연구 등을 통한 정성적 연구에서 벗어나, 해양시추코어, 빙상코어, 대형호수 시추코어, 황토와 고토양층 등의 다중대리자료를 활용하여 각종 정량적 연구로 달려갈 것 같다.

2) 고지형 연구

구석기 연구에서는 유적의 지형 파악이 첫째로 중요하다 보니 대부분 고지형을 포함한 그 지역의 제4기 환경분석을 통째로 의뢰하는 경우가 많다. 현재는 구석기 유적의 환경·지형분석 매뉴얼이 세워져 있는 셈인데, 너무 동일한 분석방법들이 사용되어 오히려 새로운 문제의식과 연구방법이 기대된다.

고지형연구의 주요 주제는 단구층의 확인과 형성연대, 퇴적층·고토양층의 물질 기원과 형성 등인데 이들과 석기제작, 구석기 상한에 대한 논의 등이 맞물려있다.

단구 연구에서 현재 중요한 것은 제2단구와 제3단구의 형성시기인데, 동해안 중심의 해성단구연구와, 이에 대비되는 내륙의 하성단구 연구로 나눌 수 있다.[21] 구석기 유적은 제2 단구 위 고토양층에서 주로 나타나기 때문에 단구 연대를 아는 것이 관심의 초점이 된다. 최근까지 3 단구면은 30~35m 높이에 분포하며 마지막 간빙기에 해당한다고 보아왔으나, 김주용은 MIS 5e(125 ka)에 해당하는 해성단구는 해발 20m 전후에 분포한다고 생각한다(Kim et al. 2004). 즉 마지막 간빙기 시작 무렵(125 ka)의 해성단구 고도가 18~25m 또는 30~35m 인가로 논의가 귀결된다(김주용 2007; 김주용

---

21   이 부분에 대해 서인선 선생과 의견을 교환하였다.

외 2002).

토양쐐기soil wedge가 나타나는 고토양층의 형성연대는 매우 중요하므로 AMS·OSL[22]·테프라 등 다양한 연대측정방법의 사용과 연구가 지속되어, 현재로는 야외에서 퇴적층만 보고도 대략 그 형성연대를 짐작할 수 있다. 석기 외에 아무런 문화유물이 없고, (한데유적open site의 경우) 유물의 생김새 변화가 느려 편년이 쉽지 않은 구석기 유적에서, 오직 토양만으로 해당 연대를 먼저 추정할 수 있다는 점은 구석기 연구의 대단한 발전 측면이라고 하겠다.

고토양palaeosol은 원래 지질시대에 생성된 토양으로서 현재의 자연환경 아래 생성된 토양에 대응하는 말이다. 매몰되어 있는 경우도 있고buried soil, 화석화되어 있거나fossil soil, 지표에 노출되어 있는 경우exhumed soil 등을 가리킨다. 야외에서는 종종 고토양이 뢰스층과 연속되어 있거나 여러 매가 교호적으로 나타나므로 지형·지질학자들은 이들을 연속층으로 파악하는 경우가 많으며, 냉량건조한 빙하기에 퇴적, 간빙기에 토양화되었다고 보고 있다(반면 제4기를 연구하는 지질학자들은 빙기에 침식, 간빙기에 퇴적된다고 본다(김주용 2013b).

고토양과 연속되는 사례가 많은 뢰스층은 실트입자로 이루어졌고 층리가 발달하지 않은 풍성토인데, 입도분석·석영 입자의 형태분석·점토광물 분석결과 중국 황토고원에서 직접 왔거나 한국환경에서 다소 변형된(풍화를 더 받았거나) 것으로 이해되기도 한다. 지금까지 이루어진 뢰스-고토양층 연구는 전곡리, 김제, 정읍, 용인, 홍천, 대천, 부안, 안성, 덕소, 봉동, 거창, 서산, 해미, 언양, 진천, 고성, 강릉시 불화산 등지에서 이루어졌다(김남신 1994; 박충선·윤순옥 2004, 박충선 외 2007a·b; 신재봉 외 2004, 2005; 윤순옥 외 2007, 2010, 2011, 2012, 2013; 이용일·이선복 2002; 황상일 외 2009, 2011; Hwang et al. 2014).

---

22 구석기시대 유적에서는 AMS 적용이 어려운 경우가 많다 보니 최근에는 OSL 측정도 많아지고 있다. OSL 연대는 토기와 기와, 화덕자리, 온갖 종류의 토양퇴적층, 공반유물 없는 고인돌, 마애불 등 적용범위가 훨씬 넓으므로 그 타당성에 대한 검토를 거쳐 장차 활용을 늘려가야 할 것이다. OSL 측정 시 주의할 점으로는 연대시료의 채취과정 주의, 석영시료의 기원지에 대한 검토, 단일시료 재현법을 이용한 민감도 보정, 연대측정문제를 야기할 수 있는 장석 신호의 오염도, 석영모래 시료가 보이는 OSL 측정에 부적합한 발광luminescence 특성, 등가선량의 회복 능력, 연간선량 평가법 등에 주의해야 한다는 등의 논의가 있다(김명진 2005, 2006; 김종연 외 2006; 김종욱 외 2007; 김진철 외 2010; 박경·손일 2007; 최광희 외 2008; 최성길 외 2018; 홍성찬 2018).

그러나 구석기 유적에서 나타나는 고토양층은 단순히 뢰스와의 교호층이 아니다. 여기서의 고토양층은 "경사지역에서 풍화에 의해 형성된 암편과 토양들이 '수분과 중력의 힘'으로 산록의 아래지역으로 이동하여 퇴적된 지층을 말한다. 분급이 불량하여 각진 암편들을 포함하는 치밀한 사질[23] 토양이며, 마지막 간빙기로부터 마지막 빙하기까지 형성된 지층이다."(김주용 2013b). 그리고, 구석기가 출토되므로 문화층이다. 이 부분에 대해 지구과학자들과의 지속적인 토론이 필요하다.

고토양층의 연대와 관련하여 구석기시대의 상한을 언제로 보는가에 대해서도 전기~후기까지 다양하다. 전기로는 연천 전곡리를 MIS 9기 즉 30만 년 전(OSL 연대, 신재봉 외 2004)으로 보거나, 전곡 현무암의 TL 연대 28만 년 전(이동영 1999)에 주목하는 견해가 있고, 고토양층에서 발견되는 AT[Aira-Tanzawa] 테프라 화산재로 보아 한국 구석기는 주로 후기에 해당한다고 보는 견해가 있다(AT 테프라 분출 시기는 약 22,000~25,000년).

고토양층 내에는 추운 시기에 형성되었다고 여겨지는 토양쐐기가 자주 관찰되는데, 우리나라에서는 두 매의 토양쐐기가 가장 흔히 관찰된다. 각각 최종빙기 아빙기(75,000~60,000년 전)와 최후빙하극성기에 형성되었다고 알려졌다. 고고학 발굴장에서 토양쐐기의 유무는 구석기 유적을 확인하는 한 지표이기도 하며,[24] 테프라는 토양쐐기 상위지층의 최하면, 토양쐐기층 최상면, 토양쐐기 충전물 등에서 산출된다.

구석기시대의 해수면변동 연구는 홀로세의 연구만큼 관심을 받지는 않는 듯하다. 마지막 간빙기 이후로 해수면이 내려가기만 하는 상황이었을 터이며, 중국, 일본과의 연륙현상이 당시 사람들의 활동 범위와 크게 관련된다고 여기지 않기 때문이다.

구석기 유적에서 연구된 바를 찾아보자면, 군산 내흥동유적에서 35,000~25,000년 전의 해수면은 현재 −20~10m 정도 낮은 것으로 분석된 바 있다. 일반적으로 4~3만 년 전 시기의 해수면은 현

---

23 엄밀히는 사질만이 아니라 많은 양의 실트와 점토성분이 포함된다.

24 제주도에서는 외도동의 토양쐐기가 확인되어 동굴 아닌 한데유적 구석기 유적의 가능성을 높여주고 있다(이진영 외 2015). 일찍이 천수만 간월도에서도 최후빙하극성기의 고토양을 찾아(오경섭 외 1995) 서해도서지방의 구석기시대 존재에 대한 기대감을 높여준 바 있는데, 백령도에서도 토양쐐기가 찾아지는 등(이정철 2012:58) 도서지방에서 토양쐐기가 발견되는 사례도 많아지고 있다.

재 −80~−70m 아래로 예상되는데 비하면 내흥동의 해수면이 훨씬 높게 나타나(한창균 2008) 숙제로 남아있다. 무안 망월리望月里의 해수면은 현재 −23m 정도 낮은 것으로 재어졌는데, 이곳 하성퇴적층의 연대는 37,700년 전이다(한창균 2008). 그밖에 나주 진포동津浦洞유적의 규조 분석, 낙동강 삼각주 북부 지역의 유공충 분석 등의 사례가 있다(류춘길 2013:94~99). 부산 동삼동패총에서는 도로 아래 발굴에서 단구자갈층이 확인되었고, 해저지역의 발굴에서 약 30,000년 전으로 추정되는 그루터기가 나온 바 있다(東亞大學校博物館 2019; 李東注 2009). 더 많은 분석사례가 나와 주어야 한다.

4. 신석기시대의 연구

신석기시대는 홀로세의 전 기간에 해당하니 고고학자들은 보고서에 실린 분석자료만이 아니라, 이 시기에 대한 지구과학자들의 환경연구 전체를 다 참고해야 할 것이다. 다만 신석기 유적이 적게 발견되고, 구릉에서 바닷가까지 거의 모든 지형에 유적이 분포되어 있다 보니 특정 지형에 대한 관심이 적은 탓인지 발굴시 분석된 환경자료는 적은 편이다. 유명한 고성 문암리유적의 경우 다방면의 환경·지형분석이 이루어진 바 있다.

1) 고환경/고기후 연구

신석기시대(홀로세)의 고식생·고기후 복원은 화분연구가 주도해왔다. 이 시기에 대한 꽃가루 연구는 주로 참나무와 소나무의 우점관계를 대상으로 파악하여 왔는데, 홀로세의 기후를 3기로 구분한다. 전반기(약 10,000~6,000년 전)은 참나무속을 우점종으로 하는 온대성 활엽수림이 발달한 온난습윤기 후이다. 후반기(6,000년 전~현재)에는 점차 소나무속이 증가하여 기후가 상대적으로 냉량, 건조해진 것으로 파악한다. 후반기는 2개(~3개)의 아분대로 나뉘는데, 대체로 상부에서 소나무속의 산출이 높다. 약 2,000년 전 이후는 소나무속의 우점과 초본류의 급증으로 특징 지워지며 인간활동과 간섭이 심해지는 시기로서, 이견이 없다.

화분학자들은 동서해안의 홀로세 화분조성에 차이가 있다고 한다. 서해안은 동해안과 달리 해발고도가 낮은 구릉성 산지가 광범위하게 분포되고 조차가 큰 편이어서 해양의 영향을 광범위하게 받았고, 고해면이 오래 유지되면서 습윤한 환경이 지속되었다고 보는 것이다(박지훈 2011a; 윤순옥·김

혜령 2001). 이때 습윤의 기준은 오리나무로 보고 있다.[25]

　홀로세의 기후변화가 뚜렷하지 않아 화분만으로 변화양상을 파악하기 어렵다는 의견들이 많아지면서 점차 "다양한 고기후지시자"들을 활용하는 분석이 시도되었다. 사실 초기에는 화분분석만으로 당시의 기후와 식생, 해수면변동까지 모두 추정하는 의욕에 찬 시기가 있었으나, 화분이 가진 국지적 성격, 유적 주변의 화분양상은 이미 인간에 의해 교란된 것이라는 점(따라서 습지나 호소퇴적 화분이 중요함) 등 여러 불리한 점들이 지적되면서 최근에는 규조류(류은영 외 2005; 이상헌 외 2005 등), 식물규소체(윤순옥 외 2009 등), 탄소동위원소(정혜경 외 2010 등), 이매패류(김정숙 외 2011 등), 희토류 원소(Lee et al. 2014), 퇴적물의 유기지 화학분석(남욱현·임재수 2011) 등 다양한 분석들이 따로, 또는 복합적으로 수행되고 있다.

　그럼에도 국내에서 홀로세의 '정량적인' 기후변화요소(기온, 강수량 등)를 복원한 연구는 드물다. 최근에는 국제층서위원회의 권고안에 따라 (한랭화 분기인) 8.2 ka 사건과 4.2 ka 사건을 중심으로 홀로세를 초기·중기·후기로 구분하기도 한다(유근배 외 2017:184, 188).[26]

　여기에 따르면 홀로세 한반도에서도 전지구적 기후변화를 겪었다는 것, 홀로세 초기(8.2 ka 사건 이전)에는 현재와 비슷하거나 조금 낮은 수준까지 기온이 상승하였고, 홀로세 중기(8.2~4.2 ka 사건)로 넘어가면 동아시아 몬순의 영향 아래 온난습윤한 기후최적기[27]가 나타나며, 홀로세 후기(4.2 ka 사건 이후)는 대체로 한랭화 경향을 겪었으나 인간간섭 등이 크며 아직 잘 연구되지 않았다는 것 등이다(유근배 외 2017).

---

[25]　여기에 대해서 화분조성의 비율변화와 한반도 동서지역의 지형경사도·해발고도·조차·토양·유적의 분포 등에 대한 상관성을 따져보아야 좀 더 명확해질 것이라는 사실을 분석자들도 잘 인지하고 있다(김혜령·윤순옥 2007:101).

[26]　8.2 ka 사건은 홀로세 초기 로렌타이드 빙상Laurentide Ice Sheet 전단부의 아가시Agassiz 빙하호가 붕괴될 때 흘러나온 민물이 북대서양의 열염순환을 교란시키면서 발생했으며, 4.2 ka 사건은 태양흑점수의 변화나 적도 태평양의 해수면 온도변화ENSO가 원인이라는 것이다. 한편 한국의 주요 수계 저습지에서 약 8,200년과 4,100년 전에 건조한 시기가 있었던 것으로 나타난다는 견해도 있다(김주용 2013a:414). 한랭건조한 기후였을지 모르겠다.

[27]　기후최적기에 표층의 기온은 지역에 따라 1~4℃ 높은 것으로 추정한 연구도 있다(남욱현·임재수 2011).

이 부분에 대해 최근 가장 활발히 작업을 하는 박정재는 홀로세 기후최적기는 9,000~8,000년 전에 나타나며, 7,600~4,800년 전이 기후극성기, 사이사이에 갑작스런 냉량기가 있다는 것, 고기후에 따른 고해면기가 있다는 것(박정재 2017)[28] 등의 연구를 하고 있다. 또 홀로세 무렵 세계의 기후변화와 한반도의 기후변화를 적극 대응시켜서 홀로세 중·후기의 제주도-한반도 남부 자료들은 적도 서태평양 온도변화와의 상관성이 보인다고 한다(박정재 2018). 2,400년 전의 단기한랭기는 송국리문화의 쇠락을 불러왔다고 추론하는데, 이는 청동기시대의 농경에 대한 김범철의 도안(金範哲 2019:58)으로 연결된다.

　아직도 여러 값으로 제시되는 신석기시대의 지역별 기후·환경 복원 데이터를 종합하기는 곤란한 편이다. 예를 들어 2,000년 전부터 추워진다고 보는 일반론이 있는 반면, 이 무렵에 기후최적기와 맞먹을 정도로 높은 기온이었다고 보는 견해도 있는 것이다. 연구지역·분석대상·분석자의 견해에 따라 다른 결론이 나오는 여러 자료들을 고고학자들이 취사선택하여 어떤 기후 아래 어떤 문화가 조응했는지 대비해보기는 매우 어려운 상황이다.

　그런 가운데에서도 신석기시대의 기후변화와 문화변동을 대응시킨 연구들이 나오고 있다. 안승모(2011)는 지질학자 본드Gerald Bond의 가설을 바탕으로 한국에서도 지구적 규모의 홀로세 기후변화가 있었고 1,500년 간격으로 한랭건조한 기후가 발생함을 인용하여, 한국신석기문화의 변동과 대비하였다. 본드사건Bond event 1(홀로세 출현)에는 고산리식 토기문화 등장, 오산리식 토기와 융기문은 본드사건 5의 한랭기가 끝난 뒤 기온이 온난습윤해지는 시기 등으로 설명하였다. 소상영(2019)은 홀로세를 온난 1, 2기 → 한랭 1, 2로 구분하고 각 기에 따른 기후, 식생, 해수면변동을 정리한 다음 신석기문화의 발달단계를 적용시켜 보았는데, 그는 환경결정론을 경계하면서도 기후변화에 따른 문화변동을 설명하고자 하였다.

28　광양시 섬진강범람원의 퇴적물에 대한 탄소연대측정·입도분석·화분분석·유기물 분석 등을 수행한 것이다. 남욱현 등도 영산강 하구 연안습지의 퇴적물에서 8.2 ka 사건에 일치하는 분석값을 낸바 있다(남욱현 외 2004).

2) 고지형 연구

고지형 연구는 고환경연구와 다소 다른 것이라고 생각할 수 있다. 그러나 양자는 떼어지지 않는 관계이다. 고환경연구를 위해 꽃가루분석을 할 때 이것이 주로 어떠한 지형조건에서 산출되는지 알아보는 작업이 우선되며, 실제 대부분의 지형학자들은 도입부에 해당지역의 지형적 특성을 자세히 개관하는 작업을 한다. 이 과정은 고고학자들에게도 매우 유용하다. 지형을 알아보는 눈과 응용력을 길러주기 때문이다(역으로, 꽃가루와 규조분석 등을 통해 당시의 지형변화도 유추한다).

신석기시대는 구석기·청동기시대에 비해 매우 다양한 지형을 활용하였다. 구석기 유적들은 주로 구릉 상에 분포하기 때문에 연구의 핵심이 단구층·고토양의 파악이다. 청동기시대 유적들의 입지·지형은 대부분 구석기 유적과 겹치므로 고토양이 많다. 이에 비해 신석기시대의 유적은 구릉지와 동굴, 하천 퇴적지형으로서 선상지·하안단구·자연제방·배후습지·하중도·큰 강의 삼각주, 그리고 바닷가, 도서지방 등 거의 모든 지형에서 찾아진다.

이 가운데 하천퇴적지형의 중요성이 큰데, 대부분의 지형학자들은 홀로세 이후의 우리나라 하천지형~충적층의 발달에 대해 최후빙하극성기~후빙기에 걸친 해면 변동과, 그와 결부된 하천의 침식퇴적작용으로 충적층의 형성을 설명한다. 즉 대하천 하류부의 범람원은 최종빙기 전기부터 낮아진 침식기준면에 대응하여 낮아져 최후빙하극성기에는 해발이 현재보다 훨씬 떨어진 깊이까지 침식되었고, 빙기의 침식곡이 후빙기 해진에 의해 익곡되면서 하천 운반 퇴적물로 매적되어 형성되며, 홀로세 후기가 되면 침식곡의 대부분이 하천 운반퇴적물로 메워져, 넓은 자연제방과 배후습지를 형성하게 되었다는 것이다. 차수가 낮은 하천들의 경우에도 중류~하류부에는 비교적 넓은 범람원이 존재하며 하류부는 해수면변동의 영향을 받지만, 중류부 이상의 범람원 형성에 대해서는 연구가 적다(황상일 외 2009:17).

3) 해수면변동 연구

해수면변동은 늘 있었으나 바닷가의 살림을 본격적으로 하던 신석기시대의 변동 양상이 가장 주목된다. 당시 사람들의 활동 영역과 가용 자원을 추구함에 가장 중요하기 때문이다. 우리나라의 해수면변동은 대부분 기후변화로부터 온다고 생각되고 있으므로 해수면이 현재보다 높았다는 것은 기온이 현재보다 높았음을 의미한다고 보고 있다. 우리나라에서 해수면변동 연구는 1980년대부터 시작되어 지난 40여 년간 여러 학자들에 의해 이루어졌는데, 연구의 출발점은 옛 조간대나 구해빈 퇴적물 등 화석화된 지형이나 해안단구·해안사구 등을 관찰하는 것으로부터 시작된다.

후빙기 해진이 현 해면보다 (다소) 높은 수준까지 상승한 적이 있다면 해안에는 최고 수위면보다 5~10m 정도 높은 고도에서 각력·원력 등의 단구퇴적물이 분포하거나, 대조 시의 고조위 보다 더 높은 곳에 해빈층이나 해안충적면 등이 나타날 것이다. 이같은 지형흔적들은 우리나라의 해안 곳곳에서 나타난다.

분석연구로는 하천유역·해안지역 퇴적층의 퇴적상 분석, 화분·규조류 분석과 퇴적물 분석, 퇴적환경과 퇴적층서 파악, 미화석 분석, 해안사구의 탄산염 퇴적물의 구성성분 분석, 연안·해저퇴적층의 경우에는 탄성파 탐사 분석 등이 이루어지고 있다(고아름 외 2013; 김성환 2009; 김정숙 외 2011; 김정윤 외 2016, 2017a·b; 김태우 외 2019; 김향주 외 2011; 김혜령 외 2016; 남욱현 2018; 류은영 외 2005; 류춘길 외 2005, 2011; 박희두 2001; 백세익 외 2016; 신영호 2011; 양우헌·소광석 2008; 양재혁 2008, 2011; 오건환 1994; 오정식 2018; 우경식·김진경 2005; 유동근 외 2004, 2017; 윤순옥·김혜령 2001; 이연규 2005; 정창식 2002; 함아름 외 2018; 홍성찬 외 2010; 황상일 1998; 황상일 외 1997, 2009, 2013, 2016, 2017; 황상일·윤순옥 1995, 2002).

익히 알려진대로 해수면변동 연구에 두 패턴이 있다. 홀로세의 해수면은 평활하게smooth 상승하고 지금보다 높은 적은 없었다는 관점과, 변동하면서 상승하고 기후최적기에 지금보다 높아진 적이 있다는 관점이다. 전자의 관점에는 곰소만 등 서해안, 안산 신길유적, 낙동강 삼각주 분석결과 등을 들 수 있다(양우헌·소광석 2008; 유동근 외 2004; 장진호·박용안 1996; 정창식 2002). 후자 관점—변동경향 fluctuated pattern—의 연구로는 지형적 증거에 대한 고찰(박희두 2001; 신영호 2011; 양재혁 2008, 2011; 홍성찬 외 2010 등)이나 화분·규조류 분석과 퇴적물 분석, 탄산염 퇴적물(우경식·김진경 2005),[29] AMS 분석 등이 자주 이루어진다. 낙동강 외해역 등의 경우에는 탄성파 탐사도 같이 이루어지고 있다.

변동하는 해수면 곡선은 조화룡曺華龍의 연구(1987)를 시작으로, 서해안 일산의 퇴적층·규조분석에서 제시된 것이 가장 널리 인용되었다. 그 뒤 서해안지방에서는 평택 도대천道垈川, 태안 천리포千里浦(규조분석), 보령 삽시도揷矢島, 동해안에서는 고성 화진포花津浦, 울산 황성동黃城洞 세죽, 울산 태화강太和江 하류, 남해안지방에서는 김해 율하지역, 창녕 비봉리, 밀양 수산제守山堤 일대, 낙동강 하

---

29 제주도 협재해안의 탄산염퇴적물의 구성성분 변화로 해수면변동을 유추하여 협재해안은 3,500년 전에 현재 해수면 이상으로 상승하였다고 보는 견해임(우경식·김진경 2005).

구 삼각주에 대한 분석까지 짧은 시간에 많은 분석 예가 모여있다. 현재의 입장은 플라이스토세에 100m 이하 낮았던(지역에 따라 다름) 해수면이 홀로세의 기온상승에 따라 변동하면서 상승하고, 기후최적기에 지금보다 높아졌다는 쪽일 것이다(비봉리의 예).

최근까지 분석된 예를 보면 해수면은 약 7,000년 전에 현재 수준에 도달하였고, 해진극상기(기후최적기)인 6,000~5,000년 전에 현재보다 0.8~1m 높았다. 4,000년 전에 이전 시기에 비해 미미하게 낮아졌고, 2,300년 전에 현재와 유사한 높이로, 2,000~1,800년 전에는 기후최적기에 버금갈 정도로 온난한 기후 아래 해수면이 홀로세 동안 가장 높아서 현재 +1.1~1.3m 높았다는 추정이 있다(황상일 외 2011). 그 이후에 연구된 비봉리(2013), 태화강 하류(2016), 밀양 수산제(2016)에서도 이전과 별 차이 없는 패턴을 보여주었다. 아마도 분석자가 동일하며, 자료가 빠진 부분은 이전 다른 지역의 분석값이 서로 '조화된다고' 보아 대체한 부분들이 있는 데서 기인하는 듯하다. 비봉리유적의 경우 6,500년 전에 +2m, 5,500년 전에 +0.8m에 도달하였다고 보았다.

낙동강 삼각주 일원의 퇴적상, 규조류 등을 분석한 결과 해수면은 홀로세에 급속히 상승하여 9,000년 전에 −50m, 8,000년 전에 −16m, 7,000년 전에 현재 −5m, 6,000년 전 되면 현재보다 1m 높아졌고, 4,000년 전에는 현재보다 낮아져 −3m, 1,700년 전에는 현재 +2m 상승하였다고 추정한 연구(류춘길 외 2011)도 있는데, 세부적 차이는 있어도 변동 패턴은 대체로 같아 보인다.

최근에는 연안환경의 해발고도를 정량적으로 복원하기 위해 '규조기반 전이함수'의 개념을 도입하여 해수면변동 연구의 해상도를 높이려는 노력도 이루어졌는데(김정윤 외 2017a·b), 분석결과는 기존 연구와 매우 다르게 나왔다.

이러한 상황에서 고고학자들은 신석기시대의 바닷가 생활방식을 세밀하게 추론하기 어렵다. 지구과학자들조차 해수면이 지역에 따라 달리 나타나는 데 대해 지역에 따른 해면경사·평균해수면의 높이 차이 등 다양한 국지적 지형특성을 고려해야 한다거나(김태우 외 2019), 지역에 따른 퇴적물 질의 유형·계측지점의 고도·연대측정·분석 시 채택한 방법·데이터의 오염문제 등을 유의해야 한다고 지적하고 있다. 또 해면변동에 따른 지각균형작용·서해~남해 퇴적분지의 융기~침강문제·제4기 단층활동·조수간만의 차이·퇴적물의 유입과 압축 등 해수면의 상대적 높이 기록을 왜곡시킬 수 있는 수많은 요인에 대해서도 주의를 요하는 상황이다(남욱현 2018).

해수면 상승이 평탄경향smooth pattern에 따른다면 신석기시대 이른 시기의 유적이 해저 밑에 가능성이 있을 것이다. 변동경향에 의한다면 좀 더 복잡하고 어려운 문제들이 전개될 것이다. 우리나라 각지의 해면변동연구가 제시되고 종합되는 날을 기다린다. 그리고 유적 발굴 시 고고학자들과 분석자들의 협업과 토론이 긴밀해질 것을 바라마지 않는다.

5. 청동기시대의 연구

1) 고환경 연구

이때부터는 환경변화가 심하지 않았을 것으로 여겨지다 보니 고환경에 대한 관심이 적어지는 듯하다. 그러나 대규모 취락들이 찾아짐에 따라 유적 주변의 고환경에 대한 분석의뢰가 많아졌다. 주거환경과 생업의 유리함 때문에 취락지로 선정되었을 것이니, 그 조건들이 궁금했을 것이다.

호서지역은 충남·대전지역 개발, 경부고속철도, 행복도시 건설 등에 따라 짧은 시간에 수많은 청동기시대의 대단위 취락들이 찾아지면서 당시 환경에 대한 분석 연구가 잇따르게 되었다. 충남지역의 후빙기 환경에 대한 개관(박지훈 외 2008)이 있고, 대전 유성구 지역(이상헌 외 1998), 천안 불당동유적(박지훈 2006), 아산 풍기동유적(이상헌 외 2006), 아산 온양천 주변(박지훈 2010), 아산 탕정평야(박지훈·장동호 2010), 부여 능산리陵山里 충적평야(윤순옥 외 2016), 천안 성정동유적(김혜령 외 2012), 아산 곡교천 유역(박지훈·김성태 2013) 등의 화분분석과, 부여 능산리 충적평야의 퇴적상 분석(윤순옥 외 2010), 탄소동위원소·대자율 분석을 이용한 부여지역의 기후개관(박경·박지훈 2011), 부여 궁남평야의 퇴적구조 분석(박지훈 2014), 공주지역의 제4기 후기에 대한 화분분석(박지훈 2015), 탄소동위원소·대자율 분석을 이용한 공주 제민평야의 환경분석(박지훈·이애진 2017), 세종시 금강 우안지역(월산리)의 화분·식물규산체 분석(문영롱 외 2017) 등이 있다(여기에서 빠진 자료들이 발굴보고서의 부록에 더 많이 실려있을 것이다).

비교적 좁은 범위에 대한 화분분석이기 때문에 연구결과는 비슷하다. 다만 이러한 자료들을 어떻게 종합하여 당시에 대한 이해를 넓히는가, 현재의 기후연구가 요구하는 정량화된 연구로 나아가는가에 대해 지구과학자들의 연구진전과 활용을 바라고 있다.

2) 유적 분포·입지특성 연구[30]

청동기시대의 밀집된 대규모 취락들이 출현함에 따라 시대와 유적의 유형에 따른 분포·입지상의 특징이나 취락의 소멸에 관한 연구가 많아진다. 즉 문화유적의 입지분석이라고 할 수 있다. 이러한 연구들은 2000년대 이전에도 간간이 이루어졌으나, 청동기시대 부여지방 사람들의 환경 적응을 추적한 연구(이의한 2000) 이후, 청동기시대의 대단위 취락들이 널리 드러남에 따라 여기에 대한 지리학적 관점의 연구가 잇달아 발표되었다.

대규모 취락지들에 대해, GIS를 활용하던 초기에는 구석기/신석기/청동기시대 유적 입지의 지형요소를 유형화—예를 들면 배후산지, (산록)완사면, 구릉, 개석곡저면, 하안단구, 범람원 등— 하거나(김남신 외 2003), 고도·도로접근성·용수확보의 조건으로 유적 유형화(김창환·배선학 2006)를 시도하였다. 점차 취락들의 입지특성에서 집자리의 지형지질·토양·기후·식생은 대개 유사하므로 유적의 경사도, 표고(고도), 용수하천거리, 용수하상비고, 도로접근성 등을 입지요인으로 잡아 분석하거나, 미지형→40개의 극미지형으로 분류해보는 연구들이 쏟아져 나왔다.

일련의 유사한 결론들을 모아보면 큰 강의 본류는 집중호우 시 침수의 위험, 계절에 따른 강우량 변동이 심해 취락 발달에 적합하지 않으므로 주거·경제활동이 가능하고 홍수·산사태의 영향을 덜 받는 지형을 취락으로 선택한다는 것, 즉 하안단구·선상지·저구릉(침식완사면~침식평탄면에 분포하며(지형경사 7°정도), 용수공급을 중요하게 생각하고,[31] 능선 지표면의 사면향—특히 남향계열을 중시한다는 점—(박지훈·이애진 2018) 등을 꼽을 수 있다.

청동기시대 사람들은 무엇을 먹고 살았을까? 이들의 경제공간(생활지형면)도 궁금한 부분이다. 대규모 취락지가 찾아질 경우 "유적의 생산유구는 어디 있을까?"라는 당연한 의문에 대해 제안을 한

---

30   다음의 연구들을 참고하기 바란다(김남신 외 2003; 김만규 외 2006; 김창환·배선학 2006; 박종철·박지훈 2011; 박지훈 2011a; 박지훈·김경진 2012; 박지훈·박종철 2011; 박지훈·오규진 2009; 박지훈·이애진 2013, 2018; 박지훈·장동호 2009; 박지훈 외 2012; 박철웅·김인철 2012; 안형기 2010; 이애진·박지훈 2016; 이의한 2000; 李鎭永 2006; 이진영 외 2011; 이한동·김교원 2012; 최성재 외 2016).

31   대전지역 선사취락들의 경우 근거리에 소규모 하천(1-2차), 중규모 하천(5차수 이상)을 동시에 보유하기도 한다(박지훈 외 2012). 신석기시대 영종도 운서동유적에서도 취락 조성시 2개소에서 동시에 용수 취득이 가능한지의 여부를 고려하였다(박지훈·이애진 2013).

연구가 있다(박지훈 2011a). 유적 내에서 제한된 저습지를 농경지로 이용한다면 소규모 선상지와 범람원이 만나는 경계 부분, 즉 선상지의 말단부·매몰 선단 부근으로써 사면퇴적 기원과 홍수퇴적 기원의 경계 부분이라는 것이다. 다만 이것은 수전을 염두에 둔 것이며, 청동기시대의 다양한 경제활동과 경제공간에 대해서는 차후 본격적인 관심을 받으면 좋겠다.

공간적 입지분석으로부터 여러 취락들의 폐기에 대한 관심이 이어졌다. "번성하던 유적이 어떻게 폐기되고 소멸되었는가?"하는 분석은 아산 장재리 아골, 천안 구룡천九龍川 하류부 통정골 유역(신방동新芳洞), 구룡천 하류부 안골, 천안 매곡천梅谷川 최상류부 차암골, 강릉 연곡천連谷川 지류 석구골 최상류 지역 등등에 대해 지형조사와, 곡저 퇴적물의 층상·층서해석, 연대측정 등을 통해 이루어졌다. 취락의 소멸은 대개 구릉의 사면물질 이동(산사태)으로 인한 매몰로 보는 시각으로서, 고재해지리적 관점이라고 할 것이다. 이 연구를 주도한 박지훈은 대부분의 지역에서 사면물질이동은 100~1,000년 시간 주기로 반복되었다고 추정하였다.

우리나라에 있는 187개의 충적지 취락의 입지를 분류하여 취락의 점유기간을 한랭기, 온난기, 소빙기 등의 기후변동과 대응시켜보고, 충적지의 환경변화―결국 기후변화로부터 유발된다고 보는―와 토지이용은 불가분의 관계라고 본 연구가 있다(이홍종·손준호 2012).

3) 농경연구[32]

농경연구는 고경제의 가중 중요한 부분이므로 환경연구의 도움이 절대적으로 요청된다. 가장 많이 주목되는 것은 화분에서 벼과 → 벼*Oryza*속의 출현 또는 부채꼴 모양 벼 규산체의 출현이 될 것이다. 이와 함께 농경의 지표종인 초본류도 급격히 증가하게 되는데, 쑥속, 명아주, 방동사니, 여뀌속, 메밀 등등의 화분이 주목된다.

화분 연구자들은 한반도의 농경활동이 초기에는 화전 형태로 잡곡류 위주의 소규모 농경에서, 점차 청동기시대 이후 재배면적 확대 / 재배작물 다양화가 되면서 벼의 재배가 이루어진 것으로 보았고 그 근거는 소나무속의 우점과 초본류의 급증현상을 꼽았다. 사실 우리나라에서 2,000년 전 이

---

[32] 안승모 "농경기원과 식물고고학" 블로그(https://blog.naver.com/somabba)참조바란다. 2020년 6월 현재 약 360여 개의 글이 있다.

후 소나무의 전국적 확대는 명확한 현상인데(강원 강릉 주문진, 울산 방어진, 천리포, 경기 화성, 전북 익산, 전남 함평 등지의 화분분석자료), 소나무의 급격한 증가는 전 지구적 한랭화에 따른 침엽수림의 증가, 벌목이나 화전 등 인간간섭의 결과, 해면 하강으로 인한 척박한 나대지의 증가와 건조한 기후의 확대 등이 원인으로 유추되었다.

고고학자들은 발굴 시의 경작유구·경작도구·대형 탄화물·부유물 등을 가지고 농경을 추정하는 데 집중하며 "벼"의 실체에 대한 규명에도 관심이 많다. 그러나 보리·밀·수수 등 잡곡류의 실체는 잘 모른다. 이런 점에서 국립문화재연구소에서 간행한 고고식물 사례집들은 큰 도움이 될 것이다.[33] 고양 일산·파주 운정·진천·청주 오송 등 중부지역의 습지시료에서 옥수수 화분이 검출된 것 (1,700년 전)도 매우 흥미 있는 사례이다(이상헌 2009). 이런 상황에서 자연유물을 추출하는 여러 가지 단순~복잡한 테크닉의 역할이 크다. 부유선별법water flotation의 경우 그 기술적 단순함에 비해 농경의 실제 증거를 질, 양적으로 확실히 제시한다. 이 작업을 많이 한 이경아 교수는 거의 모든 청동기시대 집의 화덕 근처에서는 씨앗류(탄화곡물)가 나온다고 확신하고 있다. 환경자료와 실물자료 다음의 단계로서, 농경, 농사짓기에 대한 설명, 해석도 고고학자들의 몫이 되겠다(물론 인류학, 생물학, 농학, 토양학, 기후학 등 다양한 분야에서 학제적 연구도 같이 이루어져야 할 것이다).

최근에 제시된, 청동기시대의 기후 복원과 우리나라 선사, 고대의 사회·문화·경제적 변화상을 대비시킨 표는 매우 짜임새가 있다(金範哲 2019:58). 나아가 김범철의 최근 기후 연구는 매우 철학적이고 사변적인 데로 확장된다(金範哲 2018). 지형·지리적인 요인보다는 인문적 요인의 역할이 큰 '청동기시대' 연구자의 관점이어서 일까?

---

33 국립문화재연구소에서 간행한 아래의 고고식물 사례집(국립문화재연구소 2015a·b·c·d)들은 큰 업적이라고 할 것이다.

III. 분석결과와 학제적 토론

1. 고토양: 구석기문화층과 자연퇴적층 구분

만약 구석기 유적의 지형분석을 의뢰하였는데, 고토양층을 뢰스-고토양 교호작용의 일환으로만 파악하여 고비사막·중국의 황토고원으로부터 유래한 실트silt층의 토양화라고 한 분석결과를 받는다면 구석기 연구자에게는 별 소득이 없을 것이다. 연구자들은 "과연 어떤 환경 아래 어떻게 고토양이 형성되었으며 옛사람들은 어떻게 주변 자원을 활용하고 살아갔나?"라는 점을 총체적으로 알고 싶어 지구과학에 도움을 요청하는 것이다.

그러므로 분석에 들어가기 전 조사자들과 분석자들의 상호 이해와 토론이 절실히 요구된다. 궁금한 부분에 대한 의견 없이 맡기고, 결과에 대해 실망하고, 부록에 싣고 활용하지 않는 상황이 개선되어야 할 것이다.

2. 문암리·오산리유적의 사례

필자는 2007년 봄 양양 오산리鰲山里 C지구 발굴현장 견학 중 이곳의 층서가 고토양 → (자갈층)[34] → 사구층으로 이루어져 있음을 발견하였다. 고토양층을 보는 순간 오랫동안 가지고 있던 의문이 좀 풀리면서, 또 새로운 의문들이 생겨나게 되었다. 며칠 뒤 고토양 상면에서 집자리가 노출됨을 보게 된 바 있다.

의문은 대략 석영암 석기와 쌍호雙湖에 관한 것이었다. 이곳에서는 매우 신석기적인 간석기류와 함께 많은 (구석기적인) 석영암의 몸돌·격지들이 출토되었는데, 이 돌들은 어디에서 왔을까? 남쪽의 양양 도화리桃花里 구석기유적—오산리유적에서 500m 떨어짐—과 관련 있는 것일까? 그곳에서 이동되어 온 석재들일까? 오산리 사람들이 직접 가져왔을까? 그렇다면 오산리 사람들은 이전 단계의 도구들을 인지하고 있었을까? 구석기시대의 석기제작수법이 이어졌을까? 그러기에는 시간상의 공백이 너무 크다. 쌍호는 오산리유적의 어느 단계 사람들과 직접 관련 있는 것일까? 등.

---

34 이 자갈층은 사구의 북쪽에 발달한 것이며 2007년 봄 현장에서 관찰되었는데, 주변 하천의 작용에 의해 퇴적된 것이다.

고토양층과 집자리를 봄으로서 필자는 몇 가지 추론을 하게 되었다. 이 사구지대에서도 집자리의 기반으로 고토양을 활용하였다는 점, 고토양층은 도화리-오산리 뿐만 아니라 위로는 고성 문암리까지, 동해안 일대의 사구층 밑에 연속적으로 깔려있겠다는 점, 고토양층 위에서 살던 신석기 사람들은 이곳저곳에 막 형성되어 가는 사구층을 목도하였을 것이라는 점, 석호는 해수면 상승 이후 내만을 이루었던 곳에서 사주 등이 발달하여 고립된 호수(朴炳權·金源炯 1981)이니 고토양 단계의 사람들과 관련 없겠고,[35] 아마도 침선문토기 단계 쯤의 사람들이 석호를 이용하며 살아갔을 것이라는 점 등이다.

그러나, 사람들은 사구층을 어떻게 활용하였을까? 고토양층과 사구층 활용자들의 시간상 순서는 어떠할까? 조사자는 이미 보고서에 견해를 밝혀놓았으나, 사구층은 모래라는 물성과 바람의 영향 때문에 선후관계를 파악하는 것이 쉽지 않을 것 같다. 오산리 V-⑥층 황갈색 사질토층과 V-⑦층 흑색 사질토층은 같은 연대로 나타나기도 하며(서울大學校博物館 1984:57), 고토양층 가장 위의 집자리와 고토양층 바로 위에 놓인 사구층 집자리의 선후관계를 파악함에는 약간 애매한 부분이 발생할 수 있다. 사구층이 형성되어가며 바람이 불어예는 곳에서 사람들은 무슨 생각을 하며 어떻게 살아간 것일까?

고토양층 최상면(명갈색 찰흙층)은 최근에 와서 더욱 중요한 의미를 지니게 되었는데, 이층은 구석기 최말기이자(성춘택 2019) 초기 신석기를 찾을 수 있는 층이라는 예측들이 나오고 있다. 그렇다면 장차 제주 고산리高山里와 맞먹는 이른 시기 유적을 고토양이 있는 동해안 일대에서 찾아볼 수 있지 않을까?

오산리유적에 대한 이렇게 잡다한 궁금증은 문암리유적의 발굴, 지형분석 결과 등을 참조하면서 조금 보완받을 수 있다. 문암리유적에서는 매우 강도 높은 환경분석이 이루어졌으므로 사구와 사빈의 형성 등에 대해서 좀 더 진전된 지식을 갖게 된다. 다만 이러한 환경 아래 어떻게 생활했는지에 대해 분석자들과의 심도 있는 토론이 필요하다. 그리고 낱낱이 이루어진 분석결과를 종합하여 결

---

35 문암리 일대의 석호가 해수면 상승 이후, 언제 형성되었는가에 대해서는 분석자에 따라 견해가 좀 다른데, 최광희(2014)는 신석기 중기 무렵, 류춘길과 박영숙(2014)은 그보다 늦게 보고 있다. 오산리의 쌍호 형성도 문암리 일대와 같은 시기일 것이다.

론을 내리는 것은 결국 고고학자의 몫이 될 것이다. 장차 이 지역을 또다시 발굴할 계기가 생겨 더욱 짜임새 있는 분석이 이루어지고 고고학자들과 분석자들과의 '밀도 있는' 토의가 있게 된다면 당시의 생활과 환경에 대한 '어떤' 그림을 그려낼 수 있을 것이다.

어떻든 동해안 중부 일대는 해안가의 좁은 지역에 바닷물이 밀려들고—해진의 시작이 유적 근처로 물이 들어오는 시점이 아님에 유의—나며, 그에 따라 사빈-사구환경이 바뀌는 변화가 되풀이되며, 식물상도 달라지고, 점차 석호가 형성되어 가는, 매우 역동적 환경 아래 놓여있었을 것이다. 신석기 사람들은 생계를 꾸려가기 위해 매우 고민하면서 적응했을 것이다. 토기 편년으로 일련의 시간적 순서를 지우려는 강박에서 벗어나, 동해안 중부지역의 변화무쌍한 환경에서 무문양·융기문·오산리식 토기들이 상당기간 공존했을—이것은 AMS 연대에 대한 통계적 이해와도 관련 있겠다— 상상도 해볼 수 있겠다.

3. 청동기시대 취락의 입지특성 연구

필자는 유적입지의 특성 분석 같은 시도가 매우 의미 있지만, 장차 고고학자들과의 토의나 검토가 더해져야 하겠다고 생각한다. 예를 들면 유적 분포와 입지의 특성 등을 분석하는 중에 일률적으로 다루는 주거지들이 모두 같은 성격의 거주공간이라고 단정할 수 없기 때문이다. 모두 단일시기는 아닐 터이니 우선 편년 결과가 반영되어야 하며, 유적의 성격상 연중 거주지·계절적 거주지·한정행위 limited activity를 하던 곳일 수 있겠다.

동일 지역 범위라 하더라도 유력자들이 사는 집과, 해당 사회에서 소외된 계층들이 떠밀려서 할 수 없이 거주하게 된 주변 장소—더 높은 곳, 마을 중심에서 많이 떨어진 곳, 수자원과 먼 곳 등—도 있을 수 있다. 취락 중의 어느 곳이 위계가 높고, 취락 내의 어느 집이 권력자가 살던 집일까? 현재의 다소 단조로운 예측에서 벗어나 예측의 정밀도를 높이고, 고고학자들과의 토의가 잘 이루어져야 더욱 의미 있는 결과가 나올 것 같다.

유적 폐기의 경우도 산사태 빈도가 약 1,000년간에 일어나는 일이라면 취락 폐기의 원인으로는 너무 긴 기간이기도 하다. 편년에 의한 청동기시대 유적의 존속기간에 대한 논의가 공유되어야 할 것이다.

4. 고인돌유적의 해석

고인돌의 입지특성과 축조방식에 대한 암석학적 연구가 있다(박철웅·김인철 2012). 유명한 효산리孝山里·대신리大薪里고인돌—유네스코 세계문화유산—을 대상으로 고인돌과 주변 암괴들에 대한 사면의 지형적 특성 관찰, 상석의 장축 방향성, 고인돌과 주변 암괴군의 퇴적상 특징, 사면 퇴적물 분석—입도분석, 현미경관찰, X선 회절 분석법(XRD), X선 형광 분석법(XRF) 등—, 점토광물 분석, 풍화지수 계측 등의 작업을 하였다.

결과, 고인돌 상석의 장축방향 및 주변의 자연암괴와 암편들의 장축방향이 사면 방향과 일치, 사면의 상부에 단애 위치, 사면 중하부에 고인돌 분포 양상 등으로 보아 고인돌 축조에 사용된 암석은 경사이동mass movement로 인해 사면 아래 놓여진 암석을 청동기인들이 사용한 것이며, 고인돌 축조에서도 사면 상부의 암괴를 이동하지 않고 암괴의 하부를 파내고 고임돌을 돌려가며 먼저 받친 뒤 남은 흙을 파내어 유구를 넣고 무덤방을 만든 것으로 파악하였다.

이 연구는 사실 온화한 어조로 서술되었으나, 고고학적으로는 고인돌 축조의 기존 관념을 엎어버리는 발상이다. 그러나 이러한 추론은 고인돌 하부구조의 복잡성과 다양성, 시기에 따른 발전과정 등을 잘 모르는 자연과학자의 견해라고 할 것이다. 이 논문은 고고학자와 공저로 이루어졌음에도 축조에 대한 학제간 토론이 잘 이루어진 것 같지 않다. 가끔 제의에 사용되었을 것으로 보는, 고인돌군群 내의 거대암석 같은 경우에 이 견해를 적용시켜 볼 수 있을까? 지형학자들의 주의까지 환기되는 흥미로운 문제이다.

고환경 연구는 고고학에 내재하여 있었고, 근대고고학의 발달 시초부터 궁금한 부분을 해명하는데 도움을 주었다. 이 분야는 고고학적 사고를 확장시켜 옛사람들의 행위 설명에 도움이 되며, 막연한 짐작으로부터 벗어나 데이터에 근거해 추정하게 해준다. 고환경 연구의 도움이 없었다면 고고학·역사학 등은 메마르고 단조롭고 불확실한 연구를 해왔을지도 모르겠다. 한편, 이 영향은 상호적인 것임도 깨달았다. 지구과학자들의 연구를 일별하면서 예상보다 과학자들의 '고고학과 유적'에 대한 관심이 크고, 연구의 양이 상당하며, 폭이 넓다는 것을 알게 되었기 때문이다.

우리나라 고환경 연구의 주제는 구석기시대에 고환경·고식생·고지형, 신석기시대는 고식생과 해수면변동, 청동기시대에는 취락의 특성과 입지, 농경 등으로 시대에 따라 관심과 비중이 달라졌는데, 묘하게도 고고학에서 각 시대별로 궁금해 하는 부분에 대한 연구가 고환경의 주제로 분석되었음을 보면서, 결국 고고학자들은 고환경 자체보다는 이때의 생업·경제를 가장 궁금해한다는 것을 다시금 생각하게 되었다. 예를 들어, 바닷가 어떤 유적의 해수면이 지금보다 2m 높았거나 10m 낮았더라도, 중요한 것은 바뀐 환경에서 옛사람들이 어떻게 살아갔는지? 이니 그에 대한 추론은 여전히 고고학자들의 숙제로 남아있다.

고환경연구의 활성화를 위해서 고고학 내에서 환경고고학자가 계속 길러져야 하겠고, 이 분야는 어차피 학제적 연구이니 지구과학자들과의 협업이 필수적이다. 고고학자들이 고환경에 대해 분석, 의뢰할 때 목표를 뚜렷이 세우고 분석자와 양자 간 이해를 넓혀야 하고, 그 결과에 대해서는 분석자들과 토론하고, 적극 활용해야 할 것이다. 과학자들도 고고학자들이 무엇을 궁금해 하는지, 무슨 고민을 하고 있는지 이해하면서 대상유적에 대한 (최소한의) 고고학적 지식을 갖추고 분석에 임해주기를 바란다. 이 과정에서 양자 간 좋은 협력관계가 이루어진다면 금상첨화이겠다. 고고학자들이 분석 결과에 관심이 없으면 과학자들은 연구의 피드백이 이루어지지 않는다고 불평한다. 아마 분석의 성의도 떨어질 것이다. 의문이 생겼을 때 납득될 때까지 과학자들을 괴롭히는 것을 추천하는 바이다.

처음의 문제로 돌아가서, 과거의 환경을 복원하는 것이 가능한가? 라는 물음으로 글을 마치고자 한다. 홀로세의 기후 연구는 매우 어지럽게 제시되었다는, 과학자의 자평도 있었다. 과거의 환경을 그 당시대로 복원하는 것이 과연 가능한가? 고환경연구자가 연구하는 생물학적, 지질학적 자료들은 '인간에 의해 가장 많이 변형된 상황에서조차 인간이 인식하지 못한 상태에서 이루어진 인간활동의 부산물'이라는 구절(윌킨스·스티븐스[안승모·안덕임 옮김] 2007:20)을 떠올리게 된다. 필자는 고환경 연구들에 대한 어설픈 일별 끝에 환경의 변화 인자 가운데 '사람'의 역할이 가장 큰 것 아닐까―결국 인위개변의anthropogenic 상황임― 하는 생각을 하고 있다. '인류세'라는 새로운 획기가 나오는 것이 의미심장하다.

이 글은 발표문―「기조강연_고고학과 환경연구: 선사시대를 중심으로」(『기후변화와 신석기시대 문화변동』 한국신석기학회 창립 30주년 기념 2020년도 정기학술대회, 2020)―의 일부 내용을 발췌·수정·보완한 것임.

02

한국 선사시대 생계전략의 변화와 기후
Changes of Subsistence Strategies and Climate in Korean Prehistory

김범철 Bumcheol Kim

Ⅰ. 선사시대 생계방식 변화시점의 기후에 대한 기존의 이해
Ⅱ. 선사시대 기후궤적 복원
Ⅲ. 선사시대 기후궤적과 사회·문화·경제적 변화
Ⅵ. 논의: 선사시대 생계전략 변화에 대한 기후고고학적 이해

고고학의 연구관행에 비춰볼 때, 생계자원 생산은 선사시대 경제체계의 가장 중요한 골격이다. 가용 생계자원의 분포는 기후—기온, 습도 등—와 밀접하게 연관될 수밖에 없는바, 선사시대 기후궤적의 복원은 생계경제의, 더 나아가서는 사회문화적 변화를 이해하는 중요한 축이 된다. 그런데 생계자원 생산방식의 변화가 대응하는 기후궤적상의 변곡점—또는 냉·온기—과 평행한다고 해서 전자가 후자에 의해서만 유발되었다고 보기는 어렵다. 이유인즉, 변곡점은 단지 기후의 변동시점일 뿐, 그 강도나 파급범위를 알려주는 것은 아니기 때문이다. 더불어, 생계자원 생산방식의 변화는 기후 외에도 다양한 원인에 의해 유발되기 때문이다.

그럼에도 불구하고, 기후변동이 선사시대 사회·문화적 변화에 미친 영향을 작게 보기는 어렵다. 시대가 올라갈수록 (환경[또는 경관]의 인위적 개변이 어려웠던바,) 기후의 영향을 거의 직접적으로 받은 식생·동물상의 분포 변화가 인간의 사회와 문화를 구조하는 영향력은 더욱 컸을 것이다. 이러한 점은 우리 선사시대 사회경제상 연구에서도 깊이 인식되어왔다. 자칫 환경결정론의 덫에 걸릴 우려에도 불구하고, 간헐적이나마 꾸준히 기후·환경을 복원하고 사회경제적 변화를 그 궤적과 관련짓고자 하는 시도가 있었다(김재윤 2005; 소상영 2015; 이홍종·손준호 2012).

이 글의 중요한 목표는 고고학적으로 복원된 생계자원 생산방식의 (크고 작은) 변화와 기후진동 사이의 관계를 개략적이나마 비교해보는 것이다. 그 출발점을 기존의 고고학연구가 기후변동의 궤적을 어떻게 파악하고 있는지를 살펴보는 작업으로 삼고자 한다. 관심이 있었던 연구자라면 개별 연구들 간 상호 충돌 또는 불일치가 있었음을 어렵지 않게 발견해왔을 것이다. 그것은 참고하는 (고)기후 연구 성과가 다르기 때문이다. 상이한 (고)기후정보가 인용되는 정도를 넘어 재생산되고 있기도 하다. 이러한 혼란은 자칫 선사시대 사회문화적 변화에서 '기후'라는 요소의 영향력을 무시하는, 또는 그것을 추구하는 연구들을 폄훼하는 결과를 초래할 수도 있다. 실제로 그러한 경향이 있다. 해상도도 문제된다. 과도하게 성글게 복원된 기후궤적 또한 무용론과 폄훼를 부추기는 듯하다.

이러한 문제점을 인식하면서, 이 글은 (인간에 의한 교란이 없는) 순수 기후자료의 분석을 기초로 복원된 (기존보다) 고해상의 기후궤적과 우리 선사시대—신석기·청동기시대에 한함— 사회·문화·경제적 변화의 주요 결절(또는 획기劃期) 간 비교를 시도한다.

I. 선사시대 생계방식 변화시점의 기후에 대한 기존의 이해

기후변동을 사회문화적 변화의 동인動因으로 보는 시각은 환경결정론이나 환원주의라는 비판 속에서도 계속되어왔다. 특정 문명의 흥망성쇠에 관련된 재앙론적 해석 또한 대중의 관심을 받고 있다 (金範哲 2018 참조). 그것은 '기후'가 인류 사회의 변화에 미치는 막대한 영향력을 무시할 수 없기 때문인 듯하다. 비록 단편적인 인용에 머물고 있다는 비판을 받으면서도 우리 선사문화의 변화를 이해하는 과정에서 기후변화는 주목을 받아왔다. 특히 생계자원의 생산과 관련하여서는 더욱 그러하다.

1. 선사시대 생계방식 변화의 주요시점

인류역사상 오랫동안 지속되었던 수렵채집이라는 생계자원 획득방식에 변화가 나타난 것은 농경의 시작이다. '농경農耕의 발생發生'은 고고학에서 보편적으로, 줄곧 주목받아 온 몇 안 되는 주제 중의 하나이다. 이유인즉, 그 이후에 있었던 중요한 사회문화적 변화의 시발이기 때문이다(Childe 1950). 우리 선사문화연구에서도 농경의 시작은 빼놓을 수 없는 관심거리였다. 그러나 고고학 일반의 중요한 주제라기보다는 신석기시대 사회와 문화를 설명하는 일환으로 이해되면서 세계적인 상황과 비교할 때 그 열의가 다소 약했던 것도 사실이다. 신석기시대 연구가 위축되면서 한편으로는 신석기시대 재배작물의 위상이 축소·고정되면서 탐색적 논의가 활기를 잃은 것도 부정하기 어렵다. 한두 가지 관심을 끌 만한 유적의 발굴 외에 근 10년간 농경 또는 작물재배 연구는 도구상의 변화의 일단에 주목하면서 특정 지역에로의 확산을 확인하는 정도에 머물렀을 뿐, 새로운 설명모형의 개발이 미진했다.

그럼에도 불구하고, 생계자원 '생산'의 시초라는 점도 그러하거니와 이 글이 '작물재배의 시작' 이후에 초점을 맞추고 있는바, '작물재배(또는 농경)'가 고찰의 첫머리에 오기는 충분하다. ① 작물재배의 시작 다음에 올, 신석기·청동기시대 생계(경제)방식의 변화로는 ② 패류에 대한 의존도 및 해양자원 이용방식의 변화, ③ 본격적인 농경사회로의 진입과 쌀농사의 시작, ④ 수도작水稻作의 본격적 확산, ⑤ 수도작(생산)체제의 (일시적) 해체 등이다.

농경의 시작과 확산: 남한지역에서 농경의 개시시점 및 형태는 꽤 오랫동안 논쟁거리가 되어왔다. 신석기시대 조기와 전기의 일부 유적—부산 동삼동東三洞패총, 창녕 비봉리飛鳳里유적, 인천 운서동雲西洞유

적—에서 토기의 '압흔壓痕'이나 소량의 곡립穀粒이 확인되어 중기 이전 특히 신석기시대 전기 작물재배 가능성이 제기될 수 있으나 대체로 중기(서기전 3500~3000년)에 잡곡 재배가 가시화된다는 점에 커다란 이견이 없어 보인다. 남부지역으로의 빗살무늬토기문화 확산도 그와 궤를 같이하는 것으로 이해되고 있다.

패류에 대한 의존 약화: 신석기시대 사람들의 패류에 대한 의존은 '패총'이라는 고고학자료를 통해 인지되어왔으며, 비록 2차 또는 보조적 생계자원이긴 하지만 신석기시대 사람의 식료로 중요한 역할을 했을 것이라는 점에 대해서는 별다른 이견이 없다. (신석기시대) 패총의 소멸에 대해서는 대체로 사회문화적 요인—인구증가에 동반한 패류자원 집중 이용이 초래한 고갈—을 원인으로 상정하고 있는데, 가설을 제시하는 과정에서 반복적으로 '기후 또는 환경의 악화'가 동반 거명되기도 한다. 원인에 대한 이견이야 어찌 되었건, 그 시기를 신석기시대 중기가 지난 시점으로 보는 것은 공통된다.

본격적인 농경의 정착과 쌀농사의 시작: 쌀농사의 시작을 구석기시대 청주 소로리小魯里유적 출토 볍씨(安承模 2009; 忠北大學校 博物館·韓國土地公社 2000)에서 찾고자 하는 견해도 있고, 신석기시대 중·후기 유적에서 간혹 볍씨의 흔적이 확인된다고도 하지만, 본격적인 농경사회로의 진입, (간헐적이고 초보적인 재배를 넘어서는) 쌀농사의 시작은 청동기시대에 접어들면서부터라는 의견이 일반적이다.

수도작의 본격적 확산: 논농사, 즉 집약적 농법에 의한 미곡생산방식의 시작 시점은 청동기시대 전기(또는 조기)까지도 올라갈 가능성도 다분하지만, 그 본격적 확산이 중기(서기전 800~400년)에 이루어졌다는 데에는 별다른 이견이 없어 보인다.

수도작 생산체제의 (일시적) 해체: 청동기시대 중기가 끝나면서 취락이 급감하는바, 체계화되었던 수도水稻 생산이 쇠퇴하는 것으로 이해되고 있다. 특히 청동기시대 후기(서기전 400~150년)의 후반은 더욱 그러하다.

2. 선사시대 생계방식 변화와 기후변동에 대한 기존의 이해

홀로세 이후 기후변동과 우리 선사시대 사회경제적 변화의 관계는 (최소한 신석기시대에 한하여서라도) 화분분석과 해수면변동양상 복원을 기초로 이해되고 있다. 소상영(2015)은 남한지방 홀로세 환경을 화분분석과 해수면변동을 통해 4기로 구분하고 신석기시대에 해당하는 온난溫暖 1·2기, 한랭寒冷 1기의 환경변화와 신석기문화의 변동과의 관련성을 주장하고 있다. 그에 따르면, 온난 1기(서기전 10000~5300년)는 플라이스토세가 끝나고 기온과 해수면이 빠르게 상승하는 시기로 신석기시대 초창기와 전기에 해당한다. 온난 2기(서기전 5300~3700년)는 세계적인 홀로세 기후최적기Holocene Climate Optimum, HCO에 대응하며 기온과 해수면이 가장 높은 시기이다. 제주도를 제외한 남한지방의 신석기문화는 온난 1기 중반 이후에 동·남해안에서 시작된다. 이는 해수면의 상승이 정체되면서 해안지형이 안정되고 주변 식생대가 확장하는 것과 관련된다. 온난 2기 중반 이후(서기전 4600년)에는 동해안 해안사구에 위치한 유적이 소멸하고 중서부지역에서도 본격적인 신석기문화가 시작된다. 동해안 유적의 소멸은 해수면 상승으로 인해 해안사구가 해빈海濱으로 변모하고 해수온도의 상승으로 주 식량자원인 한류성 어종이 감소하기 때문으로 추정된다. 남부지역은 풍부한 바다자원을 활용하여 해안지역을 중심으로 신석기문화가 전개되고 내륙지역으로도 확산되기 시작한다. 중서부지역은 해안과 강 하구의 생태계가 안정됨에 따라 생계경제의 복합도가 높아지면서 잦은 거주이동을 하던 수렵채집사회가 조달이동을 통해 다양한 자원을 공급하는 정주성이 높은 사회로 전환된다. 한랭 1기(서기전 3700~400년)는 신석기시대 중기 이후에 속한다. 기후는 소나무속의 증가 경향으로 볼 때 대체로 한랭건조화된다. 해수면은 약간 하강하는 경향을 보이지만 비교적 큰 진동 폭을 보이고 있어 불안정한 기후를 반영하는 것으로 추정된다. 이 시기는 중서부지역 중심이었던 침선문토기와 잡곡재배가 남한 전역으로 확산되는 시기이다. 식량자원의 공급은 어로의 비중이 여전히 높은 것으로 보이지만 초기 농경의 확산으로 생계복합도가 증가하고 지역에 따라 다양한 적응전략이 활용된다. 따라서 이 시기는 환경변화보다는 집단에 따른 다양한 적응전략의 선택이 신석기시대 문화변동에 주요 동인으로 작용한 것으로 판단된다.

소상영의 이러한 기후궤적은 박지훈(2011b)의 연구에 영향을 받은 듯하다. 그런데 그 연구는 단지 그간의 기후(지리)학자들의 분석결과와 설명을 분류·분석·집성한 것일 뿐 비판적 검토나 독자적인 분석을 통해 확정적인 기후궤적을 수립한 것은 아니다. 그런데 그 원천연구들의 적잖은 부분은 순수성이 다소 떨어지는 자료의 분석에 의존한 것이어서 실제 기후라기보다는 (인간의 영향이 미쳤을) 식생양상을 복원한 경우도 적지 않고 분석의 해상도도 만족스러울 만큼 높지 않다.

신석기-청동기시대 전환에서 기후의 영향에 주목한 김재윤의 연구(2005)에서도 부분적이나마 기후궤적이 언급된다. 그는 랴오시遼西, 프리모리예Primorye[연해주沿海州], 한반도의 신석기문화 변천은 물론 신석기-청동기문화 전이가 모두 기후의 온난/한랭화에 따른 것으로 이해하고 있다. 랴오시의 경우, 서기전 2200년 무렵의 샤오허위안小河沿문화 쇠퇴 및 그 남쪽에서 샤쟈덴상청夏家店上層문화의 흥기를 기후한랭화와 그에 따른 주민이동의 결과로 이해하고 있다. 뿐만 아니라, 그 이전 세 번의 온난한 시기—8,000~7,000년 전, 6,500~5,300년 전, 4,000~3,600년 전(裵善文 外 1992)—를 각각 싱룽와興隆窪문화, 홍산紅山문화, 샤쟈덴샤청문화의 흥성기와 연결시키고 있다. 프리모리예 및 한반도의 경우, 서기전 2천년기 후반~1천년기 초엽의 한랭화를 신석기-청동기문화 전이의 원인으로 이해하고 있다. 이러는 과정에서 몇몇 외국 연구 성과—예를 들어, 裵善文 外 1992, Kuzmin 1998—를 인용하고 있다. 그런데, 복원된 기후궤적의 타당성에 대한 검토는 언급하지 않고 있다.

농업생산을 염두에 두었을 때, 충적지는 유·불리를 모두 보지保持는 기제이다. 풍부한 토양화는 그 유리한 점이 될 것이고 홍수로 인한 범람은 농업생산뿐만 아니라, 생존에도 위협이 될 불리한 점이다. 또한 범람은 '해수의 진퇴進退'와 '강수降水' 등 기후인자와 밀접한 관련이 있는바, 온난·습윤한 시기보다는 그 위험이 적은 냉량·건조한 시기에 점유될 가능성이 크다. 이런 점에 착안하여, 이홍종·손준호(2012)는 남한 전역의 충적지형에 입지하는 유적의 존속(또는 점유)시기를 복원하고 (청동기시대와 관련하여 볼 때,) 서기전 1000년 무렵에 집중 경략經略되는 반면, 서기전 200년 무렵에는 전혀 점유되지 않는다는 결론을 도출하게 된다. 서기전 1000년 무렵은 한랭기로 해수가 후퇴했던 시기이고 서기전 200년 무렵은 온난한 시기로 해수가 전진했을 것으로 추정되는 시기이다.

충적지 점유라는 대용지표를 기후변동과 연결시키는 것은 흥미로운 발상이고, 또한 충적지 점유 자체가 인문요소인바, 사회경제적 행위양상을 상당부분 복원할 수 있기도 하다는 장점이 있다. 또한 다른 연구에 비해 좀 더 조밀한 궤적을 복원하고 있기도 하다. 기후궤적의 복원은 주로 일본 측 연구 성과 몇몇(甲元眞之 2007; 高橋學 2003; 外山秀一 2006, 2008; 田崎博之 2007; 貝塚爽平 外 1985)에 기초하고 있다.

다만, 몇 시점에서 한랭기와 충적지 점유시기가 병행하는 것을 확인하였을 뿐, 한랭함에도 불구하고 충적지가 점유되지 않는 이유나 지역별 편차(**그림 03**)가 발생하는 이유에 대해서는 개연적인

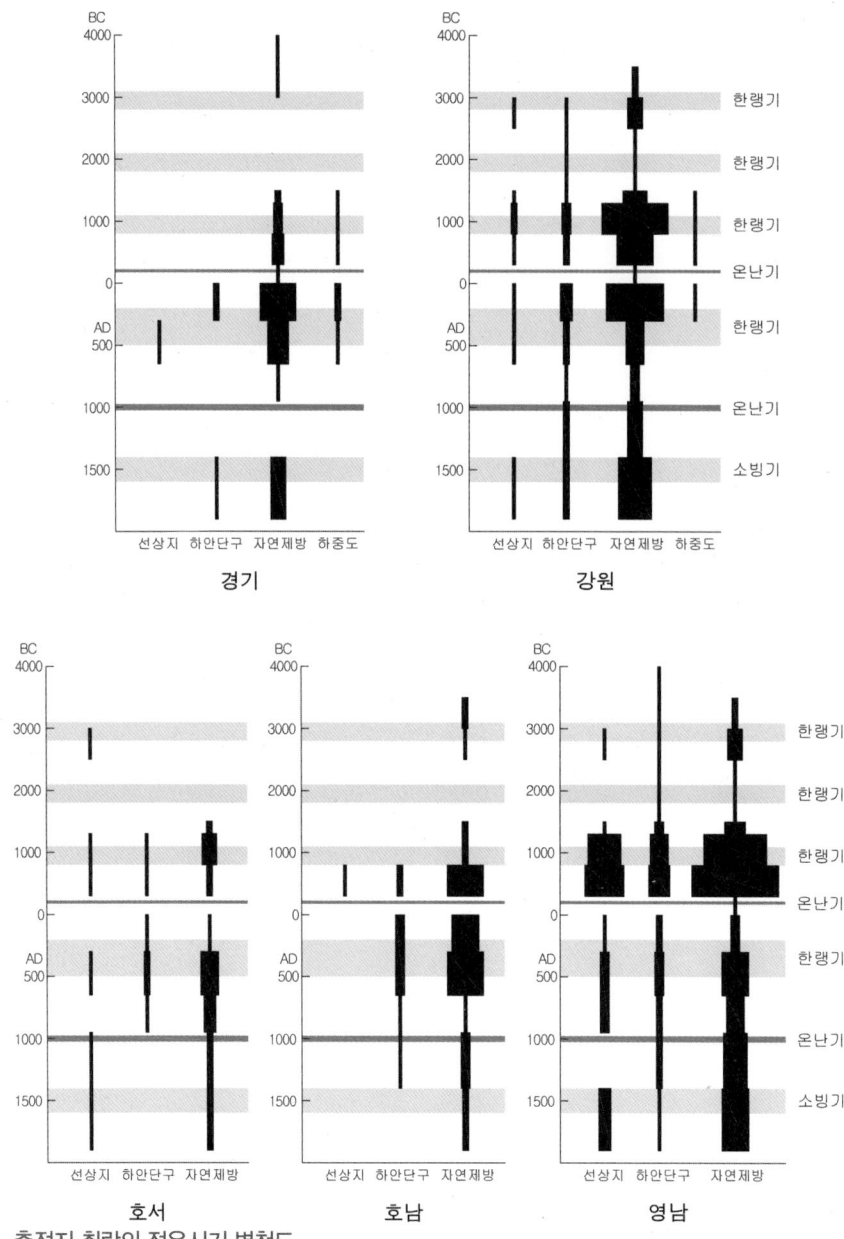

그림 03 충적지 취락의 점유시기 변천도

설명이 충분하지 않아 시도의 흥미로움을 다소 감퇴시킨다. 그럼에도 불구하고, 새로운 이슈 즉, 기후-사회-인간 3자의 관계를 동시에 고려하여야 한다는 점이나 남한 내에서도 지역별 식생의 차이가 발생할 수 있다는 점 등에 대한 관심과 탐색의 가능성을 제기한 것은 고무적이다.

개별 연구의 장단은 그러하지만 셋을 비교·종합했을 때, 좀 더 근본적인 문제들이 눈에 띈다. 그 중 하나는 세 연구에서 온난/한랭한 시기에 대한 다소의 불일치와 서로 다른 해상도에 관련된다 (**그림 04**). 대표적인 사례로 소상영(2015)이 한랭하다고 평가했던 시기(한랭 1기: 서기전 3700~400년의 시

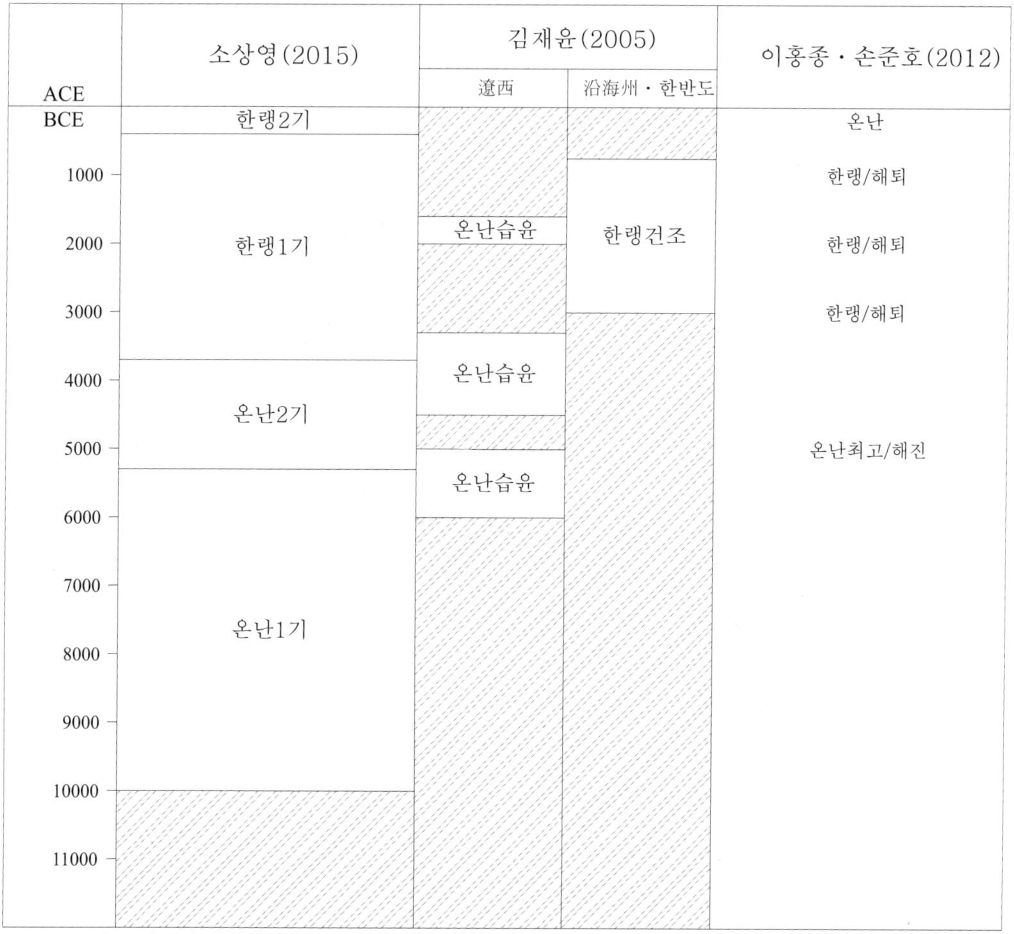

ACE BCE	소상영 (2015)	김재윤 (2005)		이홍종·손준호 (2012)
		遼西	沿海州·한반도	
	한랭2기			온난
1000				한랭/해퇴
2000	한랭1기	온난습윤	한랭건조	한랭/해퇴
3000				한랭/해퇴
4000		온난습윤		
5000	온난2기			온난최고/해진
6000		온난습윤		
7000				
8000	온난1기			
9000				
10000				
11000				

그림 04 기존 연구의 기후궤적 비교

기)에도 한랭과 온난이 3차례 이상 반복(이홍종·손준호 2012 참조)되고 있다는 점을 들 수 있겠다. 이러한 문제는 고고학자가 원천연구의 목적, 해상도, 분석시료와 방법의 적절성 등을 판정하기 어려운데 기인한 듯하다.

한편, 낮은 해상도도 문제될 소지가 있다. 특히, 청동기시대는 앞선 신석기시대에 비해 사회·경제적 변화의 속도가 빠르다. 특히, 쌀농사의 시작 내지는 확산, 논농사[水稻作]의 본격적 확산, 수도작체계의 (일시적) 해체 등이 상대적으로 급속하게 진행된다. 따라서 좀 더 해상도 높은 기후궤적의 작성이 절실해 보인다. 다음에서 이루어지는 필자의 시도는 그러한 한계 극복에 초점을 맞추고 있다.

II. 선사시대 기후궤적 복원

흔히, '8.2 ka 사건' 및 '4.2 ka 사건'으로도 불리는 서기전 6250년과 2250년 무렵의 한랭기는, 몇몇 고고학연구들도 주목해왔다(甲元眞之[윤선경 譯] 2014). 문명과 국가의 흥망성쇠에 큰 영향을 주었다고 주장(페이건[남경태 옮김] 2011)되는 중세온난기中世溫暖期 Medieval Warm Period(800~1400년)에서 이어지는 신빙기新氷期 Neoglacial Period(1400~1900년)—소빙기小氷期 Little Ice Age(1500~1800년)를 포함—도 서기전 6250년 무렵의 한랭기에 비견하기는 어렵다(박정재 2013). 그러나 우리문화에서 그러한 격심한(?) 환경변화가 어떤 영향을 미쳤는지는 그다지 구체적이고 체계적으로 탐색되지 않고 있다. 다른 한편으로, 이 두 시기 정도로는 고고학이 복원한 사회문화적 변화상을 적절한 해상도로 이해하기에 부족하다. 특히 가속화된 청동기시대의 변화를 감당하기는 어려워 보인다. 좀 더 해상도가 높고 촘촘한 기후궤적의 복원이 필요해 보인다.

그렇다면, 어떤 정보에 주목해야 할까? 필자는 다른 곳(金範哲 2018)에서 (고)기후 또는 기후궤적의 복원에서 순수한 기후 대리자료proxy 이용의 중요성을 강조했다. 표 02[36]에서 보는 바와 같은, 다양한 기후 대리자료가 기후궤적의 복원에 이용되어왔다. 물론, 우리 상황에서 모든 자료를 이용할

---

[36] 김성중(2009)의 〈표 1〉(p.195)을 전재·수정하였다.

표 02 기후복원 대리자료의 종류와 특성

대리자료	표본간격	복원기간(년)	복원 방법
역사기록	수일/수시간	10^3	환경변화 기록
나이테樹輪	년/계절	10^3	넓이, 밀도, 안정동위원소 분석
산호	년	10^4	지화학 분석
빙하퇴적물	년	7×10^5	지화학 특성, 기포 가스양, 물리특성
화분	20년	$\sim 10^5$	형태, 다양성, 절대농도
호수퇴적물	년~20년	$\sim 10^4 - 10^6$	동위원소
석순	100년	$\sim 5 \times 10^5$	나이, 안정 동위원소 비
고토양	100년	$\sim 10^6$	토양의 특성
풍성기원퇴적물	100년	$\sim 10^6$	퇴적물의 특성
해양퇴적물	500년	$\sim 10^7$	산소동위원소, 종의 특성, 알케논
퇴적암석·화석	-	$\sim 10^9$	암석 및 화석의 특성

수 있는 것은 아니다. 사실, 우리 선사시대 기후궤적을 복원하는 데에 빙하퇴적물을 이용하기는 어렵다. 한편, 활용 가능한 종류의 자료가 있다 하더라도 인간의 교란 또는 간섭이 없는 순수한 대리자료를 확보하기란 쉽지 않다. 인간의 경작 활동은 자연 상태의 식생양상을 교란할 수밖에 없고, 우리와 같이 오랜 기간 거의 전 국토가 집약적으로 이용된 곳에서는 그렇지 않은 자료를 구하기가 쉽지 않다.

우여곡절 끝에 확보된 자료라도 얼마나 높은 해상도로 분석되었는지가 문제될 수 있다. 이 글이 주목하는 신석기·청동기시대의 사회문화적 변화에 적용이 가능하려면 매우 (적어도 이전의 연구들보다는) 촘촘한 분석이 담보되어야 한다. 결국, 활용 가능한 자료를 확보할 수 있느냐와 그것이 해상도 높게 분석되었느냐가 관건이다.

이러한 점들을 감안하면서, 필자가 주목하는 것은 호소湖沼와 배후습지 등에서 추출된 습지퇴적물의 화분분석결과와 석회동굴의 생성물에 대한 분석결과이다. 해방 이후, 속초시 영랑호, 강릉시 향호와 순포개호, 포항 일대 형산강 배후습지, 파주 운정동, 화성시 남양만, 태안군 천리포, 부안군 곰소만, 영산강유역 배후습지, 서귀포시 물영아리 오름, 광양시 일대 섬진강 범람원 등 10여 지점에서 확보된 시료에 대한 화분분석결과가 알려져 있다(박정재 2018; 박정재·김민구 2011; 장병오 외 2006; 최기룡 외 2005; Chang and Kim 1982; Fujiki and Yoshinori 2004; Park 2017; Park et al. 2016, Park et al. 2017; Park and Shin 2010; Park et al. 2012; Yi and Kim 2012; 曹華龍 1979). 시료가 포괄하는 시간적 범위나 분석의 해상도가 상이한 탓에, 모두가 신석기·청동기시대 기후궤적 복원에 이용되기는 어려워 보인다.

이 중 주목을 끄는 것은 기존보다 좀 더 해상도 높은 분석을 통해 확보된 제주도 물영아리 오름(박정재 2018; Park 2017; Park et al. 2016; Park et al. 2017)과 광양시 일대 섬진강 범람원(박정재 2019; Park et al. 2019)의 시료 분석결과이다. 분석을 수행한 박정재와 그의 동료들은 서기전 7850년(9.8 ka), 7250년(9.2 ka), 6250년(8.2 ka), 5350년(7.3 ka), 4450년(6.4 ka), 3350년(5.3 ka), 2750년(4.7 ka), 2250년(4.2 ka), 1750년(3.7 ka), 1250년(3.2 ka), 850년(2.8 ka), 450년(2.4 ka) 등이 중심인 단기 한랭기들을 제시하고 있다. 물론, 이 시점들은 중심연대 정도로 보는 것이 타당하고 개개의 존속연대나 한랭의 강도는 상이하지만 기왕의 분석들에서 보기 힘든 매우 촘촘한 기후궤적을 제시하고 있어 시사하는 바가 크다.

석회암 동굴자료에 대한 분석결과도 기후궤적의 복원에 중요한 정보를 제공할 만하다. 사실, 석회동굴의 석순石筍 stalagmite은 기후, 특히 강수량을 직접적으로 반영하는바, 세계적으로도 신빙성 있는 기후 대리자료로 인식되고 있다. 동아시아에서는 중국, 특히 카르스트karst 지형이 잘 발달한 서남부 일대에 대한 연구 성과가 관심을 끈다. 둥거동굴董哥洞(Wang et al. 2005)—구이저우貴州성 리보荔波현 소재—이나 허상동굴和尙洞(Hu et al. 2008)—후베이湖北성 바오캉保康현 소재—에 대한 연구는 서구학계에도 잘 알려진 대표적 사례이다. 우리의 경우, 충청북도와 강원도에 1,000여 개 동굴이 있을 것으로 추정되지만 동굴생성물 시료 확보 자체의 어려움으로 연구가 매우 한정되어 있다(유근배 외 2016 참조). 또한 석순이 반영하는 시간대가 다양하되 한정적이어서 모든 연구가 우리 선사시대—특히 신석기 및 청동기시대— 기후궤적 복원에 이용될 수도 없다(유근배 외 2016 참조).

그나마 근래 발표된 조경남 등의 연구(Jo et al. 2017)는 이용 가능할 뿐만 아니라, 주목할 필요가 있는 정보를 제공하고 있다. 이 연구는 우리나라 백룡白龍동굴—강원도 평창 소재—에서 채취한 석순을 분석하여 기후궤적을 복원하고 홀로세의 몇몇 (단기)한랭시점을 제시하고 있다(Jo et al. 2017, **그림 05**). 서력기원 이전에 있어 조경남 등이 제시하는 한랭기는 서기전 800년, 1600년, 2600년, 3450년 무렵 등이다. 이러한 한랭시점은 앞서 살핀 중국 동굴자료 분석결과와 미세한 시차는 있으나 전반적인 패턴은 흡사하다. 원래 한랭시점이 지역에 따라 다소간 차이가 있다는 점을 고려하면, 충분히 신뢰할 만한 자료가 될 수 있다.

한편, 조경남 등에 의해 제시된 한랭시점은 (중심연대에서) 미세한 차이가 있기는 하지만, **그림**

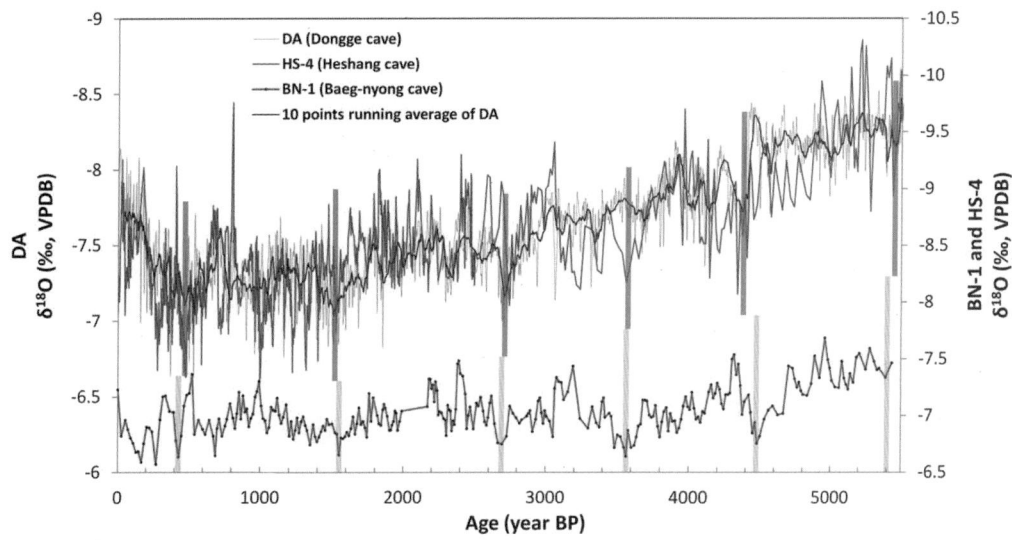

그림 05 백룡동굴 석순분석에 기초한 기후궤적

06[37]에서 보듯, 박정재 등의 연구와 상당부분 일치하는 것을 알 수 있다. 즉, 박정재가 제시하고 있는 홀로세 단기 한랭기에 조경남 등이 제시한 한랭기가 거의 대부분 포함된다. 뿐만 아니라, 신뢰할 만한 기후 대리자료에 대한 해상도 높은 분석 간에도 상호 교차 확인의 과정이 중요하다는 점을 감안(유근배 외 2017)하면, 양자의 일치(?)는 시사하는 바가 크다고 하겠다.

물론 이상에서 확보된 기후자료의 분석결과가 확정적 기후궤적이라고 단언하기는 어렵고 상호 비교를 통해 신뢰성을 높여가는 중이라고 보는 것이 좀 더 합리적일 것이다. 그럼에도 불구하고, 기존의 분석보다 높은 해상도로 수행되었고 양자가 흡사한 패턴을 보이는 점, 앞으로 이보다 좋은 결과가 획득되리라는 보장이 있는 것도 아니라는 점을 감안하면, 현재로서 이를 활용하는 것도 무리한 시도는 아닐 듯하다.

---

37 좌측 도표는 광양시 일대 섬진강 범람원의 시료분석(박정재 2019; Park et al. 2019)으로부터, 우측 도표는 백룡동굴의 시료분석(Jo et al. 2017)으로부터 도출된 기후궤적을 반영한다. 단, 우측의 도표는 현시성을 높이기 위해 원도표의 y축을 2.5배 증폭하여 작성하였다.

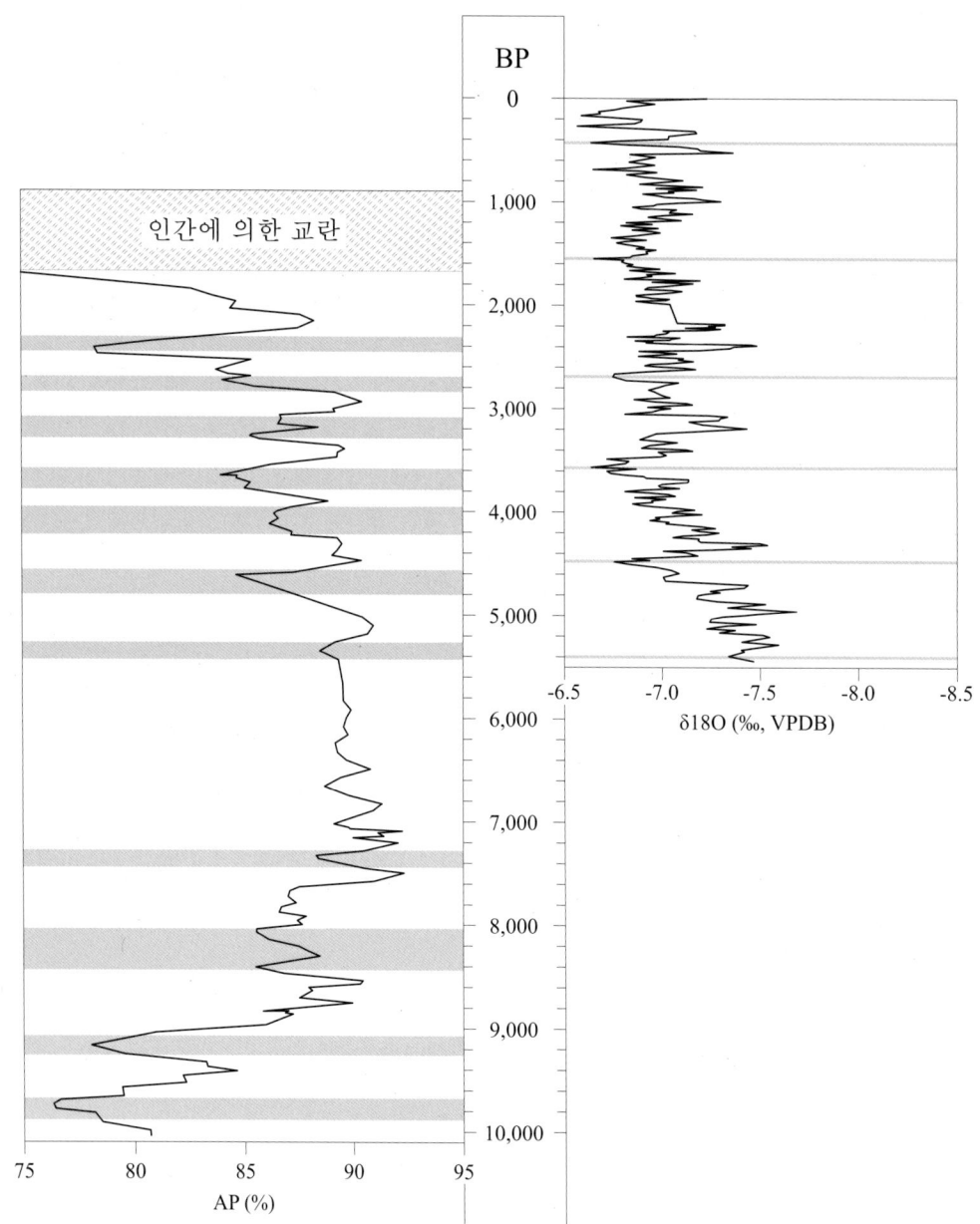

그림 06 광양시 일대 퇴적자료(왼쪽)와 백룡동굴 석순자료(오른쪽) 분석결과 비교

III. 선사시대 기후궤적과 사회·문화·경제적 변화

박정재 등과 조경남 등의 분석을 통해 확인된 홀로세, 특히 서기전 8000년[38]~서력기원 전후의 (단기)한랭기는 12회에 달한다(박정재 2019; Jo et al. 2017; Park et al. 2019). 환원주의적으로 해석하자면, 기후의 악화 또는 열화—좀 더 구체적으로 표현하자면 기온의 하강—는 분명히 생계경제 전략의 변화나 사회문화적 반응을 유발했을 것이다. 그러나 필자는 이에 적극적으로 동의하지는 않는다. 다만, 시점의 일치, 즉 시간적 병행이 반복적으로 확인되고, 해당 자료의 공간적 상관성 또한 반복적으로 확인된다면, 최소한 해석과 설명 차원에서 인과성을 상정해볼 수 있다는 정도의 생각은 한다. 또한 생계자원 생산방식의 변화가 반드시 고고학적 문화—토기 문양, 주거양식 등—의 변화를 유발할 이유는 없다. 이런 생각에서 출발하여, 다음에서는 일차적으로, 복원된 기후궤적과 우리 선사시대 사회문화적 변동상 주요 결절들의 비교를 시도하고 그 과정에서 간취되는 몇 가지 한계점과 시사점을 살펴보도록 한다.

앞서 언급한 12회의 (단기)한랭기는 한국고고학의 편년체계 내에서는 9회가 신석기시대(서기전 8000↑~1500년)에, 3회가 청동기시대(서기전 1500~150년)에 해당된다(**그림 07**).

우선, 신석기시대에 발생했던 9회의 한랭기 중 제법 정확하게 세분기의 획기시점과 평행하는 것은 6.4 ka와 4.2 ka의 사건 정도인데, 이들은 각각 조-전기 및 후-말기 전이에 해당한다. 그만큼 확연하게 일치하지는 않지만 '8.2 ka 사건'은 초창기-조기 전이에 200년가량 선행한다.

이러한 평행관계의 확인이 흥미로울 수는 있으나, 그렇다고 고고학적 문화상의 변화와 기후궤적의 변화 간 연관성, 더 나아가서는 인과관계 설정의 의미가 고고학연구에서 어느 정도 중요할지는 의문스럽다. 그러나 그러한 고고학적 문화상의 변화가 인구분포, 생계자원 활용방식의 변화를 수반하는 경우라면, 좀 더 흥미롭고 의미 있는 설명을 도출할 수도 있을 듯하다. 그런 측면에서 보자면, (**그림 06**의 도표에서 추이로만 판정하건대) 미약한 단기 한랭기가 있기는 하지만, 신석기시대 중기는 그 자체가 기후최적기—박정재(2019)에 따르자면, 7,600~4,800년 전—에 속해 있기도 하거니와 도표에서 보면 현저하게 온난한 시기와 일치한다. 주지하다시피, 이 시기는 신석기시대 다른 어떤 세분기보다

---

[38] 신석기시대 초창기를 가장 방어적으로 보았을 때의 연대일 뿐, 별도의 의미는 없다.

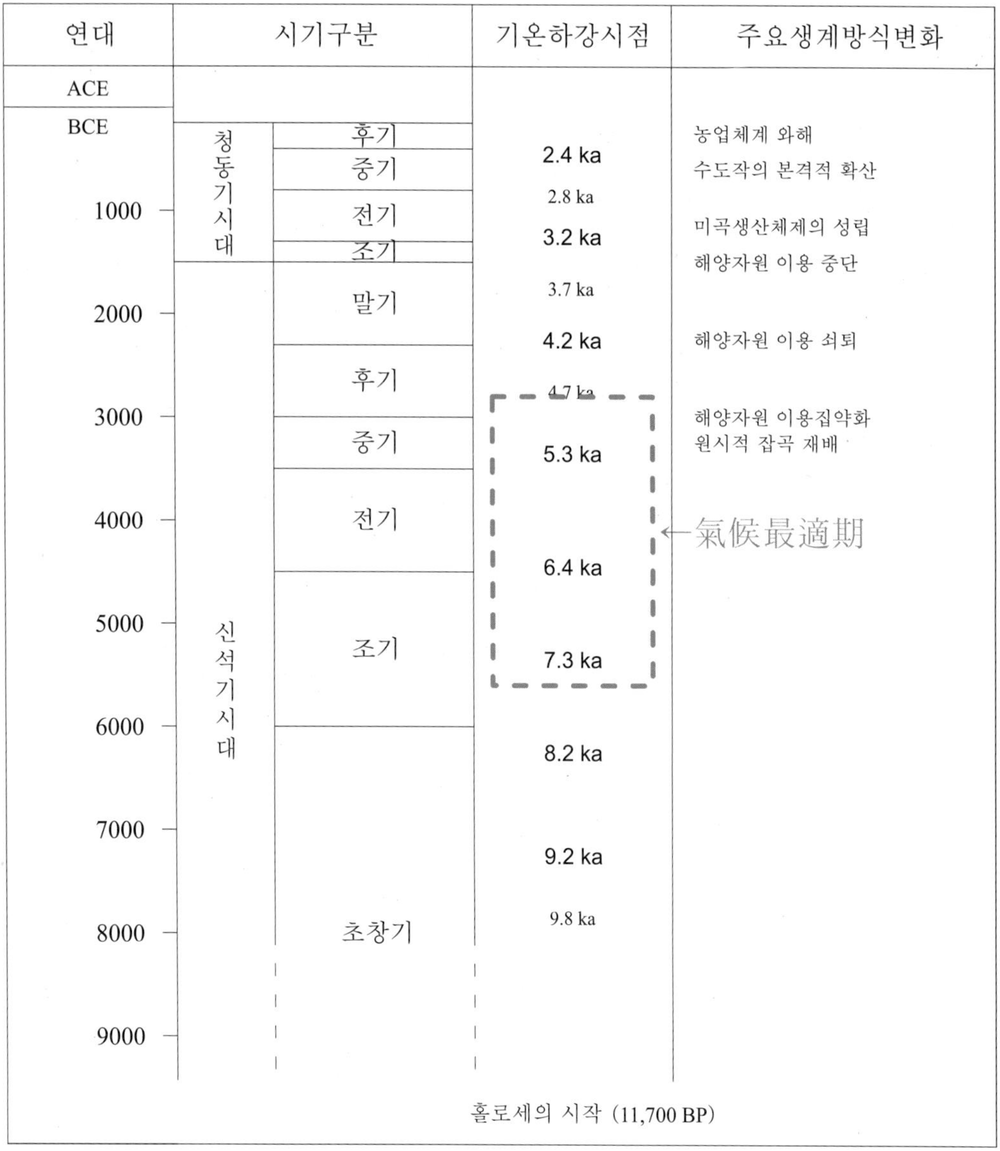

연대	시기구분		기온하강시점	주요생계방식변화
ACE				
BCE	청동기시대	후기	2.4 ka	농업체계 와해 수도작의 본격적 확산
		중기	2.8 ka	
1000		전기	3.2 ka	미곡생산체제의 성립 해양자원 이용 중단
		조기	3.7 ka	
2000	신석기시대	말기	4.2 ka	해양자원 이용 쇠퇴
		후기	4.7 ka	해양자원 이용집약화 원시적 잡곡 재배
3000		중기	5.3 ka	
4000		전기	6.4 ka	← 氣候最適期
5000		조기	7.3 ka	
6000			8.2 ka	
7000			9.2 ka	
8000		초창기	9.8 ka	
9000				
	홀로세의 시작 (11,700 BP)			

그림 07 복원된 기후궤적과 한국 선사시대 사회·문화·경제적 변화상 비교

확인되는 유적 수가 많다. 또한 남부지역으로 작물재배와 함께 침선문계 토기문화의 확산이 이루어지는 시기이기도 하다. 결국, 인구증가, 문화의 파급, 생산경제의 확산 등이 양호한 기후상태에서 나타난 셈이다. 한편, 유적의 수가 급격히 감소하고, 패류의 이용이 쇠퇴한다고 주장되는 후기는 전반부에 제법 확연한 한랭기를 경험하게 되는 것으로 보인다. 그런데, 이 시기에 남해안지역 정도에서 패류의 이용이 감소했다고 할 수 있을지는 모르겠으나, 유적양상으로만 보건대 해양자원(전체의) 이용이 감소했다고 보기는 어렵다(김은영 2018). 더구나 중서부에서 해안과 도서의 경략이나 패류 이용이 거의 감소하고 있지 않은 점도 주목해야 한다. 전체 유적 수는 주는데, 해안 및 도서의 유적 수가 줄지 않는다면, 비율적인 측면에서는 오히려 해양자원에 대한 이용이 더욱 강화되었다고 할 수도 있을 것이다. 적잖이 비약적이긴 하지만, 기후의 악화 또는 열화가 내륙자원의 쇠퇴에 이은 해양자원의 이용 강화를 초래했다는 논리를 유도할 수도 있다.

말기의 양상은 기후변화의 측면에서 개연적으로 여겨질 점이 적지 않다. '4.2 ka 사건'이라는 전 지구적으로 확연한 한랭기로 시작하여, 중간에도 상대적으로 극심한 한랭기를 겪게 되는바, 말기 유적의 한소성, 작물재배의 쇠퇴는 기후변화와 연관성을 찾을 수도 있을 것이다. 그러나 여전히 그것이 어떻게 고고학적 문화상의 변화와 연결될지는 의문으로 남는다.

반면, 서기전 1500년을 전후한 시기, 즉 신석기-청동기시대 전이기의 기후상은 그런 정도의 추론도 어렵다. 그림 06에서 보는 바와 같이, 이 시기에는 제법 장기간 안정적인 온난기가 계속된다. 단순하게 예측하자면, 기존의 신석기문화가 더 강화되고 중기에 그러했던 것처럼 작물재배도 강화되어야 한다. 그러나 '주민교체설'이 대두될 만큼 격심한 사회문화적 변화—신석기문화에서 청동기문화로의 단절적(?) 변화—를 겪게 된다.

조기의 시작 시점을 제외하고, 청동기시대의 양상은 신석기시대와는 사뭇 다르다. 매 세분기細分期가 거의 정확하게 한랭기의 중심연대와 평행한다(그림 07[39]). 흥미롭다. 그러나 이러한 평행 또는 일치에 고무되어 기후변화가 사회문화적 변화의 동인이 되었다고 결론짓기에는 적잖은 부담이 따른다. 새로운 생계경제체계의 정립, 집약화, 주민이주, 고고학적 문화상 변화에 관련된 무수한 문제에 대한 개연적 답변을 모색해야하기 때문이다. 어찌 되었건, 청동기시대 주요 생계자원 생산양상의

---

[39] 이미 발표된 글—金範哲(2019)—에서 숫자표기에 오류가 있어 바로잡는다.

변화, 즉 쌀농사의 시작과 수도작의 본격적 확산(집약화)은 기후조건이 열악해진 시기에 나타난 현상이라는 점을 주목해 볼 필요가 있다. 이유인즉, 신석기시대 작물재배가 기후환경이 양호했던 시기에 본격화되었던 점과는 대조적이기 때문이다. 비록 복잡한 문제가 결부되어 있기는 하지만, 기존의 이론으로 이 두 상황을 개연적으로 설명할 모형을 만들 수 없는 것은 아니다. 그러나 이 글의 범위를 벗어나는바, 상론하지는 않겠다. 다만, 이 문제가 인구의 이동과 (국소적) 재배치, 사회복합화의 과정에서 다양한 사회주체social actor들의 전략적 행위 속에서 설명될 수 있어야 한다는 점은 되짚고자 한다.

Ⅳ. 논의: 선사시대 생계전략 변화에 대한 기후고고학적 이해

이 글에서 생계(경제)전략의 추이와 지역성에 주목한 것은 기후변화와 당시의 사회문화적 변화, 고고학적 문화상의 변화를 연결시켜 줄 일차 고리로 작동할 것이라는 가정에서 비롯되었다. 그런데 순수 기후 대리자료에 대한 고해상의 분석 결과를 반영하여 복원된 기후궤적 상 냉·온기와 신석기·청동기시대 생계자원 생산방식 변화시점의 평행관계에 대한 단순 비교에서도 환원론적 시각에서는 설명되기 어렵거나 좀 더 복합적인 설명을 요하는 것들이 발견된다.

　물론, 이 글에서의 시도는 앞서 밝힌 대로, '기후변화-사회문화변동' 간 인과적인 설명모형의 수립 가능성을 타진하는 시작단계로 양자 간 반복적 '평행관계'를 확인하는 것이었지만, 가능성 타진에 앞서 필자가 전제한 것, 앞으로 기후고고학적 접근을 수행하면서 유념해야 할 몇 가지 점을 밝히는 것으로 마무리 짓고자 한다.

　① (기후)환경결정론이나 환원주의적 시각은 지양한다. 그러므로 단변인적 인과관계를 설정하려는 시도, 즉 기후변동이 곧바로 생계경제 전략의 변화나 더 나아가서는 인구이동을 유발하는 것으로 결론짓는 시도는 유보한다.

　② 그럼에도 불구하고, 선사시대 생계경제양상에 미치는 기후의 (강력한) 영향은 배제하기 어렵다는 점을 인정한다. 따라서 반복적으로 확인되는 한랭기와 선사시대 (편년상) 문화변동 시

점의 평행관계는 기후변동이 사회문화적 변화—좁게는 생계경제상 변화—에 미치는 영향에 대한 인과관계 탐색의 출발점으로 삼는다.

③ 다른 곳(金範哲 2018)에서도 밝힌 바와 같이, 기후변동의 파급력 인지와 평가는 인구규모 및 그 결과로 남은 고고학 자료의 밀도와 양에 영향을 받는다. (다소의 부침浮沈이 없는 것은 아니지만) 구석기시대 이래로 지속적인 인구증가를 경험했던 점을 고려한다면, 현재와 가까워질수록 기후변동의 영향으로 인한 인간행위양상의 변화는 확연하게 인지될 것이다.

④ 한반도, 특히 남한지역은 위도에 따른 기후의 확연한 변이나 식생대의 의미 있는 구분을 시도하기에는 협소하다. 그러기에 고고학 유적에서 출토된 생태물이나 작물의 해석은 교차확인을 통해 매우 신중하게 이루어져야 한다.

이 글은 이미 발표된 논문—「韓國 先史時代 生計(經濟)戰略의 時·空間的 變異와 氣候」,『湖西考古學』42, 2019)—의 일부 내용을 발췌·종합·수정한 것임.

여러 종류 화분에 대한 현미경 관찰. 우리나라에서 화분분석은 선사시대 기후양상을 복원하는 데 가장 빈번하게 활용되는 방법이다.

II부

한국 선사·고대의 기후변화 이해를 위한 방법적 시도

박정재 | 홀로세 기후변화와 한반도 과거 사회
최진무 | 고고자료 관리를 위한 GIS 활용

03

홀로세 기후변화와 한반도 과거 사회
Holocene Climate Change and Ancient Societies in Korean Peninsula

박정재 Jungjae Park

Ⅰ. 전기 홀로세 기후변화와 8.2 ka 사건
Ⅱ. 후기 홀로세 기후변화와 한반도 과거 사회
Ⅲ. 과거 1,000년간의 기후변화: 중세온난기와 소빙기

미래에 대한 불안감은 우리로 하여금 과거를 돌아보게 한다. 미래의 기후변화가 가져올 파장을 올바르게 예측하기 위해서는 이의 근거가 되는 과거에 대한 정보가 필수적이기 때문이다. 산업혁명 이후 화석 연료의 남용으로 전 세계에서 인위적인 온난화의 징후는 점차 뚜렷해지고 있지만, 우리는 여전히 자연적인 기후변화의 메커니즘조차 완벽하게 이해하지 못하고 있다. 따라서 온난화의 진행 방향을 예측한다는 것이 과연 가능한 일인지 그리고 의미가 있는 일인지 회의가 드는 상황이다. 이는 지구온난화에 대한 음모론이 끊이지 않고 제기되는 이유이기도 하다. 학계에서는 어려운 상황에서도 미래 기후를 보다 개연성 있게 예측하기 위해 과거 기후자료의 수집에 많은 공을 들이고 있다. 그리고 이와 더불어 과거 기후변화가 인간 사회에 미쳤던 영향을 파악하기 위해 역사문헌 분석에도 많은 시간을 투자하고 있다. 이러한 과거자료들은 앞으로의 기후를 예측하고 대응하기 위해 우리가 확보할 수 있는, 가장 신뢰할만한 정보라 할 수 있다.

최근 고기후 학계에서는 홀로세에 나타난 단기 한랭기의 시기와 특성에 관한 학술적 관심이 높아지고 있다. 홀로세 초기의 단기 한랭기들은 대체로 북반구 빙하의 융해로 유입된 담수가 북대서양의 해수 흐름에 영향을 미치면서 발생했다. 지구 온난화가 현재와 같은 빠른 속도로 진행된다면, 대서양으로 흘러들어가는 융빙수의 양이 급하게 증가하여 이와 유사한 기후변화가 미래에도 나타날 수 있다는 것이 일부 고기후학자들의 생각이다(Alley et al. 2003; Broecker 1997). 현재 북반구에 존재하는 빙하가 크지 않아 향후 지구온난화가 북대서양 해수 흐름에 영향을 미칠 가능성은 높지 않다는 것이 중론이지만, 미래는 누구도 예측할 수 없다. 여전히 몇몇 학자들은 그 발생 가능성에 우려를 표하고 있는 것이 사실이다.

위의 가설이 학계에서 자주 회자되는 이유는 수십 년 동안 많은 연구를 통해 북대서양의 열염순환Thermohaline circulation 혹은 North Atlantic Overturning Circulation의 변화가 과거 지구의 기후를 결정했던 주 요인 중 하나였다는 것이 입증되었기 때문이다. 예를 들어, 대략 12,900~11,700년 전 사이에 있었던 영거드라이어스Younger Dryas 포함, 마지막 퇴빙기Last Deglaciation에 존재했던 단기 한랭기들은 모두 북미 로렌타이드 빙상의 빙하호가 붕괴되면서 북대서양으로 많은 담수가 유입된 결과로 본다(예를 들어, Broecker et al. 1989). 홀로세로 접어든 후에도 여전히 남아있던 빙하로부터 융빙수가 수차례 북대서양으로 흘러 들어감에 따라 11,400년 전, 10,300년 전, 9,400년 전, 8,200년 전 등 대략 1,000년 주기의 한랭기가 북반구 여러 지역에서 나타났다(Rasmussen et al. 2007). 특히 약 8,200년 전(8.2

ka)에 도래했던 한랭기 때는 불과 20년 사이에 3도 이상 기온이 하락했던 것으로 확인된다(Kobashi et al. 2007). 이는 당시 인간사회를 포함하는 지구 환경에 큰 영향을 미쳤을 가능성이 높다.

한편, 8.2 ka 사건과는 달리 그 후에 나타난 홀로세 중기의 단기 한랭기들(6.4 ka, 5.3 ka, 4.2 ka)의 경우, 아직까지 그 원인이 뚜렷하게 밝혀지지 않았다(Wanner et al. 2015). 이 단기 한랭기들은 갑작스럽게 나타나 보통 100~300년 간 지속되었다. 흥미로운 점은 4,200년 전 경의 기후변화가 선사시대 사회에 미친 영향이 북반구 전역에서 광범위하게 확인된다는 사실이다. 당시의 기후변화가 지구 생태계에 가한 충격이 적지 않았던 것으로 추정된다. 학계에서는 그 메커니즘을 밝히기 위해 많은 노력을 기울이고 있다. 한편, 홀로세 후반부에는 태양활동이 약해지고 화산폭발이 빈번해지면서 2.8 ka, 1.4 ka, 소빙기小氷期 Little Ice Age(1300~1850년) 등이 나타났다. 특히 소빙기의 경우, 당시의 혼란스러웠던 사회 분위기가 상세히 기술되어 있는 역사문헌 덕에 대중적으로도 잘 알려져 있는 편이다. 이 시기는 인간사회에 대한 기후변화의 영향이 가장 컸던 시기로 인식된다. 한편, 홀로세 중기부터 장주기 엘니뇨남방진동El Niño Southern Oscillation, ENSO의 영향력이 커지면서 적도태평양의 해수면 온도 변화가 북반구 전역에 걸쳐 영향력을 발휘했다.

본 글에서는 최근 전라남도 신안군 비금도, 전라남도 광양시 섬진강 범람원, 강원도 양양군 포매호, 제주도 물영아리 습지 등에서 확보된 고기후자료를 소개하고 이 자료들을 토대로 동아시아의 기후를 조절하는 인자들이 한반도의 생태계와 과거 사회에 미친 영향을 논하고자 한다. 논의의 편의상 과거 장주기 ENSO가 강해지기 시작하는 5,500년 전을 경계로 홀로세를 전기와 후기로, 홀로세 후기는 다시 1,000년 전 이전과 이후로 나눠 설명한다.

물영아리 습지는 제주 한라산 동측 사면에 위치한 오름 정상에 놓여 있으며, 높은 생물다양성과 독특한 주변 환경이 갖는 가치를 인정받아 람사 보호 습지로 지정된 곳이다. 이 오름은 상대적으로 외진 곳에 위치하고 있고 사면이 매우 급한 편이라 아주 최근까지도 농경 등 인간의 영향으로부터 자유로웠다. 현재 오름 주변은 밭들로 둘러싸여 있지만, 1920년대 들어서야 방풍림 목적으로 오름 바깥 사면에 삼나무와 소나무를 심었다는 기록에 비추어 볼 때, 이 오름 퇴적물은 적어도 1900년대까지의 인간의 영향이 배제된 과거 기후변화 정보를 오롯이 담고 있는 것으로 판단된다. 오름 분화구 중앙부에는 대략 5~6m 정도 깊이의 퇴적물이 쌓여 있는 것으로 보이며, 이곳에서 채취한 4m 길이의 퇴적물 코어 최하단부에서 대략 4,800년 전의 연대가 산출된 바 있다(Park et al. 2016).

한편, 전라남도 비금도에서 확보한 퇴적물 코어는 그 길이가 15m 정도이며 16,500~6,500년 전 사이의 고기후·고환경 변화 양상을 보여준다(Park et al. 2018). 전라남도 광양시의 섬진강 범람원에서 시추한 퇴적물 코어는 30m 길이로 대략 10,000년 전에서 2,000년 전 까지의 기후변화를 보여준다(Park et al. 2019). 동해안 포매호 코어의 길이는 대략 12m로 과거 7,000년의 고기후 변화 역사를 담고 있다. 인간의 영향은 대략 2,600년 전부터 확인된다(Constantine et al. 2019).

I. 전기 홀로세 기후변화[40]와 8.2 ka 사건

동아시아의 홀로세 기후변화를 논할 때 빠지지 않고 등장하는 것은 세차precession의 영향이다. 대략 11,700년 전에서 영거드라이어스기가 끝나고 홀로세가 시작되어 10,000~9,000년 전에 이르면, 세차 운동에 의해 북반구 중위도 지역의 하계 일사량은 거의 최고점에 이르게 된다. 우리는 흔히 이때부터 전세계적으로 홀로세 기후최적기Holocene Climate Optimum, HCO가 시작되었다고 간주한다. 중국의 여러 석순 산소동위원소자료에서 동일하게 확인되듯이 아시아 지역에도 이때부터 매우 강력한 하계 몬순이 나타난다(Dykoski et al. 2005; Wang et al. 2005; Wang et al. 2008). 이들 자료에 따르면 동아시아 하계 몬순은 대략 2,000년간 강하게 유지된 후 7,000년 전부터 점차 약해지기 시작한다. 그러나 중국의 북동부 지역을 중심으로 홀로세 기후최적기가 7,000~5,000년 전에 존재했다는 가설 또한 자주 제시된 바 있는데, 주로 호수퇴적물의 화분분석 결과에 따른 추정이었다(Chen et al. 2015; Cheng et al. 2013; Ji et al. 2005; Jiang et al. 2006; Wang and Feng 2013).

동아시아 홀로세 기후최적기의 시기와 관련된 이 두 가설과 관련하여 최근들어 여러 논문들이 발표되고 있다(Chen et al. 2015; Liu et al. 2015; Maher 2008). 최근의 논문들을 보면, 두 가설 간 차이가 나는 이유에 대해서 어느 정도 중론이 모아지고 있다는 것을 알 수 있다. 간단하게 요약하자면, 중국의 석순자료들은 동아시아 몬순이 아니고 인도 몬순을 지시하는 프록시인 반면, 중국 북부와 북동부의 호수자료들이 동아시아 몬순을 지시하는 프록시라는 것이다. 즉 석순의 산소동위원소 분석 결과

---

40 11,700~5,500년 전을 대상으로 한다.

는 동굴이 위치한 중국의 과거 기후를 보여주기 보다는 인도양의 고기후 변화를 보여주고 있다는 것인데, 이는 중국의 서부 지역에 영향을 주는 강수의 대부분이 인도양으로부터 전달된다는 사실에서 기인한다. 석순의 산소동위원소자료는 강수 지점의 기후 정보 뿐 아니라 수증기가 생성되는 지역의 기후 정보까지 함께 갖고 있다. 중국의 고기후 학자들은 중국이 실제로 동아시아 몬순의 영향을 많이 받는 지역이지만 석순자료들은 인도 몬순의 성격을 더 많이 반영한다고 보고 있다. 반면, 중국 북부의 호수 퇴적물자료의 경우 인도 몬순의 영향을 덜 받는 대신 대체로 동아시아 몬순의 영향권 하에 들기 때문에 석순자료와는 서로 다른 분석결과를 보여준다.

그렇다면 인도몬순과 동아시아몬순의 홀로세 변화가 서로 차이가 났던 이유에 대해 살펴 볼 필요가 있다. 홀로세 인도몬순 프록시들(예, 중국 석순 산소동위원소자료)은 그린란드Greenland 빙하 코어의 산소동위원소자료(Andersen et al. 2004)와 상당히 유사하다. 이는 대서양에서 나타나는 양극시소현상 Bipolar seesaw의 기후 신호가 남극 지역을 통해 인도양으로 전달되기 때문이다. 양극시소현상이란 북대서양에서 민물의 유입 등으로 대서양자오선역전순환Atlantic Meridional Overturning Circulation이 약해질 때 북대서양 대기의 온도는 낮아지고 남대서양은 반대로 따뜻해지는 상황을 의미한다. 남대서양이 온난해지면 남극 제트기류 안쪽과 바깥쪽의 대기 상층부 기온 차가 커지면서 제트기류 세기가 강해지는데(Barker et al. 2009; Rind et al. 2001), 이 때 남극 상공의 한랭한 공기가 제트기류에 갇히면서 남반구의 인도양은 따뜻해진다(Bard et al. 1997). 그 결과 약화된 고기압은 인도 하계 몬순의 약화로 이어지고 아시아는 상대적으로 건조해진다. 그린란드 빙하 코어자료의 한랭기는 대체로 인도몬순 프록시의 건조기와 대비된다(Wang et al. 2005).

이렇듯 세차 운동과 대서양 및 인도양 간 기후원격상관teleconnection의 결과로 북반구에서는 태평양에 면해 있는 지역들을 제외하면 대체로 비슷한 시기(9,000~8,000년 전)에 홀로세 기후최적기가 나타난다. 반면, 태평양의 영향권 하에 있는 지역은 대체로 8,000~5,000년 전에 홀로세 기후최적기가 나타나고 있는데, 이와 같이 지연된 최적기가 나타난 이유에 대해서는 아직까지 명확하게 밝혀진 바 없다. 8,000년 전까지 소멸되지 않고 남아 있었던 북미로렌타이드 빙상과 식생 사이의 피드백 작용이 그 원인이었을 것으로 추정된다(Renssen et al. 2005). 한편, 중국의 동쪽에 위치한 우리나라의 홀로세 기후는 주로 동아시아 몬순 변화에 크게 좌우되었다. 한반도의 홀로세 초중기 기후를 보여주는 프록시가 많지는 않지만 지금까지 보고된 화분분석 결과, 대부분이 대략 8,000~5,000년 전에 최적기가 있었던 것으로 지시하고 있다(박정재 2013; Park et al. 2019). 이는 전술한 바와 같이 동아시아 하계 몬순이 가장 강했던 시기와 일치한다.

그러나 홀로세 초의 주기적 한랭화는 기후최적기의 경우와는 달리 동아시아 전체에서 같은 시기에 나타났다. 그 대표적인 예가 8.2 ka 사건이다. 이 사건의 형태나 동인 등은 현재 고기후 학계에서 다뤄지는 핵심 연구 주제 가운데 하나이다. 8.2 ka 사건은 당시 빠르게 융해되던 로렌타이드 빙상의 빙하호로부터 대량의 민물이 대서양으로 유출되면서 발생한 것으로 알려져 있다(Alley et al. 1997). 8.2 ka 사건에 대한 관심이 높은 이유는 홀로세에 발생했다고 믿기 힘들 정도로 기온의 감소폭이 컸기 때문이다. 홀로세는 이전의 최종 빙기에 비해 기후가 상대적으로 온난하고 안정적이었던 시기로 인식된다. 그러나 8.2 ka 사건은 홀로세 중의 기후변화임에도 북대서양 지역에 상당한 기온 저하를 가져왔다. 8.2 ka 사건에 대한 정보는 현재 지구 온난화에 의해 해빙이 가속화되고 있음을 고려할 때, 그 가치가 점점 높아질 것으로 판단된다.

중국 내륙 지역의 동굴에서 보고된 석순의 산소동위원소자료는 동아시아에서 8.2 ka 사건이 존재했음을 잘 보여준다(Hu et al. 2008; Wang et al. 2005). 그러나 중국의 동굴자료들을 무턱대고 인용하여 동아시아 동부 지역의 과거 기후를 논하는 것은 바람직하지 않다. 최근의 연구들에서 중국 내륙지역과 태평양의 영향을 많이 받는 동아시아 동부 지역(중국 동부, 대만, 일본, 한국 등) 간에 홀로세 중후기 기후가 상이했음이 밝혀졌기 때문이다(Park et al. 2016; Park et al. 2017).

이런 측면에서 최근의 신안군 비금도 퇴적물 분석 결과(Park et al. 2018)는 매우 중요하면서 흥미로운 정보를 제공하고 있다(**그림 08**). 비금도 화분 다이어그램에서 8,200년 전을 전후로 매우 뚜렷한 식생 변화가 확인된다. 참나무를 비롯한 수목들의 비율이 급격히 감소하는 반면 이끼나 양치류와 같은 포자식물의 비율은 빠르게 높아지는 모습이 나타난다. 이러한 식생 변화는 당시 단기간에 기후가 춥고 건조해 졌음을 시사한다. 8,200년 전의 한랭화가 한반도에 뚜렷한 영향을 미쳤음을 보여주는 명확한 증거이다. 또한 고해상의 분석 결과(**그림 09**)는 그린란드 빙하자료 및 다양한 지역의 동굴 석순자료(중국 허상동굴和尙洞, 스페인 카이테동굴Kaite Cave, 브라질 파드레동굴Padre Cave)와도 매우 유사하다 (Cheng et al. 2009; Domínguez-Villar et al. 2009; Thomas et al. 2007). 식생의 변화를 즉각적으로 가져올 정도로 한랭화의 강도가 컸던 것으로 보인다. 다음 장에서 더 자세히 설명하겠지만, 홀로세 초기에는 중후기와 달리 해양의 영향이 크지 않았던 관계로 북대서양 지역에서 촉발된 기후변화가 한반도

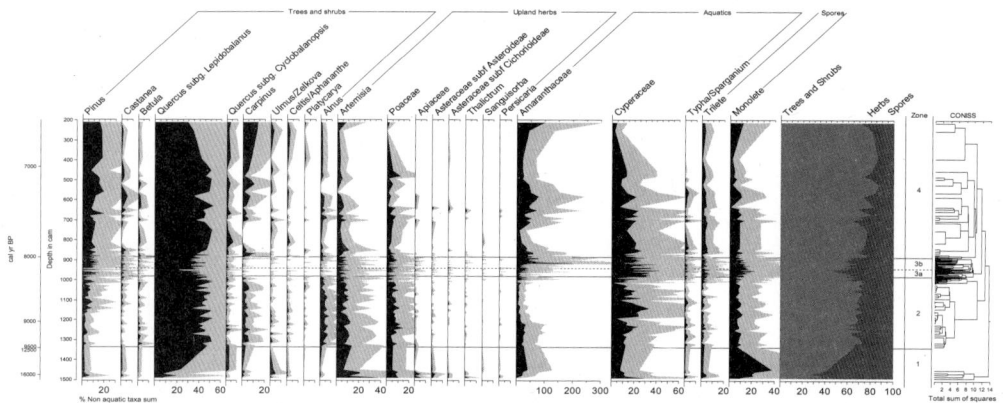

그림 08 비금도 화분 다이어그램: Zone 3a가 8.2 ka 사건의 존재를 보여줌.

에 그대로 영향을 미쳤다.

II. 후기 홀로세 기후변화[41]와 한반도 과거 사회

한반도 홀로세 기후가 세차 운동에 따른 몬순 변화에 큰 영향을 받은 것은 부인할 수 없는 사실이다. 그러나 아시아 내륙과는 달리 제주와 한반도를 포함한 동아시아 동부 지역의 홀로세 기후는 적도태평양의 해수면 온도 변화에도 크게 좌우되었다(Park 2017; Park et al. 2016; Park et al. 2017). 특히 홀로세 후기의 기후가 그러하였다. 현재 태평양의 해수면 온도 변화는 ENSO 변화와 직결되며 과거 ENSO 또한 이와 유사한 메커니즘 하에서 작동했다. 우리가 매체를 통해 흔히 접하는, 주로 기상학적 측면에서 다루는 ENSO 현상은 2~7년 주기로 도래하는 엘니뇨와 관계가 있다. 한편, 고기후 학계에서 다루는 홀로세의 ENSO 변화는 10년, 100년, 1,000년 단위 등으로 나타나는 장주기성을 갖는다. 따라서 학자들은 보통 ENSO-like 혹은 El Nino-like로 표기하여 현재의 ENSO 및 El Niño

---

41 5,500년 전 이후를 대상으로 한다.

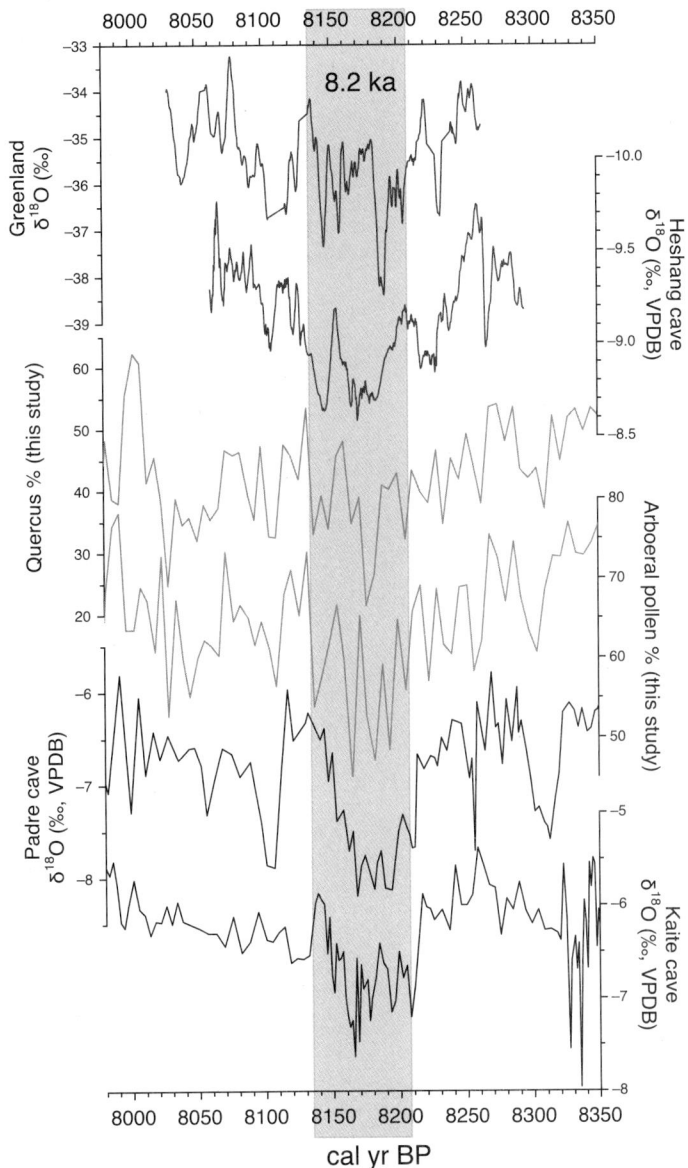

그림 09 비금도 화분자료와 그린란드 빙하코어, 중국 허상동굴, 브라질 파드레동굴, 스페인 카이테동굴 산소동위원소자료 간 비교: 8.2 ka의 기후변화 과정이 서로 상당히 유사함을 알 수 있음.

현상과는 구별을 짓는데, 이 글에서는 ENSO-like를 장주기 ENSO로, El Niño -like를 장주기 El Niño로 표현하고자 한다. 이 장주기 ENSO 변화가 전세계적으로 대략 6,000~5,000년 전부터 강하게 나타나기 시작했다(Moy et al. 2002). 주로 세차 운동에 의해 조절되었던 지구 기후가 홀로세 중기로 접어들면서 해양의 상태 변화에 크게 좌우되기 시작한 것이다. 학자들은 세차 운동 결과 홀로세 중기부터 태양일사량Total Solar Irradiance, TSI의 영향력이 감소하면서 나타난 현상으로 추정하고 있다 (Donders et al. 2008). 한반도의 화분분석 결과를 살펴보면 대략 6,000년 전부터 기후가 점차적으로 냉량해지는 모습이 확인되는데(박정재 2013), 이때부터 태평양 해수면 온도 변화가 한반도 기후에 영향을 미치기 시작했음을 시사한다.

최근 물영아리 습지에서 보고된 화분 등의 퇴적물 프록시들은 제주의 홀로세 기후 및 식생이 적도 태평양의 온도 변화와 밀접한 관련이 있음을 잘 보여준다(그림 10[42]). 물영아리 습지의 다양한 프록시들은 4,000~2,000년 전에 제주 기후가 건조했고 그 후로는 기후가 빠르게 습해졌음을 일관되게 지시하고 있다(Park 2017; Park et al. 2016; Park et al. 2017). 무엇보다도 제주에서 멀리 떨어져 있는 적도 서태평양의 해수면온도와 유사한 변화 경향을 보인다는 점이 흥미롭다. 홀로세의 적도 서태평양 온도는 장주기 ENSO 현상에 의해 결정된 것으로 보인다. 보통 엘니뇨가 강해지면 적도 동태평양(NINO3 지역)의 해수면 온도가 오르고 라니냐가 강해지면 적도 서태평양의 해수면 온도가 상승한다. 이러한 메커니즘은 홀로세의 장주기 ENSO 현상에서도 동일하게 나타난다.

그렇다면 적도 서태평양의 해수면 온도가 내려가는 시기, 즉 장주기의 엘니뇨가 강화되는 시기에 제주의 기후가 건조해지는 이유는 무엇일까? 우선 적도 서태평양의 해수면 온도가 낮아지면 수증기의 생성이 감소하여 동아시아 몬순에 의해 전달되는 수증기의 양이 줄어들게 된다. 낮은 해수면 온도는 태풍과 같은 열대성 저기압의 생성을 방해하고 세력을 약화시킨다. 이러한 열대성 저기압의 영향을 많이 받는 중국의 해안과 한반도 남부 등은 하계 강우량이 상대적으로 저조해 질 수 밖에 없다(Kim and Seo 2016; Kug et al. 2010). 또한 장주기의 엘니뇨가 강화되는 시기에는 북서태평양의 온도가 상승하여 (시계 반대 방향으로 순환하는) 저기압이 강화되므로 태풍이 동북아로 이동하는데 장애로 작용한다. 반대로 라니냐가 강해지는 시기에는 북서태평양의 온도가 낮아서 (시계 방향으로 순환하는)

---

[42] 적도 서태평양 (필리핀 남쪽 해상) 해수면 온도자료는 Stott et al. (2004)을 사용하였다.

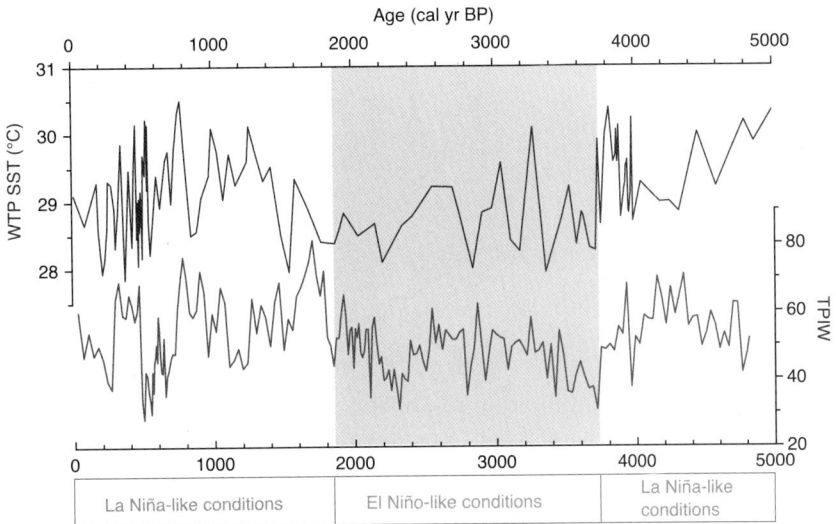

그림 10 물영아리 TPIW자료와 적도서태평양 (필리핀 남쪽 해상) 해수면 온도자료 간 비교: 수목화분온난지수Tree Pollen Index of Warmness, TPIW는 (상록성 참나무속Quercus subg. Cyclobalanopsis x 100) / (상록성 참나무속 + 낙엽성 참나무속 Quercus subg. Lepidobalanaus + 느릅나무속Ulmus/Zelkova)을 지시. 상록성 참나무속이 상대적으로 보다 습한 환경을 선호하므로 높은 TPIW값은 습윤했던 환경을 반영함. 그림에서 보듯이 4,000~2,000년 전에 적도서태평양의 해수면 온도는 상대적으로 낮았고 제주도는 건조했음.

고기압이 강화되므로 태풍의 이동이 상대적으로 용이해진다(Liu et al. 2014; Son et al. 2015). 해양 또한 일정부분 영향을 주었을 것으로 사료된다. 장주기의 엘니뇨가 강화되어 적도 서태평양의 해수면 온도가 낮아지면 쿠로시오 난류의 온도 또한 낮아지므로 제주도로 전달되는 열과 수증기량이 감소했을 수 있다.

적도 서태평양의 온도 변화에서 드러나듯이 대략 4,000~2,000년 전은 장주기의 엘니뇨가 강해졌던 시기로 제주도는 상대적으로 건조했다(그림 10). 그러나 2,000년 전 이후로는 장주기의 라니냐가 강해지면서 제주도의 기후가 점점 습해졌는데, 물영아리 연구 결과는 특히 이 시기의 기후변화가 적도 태평양의 기후변화와 매우 유사했음을 보여준다(Park 2017)(그림 11[43]). 이는 한반도와 적도 동

---

43 인도네시아 근해의 해수면 온도자료는 Oppo et al. (2009)을 사용하였다.

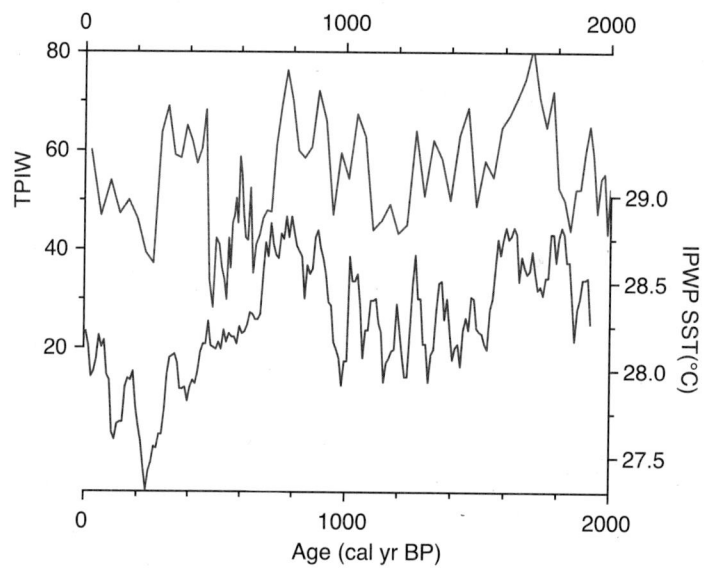

그림 11 물영아리 TPIW자료와 인도네시아 근해의 해수면 온도자료의 비교: 두 자료 간 강한 상관관계 존재(r=0.45). 400년 전을 전후하여 양 자료 간에 차이가 나타나는 것은 이 시기 서어나무속 *Carpinus*의 급증과 관련 있음(Park et al. 2016). 소빙기에 온도가 낮았음에도 강수량이 늘면서 제주도에 서어나무 개체수가 급증하였는데, 이러한 식생 변화가 물영아리 화분분석결과에 반영된 것으로 보임.

태평양 간에 강한 기후원격상관이 존재했음을 지시한다.

강원도 포매호 화분자료 또한 홀로세 후기에 한반도가 적도태평양의 영향을 강하게 받았음을 보여준다(Constantine et al. 2019). 포매호 수목화분비율(AP/T)이 갑자기 감소하는 4,000년 전에 적도 동태평양의 해수면 온도는 다른 시기에 비해 상대적으로 높고 적도 서태평양의 해수면 온도는 상대적으로 낮았다(**그림 12**). 전형적인 장주기 엘니뇨 상태로 볼 수 있으며 전술한 기후 메커니즘에 따라 한반도는 건조해졌을 가능성이 높다. 동일한 시기에 킬리만자로 산지 위의 빙하층과 오만만 심해저에 쌓인 먼지량dolomite은 뚜렷하게 증가한다(Cullen et al. 2000; Thompson et al. 2002). 4,000년 전에 동부 아프리카와 중동이 건조해지면서 대기 중의 먼지량이 늘어난 결과이다. 번성하던 문명이 4,200~3,900년 전에 갑작스럽게 쇠락했다는 기록은 이집트, 인도, 중동, 중국, 일본 등 북반구 전역에서 확인된다. 그 이유를 소위 4.2 ka 사건으로 불리는 단기 기후변화에서 찾는 학자들이 많다(Cul-

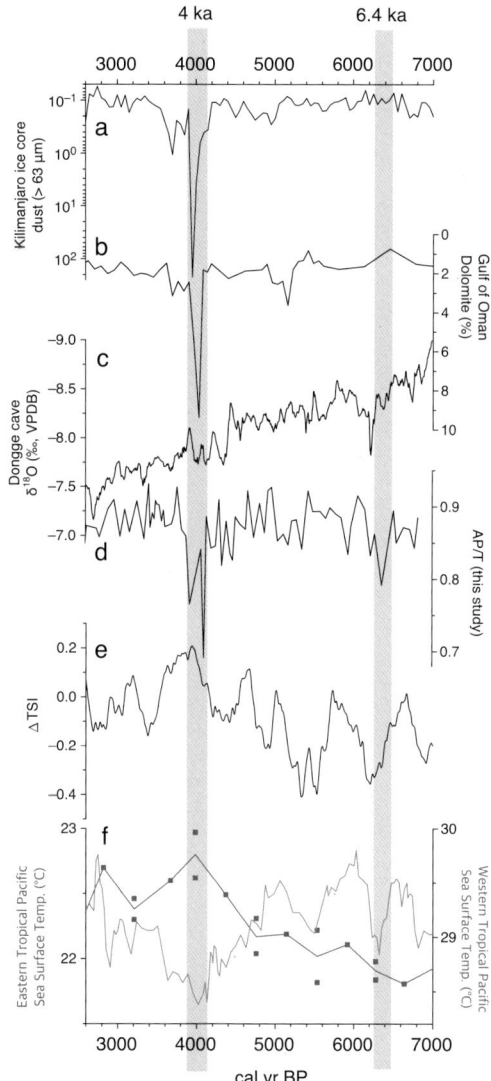

그림 12 (a) 킬리만자로 빙코어 먼지량, (b) 오만만 심해퇴적물 Dolomite 비율, (c) 중국 둥거동굴 산소동위원소비율, (d) 포매호의 수목화분비율, (e) 태양일사량, (f) 적도태평양 해수면 온도 간 비교: 적도 서태평양의 온도가 낮고 동태평양의 온도가 높았던 4,000년 전에 한반도를 포함한 북반구 여러 곳에서 건조한 기후가 나타났음. 이 시기의 건조한 기후는 (태양일사량보다는) 적도태평양의 해수면 온도 변화에 따른 것임을 알 수 있음.

len et al. 2000; Dixit et al. 2014; Kawahata et al. 2009; Liu and Feng. 2012; Stanley et al. 2003). 지금까지 동북아 지역에서 4.2 ka 사건에 시기적으로 명확하게 대응되는 고환경 변화가 보고된 경우가 없었으므로 포매호 화분자료가 갖는 가치는 크다고 할 수 있다.

최근 고고학계에서 선사시대 사회 인구 변화의 프록시자료로 자주 활용되고 있는 것이 탄소연대치의 누적확률분포Summed Probability Distribution, SPD자료이다(Crema et al. 2016; Shennan et al. 2013). SPD자료는 수혈주거지에서 출토된 탄화물의 연대측정자료들을 종합한 것이다. 과거 주거지 수의 시기별 변화를 보여주므로, 이를 통해 과거의 인구 변화를 간접적으로 추정해 볼 수 있다. 광양 연구에서는 수목화분비율과 SPD값의 상호 비교를 통해 기후와 식생 변화가 선사시대 사회에 어떠한 영향을 미쳤는지 살펴보았다(**그림 13**). SPD자료는 2,190개의 연대치를 종합한 연구(Oh et al. 2017)로부터 얻었다.

그림 13에서 보듯이 홀로세 기후최적기가 끝나는 시점은 4,700년 전인데, 이때 SPD값 또한 급격히 감소하는 모습을 확인할 수 있다. 이후 4,100년 전과 3,700년 전에서도 약간의 시차는 비록 존재하지만 수목화분비율과 SPD값이 유사한 형태로 낮아지는 것을 볼 수 있다. 기후 악화로 수목의 생장이 저해될 때마다 선사인들은 주변에서 나무 열매나 도토리와 같은 먹거리를 확보하는 것에 어려움을 겪었을 가능성이 크다. 그들은 충분한 식량을 획득하기 위해 이전보다 생활 반경을 확대해야 했을 것이고 그 결과 전체 주거지 수는 감소했을 것이다. 5,000년 전에서 3,500년 전 사이에 주거지 대신 야외 노지가 늘어나는 현상도 이러한 기후변화와 관련있을 것으로 추정된다(Ahn et al. 2015).

기후가 빠르게 양호해지기 시작한 3,500년 전부터 SPD값이 눈에 띄게 상승한다. 이는 한반도에서 온난습윤한 기후의 도움으로 쌀농사가 본격적으로 시작되었음을 의미한다. 그러나 이러한 호황기는 그리 오래 지속되지 않았다. 그래프 상에서 2,800년 전에 수목화분비율과 SPD값이 동반 하락하는 모습이 뚜렷하게 나타난다. 2,800년 전의 기후 악화는 당시 조악한 쌀농사 기술로는 극복하기 힘든 수준이었던 것으로 보인다. 또한 쌀농사의 시작으로 급속하게 늘어나기 시작한 인구도 기후변화에 대한 유연한 적응을 힘들게 했을 것이다. 대략 500년 후에 나타난 2.3 ka 사건은 오랜 기간 어려운 상황을 버텨내던 농경민들이 결국 쌀농사를 포기하거나 혹은 쌀농사에 보다 적합한 곳을 찾아 남쪽으로 이주를 결심하게 된 결정적 계기로 작용했다. 2,300년 전에 크게 떨어진 SPD값은 기후변화에 따른 인구 감소와 대규모 이주를 반영하는 것으로 보인다.

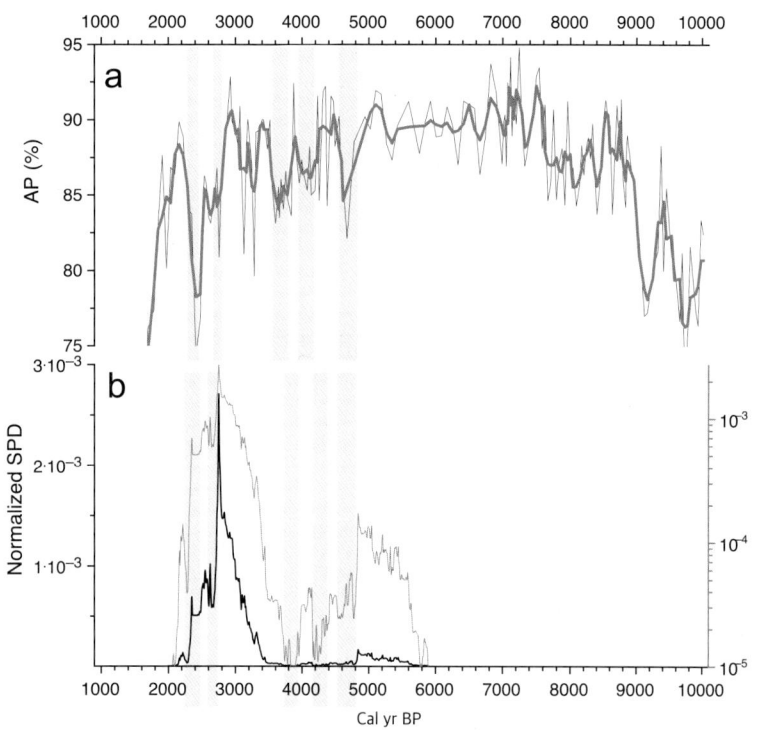

그림 13 (a) 광양 수목화분비율자료와 (b) 우리나라 SPD자료의 비교: 노란 막대는 기후가 건조했던 시기를 지시. SPD 그래프에서 오른편 y축은 로그축임.

송국리문화는 한반도 서남부에서 수도작을 기반으로 청동기 시대 중후기를 대표했던 문화유형이다. 대략 3,000년 전부터 2,300년 전까지 존속했는데, SPD자료에서도 잘 나타나듯이 2,300년 전에 갑자기 사라졌다. 이 문화가 갑자기 쇠락한 원인에 대해서는 여러 의견이 분분하다. 몇몇 고고학자들이 이미 제시한 바와 같이(이희진 2016; Ahn and Hwang 2015), 광양자료만 놓고 보면 기후변화가 중요한 역할을 했을 가능성이 높아 보인다. 더 나아가 송국리문화와 일본의 야요이문화 간에 보이는 연관성을 고려할 때, 당시 본토인이 일본으로 넘어가 야요이문화를 일으키게 된 근본 원인 또한 기후변화에서 찾아야하지 않나 생각한다. 기후가 차츰 건조해짐에 따라 수도작에 어려움을 겪게된 농민들은 온난습윤한 곳을 찾아 남쪽으로 이주를 해야 했고 그 중 모험심이 강한 일부가 바다를 건넜을 것이다. 한반도와 일본의 관련 연대측정치를 모두 정리하여 야요이문화의 시작을 2,800년 전 정도로 제시한 최근 연구는 이러한 가정을 더욱 그럴듯하게 만들고 있다(Shoda 2010).

연속해서 다음 장에서는 지난 1,000년 간의 고기후 변화가 한반도 문명에 미친 영향을 살펴 보려 한다. 미래의 기후변화를 예측할 때 가장 중요한 자료는 가까운 과거의 기후변화 정보이므로, 홀로세 후기 특히 지난 1,000년 간의 고기후자료가 갖는 함의는 적지 않다.

III. 과거 1,000년간의 기후변화: 중세온난기와 소빙기

물영아리 퇴적물 분석 결과를 토대로 유추한 제주의 기후와 적도 동태평양의 기후는 그 변화 양상이 서로 유사하다. 즉, 적도 동태평양 지역에 강수량이 상대적으로 많았던 시기(장주기 엘니뇨)에 제주도의 강수량은 적었다. 북반구의 홀로세 후기 기후는 세차 운동과 해양 순환 뿐 아니라 태양활동과 화산활동에도 많은 영향을 받았던 것으로 알려져 있다. 물영아리 연구결과 또한 이 가설에서 크게 벗어나지 않는다(그림 14). 물영아리 자료들은 1000~1080년, 1180~1320년, 1420~1510년, 1760~1880년에 제주 기후가 상대적으로 건조했음을 보여준다. 태양활동의 감소만 보이는 1000~1080년 기간을 제외하면, 모든 건조기들이 태양활동이 감소하고 화산활동이 증가하는 시기에 나타나고 있다.

한편, 물영아리 화분자료의 주성분 분석 결과(pc1)는 제주도의 홀로세 후기 기후가 해양의 영향을 받았음을 재차 확인시켜주고 있다. 인도네시아 해양퇴적물의 $\delta^{18}O$(Oppo et al. 2009)와 남중국해 해양퇴적물의 입도자료(Yan et al. 2011)는 물영아리 화분 pc1과 비슷한 변화 모습을 보이고 있다. 특히 인도네시아 자료와 물영아리 자료는 매우 유사하다(그림 14). 인도네시아 및 남중국해와 제주 지역의 기후변화가 비슷한 과정을 거쳤음을 알 수 있는데, 이들 자료 모두 중세온난기에는 장주기 엘니뇨의 강화로 건조했고 소빙기에는 장주기 라니냐의 강화로 습윤했음을 지시한다. 한 가지 주목할 점은 1520~1760년에 장기간의 습윤기가 존재했었다는 점이다. 이 시기에는 소빙기 중에서도 가장 냉량했다는 마운더 극소기Maunder minimum가 포함되어 있다.

고려사와 조선왕조실록의 가뭄 기록에 따르면, 물영아리 화분자료에서도 확인되듯이 1180~1320

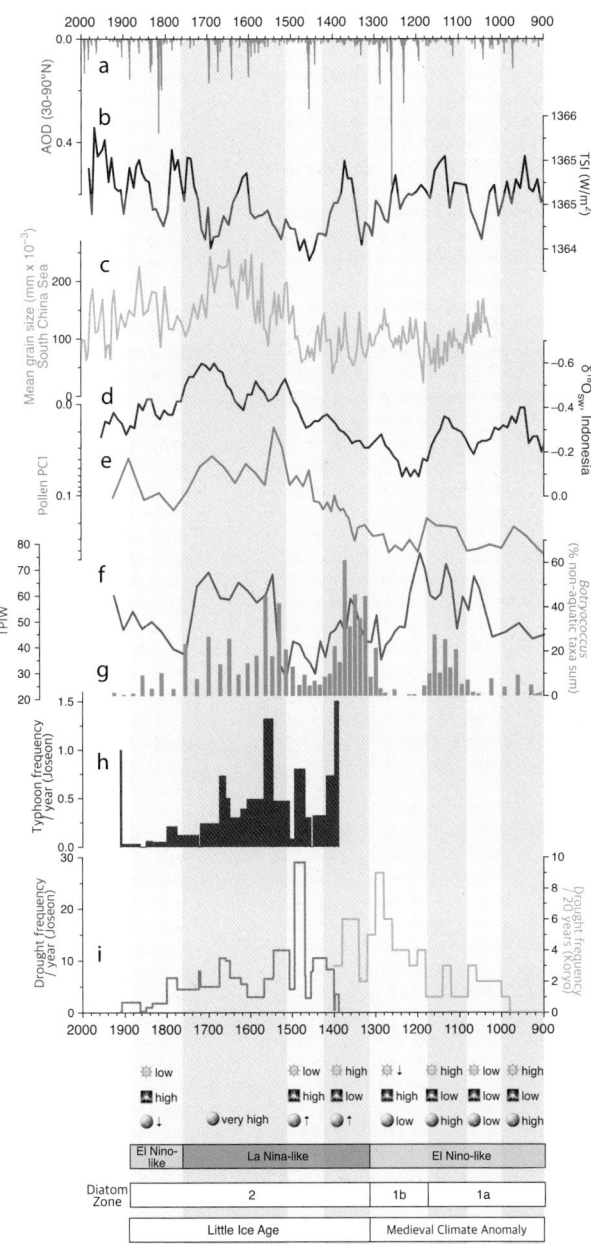

그림 14 물영아리 화분 및 조류자료와 여타 주요 고기후자료 간 비교: (a) 화산 활동 변화 (Crowley and Unterman 2013), (b) 태양 활동(태양 흑점수) 변화(Delaygue and Bard 2011), (c) 남중국해 강수 프록시자료(Yan et al. 2011), (d) 인도네시아 근해 강수 프록시자료(Oppo et al. 2009b), (e) 물영아리 화분 첫 번째 주성분(pc1), (f) 물영아리 녹조류 %(Park et al. 2016), (g) 조선시대 태풍 기록(김현준 2005), (h) 고려 및 조선시대 가뭄 기록(김현준 2005; 윤순옥·황상일 2010). 물영아리 화분 첫 번째 주성분과 인도네시아 및 남중국해 프록시자료의 전체적인 변화 경향이 유사한 것은 서태평양 기후와 제주도 기후가 서로 관련있다는 점을 시사함. 해양의 영향 외에도 태양활동과 화산활동 또한 제주 기후를 조절하였는데, 물영아리의 녹조류 분석 결과에서 보듯이 태양활동이 저조하고 화산활동이 활발할 때 대체로 건조했음. 그림에서 짙은 황토색으로 표시된 부분은 건조함이 상대적으로 더욱 심했던 시기를 지시함. 역사문헌의 태풍 및 가뭄 기록 또한 녹조류자료와 상당히 유사한 변화 경향을 보여주고 있는데, 전체적으로 볼 때 화산폭발이 활발했던 1200~1300년에 특히 건조했음. 그림 아래 부분 태양 표시는 태양활동을, 화산 표시는 화산활동을, 지구 표시는 적도 서태평양의 해수면 온도를 의미함.

년과 1420~1520년에 상대적으로 건조했다(김현준 2005; 윤순옥·황상일 2010). 조선왕조실록은 또한 1420~1520년에 태풍의 빈도가 감소했다고 적고 있다(김현준 2005). 한편, 화분 및 문헌자료 모두에서 마운더 극소기(1640~1720년) 시기에는 기후가 지속적으로 습윤했음을 지시한다. 이와 같이 제주의 화분자료와 고문헌자료가 유사하다는 점은 제주 뿐 아니라 한반도 혹은 적어도 한반도 남부지역 또한 제주도와 비슷한 기후변화를 겪었을 가능성을 시사한다. 단, 북한과 중국 국경에서 멀지 않은 중국 동북부 길림성에서 보고된 마르호 화분자료들에서 해양의 영향이 뚜렷하게 확인되지 않는다는 점을 고려할 때(Stebich et al. 2015; Xu et al. 2014), 해양의 영향을 많이 받는 한반도 남부와 상대적으로 그 영향이 덜한 북부 간에 기후변화 과정에서 미묘한 차이가 있었을 것으로 추정된다. 향후 한반도 북부와 남부의 홀로세 기후를 비교하는 것은 매우 흥미로운 작업이 될 것이다.

　소빙기 동안 일부 북부 지역을 제외한 한반도 대부분 지역에서 기온은 낮았지만 강수량은 많았을 가능성이 크다. 소빙기에 강수량이 대체로 많았다는 점은 또 다른 조선시대 문헌인 증보문헌비고를 분석한 연구에서 이미 제기된 바 있다(金蓮玉 1984). 따라서 우리가 흔히 소빙기 자연재해의 예를 들 때 자주 언급되는 대기근들(1670년 경신대기근, 1695년 을병대기근)은 태풍과 홍수로 인한 재해가 시발점이 되어 나타난 사회적 현상이었을 것으로 판단된다. 실제 조선왕조실록의 기록에서도 현종 재위시(1659~1674년)에 상대적으로 많은 수의 태풍이 도래했고 홍수 또한 빈번했다는 내용을 확인할 수 있다(그림 14). 또한 그림 14에서 확인되듯이 이 기간은 제주도, 남중국해, 인도네시아 등지에서 지난 1,000년에 걸쳐 가장 기후가 습했던 시기였다.

　물영아리의 여러 프록시자료들을 종합해 볼 때 지난 1,000년 동안 가장 매서웠던 가뭄은 1180~1320년에 나타났던 것으로 보인다(그림 14). 이때는 여러 난이 발생하여 불안정했던 고려 무신시대와 겹친다. 또한 몽골의 침입전쟁으로 큰 피해를 입었던 시기이기도 하다. 전쟁에 기후적인 악조건마저 겹치면서 고려인들의 삶은 매우 피폐했을 것이다. 동시기 몽골제국의 남진 이유를 기후의 악화로 인한 초지 면적의 감소에서 찾는 학술적인 시도는 오래전부터 있어 왔다(Jenkins 1974). 이는 과거 오래전부터 기후가 인간 문명에 중요한 영향을 미쳤음을 보여주는 사례로도 자주 제시되는데, 최근의 수목연륜 연구에서는 정반대의 가설이 제기되고 있다(Pederson et al. 2014; Putnam et al. 2016). 즉, 동시기에 기후가 양호해지면서 초지의 생산성이 높아졌고 이로 인해 몽골제국의 군대가 강대해져 정복전쟁을 시작할 수 있게 되었다는 주장이다. 이들 분석자료의 높은 해상도를 고려할 때 홀로세 후기 몽골의 초원지대는 제주도와는 정반대의 기후변화를 겪었던 것이 거의 확실해 보인다. 양호한 기후 덕에 더욱 강해진 기마 군대를 주축으로 세차게 몰아친 몽골에, 무신 시대의 혼란과 건조해진 기후 탓에 사기가 떨어질 대로 떨어진 고려민이 제대로 된 저항을 하기는 어려웠을 것이다. 그렇다면 몽고와 제주에서 이와 같이 상반된 기후가 나타났던 원인에 대해 살펴볼 필요가 있다.

앞서 홀로세 기후최적기에 대해 논하면서 인도 몬순의 영향을 받는 지역과 동아시아 몬순의 영향을 받는 지역 간에 기후변화 경향이 달랐다고 언급한 바 있다. 지금까지의 연구결과에 의하면, 인도 몬순의 영향권 하에 있는 지역은 홀로세 기후최적기가 홀로세 초기에 나타난 반면, 동아시아 몬순의 영향을 받는 지역은 최적기가 홀로세 중기에 나타났다. 즉, 수증기가 주로 인도양으로부터 전달되는지 아니면 서태평양으로부터 전달되는지의 차이가 양 지역간 기후 차이를 유발한다고 볼 수 있다. 동아시아 몬순의 영향을 많이 받는 지역은 대체로 적도서태평양의 해수면 온도, 즉 장주기의 ENSO 변화에 민감하게 반응했던 것으로 판단되는데, 그 매개자 역할을 했던 것이 바로 열대성 저기압이다. 열대성 저기압 중 강한 세력을 띤 것들을 우리는 흔히 태풍이라 칭한다. 최근의 연구결과에 따르면, 적도동태평양의 해수면 온도와 중국 해안 쪽으로 상륙하는 열대성 저기압의 빈도 간에는 통계적으로 유의한 부의 관계가 나타난다(Kim and Seo 2016). 동태평양의 해수면 온도가 높아서 엘니뇨가 강화되면 중국 동해안에 영향을 미치는 열대성 저기압의 수가 감소한다. 적도서태평양의 온도가 떨어지면서 열대성 저기압의 생성이 억제되기 때문이다. 중국 동해안에 상륙하는 열대성 저기압이 육상부를 통과하면서 온대성 저기압으로 변질되고 이들이 편서풍을 타고 한반도 쪽으로 이동하면서 많은 비를 뿌리는 경우가 많으므로, 중국 해안에 상륙하는 열대성 저기압의 빈도가 감소하면 그만큼 한반도의 강수량은 감소할 가능성이 높다(박종길 외 2006).

이러한 측면을 고려하여 제주에서 상대적으로 건조했던 중세온난기와 습윤했던 소빙기가 나타난 과정을 추정해 볼 수 있다. 중세온난기에는 태평양에서 장주기 엘니뇨가 강화되면서, 필리핀 동측 해양에서 발원하여 중국 동해안에 상륙하는 열대성 저기압의 수와 세력이 위축되었고, 그 결과 제주도와 한반도(적어도 한반도 남부)의 강수량은 감소했던 것으로 판단된다. 반면, 소빙기에는 장주기 라니냐가 강화되면서 반대의 현상이 나타났다고 볼 수 있다. 건조한 중세온난기와 습윤한 소빙기는 중국의 동해안, 타이완, 제주도, 일본 큐슈 등에서 뚜렷했고, 중국 내륙에서는 이와는 반대의 양상을 보였으므로, 이 가설의 개연성은 충분히 높다고 판단된다.

중국의 동해안, 타이완, 한반도 등은 전세계적으로 면적대비 인구수가 가장 많은 지역들 가운데 하나다. 최근 미래 해수면 상승과 해일로 인한 중국 동해안의 피해 규모가 상상 이상일 것이라는 연구가 지속적으로 발표되고 있다(McGranahan et al. 2007; Nicholls et al. 2008; Woodruff et al. 2013). 이곳의 기후변화는 엄청난 인명 피해를 가져올 대형 재해로 이어질 수 있기 때문에 관련 기후 메커니즘을 명확하게 파악해야 할 당위성은 더욱 크다고 할 수 있다. 향후 기후변화의 전개 양상을 예측하는 것은 거의 불가능에 가깝다. 그럼에도 동북아인들이 적도태평양의 해수면 온도 변화에 지속적인 주의를 기울여야 하는 이유는 분명해 보인다.

한반도를 포함하는 동아시아의 홀로세 초기 기후를 좌우했던 요인은 북대서양 해수 순환의 교란에 따른 북반구 적도 수렴대Intertropical Convergence Zone, ITCZ의 이동이었다. 이는 8.2 ka 사건의 존재를 보여주는 비금도 연구결과에서도 확인된다. 그러나 홀로세 초기와 달리 중후기의 단기 한랭 사건들(6.4 ka, 5.3 ka, 4.2 ka, 2.8 ka, 2.3 ka 등)을 일으킨 원인은 여전히 불명확하다. 이 글에서 소개한 포매호와 광양의 연구결과는 동아시아의 홀로세 중후기 기후변화가 적도태평양의 해수면 온도 변화와 직결되어 있음을 시사한다. 우리나라의 선사시대 사회는 적도태평양의 해수면 온도 변화로부터 파생된 단기 기후 악화에 직접적인 영향을 받았다. 2,800년 전과 2,300년 전에 도래했던 단기 한랭기들은 벼농경민의 이주를 촉발해 송국리문화의 쇠락을 불러왔다. 반면 일본에서는 한반도로부터 이주해 들어온 벼농경민에 의해 야요이문화가 시작되었다. 물영아리의 연구결과는 지난 1,000년 간의 한반도 기후 (건조했던 중세온난기와 습윤했던 소빙기) 또한 적도태평양의 해수면 온도에 의해 조절되었음을 보여준다. 중세온난기에 한반도는 대체로 가물었는데 특히 원점령기에 가뭄이 심했다. 반면 소빙기에는 태풍과 홍수가 급증하여 경신대기근과 같은 대형 재해가 발생했다.

오래전 한반도에 존재했던 사회의 변화 배경에는 매우 다양한 요인들이 존재할 것이다. 최근의 연구결과들에 비추어 볼 때 기후변화가 그 중 하나라는 점에는 이의를 달기 어려워 보인다. 그러나 한편으로는 이와 관련하여 대다수가 동의할 만한 가설을 세우는 것도 쉽지 않은 것이 사실이다. 우리나라에서는 신뢰할 만한 고기후 프록시자료가 여전히 매우 부족하기 때문이다. 아직까지 기후와 과거 생활상을 연결시키려는 시도를 근거가 약한 환경결정론적 추정으로 바라보는 경우가 많다. 앞으로 연대가 정확한 고해상도의 고기후자료가 지속적으로 생산되어 그 관계를 보다 명확하게 밝힐 수 있게 되길 기대한다.

이 글은 이미 발표된 논문들—「한반도 홀로세 기후와 적도 태평양 해수면 온도 간의 연관성」(『한국지역지리학회지』 24-1, 2018)과 「홀로세 단기 한랭화의 동인과 한반도의 고대 사회에 미친 영향」(『국토지리학회지』 53-4, 2019) 및 「한반도의 홀로세 기후 변화와 선사시대 사회 변동」(『대한지리학회지』 56-2, 2021)—의 일부 내용을 발췌·수정·보완한 것임.

04

고고자료 관리를 위한 GIS 활용
Application of GIS in Managing Archaeological Data

최진무 Jinmu Choi

Ⅰ. 자료 관리를 위한 DB 구성
Ⅱ. 유적자료 지오코딩과 지도 좌표계
Ⅲ. 유적자료 웹 지도 개발

고고학 분야에서도 최근 유적 위치, 발굴구역, 유구 배치 등 다양한 주제도를 제작하기 위해 GIS를 이용하고 있다(김범철 2010; Wheatley and Gillings 2002). 이렇게 제작된 주제도는 GIS에서 다양한 속성데이터와 결합하여 추가적인 분석이 가능하다. 예를 들어, 발굴된 유적 정보와 더불어 기후, 식생, 환경 정보 등을 중첩하여 분석함으로써 유적을 매장하였던 시기에 대한 환경을 짐작할 수 있게 한다. 따라서 GIS를 이용한 유적관리를 통해 유적의 기록, 분석, 결과의 표출 등을 효율적으로 수행할 수 있다(정훈진·강동석 2010).

본 장에서는 유적 자료를 관리하기 위해 데이터베이스를 구성하는 방법을 설명한다. 고고학 발굴 보고서에 사용되는 유적, 유구, 유물을 데이터베이스로 구성하는 사례를 제시하여 향후 유적 발굴에 적용될 수 있도록 한다(김만규 외 2006). 유적 데이터베이스는 유적, 유구, 유물의 공간좌표를 포함하고 있으므로 일반 데이터베이스가 아니라 공간데이터베이스로 설계되어야 한다. 공간데이터베이스는 좌표를 속성들과 구분하여 관리하고 좌표와 속성들을 연계함과 더불어 좌표에 대한 검색이 효율적으로 진행될 수 있도록 인덱스화하는 과정이 추가되어야 한다는 점에서 일반 데이터베이스보다는 복잡한 구조를 갖게 된다.

다음으로 저장·관리되고 있는 유적 정보를 지도, 도표, 문서 등으로 작성하여 발표하는 등 다양하게 표출할 수 있다. 따라서 본 장에서는 고고학 자료 및 그 분석 결과를 인터넷 지도로 작성하여 다양한 독자에게 제공할 수 있도록 인터넷 지도 제작 방법에 관해 설명하고자 하였다. 이를 위해 Leaflet 라이브러리를 사용하고 자바스크립트를 이용하여 유적 데이터를 인터넷 지도로 작성하고 표출하는 방법에 관해 설명하였다.

결론적으로 본 장을 통해 유적 자료를 데이터베이스로 구축하여 관리하고, 이러한 유적 정보를 인터넷으로 독자에게 제공하는 전반적인 방법에 대해 살펴봄으로써 유적 데이터의 관리와 활용에 있어서 효율성을 제고할 수 있을 것으로 기대한다.

I. 자료 관리를 위한 DB 구성

백제 도성 유적위치도 공간 DB 설계(정훈진·강동석 2010)에 있어서 다음과 같이 3가지 한계가 지적되었다. 첫째, 유구들이 여러 레이어로 분리되어 구축되어 동일 종류의 객체에 대한 공간분석이 어려웠다. 둘째, 공간데이터에 시대, 분류 등의 속성데이터가 제대로 연결되지 않아 검색·조회·활용에 문제가 있었다. 셋째, 개별 유구 내의 초석과 적심 등 세부 객체까지 포함할 수 있는 세밀한 데이터베이스 설계가 이루어지지 않았다. 따라서 고고학 자료의 효율적인 관리와 검색·활용을 위해서는 데이터베이스의 개념적 설계과정에서부터 데이터베이스의 검색과 활용까지 고려한 시공간 데이터베이스를 설계하여야 한다.

데이터베이스의 설계는 일반적으로 3단계로 구분된다. 개념단계-논리단계-물리단계의 절차를 말한다(이희연 2003). 이 절차를 통해 데이터베이스에 포함될 개체, 속성, 관계를 설정하고 데이터베이스를 모델링하게 된다(윤경익 2010). 이때 데이터베이스의 정규화 및 데이터의 무결성 원칙이 적용된다. 데이터를 구조화하는 데이터 모델링에 있어서 개체-관계 모델(Chen 1976)과 객체지향 모델이 많이 사용되고 있다. 데이터베이스의 정규화는 데이터베이스 내의 모든 테이블이 잘 설계되어 속성의 중복이나 불일치가 발생하지 않도록 하는 것이다. 또한 정규화는 데이터베이스에 저장되는 데이터에 대해서는 각 데이터의 ID, 참조체계 등에 관해 데이터의 중복, 누락 등의 오류가 없도록 데이터의 정확성과 일관성을 보증하는 것이다.

고고학 자료는 여러 시대에 걸쳐 분포하며 이러한 시간적 특성과 더불어 공간적인 위치 및 다양한 환경 특성들을 보유하게 된다. 이러한 시공간적 특성이 있는 자료들을 효율적으로 저장하고 관리하기 위해서는 자료의 활용목적에 맞게 시공간 데이터베이스를 설계하고 구축하여야 한다. 따라서 본 장에서는 신석기와 청동기시대 유적·유물 관리를 사례로 데이터베이스 설계를 제시하였다. 데이터베이스의 물리적 설계는 데이터를 저장하게 될 상용 데이터베이스에 따라 다르므로 본 장에서는 고고학 자료 데이터베이스 설계를 논리단계까지만 진행하였다. 다만, 논리단계에서 객체와 요소의 관계를 통한 데이터베이스 구성을 완성할 뿐만 아니라 객체와 관계의 속성별 이름과 데이터 유형까지 상세하게 제시함으로써 물리적 변환이 용이하도록 하였다.

1. 유적 데이터베이스 개념 모델 작성

하나의 유적은 여러 개의 유구를 포함하게 되고 각각의 유구에 여러 개의 유물이 발굴된다. 표 03[44]은 공주시 장기면에 소재한 소골이라는 유적에 있는 여러 개의 유구를 저장한 데이터이다. 유구 데이터에는 다음과 같은 속성정보들이 포함된다. 석기가 출토된 유구의 번호, 유구명, 유구의 기능에 따른 분류(유구종류), 유구의 평면형과 내부 노지의 형식(유구세부형식), 해당 유구에서 출토된 석기의 총수(석기 총수), 석기의 종류, 참고문헌(출처), 유적의 탄소연대, 유구의 탄소연대, 석기와 함께 출토되는 토기의 형식(공반유물), 기존 속성 내용을 바탕으로 전기 또는 후기로 판정되는 유구의 시기구

표 03 청동기시대 유구 데이터 사례

등록 번호	도/ 광역시	시/군/ 구	읍/면/ 동	리 이하	유적 명	유적좌표 (경도)	유적좌표 (위도)	유구 명	유구 종류	유구 세부형식
ST2016 000013	충청 남도	공주시	장기면	담양리	소골	127°15′ 2.56″E	36°29′ 18.42″N	4호	주거지	송국리식
ST2016 000014	충청 남도	공주시	장기면	담양리	소골	127°15′ 2.56″E	36°29′ 18.42″N	5호	주거지	방형 (토광노)
ST2016 000015	충청 남도	공주시	장기면	담양리	소골	127°15′ 2.56″E	36°29′ 18.42″N	9호	주거지	송국리식
ST2016 000016	충청 남도	공주시	장기면	담양리	소골	127°15′ 2.56″E	36°29′ 18.42″N	10호	주거지	장방형 (토광노)
ST2016 000017	충청 남도	공주시	장기면	담양리	소골	127°15′ 2.56″E	36°29′ 18.42″N	11호	주거지	장방형 (위석노+ 초석)
ST2016 000018	충청 남도	공주시	장기면	담양리	소골	127°15′ 2.56″E	36°29′ 18.42″N	13호	주거지	송국리식
ST2016 000019	충청 남도	공주시	장기면	담양리	소골	127°15′ 2.56″E	36°29′ 18.42″N	14호	주거지	원형
ST2016 000020	충청 남도	공주시	장기면	담양리	소골	127°15′ 2.56″E	36°29′ 18.42″N	17호	주거지	장방형 (토광노)
ST2016 000021	충청 남도	공주시	장기면	담양리	소골	127°15′ 2.56″E	36°29′ 18.42″N	18호	주거지	장방형 (위석노)

---

44 최진무(2018)의 〈그림 2〉(p. 102)를 전재·수정하였다.

분 등이 포함된다. 따라서 유구에 대한 정보는 유구의 위치인 공간정보와 유물의 종류와 내용에 대한 속성정보, 그리고 유물의 시기에 대한 시간정보를 모두 포함하고 있다.

표 03의 유구 데이터에 대해 데이터베이스 개념 모델링에서 수행해야 하는 것은 정규화와 무결성 원칙을 지키도록 객체와 속성을 구성하는 것이다. 정규화는 테이블에 속성값이 더이상 분해되지 않고 같은 속성값이 반복적으로 저장되지 않도록 설계하는 것이다. 표 03의 유구 데이터 사례에서 서로 다른 유구에 대해 동일한 주소, 좌표, 유적명이 반복적으로 저장되어 있음을 확인할 수 있다. 이렇게 반복적으로 저장된 것을 객체기반으로 분리하여 중복저장을 없앨 수 있도록 하여야 한다. 또한, 모든 테이블이 구별자를 갖도록 하고(개체 무결성), 속성별로 유효한 값이 유지되도록 데이터 형식을 지정하고(도메인 무결성), 테이블을 참조하는 외래키와 구별자 간 널Null 값이 존재하지 않도록(참조 무결성) 하여야 한다(오세종 2012). 따라서 정규화와 무결성을 바탕으로 유적 데이터베이스를 개념적으로 설계하면 다음과 같다.

유적 데이터는 크게 유적, 유구, 유물이라는 세 가지 객체의 조합으로 이루어지도록 한다. 유적은 유적의 주소와 좌표 등 공간정보, 유적명 및 자료출처 등 속성정보, 유적의 탄소연대 등 시간정보를 포함한다. 유구는 한 곳의 유적에서 여러 개의 유구가 발굴되며 유구별로 그 위치를 나타내는 공간정보, 유구의 종류, 공반유물 등 유구의 속성정보, 탄소 시간 등 시간정보를 포함한다. 유물도 하나의 유구에서 여러 종류가 다수로 출토될 수 있으므로 유구에서 발견된 유물의 위치, 유물의 종류 및 개수 등 유물 속성 정보, 개별 유물의 탄소 시간 정보로 개념적으로 구분할 수 있다. 따라서 유적, 유구, 유물은 모두 공간정보, 속성정보, 시간정보를 모두 포함하게 된다. 다만 유적의 위치정보는 절대좌표를 사용하고 유구는 절대좌표 또는 유적으로부터 상대좌표, 유물도 절대좌표 또는 유구 내에서의 상대좌표를 사용할 수 있다. 시간정보에 대해 유적은 유구들을 발굴한 전체 발굴기간 정보와 유구들의 연대를 종합한 대표연대 정보를 포함한다. 유적에 포함되는 개별 유구들은 각각의 발굴시기 정보와 발굴된 유물들의 대표연대 정보를 표현하도록 한다. 각 유구는 다수의 유물을 포함하며 개별 유물은 각기 탄소연대를 측정하여 관리한다. 유적의 객체와 구성요소들은 그림 15와 같이 구성된다.

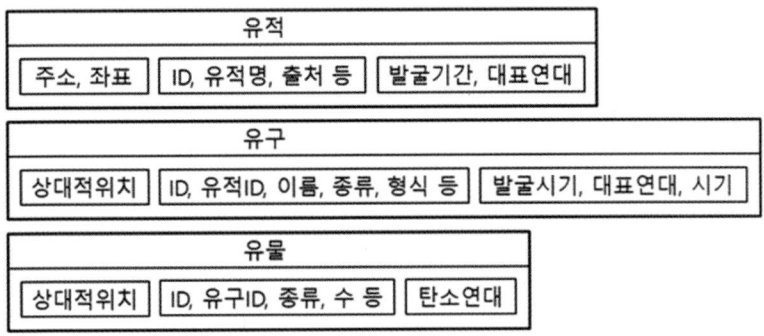

그림 15 청동기시대 유적 데이터 객체와 구성요소

2. 유적 데이터베이스 논리 모델 작성

그림 15의 유적 개념 모델은 ArcGIS에서 제공하는 ArcINFO UML 모델을 사용하여 그림 16 같은 논리적 모델을 작성할 수 있다(최진무 2018). 유적관련 모든 객체는 유적지HistoricPlace 데이터셋FeatureDataset에 포함된다. 모든 객체는 Object 클래스로부터 OBJECTID를 상속받아 고유한 식별자Primary Key를 갖게 된다. 또한 유적ArchaeologicalSites, 유구Remains, 유물Relics 객체들은 위치정보를 포함하므로 Feature 객체로부터 위치를 저장하는 Shape 필드를 상속받는다. 객체별 속성을 살펴보면, 유적 객체는 Shape에 공간정보를 저장하며, 유적IDSiteID를 고유 식별자로 사용하고, 유적주소SiteAddress, 유적명, 자료출처SiteReference 등 속성정보와 발굴기간ExecPeriod, 탄소연대CarbonDate, DB기록시간RecordDate 등 시간정보를 포함한다. 하나의 유적에는 여러 개의 유구Remains가 존재하므로 하나의 유적ID에 여러 개의 유구가 연결되어 1:N의 집합관계로 연결하였다.

그림 16에서 유구 객체는 공간정보Shape와 더불어, 유구ID를 고유 식별자로 사용하고, 유구명, 유구종류RemainsClass, 유구유형RemainsType, 석기총수NumRelics, 석기종류수NumRelicsType, 공반유물ExtraRelics 등의 속성정보와 발굴시간ExecPeriod, 탄소연대CarbonDate, 시기구분periodTerm의 시간정보를 포함하도록 하였다. 특히 유구종류와 유구유형은 정해진 종류와 유형을 반복적으로 사용하게 되므로 도메인CodedValueDoamin을 사용하여 데이터 입력시 값을 선택하게 함으로써 속성 오류가 발생하지 않도록 할 수 있다. 하나의 유구에서도 여러 개의 유물Relics이 발견되므로 유구와 유물도 1:M의 집합관계

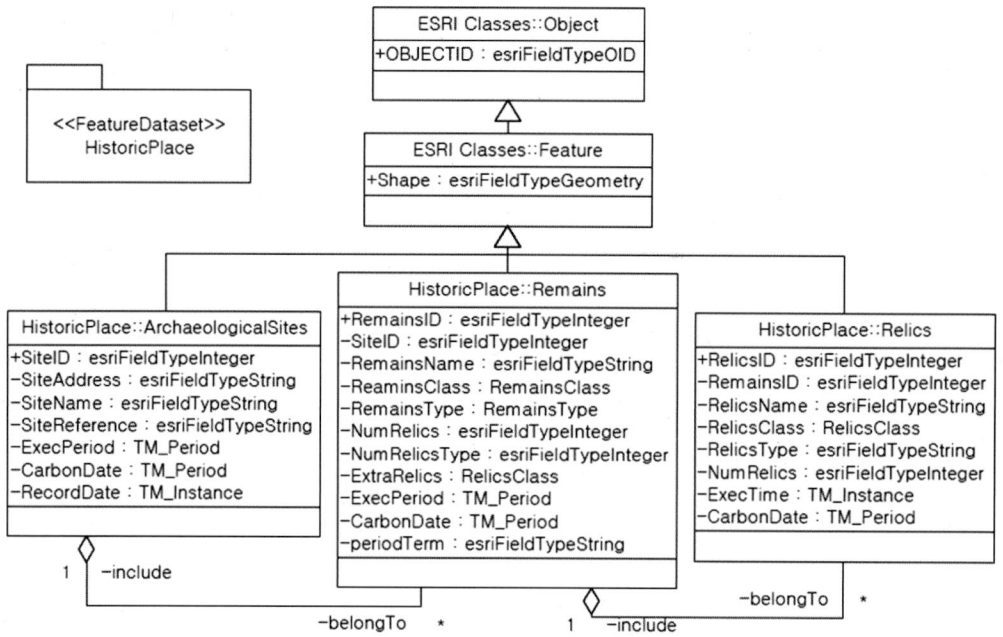

그림 16 유적 데이터베이스 논리적 모델

로 유구ID를 이용하여 연결하였다. 여기서 도메인 테이블을 활용하는 방식은 ArcGIS의 Geodatabase에서만 적용되는 것으로 다른 상용 데이터베이스를 사용할 경우 해당 속성 칼럼에 외부식별자 Foreign Key로 링크되는 참조 테이블로 구성하여 사용하여야 한다.

마지막으로 유물 객체도 공간정보Shape와 고유식별자(유물ID)를 포함하여 유물종류, 유물유형 등의 속성정보를 갖는다. 유물종류RelicsClass도 정해져 있어 도메인으로 관리하여 입력 오류가 발생하지 않도록 할 수 있다. 유구와 유물의 속성값을 정의하기 위해 사용될 수 있는 도메인들은 **그림 17**과 같다.

그림 16의 유적 데이터베이스 논리적 모델에서 시간정보 값은 시간 인스턴스TM_Instance와 기간 TM_Period 객체로 정의되었다(**그림 18**). 시간 인스턴스와 기간 객체들의 순서를 계산하기 위해서는 순서TM_Order 클래스의 상대적 위치relativePosition 연산자를 사용하면 된다. 상대적 위치 연산자는 객체들의 관계에 따라 상대적 시간위치TM_RelativePosition를 값으로 반환하며 그 값은 **부록 01**을 참조하면

```
<<CodedValueDomain>>                          <<CodedValueDomain>>
    RemainsClass                                  RemainsType
-FieldType : esriFieldType = esriFieldTypeString   -FieldType : esriFieldType = esriFieldTypeString
-MergePolicy : esriMergePolicyType = esriMPTDefaultValue  -MergePolicy : esriMergePolicyType = esriMPTDefaultValue
-SplitPolicy : esriSplitPolicyType = esriSPTDefaultValue  -SplitPolicy : esriSplitPolicyType = esriSPTDefaultValue
-가마 : <unspecified> = 가마                       -(토광노) : <unspecified> = (토광노)
-구덩이 : <unspecified> = 구덩이                   -말각방형 : <unspecified> = 말각방형
-구상유구 : <unspecified> = 구상유구               -말각방형(지면노) : <unspecified> = 말각방형(지면노)
-굴립주건물 : <unspecified> = 굴립주건물            -말각방형(토광노) : <unspecified> = 말각방형(토광노)
-도랑 : <unspecified> = 도랑                       -말각세장방형 : <unspecified> = 말각세장방형
-석개토광묘 : <unspecified> = 석개토광묘            -말각장방형 : <unspecified> = 말각장방형
-석관묘 : <unspecified> = 석관묘                   -반원형 : <unspecified> = 반원형
-석축유구 : <unspecified> = 석축유구                -방형 : <unspecified> = 방형
-소성유구 : <unspecified> = 소성유구                -방형(위석노) : <unspecified> = 방형(위석노)
-수로 : <unspecified> = 수로                       -방형(지면노) : <unspecified> = 방형(지면노)
-수전 : <unspecified> = 수전                       -방형(토광노) : <unspecified> = 방형(토광노)
-수혈 : <unspecified> = 수혈                       -부정형 : <unspecified> = 부정형
-옹관묘 : <unspecified> = 옹관묘                   -세장방형 : <unspecified> = 세장방형
-웅덩이 : <unspecified> = 웅덩이                   -세장방형(위석노) : <unspecified> = 세장방형(위석노)
-저수장 : <unspecified> = 저수장                   -세장방형(위석노+초석) : <unspecified> = 세장방형(위석노+초석)
-저장공 : <unspecified> = 저장공                   -세장방형(지면노) : <unspecified> = 세장방형(지면노)
-저장구 : <unspecified> = 저장구                   -세장방형(지면노+초석) : <unspecified> = 세장방형(지면노+초석)
-주거지 : <unspecified> = 주거지                   -세장방형(초석) : <unspecified> = 세장방형(초석)
-주공렬 : <unspecified> = 주공렬                   -세장방형(토광노) : <unspecified> = 세장방형(토광노)
-주구석관묘 : <unspecified> = 주구석관묘             -세장방형(토광노+지면노) : <unspecified> = 세장방형(토광노+지면노)
-지석묘 : <u                                       <unspecified> = 송국리형
-토광묘 : <u      <<CodedValueDomain>>             nspecified> = 원형
-패총 : <uns         RelicsClass                   노) : <unspecified> = 원형(지면노)
-함정 : <uns  -FieldType : esriFieldType = esriFieldTypeString  : <unspecified> = 원형(토광노)
-함정유구 : <uns  -MergePolicy : esriMergePolicyType = esriMPTDefaultValue  unspecified> = 장방형
-환호 : <uns  -SplitPolicy : esriSplitPolicyType = esriSPTDefaultValue  상위석노+초석) : <unspecified> = 장방형(석상위석노+초석)
-Other : <ur  -석검 : <unspecified> = 석검         석노) : <unspecified> = 장방형(위석노)
-Unknown :   -석촉 : <unspecified> = 석촉         석노+지면노) : <unspecified> = 장방형(위석노+지면노)
-Not Applica -석도 : <unspecified> = 석도         석노+지면노+초석) : <unspecified> = 장방형(위석노+지면노+초석)
             -석부 : <unspecified> = 석부         석노+초석) : <unspecified> = 장방형(위석노+초석)
             -갈돌 : <unspecified> = 갈돌         석노+토광노) : <unspecified> = 장방형(위석노+토광노)
             -갈판 : <unspecified> = 갈판         석노+토광노+초석) : <unspecified> = 장방형(위석노+토광노+초석)
             -대석 : <unspecified> = 대석         면노) : <unspecified> = 장방형(지면노)
             -고석 : <unspecified> = 고석         면노+초석) : <unspecified> = 장방형(지면노+초석)
             -요석 : <unspecified> = 요석         면노+토광노) : <unspecified> = 장방형(지면노+토광노)
             -찰절구 : <unspecified> = 찰절구      석) : <unspecified> = 장방형(초석)
             -천공구 : <unspecified> = 천공구      광노) : <unspecified> = 장방형(토광노)
             -어망추 : <unspecified> = 어망추      광노+위석노) : <unspecified> = 장방형(토광노+위석노)
             -부리형석기 : <unspecified> = 부리형석기  광노+지면노) : <unspecified> = 장방형(토광노+지면노)
             -선형석기 : <unspecified> = 선형석기   광노+초석) : <unspecified> = 장방형(토광노+초석)
             -석겸 : <unspecified> = 석겸         : <unspecified> = 장타원형
             -방추차 : <unspecified> = 방추차      지면노) : <unspecified> = 장타원형(지면노)
             -지석 : <unspecified> = 지석         광노) : <unspecified> = 정방형(토광노)
             -석추 : <unspecified> = 석추         unspecified> = 타원형
             -굴지구 : <unspecified> = 굴지구      면노) : <unspecified> = 타원형(지면노)
             -부싯돌 : <unspecified> = 부싯돌      광노) : <unspecified> = 타원형(토광노)
             -초반석 : <unspecified> = 초반석     : <unspecified> = 휴암리형
             -모룻돌 : <unspecified> = 모룻돌     unspecified> = Other
             -첨두기 : <unspecified> = 첨두기      : <unspecified> = Unknown
             -숫돌 : <unspecified> = 숫돌         (위석노) : <unspecified> = Unknown(위석노)
             -Other : <unspecified> = Other      (위석노+초석) : <unspecified> = Unknown(위석노+초석)
             -Unknown : <unspecified> = Unknown   (지면노) : <unspecified> = Unknown(지면노)
             -Not Applicable : <unspecified> = NA (타원형토광) : <unspecified> = Unknown(타원형토광)
                                                 -Unknown(토광노) : <unspecified> = Unknown(토광노)
                                                 -Not Applicable : <unspecified> = NA
```

그림 17   유구와 유물의 속성을 정의하는 도메인

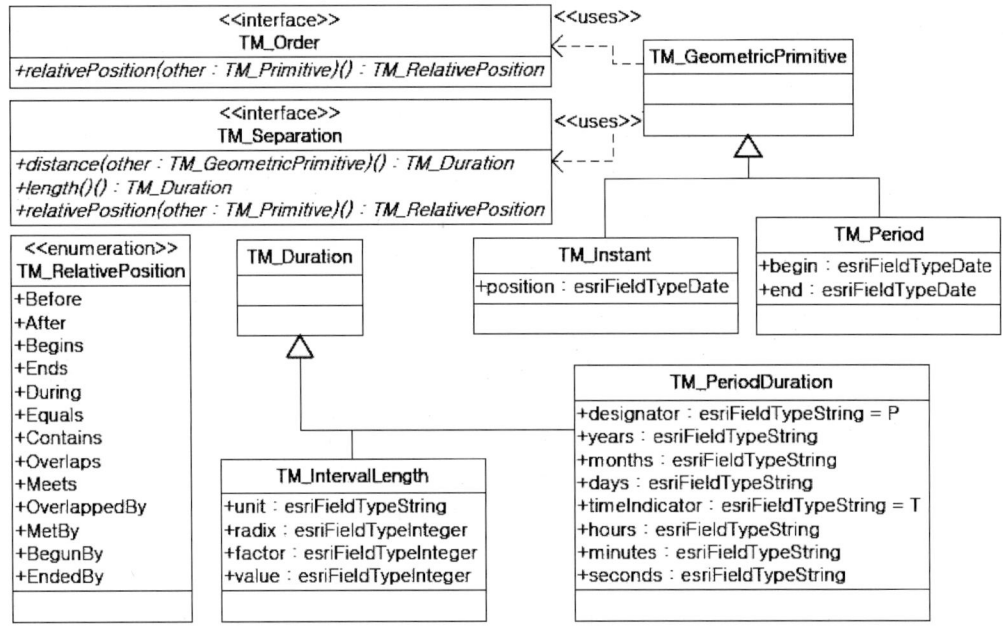

그림 18 유적 데이터베이스에 사용된 시간 객체모형

된다. 시간의 길이와 차이를 계산하기 위해서는 시간 간격TM_Separation 클래스의 길이length와 차이 distance 연산자를 사용할 수 있으며 결과는 지속시간TM_Duration 값(**부록 02**)으로 반환된다.

II. 유적자료 지오코딩과 지도 좌표계

1. 유적 주소의 지오코딩

하나의 유적은 다수의 유구를 포함하며 개별 유구의 위치를 기록하기보다는 유적 발굴지역 전체를 하나의 주소로 기록한다. 만약 발굴지역이 여러 필지에 걸쳐 있다면 하나의 발굴지역 주소를 여러 개의 필지가 포함되도록 기록하기도 한다(**표 04**[45]). 만약 주소가 도로명주소라면 건물 입구의 위치를

---

45 최진무(2019)의 〈그림 3〉(p. 25)을 전재·수정하였다.

표 04　유적 주소 사례

SN	유적명	주소(발굴당시 주소)	X좌표	Y좌표	분석방법	시대
SN06901	청원 소로리유적	충청북도 청원군 옥산면 소로리 156-1	36.6946970	127.4024710	종실분석, 규소체분석	구석기
SN06401	옥천 대천리유적	충청북도 옥천군 옥천읍 대천리 산 329번지	36.2864320	127.5708520	종실분석	신석기 중기
SN07002	충주 조동리유적	충북 청주시 동량면 조동리 조돈마을 1346-2, 1368-2	37.025061, 37.0254560	127.965727, 127.9629300	규조체분석	신석기 후기
SN07001	충주 조동리유적	충북 청주시 동량면 조동리 조돈마을 1346-2, 1368-2	37.025061, 37.0254560	127.965727, 127.9629300	종실분석	청동기 전기
SN06803	청원 궁평리유적	충청북도 청주시 흥덕구 오송읍 궁평리 316-28번지	36.6138461	127.3344046	화분분석	청동기?
SN06802	청원 궁평리유적	충청북도 청주시 흥덕구 오송읍 궁평리 316-28번지	36.6138461	127.3344046	화분분석	청동기~고려
SN06801	청원 궁평리유적	충청북도 청주시 흥덕구 오송읍 궁평리 316-28번지	36.6138461	127.3344046	종실분석, 압흔분석	청동기 후기

나타내는 것이고 지번주소라면 필지의 중심위치를 나타내는 것이다. 따라서, 유적 발굴지역을 나타내는 주소는 건물이나 특정 지형지물이 아니라 그 발굴지역을 대표하는 것이므로 발굴지역의 중심위치를 나타낼 수 있도록 지번주소를 사용하는 것이 효율적이다. **표 04**의 주소는 발굴 당시의 지번주소이며, XY 좌표는 주소를 바탕으로 구글지도에서 발굴지점의 대략적인 경위도 좌표를 추출한 것이다.

일반적으로 유적은 넓은 지역에 분포하므로 여러 필지에 걸쳐 있게 된다. 이렇게 하나의 유적이 여러 필지에 걸쳐 있는 경우는 1) 지번주소들의 필지를 검색하고 2) 검색된 필지들을 하나로 병합한 후 3) 병합된 지역의 중심 좌표를 추출하면 된다. 예를 들어, 발굴지역의 주소가 '충북 청주시 흥덕구 오송읍 궁평리 215-1, 220-2, 220-3, 220-5, 220-8번지'라고 하자. 이 지번주소들을 연속지적도(또는 지적편집도)에서 해당 위치의 필지들을 검색하면 **그림 19a**와 같다. 여러 필지의 대표위치를 선정하기 위해 우선 검색된 필지들을 병합한다(**그림 19b**). 병합된 필지에 대해 중심위치를 추출하고 그 좌표를 확인한다(**그림 19c**).

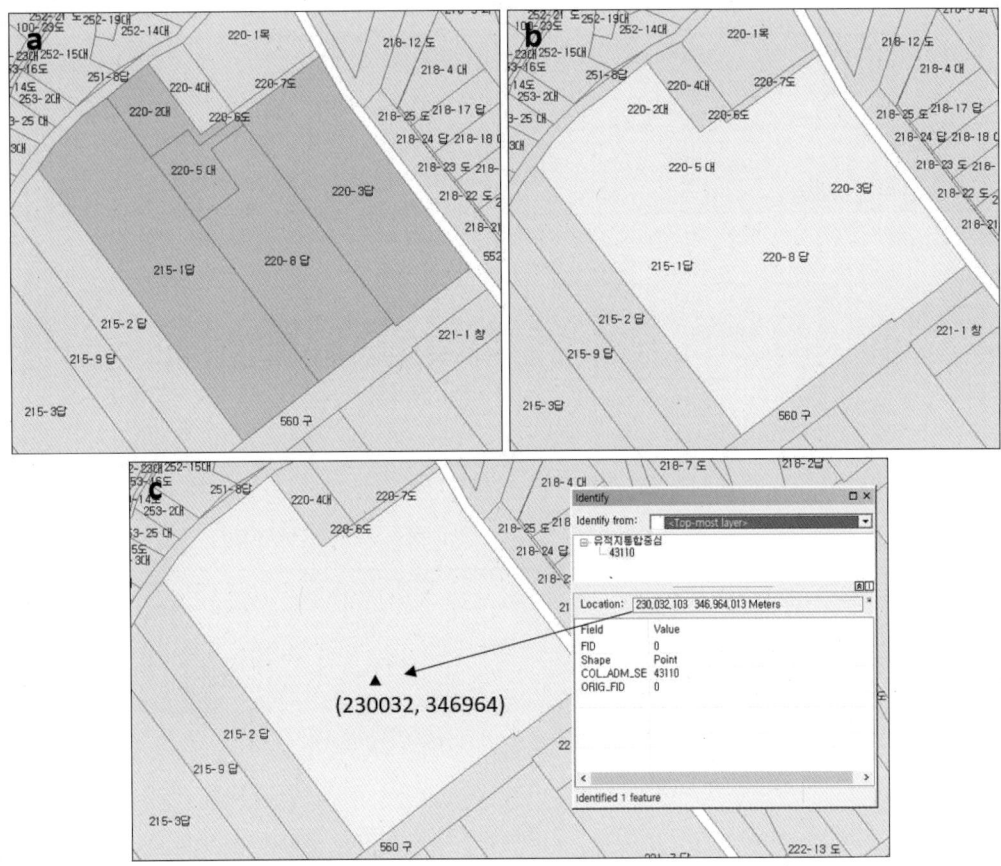

그림 19 필지병합 및 대표위치 추출과정

2. 지도 구성을 위한 좌표계 선정

발굴위치를 확인하기 위해 구글맵 등 온라인 지도로 검색하면 해당 위치를 경위도로 확인할 수 있다. 또한 발굴위치 필지에 대한 중심 좌표를 경위도로 추출하기도 한다. 경위도는 지구타원체 기반의 지리좌표계로 거리와 방위를 도분초 단위로 측정하므로 거리를 계산하기 어렵고 좁은 지역을 표현하는 방법으로 적합하지 못하기 때문에 평면직각좌표계(이하 평면좌표계)로 변환하여 사용한다. 따라서 발굴위치를 대축척 지도에 표현할 때는 평면좌표계를 사용하는 것이 일반적이다.

우리나라는 대축척지도의 오차를 최소화하기 위해 횡축메르카토르TM: Transverse Mercator 도법을 사용해왔다. 원통도법인 메르카토르는 접선에서 정확도가 높기 때문에 한반도와 같이 남북으로 길게 뻗은 국가들은 남북으로 접선을 만들기 위해 원통을 눕혀서 만든 TM을 사용하게 된다. 한반도의 경우 서해안 지역에 접선을 만들기 위해 서부원점, 충청도에서 남해를 걸친 한반도 중앙부를 위해 중부원점, 강원도와 경상도에 걸친 동부원점, 울릉도와 독도를 위해 동해원점을 두고 있다. 원점별 매개 변수값들은 **표 05**[46]와 같다. 측지계 기준을 위해 기존에는 동경측지계 기준의 Bassel 1841 타원체를 적용했으나, 2001년 측량법 개정을 통해 GRS80(Geodetic Reference System 1980: 측지기준계 1980) / ITRF2000(International Terrestrial Reference Frame: 국제 지구 기준 좌표계)[47] 타원체를 바탕으로 한 세계측지계를 기준으로 사용하고 있다(한국에스리 2005).

표 05의 원점 기준은 2010년 이후부터 사용되고 있는 것으로, 중부원점의 경위도 기준이 동경 127도, 북위 38도이며 이에 대응하는 가상원점을 (200,000, 600,000)으로 설정하여 지도에서 음(-)의 좌표가 발생하지 않도록 하고 있다. 2010년 이전의 TM 중부원점은 제주도를 제외한 내륙지역만을 고려하여 가상원점 좌표를 (200,000, 500,000)으로 설정하여 사용하였다. 이후 국토지리정보원에서

표 05 한반도 지역 수정 TM 좌표계 원점들

원점	서부	중부	동부	동해
Projection	TM			
Spheroid	GRS80 (ITRF2000)			
Datum	Korea 2000 (KGD2002; Korea Geodetic Datum 2002)			
Central Meridian	125	127	129	131
Latitude of Origin	38			
False Northing	600,000			
False Easting	200,000			
Scale Factor	1			

---

46 최진무(2019)의 〈표 1〉(p. 27)을 전재·수정하였다.

47 국토지리정보원 세계측지계의 상세정보를 참조할 수 있다(http://www.ngi.go.kr/sub01/sub01_03_02qna.jsp).

표 06 한반도 지역 UTM-K 좌표계

원점	단일원점
Projection	TM
Spheroid	GRS80 (ITRF2000)
Datum	Korea 2000 (KGD2002; Korea Geodetic Datum 2002)
Central Meridian	127.5
Latitude of Origin	38
False Northing	2,000,000
False Easting	1,000,000
Scale Factor	0.9996

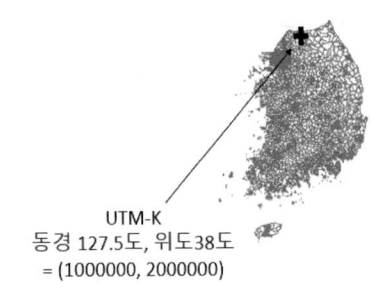

UTM-K
동경 127.5도, 위도 38도
= (1000000, 2000000)

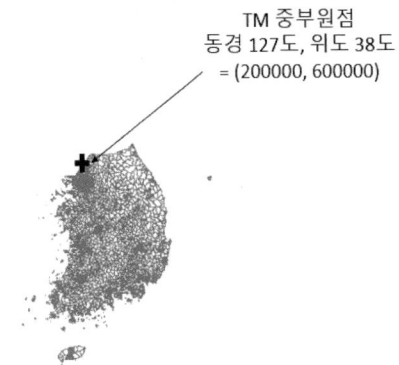

TM 중부원점
동경 127도, 위도 38도
= (200000, 600000)

그림 20 UTM-K와 TM 중부원점 좌표계

는 한반도 전역을 통합하여 연속수치지도를 제작하였다 (국토지리정보원 2018). 연속수치지도는 하나의 평면좌표계에 의해 표현되어야 하므로 한반도 중심을 가로지르는 단일원점을 설계하여 UTM-K(Universal Transverse Mercator - Korea)라 명명하였다. UTM-K의 매개 변수값들은 **표 06**과 같다. UTM-K는 경도 127.5도, 위도 38도 지점에 가상원점을 (1,000,000, 2,000,000)으로 설정하여 가상원점으로부터 서쪽으로 1,000km, 남쪽으로 2,000km까지 포함하여 이어도를 포함하여 한반도 주변을 모두 표현할 수 있게 하였다(**그림 20**).

만약 과거에 구축된 고고학 자료에 지도가 포함되어 있는데 좌표계 정보가 없다면 다음 세 가지를 확인하여 좌표계를 추정할 수 있다. 첫째, 좌표값의 자릿수를 확인하면 좌표계의 유형을 확인할 수 있다. 좌표값 X의 정수 자릿수가 세 자리, Y의 정수 자릿수가 두 자리라면 경위도 좌표계이다. XY 정수 자릿수가 모두 여섯 자리라면 TM 평면좌표계이다. 자릿수가 모두 일곱 자리까지 있다면 UTM-K 평면좌표계이다. 둘째, TM 좌표계의 경우 여러 가지 원점이 있으므로 가상원점 X 좌표가 200,000인 곳의 경도들을 비교하여야 한다. 경도가 125도면 서부원점, 127도면 중부원점, 129도면 동부원점이다. 또한, 위도 38도 지점의 Y 좌표가 600,000이면 현 수정 TM 원점이고 그렇지 않으면 과거 TM 원점이다. 셋째, 같은 TM 원점이라 하더라도 기준 타원체에 따라 좌표값이 달라질 수 있으므로 좌표계를 알고 있는 참조데이터와 비교하여 확인하여야 한다. 동일한 TM 원점이라도 타원체의 유형이 GRS80 타원체에 기초한 좌표계(예: EPSG 5181; Korea 2000 Korea Central Belt), Bessel 타원체(예: EPSG 2097; Korean 1985 Korea Central Belt), 수정 Bessel 타원체(예: EPSG 5174; Korean 1985 Modified Korea Central Belt) 중 어떤 것인가에 따라 약 300m의 정도의 차이가 있다(**그림 21**). 이 경우에는 이미 알고 있는 좌표계와 비교하여 확인하여야 한다.

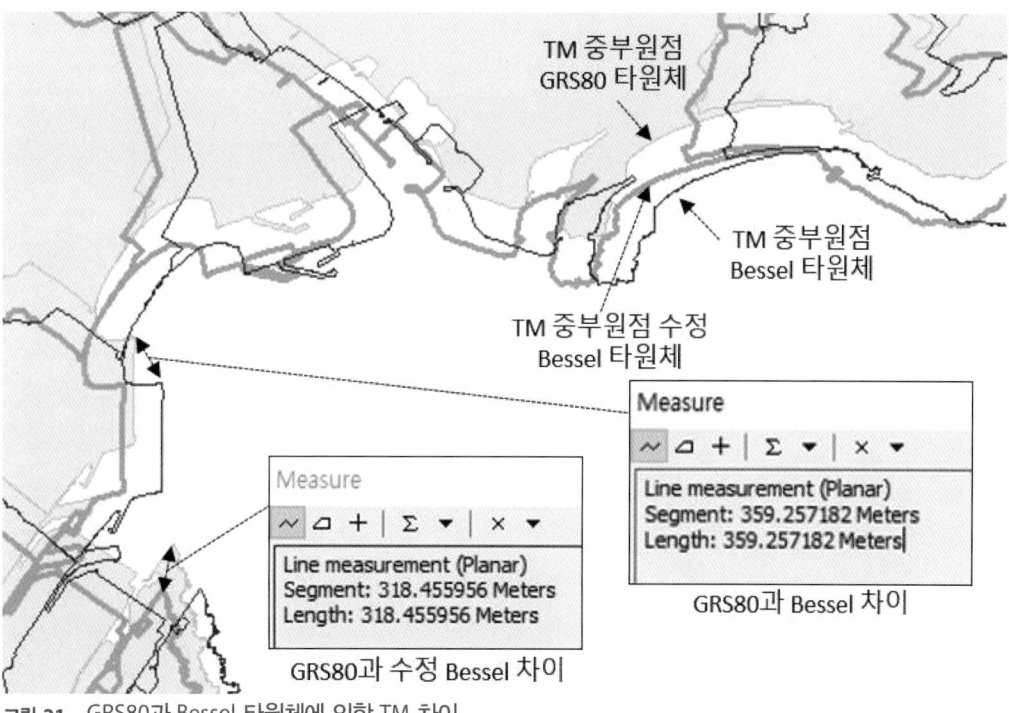

그림 21 GRS80과 Bessel 타원체에 의한 TM 차이

III. 유적자료 웹 지도 개발

1. 웹 지도 개발 사례

고고학 자료에 관한 지도를 작성하고 웹을 통해 공유하기 위해서는 다음과 같은 절차로 작업을 진행할 수 있다. 우선 배경지도를 선정하고 배경지도 위에 유적 발굴지역, 유물 발굴 위치 등의 데이터를 위치로 표시한다. 표시된 위치에 유적 및 유물에 대한 설명, 관련 사진정보, 관련 문헌 정보 등을 게재하거나 연결하여 표출할 수 있다. 그림 22은 북한지역 유적 자료에 대해 Leaflet 라이브러리와 Openstreet 지도를 기반으로 웹 지도를 제작한 사례를 나타낸 것이다.

그림 22에서 유적 위치를 나타내는 마커Marker를 클릭하면 그림에서 볼 수 있는 말풍선이 나타난다. 이를 통해 해당 유적의 이름, 대표 사진 등 개요에 관한 내용을 확인할 수 있다. 또한, 말풍선에 있는 상세설명 보기를 클릭하면 일반인들을 대상으로 쉽게 서술한 유적 상세정보와 상세 사진들을

그림 22 북한지역 유물 정보 지도 제작 사례

그림 23 말풍선에 연결된 상세설명 보기(왼쪽)와 전문설명 보기(오른쪽) 사례

확인할 수 있다(그림 23). 말풍선에 있는 전문설명 보기 링크를 클릭하면 전문가들을 위한 보다 전문적인 내용이 포함된 상세정보와 관련 문서 자료, 사진 자료 등의 목록을 확인할 수 있다.

그림 23에서 상세설명 보기에 있는 사진 및 도면에 있는 이미지 자료를 클릭하면 유적과 관련된 여러 사진 정보를 보다 확대하여 확인할 수 있다(그림 24[왼쪽]). 전문설명 보기에는 유적에 대한 개요의 설명이 상세설명 보기보다 더 전문적이고 구체적으로 서술될 필요가 있으며, 사진 및 도면 정보도 필요하다면 더 많은 정보를 제공할 수 있을 것이다. 특히 그림 23 우측과 같이 참고문헌 등에서 문

121

그림 24 사진 및 도면 목록 패널(왼쪽)과 참고문헌 상세보기 패널(오른쪽) 사례

서 자료를 링크하여 제시함으로써 해당 문서의 상세 내용을 바로 확인할 수 있도록 연결할 수 있다(그림 24[오른쪽]).

　　이러한 유물정보에 대한 분석을 위해 도로, 철도 등 다양한 추가 공간정보를 지도위에 올려서 유적의 위치와 중첩되는지 여부를 확인할 수 있도록 할 수도 있다. 그림 25는 평양지역의 유물들의 위치와 지역에 있는 철도 노선에 대해 500m 버퍼를 만들고 철도로부터 500m 이내에 위치한 유적이 얼마나 되는지 확인할 수 있도록 지도로 표출한 것이다. 이러한 방법으로 철도 건설계획이나 도로 건설계획으로부터 일정한 버퍼지역 내에 유적이 위치한다면 해당 계획에 대한 수정이 필요함을 요청할 근거로 제시할 수 있다.

　　다음 내용에서는 이러한 유적 관련 지도 사례들을 어떻게 제작할 수 있는지 그 방법에 대해 살펴볼 것이다.

그림 25 철도와 유적 위치의 중첩 사례

2. 웹 지도 생성 방법

유적 위치 등 공간 데이터를 웹 지도로 표출하기 위해서는 Openstreet Map, Google Map, Naver Map, Daum Map 등 다양한 지도 포털에서 제공하고 있는 지도제작 Open API Application Programming Interface를 사용할 수 있다. 본 장에서는 이 중 Openstreet Map을 바탕으로 주제도를 제작할 수 있는 다양한 오픈소스 자바 라이브러리를 제공하고 있는 Leaflet 라이브러리[48]를 사용하여 유적 데이터에 대한 웹 지도를 작성하는 방법에 관해 설명하였다.

---

48   Leatflet 라이브러리는 오픈소스 자바 라이브러리로 leafletjs.com/index.html에서 예제, 참고자료, 다운로드 등 다양한 세부내용을 참조할 수 있다.

Leaflet으로 지도를 만들기 위해서는 우선 html 문서의 구조를 알아야 하며 Leaflet 라이브러리 및 지도를 불러오는 방법을 html 문서에 적용하여야 한다. html 문서는 기본적으로 〈html〉 태그로 시작해 〈/html〉 태그로 끝난다. 이 사이에 제목, 변수, 규격 등을 설정하는 부분으로 〈head〉〈/head〉 태그가 사용되고 그 다음 〈body〉〈/body〉 태그에 웹 페이지에 표출되는 내용을 포함하게 된다. Leaflet 라이브러리를 사용하기 위한 코드들은 그 용도에 따라 〈head〉 또는 〈body〉 부분에 포함하면 된다.

Leaflet을 이용하여 지도를 제작하는 방법은 다음 순서로 진행하면 된다.[49] 우선, Leaflet CSS 파일을 여러분의 html 문서의 〈head〉 부분에 포함시켜 준다.

```
<link rel="stylesheet" href="https://unpkg.com/leaflet@1.3.1/dist/leaflet.css" integrity="sha512-Rksm5RenBEKSKFjgI3a41vrjkw4EVPlJ3+OiI65vTjIdo9brlAacEuKOiQ5OFh7cOI1bkDwLqdLw3Zg0cRJAAQ==" crossorigin=""/>
```

다음으로 Leaflet CSS 아래에 Leaflet JS를 포함하여야 한다.

```
<script src="https://unpkg.com/leaflet@1.3.1/dist/leaflet.js" integrity="sha512-/Nsx9X4HebavoBvEBuyp3I7od5tA0UzAxs+j83KgC8PU0kgB4XiK4Lfe4y4cgBtaRJQEIFCW+oC506aPT2L1zw==" crossorigin=""></script>
```

이제 〈body〉 부분에 지도를 넣을 영역을 〈div〉〈/div〉로 다음과 같이 지정하고 지도를 지정하는 id를 설정한다. 아래와 같이 지도 영역의 id 만 설정하고 head 부분에서 style을 설정할 수도 있고 id 설정과 함께 지도 영역 설정할 수도 있다.

```
<div id="mapid"></div> //style은 head 부분에서 설정 필요
// <div id="mapid" style="width: 600px; height: 400px;"></div> //style 설정 불필요
```

---

[49] Leaflet을 이용한 지도 띄우기 절차는 https://leafletjs.com/examples/quick-start/를 참조하여 작성하였다.

이때 〈head〉 부분에 지도 영역의 크기를 다음과 같이 설정해 주어야 함을 잊지 않아야 한다. 아래 보기는 지도의 크기를 html 문서 body의 100%를 사용하라는 것을 의미하고, 만약 html 문서 body의 일부분에 지도를 넣고자 한다면 "#mapid { height: 500px; width: 800px; }" 형식으로 pixel 의 크기를 이용하여 지도 영역의 폭과 높이를 설정하여 아래 코드와 같이 입력하면 된다.

```
<style>
        html, body, #mapid { height: 100%; width: 100%; }
        // #mapid { height: 500px; width: 800px; }
</style>
```

위와 같이 하여 지도를 포함하기 위한 영역 설정은 마쳤다. 다음으로 여러분이 원하는 지역을 지도의 중심에 위치시키고 지도의 상세 수준^{Zoom Level}을 다음과 같이 설정할 수 있다. 이 코드는 〈body〉 부분에 〈div id〉 다음에 〈script〉〈/script〉 부분을 포함하고 여기에 포함하면 된다. 아래 코드에서 setView 부분에 설정한 것이 화면에 표시될 지도의 중심 경위도 좌표이며, 그 다음 값 '9'가 지도의 상세 수준을 설정하는 값이다.

```
var mymap = L.map('map', {scrollWheelZoom:true}).setView([39.056847, 125.780876], 9);
```

이제 지도를 Tile 레이어로 불러와 지도 영역에 표시할 수 있다. 다음 코드를 사용하면 지도영역에 일반지도가 나타난다. 코드에서 첫 번째 줄은 일반지도를 불러오는 코드이다. 두 번째 줄은 지도의 최대 확대 수준을 명시하며, 세 번째 줄은 지도에 기여한 기관을 표시하고 있다.

```
L.tileLayer('http://{s}.tile.osm.org/{z}/{x}/{y}.png', {
        MaxZoom : 18,
        attribution: '&copy; <a href="http://osm.org/copyright"> OpenStreetMap
            </a> contributors'
}).addTo(mymap);
```

만약 일반지도보다 고도를 보다 사실적으로 표현하는 지형도를 배경지도로 사용하고 싶다면 위 코드 대신 다음 코드를 사용하면 된다.

```
L.tileLayer('https://api.tiles.mapbox.com/v4/{id}/{z}/{x}/{y}.png?access_token=pk.eyJ1IjoibWFwYm94IiwiYSI6ImNpejY4NXVycTA2emYycXBndHRqcmZ3N3gifQ.rJcFIG214AriISLbB6B5aw', {
        attribution: 'Map data &copy; <a href="https://www.openstreetmap.org/">
            OpenStreetMap</a> contributors, <a
            href="https://creativecommons.org/licenses/by-sa/2.0/">
            CC-BY-SA</a>, Imagery © <a href="https://www.mapbox.com/">
            Mapbox</a>',
    maxZoom: 18,
    id: 'mapbox.streets',
}).addTo(mymap);
```

이상의 코드를 이용하여 지도 영역을 표현할 수 있는 html 문서를 작성하면 다음과 같다. 아래 코드를 Notepad.exe와 같은 문서 편집기에서 텍스트 파일로 작성하고 저장할 때 'test.html'의 형태로 html 확장자를 사용하여 저장하고 이 문서를 인터넷 브라우저에서 불러오면 기본지도를 확인할 수 있다. 단, 아래의 코드를 입력할 경우 한 줄로 표현되어야 할 코드에 대한 가독성을 높이기 위해 Enter 키를 이용하여 줄 바꿈을 하면 눈에 보이지 않는 문자가 포함되어 지도 영역이 나타나지 않게 되므로 주의하여야 한다.

```
<!DOCTYPE html>
    <html>
        <head>
            <link rel="stylesheet" href="https://unpkg.com/leaflet@1.3.1/dist/leaflet.css" integrity="sha512-Rksm5RenBEKSKFjgI3a41vrjkw4EVPlJ3+OiI65vTjIdo9brlAacEuKOiQ5OFh7cOI1bkDwLqdLw3Zg0cRJAAQ==" crossorigin=""/>
```

```
                <script src="https://unpkg.com/leaflet@1.3.1/dist/leaflet.js"
integrity="sha512-/Nsx9X4HebavoBvEBuyp3I7od5tA0UzAxs+j83KgC8PU0kgB4XiK4Lfe4y4cgBtaRJ
QEIFCW+oC506aPT2L1zw==" crossorigin=""></script>
            <style>
                //html, body, #mapid { height: 100%; width: 100%; }
                #mapid { height: 300px; width: 500px; }
            </style>
        </head>
        <body>
            <div id="mapid"></div>
            //<div id="mapid" style="width: 500px; height: 300px;"></div>
            <script>
                var mymap = L.map('mapid',{scrollWheelZoom:true}).
setView([39.056847, 125.780876], 9);
                L.tileLayer('http://{s}.tile.osm.org/{z}/{x}/{y}.png', {
                    MaxZoom : 18,
                    attribution: '&copy; <a href="http://osm.org/copyright">
OpenStreetMap </a> contributors'
                }).addTo(mymap);
            </script>
        </body>
    </html>
```

 위의 코드를 이용하여 html 문서를 작성하고 인터넷 브라우저에서 불러오면 **그림 26**과 같이 원하는 지역에 대한 배경지도를 표시할 수 있다.

 위의 배경지도 위에 점, 선, 면의 다양한 사상을 중첩하여 표현할 수 있다. 이를 위해 배경지도 위에 점Marker, 선Polyline, 원Circle, 폴리곤Polygon을 추가하는 방법에 대해 살펴보고자 한다.

 앞선 html 코드에 다음 점사상Marker을 표현하기 위해서 다음 코드를 포함하면 해당위치에 점 사상의 위치를 표현할 수 있다. 코드에서 점 위치의 경위도를 [] 안에 포함하고 표현될 배경지도

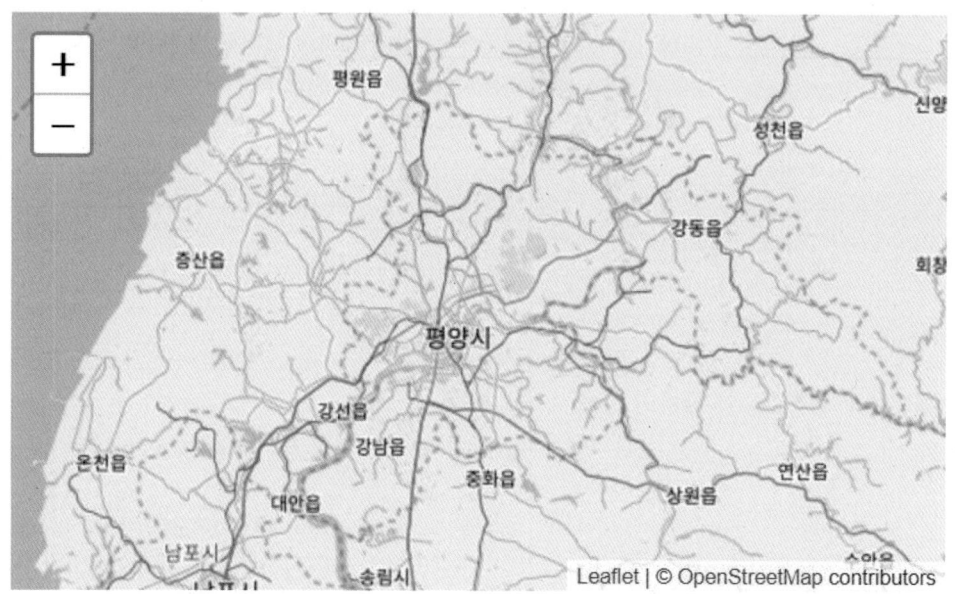

그림 26 평양시 웹페이지 표출 사례

mymap을 명시하면 된다.

```
var marker = L.marker([39.05, 125.78]).addTo(mymap);
```

선사상을 표현하기 위해서 다음 코드를 포함하면 된다. 코드는 선을 구성하는 좌표 목록을 필수로 포함하여야 하며, 선의 색상color도 옵션으로 설정할 수 있다. 다음 코드는 검은색 선을 배경지도 상의 해당 위치에 표시하게 된다.

```
var polygline = L.polyline([
```

```
        [39.055, 125.784],
        [39.0505, 125.792],
        [39.051, 125.795]
        ], {
        color: 'black',
}).addTo(mymap);
```

면사상을 다각형으로 표현하기 위해서 다음 코드를 포함하면 된다. 코드는 면을 구성하는 좌표 목록을 필수로 포함하여야 하며, 선의 색상color, 면의 색상fillColor, 면의 탁도fillOpacity 등도 옵션으로 설정할 수 있다. 다음 코드는 파란색 반투명 다각형을 배경지도 상의 해당 위치에 표시하게 된다.

```
var polygon = L.polygon([
        [39.05, 125.80],
        [39.045, 125.82],
        [39.04, 125.81]
        ], {
        color: 'blue',
        fillColor: 'blue',
        fillOpacity: 0.5,
}).addTo(mymap);
```

면사상 중 원과 같이 특정 형태의 도형을 이용하는 경우는 다음과 같이 해당 도형을 형성할 수 있는 변수값을 설정해 주면 된다. 원의 경우는 아래와 같이 중심값과 반경을 설정하면 된다.

```
var circle = L.circle([39.053, 125.77], {
        color: 'red',
        fillColor: '#f03',
        fillOpacity: 0.5,
        radius: 500
}).addTo(mymap);
```

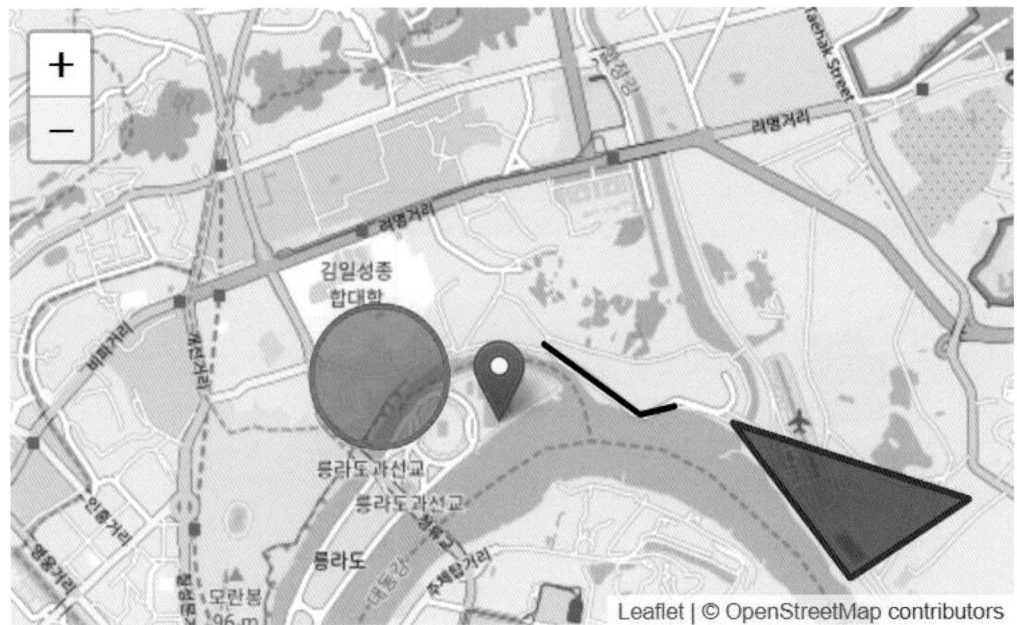

그림 27 배경지도 위에 사상 표현 사례

　이상의 사상들을 앞선 배경지도에 포함하여 표시하면 **그림 27**과 같이 표현할 수 있다.
　위와 같이 배경지도 위에 사상들을 올려 가시화하였다면 각 사상에 대해 팝업Popup을 이용하여 다양한 속성을 표현할 수 있다. 따라서 다음에는 사상을 클릭하면 팝업을 나타내어 설명을 표출하는 코드를 설명한다.
　위 지도의 html 코드에서 〈body〉 부분의 〈script〉에서 각 사상을 정의하여 표출하는 코드 다음에 아래의 코드를 포함하면 각 사상의 설명에 대한 Popup을 사용할 수 있다. Popup의 openPopup() 함수를 사용하면 해당 팝업이 초기에 나타날 수 있도록 한다.

```
marker.bindPopup("<b>Hello world!</b><br>I am a popup.").openPopup();
circle.bindPopup("I am a circle.");
polyline.bindPopup("I am a polyline.");
polygon.bindPopup("I am a polygon.");
```

만약 독립적인 Popup 창을 사용할 필요가 있다면 지도 사상과 별개로 특정 위치에 팝업 내용을 다음과 같이 표시할 수 있다. popup의 openOn() 함수는 layer의 addTo() 함수와 달리 기존의 팝업을 자동으로 닫은 후 본 팝업을 표시하도록 하는 기능을 수행한다.

```
var popup = L.popup()
        .setLatLng([39.056847, 125.780876])
        .setContent("I am a standalone popup. Here is the center of map region!")
        .openOn(mymap);
```

지도 사용자는 지도위에서 사상을 클릭하거나 지도를 확대, 축소하는 등 다양한 Event를 수행할 수 있다. 이러한 Event에 대해 특정한 반응을 원한다면 이를 함수로 정의하고 사용자 행위에 대한 Event를 발생하여 함수로 전달한 후 함수의 결과를 표출하도록 하면 된다. 다음 코드는 지도 위를 클릭하면 해당 지점의 경위도 좌표를 표출해주는 함수를 정의하고 Event를 발생시켜 함수의 결과값을 반환하고 표출하는 코드이다.

```
function onMapClick(e) {
        alert("You clicked the map at " + e.latlng);
}
mymap.on('click', onMapClick);
```

만약 Popup을 이용하여 Event와 함수를 이용한 결과를 표출하고자 한다면, 위 두 개의 코드를 활용하여 다음과 같이 Popup을 설정한 후 함수에 Popup을 포함하여 정의하고 Event를 발생시켜 함수를 실행시키면 Event의 결과를 Popup으로 표출할 수 있다. 이를 위해 위의 두 개의 코드를 코멘트 처리(//)하고 다음 코드를 입력하여 실행해 보자.

```
var popup = L.popup();

function onMapClick(e) {
        popup
```

```
            .setLatLng(e.latlng)
            .setContent("You clicked the map at " + e.latlng.toString())
            .openOn(mymap);
}
mymap.on('click', onMapClick);
```

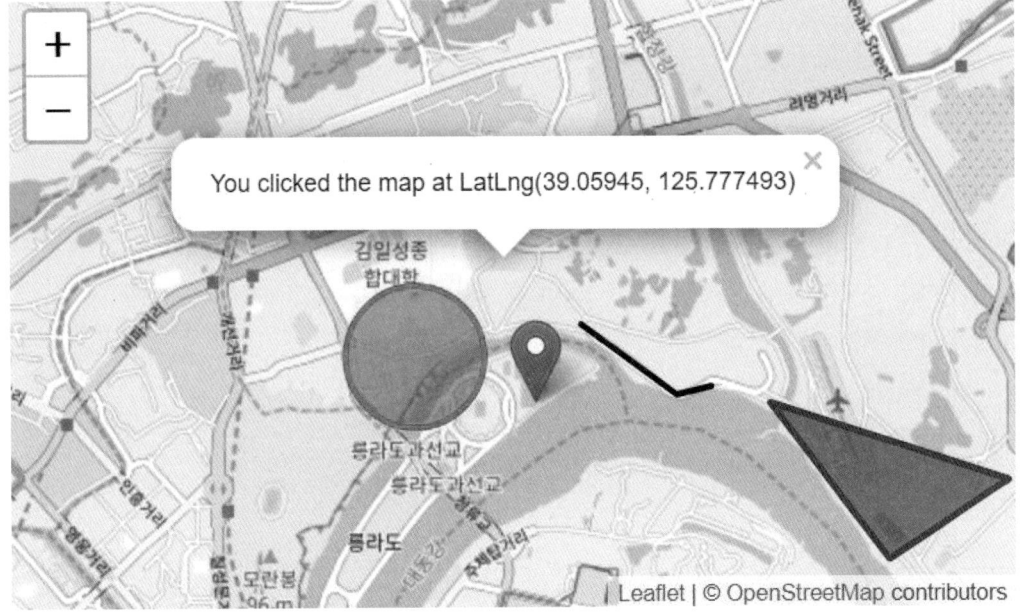

그림 28 선택지역의 좌표 표시 사례

　　이상의 코드를 모두 활용하여 표출하면 다음과 같은 지도를 얻을 수 있다(**그림 28**). 또한 위의 코드들을 활용하면 다양한 사상들과 설명들을 표출할 수 있을 것이다. 코드를 반복 연습하여 익힌다면 인터넷 지도를 다양하게 제작할 수 있을 것이다.

　　시공간 특성을 지닌 고고학 자료들을 효율적으로 저장하고 관리하기 위한 시공간 데이터베이스를 설계하여야 한다. 이를 위해 본 장에서는 유적 데이터베이스 설계를 위한 개념단계와 논리단계의 모델링을 수행하는 방법에 대해 설명하였다. 먼저, 개념 모델에서는 석기 유적 데이터의 정규화를 위해 각 데이터의 객체들을 도출하였고, 도출된 객체에 대해 공간정보, 속성정보, 시간정보를 구분하여 정리하였다. 논리모델에서는 객체들의 상세 속성을 정의하고 객체간의 관계를 정의하여 데이터베이스 구성을 완성하였다. 데이터베이스 입력 오류를 최소화하기 위해 도메인을 사용하는 방법과 시간정보를 효율적으로 관리하기 위한 시간 객체와 연산자도 정리하여 제시하였다. 본 장에서 제시한 석기 유적 데이터베이스 구축방법은 고고학 분야의 다양한 유적 데이터베이스에 동일하게 적용될 수 있을 것이다.

정보화의 발달에 따라 고고학에서도 GIS를 이용하여 많은 유적 데이터를 전산화하고 지도화하여 관리하고 있다. 이 과정에서 발굴위치 정보는 대부분 주소의 형태로 기록되게 된다. 이때 주소는 위치를 지도에 표현하기 위해 좌표로 변환하는 지오코딩 과정이 필요하다. 따라서 본 장에서는 발굴지역의 주소로부터 필지를 검색하고 검색된 필지의 중심 좌표를 추출하는 과정에 대해 자세히 설명하였다. 만약 발굴지역이 여러 번지에 걸쳐 있는 경우 필지를 통합한 후 전체지역의 중심 좌표를 추출할 수 있고, 필지들이 연속되지 않고 산재한다면 여러 개의 좌표를 하나의 사상(Multipoint 사상)으로 관리하면 된다. 특히 발굴위치를 지도화할 때 선택해야 할 우리나라 지도 좌표계로 경위도, TM, 수정 TM, UTM-K에 대해 자세히 설명하였다. 지도 좌표계 정보를 정확히 알지 못하면 지도표현에서 위치 오류가 발생하게 되므로 이러한 문제를 해결할 수 있는 방법에 대해서도 논의하였다.

마지막으로 다양한 유적 정보를 온라인 지도상에 표출하여 유적별 사진 및 문서 등을 포함할 수 있다. 이를 위해 본 장에서는 Leaflet에서 제공하는 자바 라이브러리를 사용하여 Openstreet 지도 기반의 인터넷 지도에 유적 정보를 쉽게 올려서 제공할 수 있는 사례를 살펴보았다. 또한 이를 위해 Leaflet에서 제공하고 있는 지도제작 방법에 대해서도 제시하였다. Leafletjs.com에서는 보다 많은 지도 기능 제작유형의 사례를 확인할 수 있으므로, 이를 이용하면 사용자 요구에 맞게 다양한 방법으로 유적 정보를 제공할 수 있을 것이다.

이 글은 이미 발표된 두 논문—고고학자료 정리를 위한 시공간 데이터베이스 구성에 관한 연구: 신석기 유적 관리를 사례로」(『국토지리학회지』 52-1, 2018)와 「유적 위치정보 기록을 위한 지오코딩 방안 연구」(『국토지리학회지』 53-1, 2019)—의 일부 내용을 발췌·종합·수정한 것임.

부록 01 상대적 시간위치(TM_RelativePosition) 데이터 값(국가기술표준원 2016)

구분	반환 값	경우
시간 인스턴스 간의 연산	Before Equals After	self.position 〈 other.position self.position = other.position self.position 〉 other.position
기간과 시간 인스턴스 간의 연산	Before EndedBy Contains BegunBy After	self.end.position 〈 other.position self.end.position = other.position self.begin.position 〈 other.position AND self.end.position 〉 other.position self.begin.position = other.position self.begin.position 〉 other.position
시간 인스턴스와 기간 간의 연산	Before Begins During Ends After	self.position 〈 other.begin.position self.position = other.begin.position self.position 〉 other.begin.position AND self.position 〈 other.end.position self.position = other.end.position self.position 〉 other.end.position
기간 간의 연산	Before Meets Overlaps Begins BegunBy During Contians Equals OverlappedBy Ends EndedBy MetBy After	self.end.position 〈 other.begin.position self.end.position = other.begin.position self.begin.position 〈 other.begin.position AND self.end.position 〉 other.begin.position AND self.end.position 〈 other.end.position self.begin.position = other.begin.position AND self.end.position 〈 other.end.position self.begin.position = other.begin.position AND self.end.position 〉 other.end.position self.begin.position 〉 other.begin.position AND self.end.position 〈 other.end.position self.begin.position 〈 other.begin.position AND self.end.position 〉 other.end.position self.begin.position = other.begin.position AND self.end.position = other.end.position self.begin.position 〉 other.begin.position AND self.begin.position 〈 other.end.position AND self.end.position 〉 other.end.position self.begin.position 〉 other.begin.position AND self.end.position = other.end.position self.begin.position 〈 other.begin.position AND self.end.position = other.end.position self.begin.position = other.end.position self.end.position 〉 other.begin.position

부록 02 지속시간 (TM_Duration) 데이터 값의 유형(국가기술표준원 2016)

반환 데이터 클래스	반환 값	사례
TM_PeriodDuration:: TM_Duration	designator: CharacterString =P years: CharacterString months: CharacterString days: CharacterString timeIndicator: CharacterString=T hours: CharacterString minutes: CharacterString seconds: CharacterString	반환 값: P5DT4H30.7M은 5일, 4시간, 30.7분을 의미함
TM_IntervalLength:: TM_Duration	unit: CharacterString radix: Integer (승수) factor: Integer (멱지수) value: Integer (길이)	단일 시간 단위로 표현 Unit="second", radix = 10, factor=3, value=7은 7×10^{-3} 초, 즉 7ms를 표현

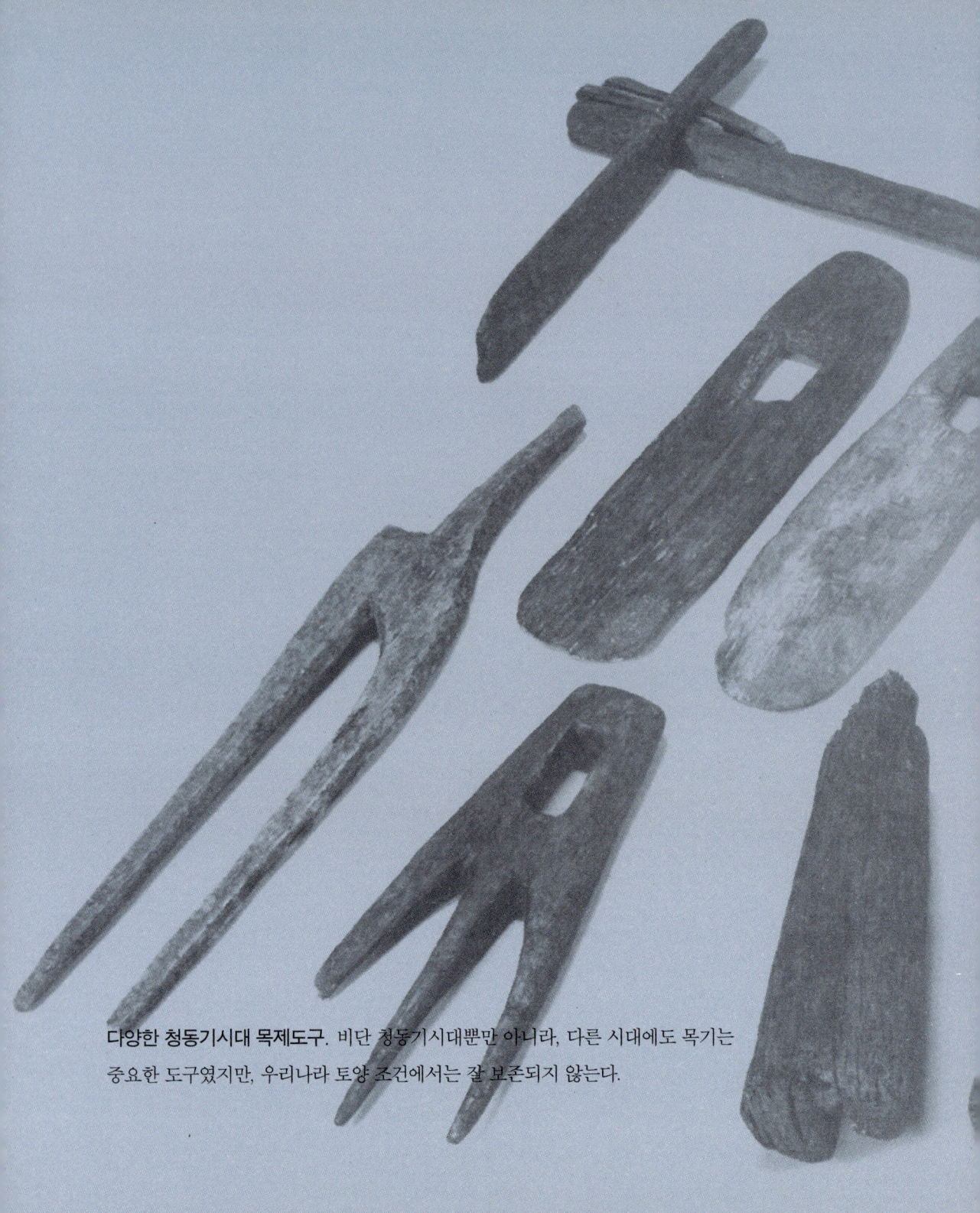

다양한 청동기시대 목제도구. 비단 청동기시대뿐만 아니라, 다른 시대에도 목기는 중요한 도구였지만, 우리나라 토양 조건에서는 잘 보존되지 않는다.

Ⅲ부

한국 선사시대 도구문화와 기후

이기성 | 한일 선사시대 목제도구 조성의 이해
손준호 | 청동기시대 석기 조성비 비교

05

한일 선사시대 목제도구 조성의 이해
Understanding Prehistoric Wood-Tool Assemblages in Korea and Japan

이기성 Kisung Yi

Ⅰ. 한국 선사시대 목기 연구
Ⅱ. 일본 선사시대 목기 연구
Ⅲ. 한일 선사시대 목기 연구의 문제점과 한계

고고학에서 선사시대 도구 연구는 주로 토기와 석기를 대상으로 한다. 인류가 도구를 사용하기 시작한 당시부터 어떠한 형태로든, 가공되었든 그렇지 않든 목제품이 도구로 사용되었을 것이라는 점은 충분히 예상할 수 있다.

그러나 시간이 지나면 썩어 없어진다는 목기의 재질적 특성상, 고고유구에 잔존하기 어려우며 그렇기에 선사시대 유적에서 출토되는 목기의 수량은 지역 또는 시대에 따라 큰 차이를 보여준다. 특히 한국의 신석기시대에서 출토되는 목기는 한두 점에 불과하여 한국 선사시대 목기 연구는 아직도 추정 단계에 머물러 있을 뿐이다.

이러한 한계가 분명히 존재하기는 하지만 목기가 과거에 관해 많은 정보를 제공해줄 수 있다는 점은 분명하다. 토기에 비해 내구성이 강하며, 석기에 비해 가공이 손쉽고, 상대적으로 주변에서 쉽게 재료를 구할 수 있다는 장점을 바탕으로 과거 생활의 다양한 분야에서 사용되었을 것이다. 그렇기에 현재의 고고학에서 토기와 석기를 대상으로 분석하는 과거의 '도구'에 잔존하지는 않지만, 다양한 기종의 목기가 포함되어 있었음은 확실하다. 그렇기에 과거 사람들이 사용하였던 도구를 검토하는데 있어 목기는 빠져서는 안 될 부분이다.

이러한 점 외에도 자연에 존재하는 그대로의 재료로 도구를 만든다는 점에서, 당시 식생 복원이 가능하다. 목기를 만들기 위한 목재는 취락 주변에서 입수하였을 것이며, 출토 목기의 수종 동정을 통해서 취락 주변의 식생을 복원할 수 있으며, 사용 목재의 변화는 어떠한 요인에 의해서 취락 주변의 식생이 변하였다는 것을 의미하는 것이다.

물론 실제 이러한 분석에는 여러 가지 한계가 존재하고 있다. 본고에서는 한국의 신석기시대와 청동기시대, 일본의 조몬繩文시대와 야요이彌生시대를 대상으로 지금까지의 목기 연구 현황을 검토하고, 목기가 도구 조성에 어떠한 부분을 담당하고 있는지, 목재 사용 변화와 식생 변화와의 관계를 살펴보도록 한다.

I. 한국 선사시대 목기 연구

1. 한국 선사시대 목기 연구의 현황

한국의 고고학 유적에서 목기가 처음으로 발견된 것은 1958년 북한의 염주 주의리做儀里유적이지만 정확한 양상은 잘 알려져 있지 않다. 남한에서는 1968년 대구 달성토성達城土城 발굴조사, 1975년 경주 안압지雁鴨池 발굴조사에서 다량의 목기가 출토되는 것을 시작으로, 현재까지 100여 개소 이상의 유적에서 많은 수의 목기가 출토되었으며, 그에 따른 다양한 연구가 진행되고 있다.

1970년대를 전후해 유적에서 목기가 발견되기 시작하였지만 본격적인 목기의 연구는 1990년대에 들어와서부터이다. 잘 알려져 있는 창원 다호리茶戶里유적과 광주 신창동新昌洞유적에서 다량의 목기가 출토되면서 집성 및 분류가 시작(趙現鐘 1994; 趙現鐘 外 1997)되었으며, 이러한 1990년대의 성과를 바탕으로 2000년대 들어와 증가한 목기 유물을 대상으로 구체적인 검토가 시작된다. 그러나 다양한 목기 기종에 비해 개별 유물의 검토는 농기구에 초점(김도헌 2005, 2008a·b; 金在弘 2001; 趙現鐘 2000 등)이 맞추어져 있는 점 역시 당시까지의 한계였다.

2010년대 들어와 목기 연구에 괄목할만한 성과들이 나오기 시작한다. 개별 유적에서 출토되는 유물에 대한 고찰(신순철 2010; 鄭一·韓美珍 2011), 지금까지 출토된 목기 유물의 집성과 더불어 전체적인 개관(김권구 2015; 김민구 2015; 이기성 2015; 趙現鐘 2012)이 시도되고 있으며, 특히 국립가야문화재연구소는 『한국의 고대목기』(국립가야문화재연구소 2008)를 시작으로 지금까지 각 시대별 유적에서 출토된 목기를 기종별로 구분하여 『한국목기자료집 Ⅰ·Ⅱ·Ⅲ』으로 집성(국립가야문화재연구소 2012, 2013b, 2014)하였으며, 심포지엄도 다수 개최하여(국립가야문화재연구소 2013a, 2016) 지금까지의 목기 연구를 정리하고 있다.

지금까지 많은 수의 목기가 확인되었지만 시대에 따라 출토 수량의 큰 편차를 보여주고 있다. 현재까지의 집성 자료에 의하면 목기가 출토된 신석기시대에서 통일신라시대까지의 유적은 서울·경기권 7개소, 강원권 5개소, 충청권 25개소, 전라권 18개소, 경상권 58개소 총 113개소로, 경상권이 압도적인 수치를 보여주고 있다. 또한 시대를 알 수 있는 것으로는 신석기시대 유적 2개소, 청동기시대 유적 17개소, 초기철기시대 6개소, 원삼국시대 13개소, 삼국시대 58개소, 통일신라 16개소 등으로 삼국시대가 가장 많으며 그 다음이 청동기시대와 원삼국시대이다(정수옥 2013).

이러한 출토 자료의 시대적, 지역적 편중은 연구 경향에도 그대로 반영되어 있다. 특히 본고에서 초점을 맞추고 있는 선사시대 목기의 경우 신석기시대 유적의 수는 극히 적으며 대부분이 청동기시대 유적에서 출토된다.

목기는 기능과 용도에 따라 크게 농기구, 공구, 생활구, 제사구, 건축부재, 운반구, 기타 등으로 구분(정수옥 2016)하거나 무기류, 제의구류, 농공구, 용기류, 건축부재, 발화구, 생활용구, 기타(趙現鍾 外 1997) 등으로 구분하기도 한다. 이러한 목기는 목재만으로 제작되어 독립적인 기능을 가지고 있는 것도 있으나 도끼 손잡이 등과 같이 다른 재질과 결합하여 하나의 도구를 이루는 것들도 상당수 있다.

그러나 청동기시대 유적에서 출토되는 목기의 기종은 매우 한정되어 있다. 그렇기 때문에 일반적인 목기의 분류 외에 청동기시대 출토 목기는 농공구, 무구, 생활용구, 기타로 구분(조현종 2014)하기도 하는데, 이 중 농공구는 농경지 개간을 위한 벌채, 기경구起耕具, 수확, 수확한 곡물의 가공, 목기 제작에 사용되는 도구 등을 의미하며 석부의 손잡이, 괭이, 고무래, 흙받이, 삽, 따비, 절구공이 등이 있다(그림 29). 무구는 무기와 관련된 도구로 화살대, 석검 손잡이, 활 등의 출토 사례가 있다. 활을 제외한다면 실제 사용되는 부분은 석기였으며 목제품은 그와 같이 결합되어 하나의 도구를 구성하는 것이다. 생활용구로는 아직까지 명확한 형태를 가진 것은 없으며 광주 동림동東林洞유적에서 추정 뜰채, 추정 용기가 발견되었을 뿐이다. 기타로는 목관재 등이 확인될 뿐이다.

이렇듯 다양한 목기 기종이 출토되는 듯하지만 실제 정확한 형태와 그에 따른 기능을 추정할 수 있는 것은 농경과 관련된 것, 특히 그중에서도 기경구에 해당되는 것들이다. 결국 이러한 출토 기종의 편중은 연구 경향의 편중으로 이어지게 되며 결국 대부분의 청동기시대 목기에 대한 연구는 기경구의 형태 및 기능에 관한 논의(김도헌 2008a · b; 鄭一 · 韓美珍 2011; 趙現鐘 2008 등) 또는 선사시대부터 고대에 이르기까지 농경 도구의 발전과정에서 초현 형태로서의 청동기시대 농경구(金在弘 2001; 趙現鐘 2000 등)를 다루고 있을 뿐이다.

본고에서는 이러한 문제점을 인식하고 개별 목기 유물이 아닌 도구 조성 속에서 목기의 등장 그리고 식생 변화와 관련되어 목기의 사용을 살펴보도록 한다.

2. 선사시대 목기의 등장과 변화

1) 선사시대 도구 조성과 목기

목기는 아마도 구석기시대부터 사용되었을 것이지만 한국의 고고학유적에서 명확한 목기가 확인되는 것은 신석기시대부터이다. 물론 수혈주거지의 조성, 석촉의 등장, 적은 수이기는 하지만 석착류 등이 신석기시대에 확인되기 때문에 다양한 종류의 목기 또는 목제품이 사용되었을 것이라고 추정되기는 하지만 명확한 것은 창녕 비봉리飛鳳里유적에서 발견된 배와 용도를 알 수 없는 목제품뿐이다

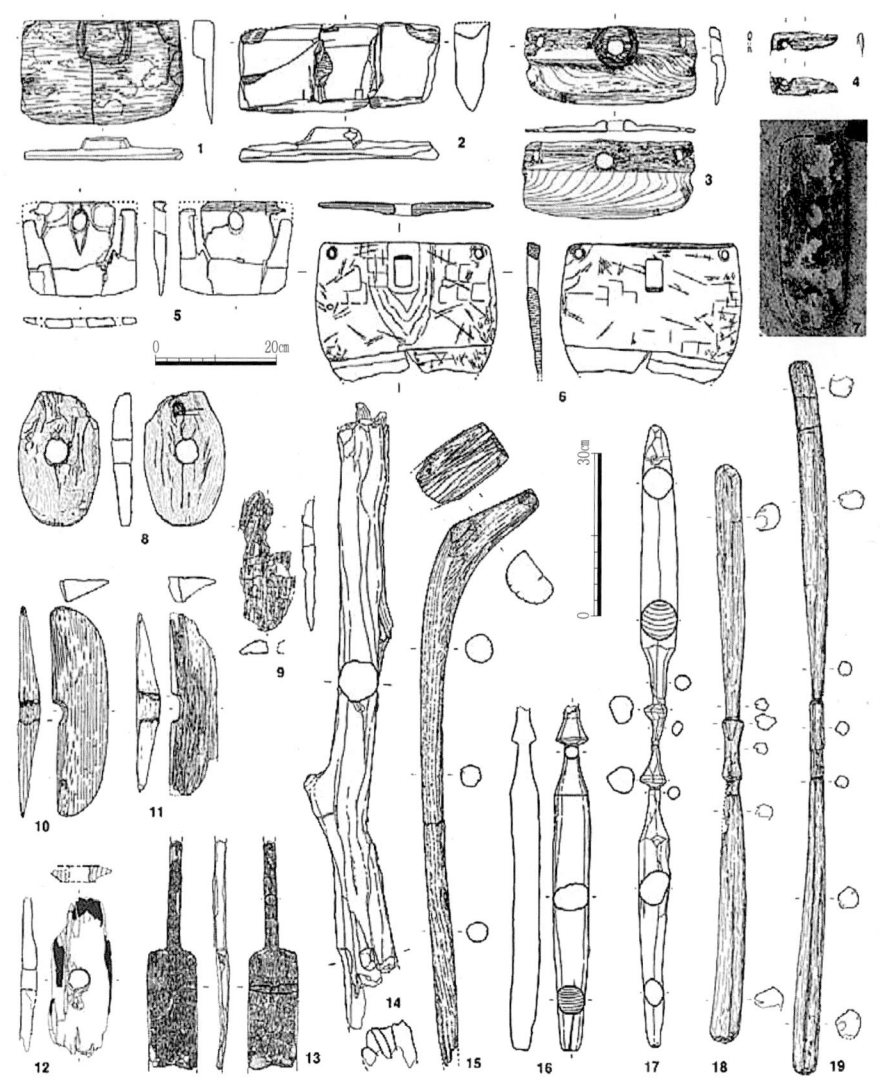

그림 29   청동기시대 출토 목기 각종   1·2. 논산 마전리, 3·4. 광주 동림동, 5. 광주 노대동, 6. 고창 봉산리 황산, 7. 김천 송죽리, 8. 대구 서변동, 9. 울산 교동리 192-37, 10·11·15·18·19. 대구 매천동, 12·14·16·17. 안동 저전리, 13. 나주 동곡리 황산

(표 07[50]).

그렇기에 본격적인 도구 조성 속의 목기 연구는 청동기시대의 목기를 대상으로 하고 있다. 이미 목기 연구의 초기부터, 본격적인 목제품 가공 기술이 발전한 것은 청동기시대부터이며 이것은 마제석기의 발전, 도작농경의 발달 등과 관련이 있다고 지적되었다(趙現鐘 1994).

흔히 청동기시대 목기 가공 기술이 발전하였다는 것은 실제로 출토된 목기를 대상으로 하고 있

표 07 선사시대 유적 출토 목기 일람

연번	유적	시대	유물	유구
1	창녕 비봉리	신석기	배, 막대형목기, 말목형목기, 검형목기, 목재	저습지
2	울진 죽변리	신석기	자루형 목기 1점	문화층 Ⅲ
3	부여 송국리	청동기	석검병부	54-11호 집터
4	논산 마전리	청동기	목제도끼자루, 고무래미제품, 불명목기, 목재, 조형목제품	저수장 및 저목장, 시설유구, 우물
5	광주 동림동	청동기	활, 고무래, 자귀자루 등	저습지
6	광주 노대동	청동기	괭이	1호 구상유구
7	대구 서변동	청동기	석부병, 원판형유공목기, 목주	배후습지
8	대구 매천동	청동기	고무래, 도끼자루, 목주, 절구공이, 가공목	하도내
9	김천 송죽리	청동기	목제품, 탄화목기(괭이)	주거지
10	울산 교동리	청동기	목제괭이(탄화)	8호 주거지
11	안동 저전리	청동기	절구공이, 목제괭이(추정), 목병, 건축부재, 조형목제품, 말목편, 목제망치, 우물부재	저수시설, 우물
12	춘천 천전리	청동기	화살대	주거지
13	회령 오동	청동기	목판재	4호 주거지
14	황주 신흥동	청동기	도끼자루	7호 주거지
15	나주 동곡리 횡산	청동기	삽	주거지
16	경주 조양동	청동기	도끼자루	19호 주거지
17	평원 용상리	청동기	도끼자루	저습지(?)
18	고창 황산	청동기	흙받이	저습지

50 이기성(2019)의 〈표 1〉(pp. 139~140)을 전재·수정하였다.

연번	유적	시대	유물	유구
19	광주 신창동	초기 철기	목합부도칠검초, 목검, 검형목제품, 반부, 도형목제품, 검파형목제품, 목제검과, 검파두식, 활, 파문원형칠기, 조두형목제품, 목제괭이, 쇠스랑형괭이, 괭이자루, 낫자루, 절구공이, 자귀자루, 도끼자루, 나무망치, 목제용기류, 목제뚜껑, 발화구, 발화막대, 신발골, 부채자루, 쐐기형, 문짝, 목주, 반월형목제품, 결합부재, 선형목제품, 곡병부괭이, 겸형목제품, 도구형목제품, 도자형목제품, 송곳, 방망이, 나무갈고리, 국자, 주걱, 현악기, 찰음악기, 각목목제품, 바디, 실감개, 가락바퀴, 수레부속구, 용기류, 칠기류, 검코, 도자병부, 목촉, 말목, 나무막대, 목제삽, 각배형목제품, 빗, 수피가공품, 판재, 용도불명목제품	저습지
20	대구 팔달동	초기 철기	검초	목관묘
21	김해 가야의 숲	초기 철기 (서기전 1~2세기 전반대)	원통형칠기, 부채자루, 칠초철검, 두형(칠)	3호 목관묘
22	강릉 강문동	초기 철기	목제방추차, 쐐기, 주걱, 절구공이, 말목, 목제검, 활, 목제용기, 목제괭이, 자루공이, 선형목제품, 목제칼, 송곳, 나무막대, 방망이, 목제자루, 떡메	Ⅰ-2호 주거지, 저습지
23	화순 대곡리	초기 철기	관재	적석목관묘

는 것은 아니며 청동기시대 들어와 목재 가공 도구, 즉 벌채용의 합인석부와 세부 가공을 위한 주상편인석부, 편평편인석부, 석착 등의 석기류가 조합을 이루면서 대부분의 유적에서 출토되고 있는 것을 그 근거로 하고 있다(裵眞晟 2014 등).

이러한 간접적인 증거 외에도 도구 재질의 변화 측면에서 목기의 등장을 검토하기도 한다(이기성 2015). 청동기시대의 대표적인 목기인 기경구(굴지구)는 청동기시대에 처음으로 등장하는 도구는 아니다. 땅을 파고 평탄하게 하는 용도로 사용되는 도구는 수혈주거지 조성, 밭농사 등에 반드시 필요한 도구였으며 신석기시대부터 존재하였을 것이다. 신석기시대 유적에서 일반적으로 출토되는 타제석부가 그러한 용도였을 것으로 추정되는데, 청동기시대 전기에 이르게 되면 이러한 타제석부는 소멸되고 굴지구 또는 기경구로 추정되는 석기는 더 이상 확인되지 않는다. 그렇다고 해서 땅을 파고 고르는 기능이 사회적으로 완전히 필요 없어진 것은 아닐 것이며, 오히려 수혈주거지 조성과 더불어 도작농경의 확산에 따른 농경지 개간이라는 점에서 굴토의 사회적 필요는 더 증가하였을 것이다. 이러한 과정 속에서 수전水田 개간에 적합한 목제 굴지구로 대체되며, 이것의 고고학적 증거가 목재 가공구의 증가인 것이다. 더욱이 최근 청동기시대 유적에서 목제 굴지구가 출토되면서 석부류의 증가와 직접적인 연결이 가능하게 된 것이다. 이러한 인식의 연장선상에서 목기의 출토 양상이 농경의 집약화 과정을 보여준다고 해석하기도 한다(김권구 2008).

이것과 동일한 논리로 도구 조성 측면에서 살펴본다면 아직까지 청동기시대 유적에서 명확하게 확인되지 않는 목제 용기 역시 청동기시대에 광범위하게 사용되었음을 추측해 볼 수 있다. 청동기시대 전기의 토기 중에는 기고 20cm 이상의 심발형토기 외에 기고 10cm 미만의 소형 토기들도 적지 않게 확인된다. 용기로서 토기의 기능에는 조리, 저장 외에 실제 식사에 사용되는 배식의 기능도 포함되어 있었을 것이며, 기고 10cm 미만의 소형토기들은 이러한 배식기로 사용되었다고 추정할 수 있다. 그러나 청동기시대 중기에 들어서게 되면 이러한 소형 토기는 현격히 수가 줄어든다. 당연히 배식기는 어느 사회든 필요하였을 것이며, 토기를 대신해 나무로 만든 소형의 식기를 제작·사용하였다고 추정할 수 있다. 물론 지금까지 명확하게 청동기시대 유적에서 목제 식기류 등이 출토되는 사례가 없기 때문에 고고학적 증거를 가지고 단정 지을 수는 없지만, 일본 조몬·야요이시대 유적에서 다량의 목제 식기가 출토된다는 점을 본다면, 한국 청동기시대에도 목제 식기류가 보편적으로 사용되었을 가능성은 충분하다.

이렇듯 지금까지 선사시대 도구 조성 속에서 목기를 살펴보는 연구는 매우 적을 뿐이다. 이것은 선사시대 유적에서 출토되는 목기의 수량도 극히 한정되어 있으며 출토 기종 역시 기경구에 편중되어 있다는 점이 가장 큰 요인일 것이다.

2) 목기의 사용과 식생 변화

선사시대의 가장 일반적인 도구 재질이었던 석기와 목기의 가장 큰 차이점은 목기가 당시의 식생을 반영하고 있다는 점일 것이다. 유적에서 출토되는 목재는 크게 가공목재와 자연목재로 구분되는데, 가공목재는 어느 지역에서 어떤 목적으로 어떤 나무를 선택하여 어떤 가공방식과 제작기술이 구사된 것인가에 대한 문화적 양상을 파악할 수 있으며, 자연목재의 수종 분석을 통해서는 유적 주변의 식물 생태계에 대한 복원 근거를 얻을 수 있다(조현종 2014). 목기의 제작에 사용되는 나무는 선사시대 사람들의 마을에서 가까운 지역에 있는 또는 자원활용영역 안에 서식하고 있는 것 중에서 벌목하였을 것이며 목기의 기능에 따라 나무의 단단한 정도를 고려하여 목기에 쓰이는 나무의 종류를 선택(김권구 2008)하였을 것이기에, 당시 사용되었던 목기의 수종 동정이 가능하다면 유적 주변의 식생을 복원할 수 있다는 의미이며, 이론적으로는 시대별 변화, 지역적 차이 등을 확인할 수 있다는 것이다.

청동기시대 출토 목기의 수종을 살펴보면 전기에서 중기까지 싸리나무속(싸리나무), 참나무속(참나무, 상수리나무, 굴참나무), 뽕나무속(뽕나무), 가래나무과(굴피나무), 버드나무속(버드나무) 등이며, 가장 많이 이용된 나무는 참나무속의 참나무, 상수리나무, 굴참나무 등으로 삽과 고무래 등의 농경구에 전 시기에 걸쳐 폭넓게 이용되었는데(조현종 2014), 이것은 탄화 목재의 수종 분석 결과와도 유사하다. 청동기시대 유적에서 확인된 탄화 목재의 수종을 확인해 보면 대체로 판재 또는 주거지 기둥 등 건축부재로는 상수리나무, 졸참나무, 소나무, 오리나무, 굴피나무, 느릅나무 등이 사용되었으며, 땔감으로는 소나무속, 참나무속 상수리나무절, 참나무속 참나무절, 뽕나무속 등이 사용(김권구 2008)되어 유사한 양상을 보여준다.

남한 전체를 대상으로 하는 연구 외에도 개별 유적을 대상으로 하는 검토 결과 역시 비슷한 결과를 보여주고 있다.

동림동유적의 경우, 화분분석 결과 오리나무속, 낙엽성 참나무속, 상록 참나무속, 중국 굴피나무속, 밤나무속, 구실잣밤나무속, 서어나무속, 느릅나무속, 느티나무속, 구상나무속이 확인되는데 중심적인 삼림은 온대 낙엽활엽수림의 식생을 보여주고 있으며, 이러한 삼림특성은 오늘날 한반도 남부의 광역 식생과 매우 유사하다(湖南文化財研究院 2007a). 또한 동림동유적 저습지에서 출토된 48점의 목재 수종 분석 결과 역시 참나무속, 밤나무속 등이 다수를 차지하고 있어(湖南文化財研究院 2007b) 화분분석 결과와 일치한다.

울산 천곡동泉谷洞유적 주거지에서 확인된 목제품의 수종은 곰솔, 참나무(상수리나무류), 굴피나무, 가래나무, 오리나무류, 느릅나무류, 팽나무류, 산뽕나무류, 단풍나무류, 물푸레나무류의 9종으로 온대 활엽수의 전형적인 구성 수종을 보이며, 산림 구성이 오늘날과 크게 다르지 않다는 것을 보여주고 있다. 현재의 산림과 같이 소나무가 30~40%를 차지하는 침엽수 주축형이 아니고 대부분 활엽수인 점이 다르다고 할 수 있다(김권구 2008).

위의 두 유적의 경우를 살펴본다면 청동기시대의 산림 구성은 지금과 크게 다르지 않았으나 대부분이 활엽수인 점이 특징이라고 할 수 있을 것이다.

이에 더해 수종 동정을 바탕으로 식생 변화의 가능성을 타진해 본 연구(김민구 2007)는 중요한 의미를 가지고 있다. 부여 송국리松菊里유적의 장방형 주거지에서 출토된 탄화 목재의 수종 분석 결과, 가옥의 부재로는 대부분 소나무속과 참나무속의 목재가 사용되었는데 이것은 송국리유적의 조영 시기 동안 부여군 일대의 식생에서 소나무와 참나무가 우점 수종을 이루었다는 기존의 화분분석 결과와 일치하는 것이다. 그런데 개별 수혈주거지의 건축 부재를 살펴보면 소나무 또는 참나무의 목재는 각기 다른 가옥의 조영에 배타적으로 사용된 양상을 보인다. 장방형 주거지 54-20호와 54-23호는 소나무를 이용하여 조영되었으며, 54-19호와 54-22호의 경우는 참나무를 이용해서 지은 것으로 보인다. 이것은 각 가옥별로 목재 선택에 있어서 서로 다른 기준을 적용하였음을 보여준다.

이러한 차이는 여러 요인이 있을 수 있는데, 1) 건축재의 변화가 시간의 흐름에 따른 식생의 변화를 반영할 가능성, 2) 개별 가옥의 성격 차이를 반영할 가능성, 3) 주거지 조성에 독자적으로 목재를 선택하였을 가능성 등을 생각해 볼 수 있다.

이 중 주목되는 것은 첫 번째 건축재의 변화가 시간의 흐름에 따른 식생의 변화를 반영할 가능성이다. 즉 송국리유적에서 장방형 주거지가 조영된 시기 동안 유적 주변의 식생이 변화하여 목재 선택에 제한이 있었던 것으로, 참나무로 지어진 장방형주거지들은 유적 주변에 참나무가 우세하였던 자연식생기에 조영되었고, 소나무로 지어진 주거지들은 소나무가 참나무에 비하여 우위를 점한 이차식생기에 조영되었다면 각 주거지간의 건축재의 차이를 설명할 수 있다. 그러나 이러한 가설에는 몇 가지의 문제점이 있다. 유적 주변 식생의 변화가 가시적으로 나타나기에는 상대적으로 큰 시간의 폭, 적어도 몇 세대에 걸친 시간이 필요하였을 것(김민구 2007)으로, 만약 장방형 주거지 간에 상당한 시간차가 있다는 것이 토기 등의 다른 고고학적 증거로서 증명된다면 이러한 접근도 가능할 것이나 아직까지 송국리유적의 장방형 주거지들 사이에 시간적 차이는 없거나 그리 크지 않은 것으로 이해되고 있다.

　　이러한 한계에도 불구하고 접근 방법 자체는 이후의 연구에 큰 시사점을 제공해 주고 있다고 할 수 있다.

II. 일본 선사시대 목기 연구

1. 일본 선사시대 목기 연구 현황

일본 고고학에서 유물로서 목기가 주목받기 시작된 것은 1940년대 나라奈良현　가라코·가기唐古·鍵유적에서 다량의 목기가 출토되면서부터이다. 본격적인 목기 연구는 일본의 패전 이후인 1947년부터 본격적으로 발굴되기 시작한 시즈오카静岡현 도로登呂유적에서 많은 수의 목제 유물이 출토되면서부터로, 이때부터 야요이시대를 중심으로 한 목기 연구가 본격적으로 시작된다. 1960년대 들어와 일본 전역에서 대규모 발굴 조사가 증가하는 과정 중, 저습지 및 패총 유적에서 많은 수의 목기가 출토되면서 다양한 시대, 지역을 대상으로 목기 연구의 범위가 확장된다. 이 시기에 후쿠이福井현 도리하마鳥浜패총이 조사되기 시작하고, 1980년대까지 이어진 발굴조사에서 다양한 기종의 목기가 발견되어 조몬시대 목기 연구의 출발점이 되었다(網谷克彦 2007). 이러한 배경하에 1970년대부터 목기에 대한 구체적인 검토가 시작되는데 당초는 목기 제작 기법 등의 검토부터 시작되었으며(根木修 1976; 町田章 1975, 1979 등), 1980년대 들어와 목기 유물에 대한 다양한 시각에서의 심포지엄, 집성 등이 시작된다(工楽善通·黒崎直 1994; 山田昌久 1993 등). 나라국립문화재연구소(奈良国立文化財研究所)에서 당시까지 출토된 목기를 집성(奈良国立文化財研究所 1985, 1993)한 작업은 당시까지의 목기 연구에 획기를 이루는 것이었다.

　　이후 조몬시대 및 야요이시대의 목기 연구는 기존 연구 경향을 이어서 특정 기종에 대한 연구, 특히 조몬시대는 용기(上原真人 1994 등), 야요이시대는 농경구를 중심으로 하는 연구(町田章 1997; 樋上昇 2009 등)가 주류를 이루는 가운데, 목기의 집성(山田昌久 2012)과 더불어 과거의 식생을 복원하여 목기의 사용과 연결시키는 연구(吉田明弘·鈴木三男 2013; 能城修一 2009; 鈴木三男·能城修一 1997; 辻誠一郎

2009; 樋上昇 2014 등) 등이 등장한다(仲辻慧大 2013).

이렇듯 한국과는 달리 일본 선사고고학에서는 풍부한 출토량을 바탕으로 다양한 연구가 이루어지고 있기는 하지만 그 한계 역시 존재한다. 예를 들어 야요이시대 목제 농경구의 경우, 습지 또는 물속에서만 잔존하는 목기의 특성상, 주로 습지, 수로, 수전, 저장구덩이, 우물 등 물이 고여있는 상태의 유구에서만 확인되며, 이것은 주로 하천 주변에서 수전을 영위했던 집단이 사용했던 농경구일 뿐으로, 밭농사를 영위했던 고지성 취락에서 사용하였던 목기의 양상을 보여주는 것은 아니다.

2. 조몬·야요이시대 목기의 사용

1) 조몬·야요이시대 도구 조성과 목기

일본 고고학에서의 목기 기종 분류는 한국과 조금 다르다. 한국의 목기 기종 분류가 많은 부분에서 일본 목기 기종 분류를 답습하고 있기는 하지만, 일본에 비해 매우 적은 수의 기종만이 출토되는 탓에 다양한 논의가 이루어지지 않고 있다. 반면 일본의 경우는 조금 다른 양상을 보여준다.

유적에서 출토되는 목기는 제작을 위한 전처리 단계의 물에 잠겨 있는 상태로 발견되거나 또는 파손, 전용, 폐기된 상태로 출토되는 경우가 대부분이다. 또한 하나의 목재로 만들어진 것이 아니라 몇 개의 부분으로 이루어진 목기의 경우, 개개의 부재만 발견되는 경우에는 전체의 형태와 용도를 파악하기가 매우 어렵다. 이러한 문제점을 인식하고 일본의 경우 목기를 크게 제작방법과 용도로 분류한다.

제작방법을 기준으로는 단독으로 하나의 도구로 사용되는 것, 목재와 목재가 결합하여 하나의 도구를 이루는 것, 다른 도구의 손잡이류, 대형의 구조물 등으로 나눌 수 있다(町田章 1975).

용도에 따른 분류는 연구자에 따라 조금씩 다르기는 하지만 일반적으로는 나라문화재연구소에서 발간한 『木器集成圖録』(奈良文化財研究所 1993)에 나온 기종 구분을 따르고 있는데, 공구, 농구, 방직구, 운반구, 어로구, 무기·무구, 식사구, 용기, 제사구, 잡구, 건축부재, 용도불명품으로 구분하고 있다(奈良文化財研究所 1993).

이러한 일본 고고학에서의 목기 분류는 고고유적에서 출토된 목기 자체를 검토한 것이 아니라, 1936년 애틱뮤지엄アチックミューゼアム에서 발간한 『民具蒐集調査要目』(1936)의 분류 기준을 따르고 있는 것이다. 즉 지금 일본고고학에서 통용되는 목기의 기능 추정은 기본적으로 근대까지 일본에서

사용되던 민구民具를 바탕으로 하고 있는 것이다. 민속자료를 이용해 고고 유물의 기능을 추정하는 것은 잘 알려진 방법 중의 하나이기는 하지만, 목기의 특성상 다른 재질의 도구와 결합하거나 여러 개의 부재가 결합하여 하나의 도구를 이루는 것이 다수를 이루기 때문에 그 기능을 추정하기 어려운 것이 매우 많다는 점에는 항상 주의를 기울어야 할 것이다.

일본의 구석기시대에도 다양한 방식으로 목제품이 사용되었겠지만 정연한 형태를 가지고 가공목의 목제품이 출토되는 것은 조몬시대부터이다. 그중 기종을 특정할 수 없는 목제품을 제외하고 일반적으로 출토되는 것은 석부 자루, 활, 용기류, 배와 노, 공이, 주걱, 구조물 부재, 판재, 머리빗 등이 있다.

이 중 도구 조성이라는 측면에서 주목되는 것이 용기류이다. 출토되는 조몬시대 목기의 대부분이 나무 이외의 재질로 만들어지기 어려운 것이지만, 용기류는 토기와 함께 목기가 중요한 부분을 차지하고 있는 것이다. 특히 명확한 출토 사례가 없는 한국 선사시대에는 좋은 참고가 된다.

목제 용기는 그 제작기법에 따라 목재의 안을 파낸 구리모노刳物, 대략적인 형태를 만든 후 녹로에서 회전 성형한 히키모노挽物, 판재를 끈, 못, 접착제 등으로 조립한 사시모노指物, 나무껍질이나 얇게 쪼갠 나무판을 통처럼 만들어, 끈, 못, 접착제 등으로 저판에 고정시킨 마게모노曲物, 휘어진 판재를 저판에 맞추어 통형태로 만들고 테를 둘러 고정시킨 유이모노結物 등으로 구분된다(上原眞人 1994).

조몬시대에는 다양한 제작기법의 목제 용기가 출토되는데, 대부분 느티나무ケヤキ, 칠엽수トチノキ 등의 목질이 치밀하고 점성이 있는 목재가 사용된다. 우선 목재를 깎아 대강의 형태를 만든 후 조금씩 표면을 태우고 마연해서 전체적인 형태를 완성한다. 조몬시대 목제 용기의 특징은 옻칠이 되어 있는 것이 많다는 점이다.

목제 용기는 형태에 따라 명형皿形, 천발형浅鉢形, 심발형深鉢形, 완형椀形, 호형壺形, 고배형高坏形, 수차형水差し形의 7가지로 구분되는데(山田昌久 1983), 양적으로는 얕은 접시나 완 등의 형태가 다수를 차지한다(**그림 30**). 이러한 형태의 토기는 소량만이 확인되어 목제 용기가 조리나 저장용 토기와는 다른 기능을 담당하고 있었다는 것을 말해준다. 기면에는 문양이 새겨져 있는데 토기와 공통된 문양을 가진 것도 있어 편년의 기준이 되기도 한다.

목제 용기는 그 형태에 따라 출현시기가 차이를 보이는데 대형 접시, 얕은 접시 등은 이른 시기

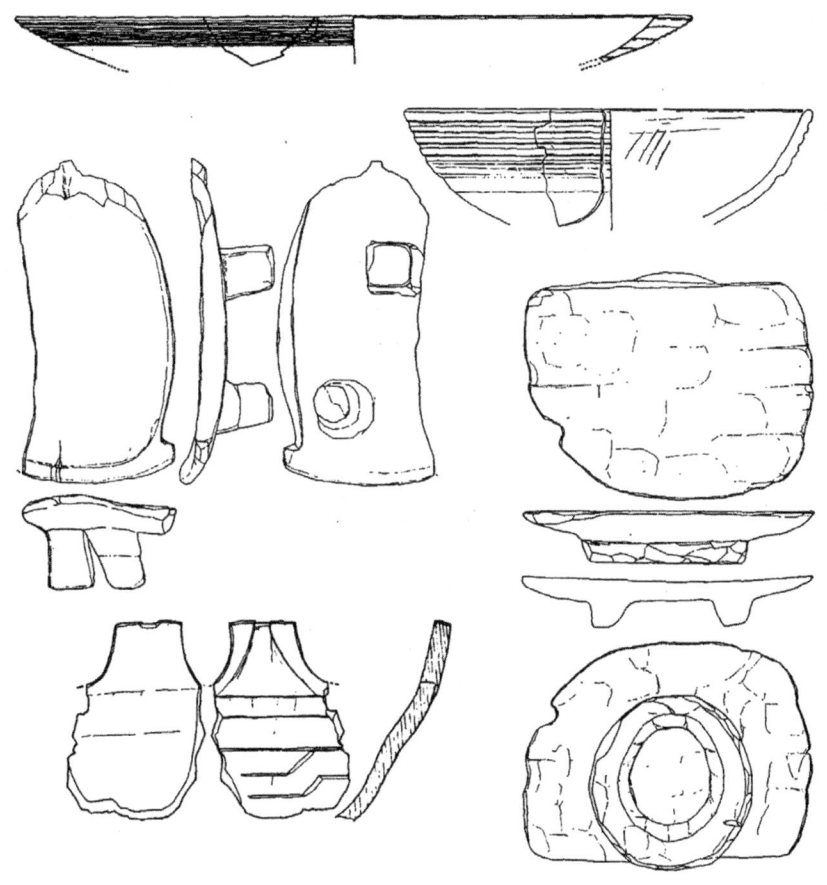

그림 30 조몬시대 목제 용기 각종

부터 등장하고, 소형 호 등은 중기 이후부터 확인된다(**그림 31**). 이것은 기능적인 측면에서 목제 용기가 처음에는 식료의 준비를 위한 작업대로서 사용되기 시작하고 점차 다양한 기종이 출현하였다는 점을 추정해 볼 수 있다(山田昌久 1983).

조몬시대의 목기에 일반적으로 사용되었다고 추정되는 석기에 부속되는 손잡이, 화살대와 활, 수혈주거지의 부재, 일상 용구 등과 더불어 용기가 하나의 기종을 차지하고 있다는 점은 매우 중요

시기 기종	전기	중기	후기	만기
접시형용기	鳥浜		寿能·籾内	船ヶ谷
천발형용기	鳥浜·菊名	寿能	寿能·籾内	滋賀里·是川
심발형용기		寿能	籾内	
완형용기			寿能·町浦	滋賀里
호형용기	鳥浜		布勢·寿能	
고배형용기			寿能	
수차형용기		寿能	寿能·多古田	船ヶ谷?

그림 31 조몬시대 목제 용기의 기종별 출현시점

하다. 일반적으로 토기만으로 구성되었을 것으로 이해되고 있는 식기, 용기류에 다양한 기종의 목기가 포함되어 있다는 것은 지금 우리가 토기만을 대상으로 기종 구성을 확인하는 작업이 매우 불충분하다는 것을 말해주고 있다.

야요이시대의 목기는 기본적으로 조몬시대의 것이 그대로 이어져 용기를 포함한 다양한 목제품이 사용되는데, 가장 특징적인 것은 농경과 관련된 새로운 기종이 등장한다는 점이다. 조몬시대 만기에 한반도로부터 도작농경의 기술과 함께 흔히 대륙계 마제석기로 불리우는 석부류가 함께 전파된다. 대륙계 석부류는 벌채용의 태형합인석부, 나무를 깎기 위한 편평편인석부, 깎거나 파내는 데 사용되는 주상편인석부 등으로, 다양한 기종과 더불어 다양한 크기의 석부류가 있어 목기의 세부조정이 가능하게 된다. 이후 야요이시대 전기 후엽에는 철기가 등장하여 목재 가공 기술이 비약적으로 발전한다.

야요이시대에 새롭게 등장하는 목제농경구는 크게 나누어 괭이鍬, 가래鋤 두 종류로 구분되는데, 세부적인 형태에 따라 다시 하부 형식으로 구분된다(**그림 32**).

괭이鍬는 일자형괭이直柄鍬와 굽은형괭이曲柄鍬로 나뉘어지고, 일자형괭이는 날 부분의 형태에 따라 편평괭이平鍬, 쌍날괭이又鍬로, 굽은형괭이는 삿갓모양의 돌기가 없는 것笠状突起の無いもの, 삿갓모양의 돌기가 있는 것笠状突起のあるもの[가지형굽은형괭이ナスビ形曲柄鍬]으로 세분된다. 가래鋤는 일체형가래一木鋤, 조합식가래組み合わせ鋤, 밟는 가래踏み鋤로 세분된다. 그 외 농경과 관련된 목기로는 흙받이

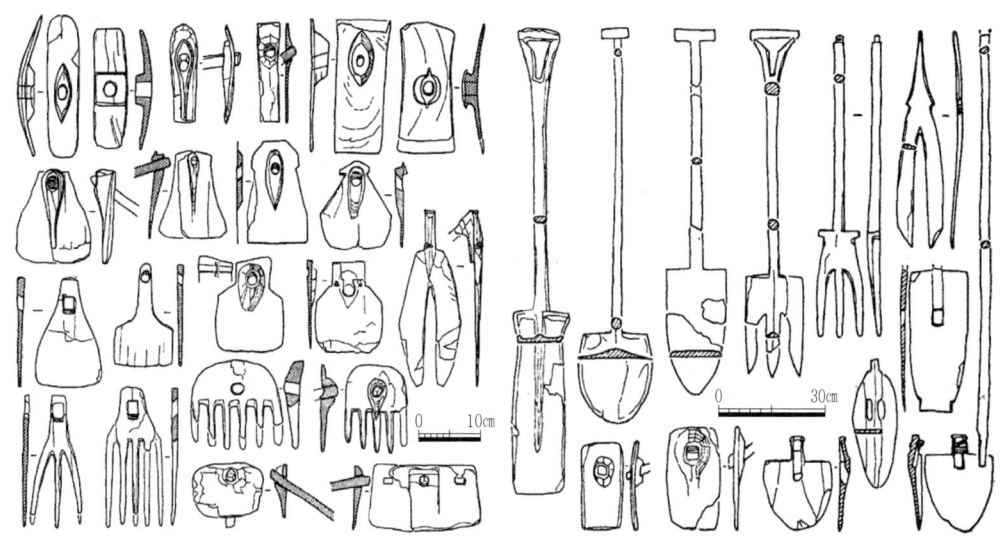

그림 32 야요이시대 목제 농경구 각종

泥除[괭이보조판鍬補助板], 써래馬鍬, 쟁기犂, 다게타田下駄, 오아시大足, 목제낫木鎌과 낫자루鎌柄, 목제수확구木製收穫具, 절굿공이杵와 절구臼, 디딜방아唐臼 등이 확인된다(魚津知克 2013).

　　야요이시대 도구 조성에서 목제 농경구가 중요한 의미를 가지고 있는 것은, 조몬시대부터 이어져온 기존 목기 제작의 전통에 한반도로부터 전해진 도작농경과 관련된 목제품이 추가된다는 점이다. 이를 바꾸어 말하면 야요이시대 목제 농경구의 조형이 한반도에 있다는 점을 시사하고 있는 것이다.

2) 사용 목재의 변화와 배경

목기 연구가 다른 재질의 도구에 대한 연구와 큰 차이를 보이는 점은 바로 식생 변화와의 관계를 살펴 볼 수 있다는 점이다. 사용되는 목재의 수종 동정을 통해 당시의 식생을 복원할 수 있으며, 목재 사용의 변화는 식생의 변화를 반영하는 것으로 이해되고 있는 것이다.

　　이러한 인식의 전제에는 당시의 사람들이 취락 주변에 분포하고 있는 나무들을 사용해서 필요한 목제품을 만들었다는 이해가 깔려 있다. 그러나 이러한 인식에는 주의가 필요하다. 우리가 분석하는 목기의 수종 동정은 과거에 인위적으로 가공되었던 수종을 보여주는 것이지, 당시 취락 주변에

식생하고 있던 또는 과거 집단이 입수할 수 있었던 모든 수종을 보여주는 것은 아니기 때문이다. 즉 이것은 식생에 따른 수종 분포와 함께 과거 사람들의 목재 선택이라는 두 가지 측면이 동시에 적용되고 있다는 점을 유의해야 할 것이다.

목재 사용의 변화에 있어 우선 당시의 기술적 한계 또는 기술적 발전을 생각해 볼 수 있다.

조몬시대의 수혈주거지 등에 사용되는 목재는 마제석부로 벌채하여 인력으로 운반하였을 것이며, 그렇기에 굵은 나무를 가공하여 사용하지 않고 얇은 나무를 선택하여 사용하였을 것이다. 적송처럼 심재芯材가 늦게 형성되는 수종은 취락 주변에서 쉽게 구할 수 있다 하더라도 얇을 때는 무르기 때문에 이용할 수 없는 목재로 판단되었을 것이다. 그러나 밤나무는 생나무의 상태에서도 석부로 벌채하기 쉬운 재질로, 벌채 이후 함수율이 낮아지면서 단단해지는 성질을 가지고 있어 목재로 사용되었던 것이다. 조몬시대 동일본 일부 지역에서 확인되는 밤나무クリ의 사용은 이러한 배경이 있는 것이다(山田昌久 2007). 즉 이것은 식생과는 무관하게 당시의 기술적 한계에 의해 특정 수종이 선택되어진 것으로 볼 수 있다.

기술적 발전에 따라 목재 사용이 변하기도 한다. 예를 들어 조몬시대의 도끼 손잡이 등에는 떡갈나무가, 발류鉢類 등의 용기에는 나뭇결이 촘촘하고 뒤틀림이 적은 활엽수가, 간토関東지방에서 주로 발견되는 통나무배는 비자나무, 개비자나무 등이, 건축 부재 등에는 잘 쪼개지는 침엽수가 사용되었다. 야요이시대에 들어서면 조몬시대부터 이어져 온 수종 선택의 지식과 새롭게 등장하는 목재 농경구에 대한 수종 선택 지식이 더해진다. 가라코·가기유적 출토 목기의 경우, 태형합인석부의 자루에는 굴참나무, 주상편인석부의 자루로는 상수리나무, 편평편인석부의 자루로는 비쭈기나무 등이 사용되었다. 발, 고배 등의 식기류에는 느티나무, 벚나무, 뽕나무, 편백나무 등 나뭇결이 치밀하고 뒤틀림이 적은 수종을 선택하였는데, 이것은 조몬시대로부터 이어져 온 것이다. 야요이시대에 들어와 새롭게 등장한 괭이鋤, 가래鍬 등의 기경구에는 개가시나무, 종가시나무, 붉가시나무, 가시나무 등 잘 쪼개지는 재질의 수종이 선택되었다. 즉 야요이시대 전반까지는 조몬시대의 전통과 새롭게 전파된 목제 농경구의 수종 선택으로 구분되지만 기본적으로는 조몬시대의 전통이 이어지는 것이다.

그러나 야요이시대 후반이 되면 전반과는 다른 양상이 나타난다. 편백나무, 삼나무, 마키나무 등 침엽수가 대폭 증가하며, 송진과 옹이 때문에 가공이 곤란한 소나무도 목기에 사용되기 시작한다. 그리고 활엽수 중에도 밤나무, 녹나무, 버드나무, 오동나무, 일본목련 등 그 전까지는 사용되지 않았던 수종이 등장한다(町田章 1979).

이러한 야요이시대 전기와 중기의 목재 사용 변화의 구체적 사례는 후쿠오카福岡현 이타즈케板付유적에서도 찾아 볼 수 있다. 이타즈케유적의 야요이시대 전기 유구에서 출토되는 목재 102점에서는 19종의 수종이 확인되는데, 그 중 메밀잣밤나무(36.3%), 버드나무(17.6%), 녹나무(9.8%), 떡갈나무(7.8%)가 상위를 점한다. 그런데 중기 유구에서 출토된 323점의 목재에는 메밀잣밤나무(25.1%), 밤나무(15.3%), 떡갈나무(7.7%), 버드나무(6.3%)가 상위를 점하고 있어 밤나무의 사용이 눈에 띈다. 이것은 식생의 변화보다는 철기의 사용으로 단단한 밤나무의 가공이 가능해졌기 때문(町田章 1997)으로 보고 있다. 즉 이 경우 목재 사용의 변화는 식생의 변화와는 무관하고 당시 기술 발전에 따라 사용되는 목재가 변하게 된 것이다.

이렇듯 1970~80년대에 시작된 사용 목재 수종 변화에 대한 시각은 목재 확보 및 선정에 있어 식생의 변화보다는 가공 기술의 발전으로 보고자 하는 것이 주류를 이루었다. 그러나 이후 1990년대 들어와 지나친 삼림자원 훼손의 결과로 식생 변화를 밝히고자 하는 시각이 등장한다.

야요이시대 농경구인 괭이鍬나 가래鋤 등의 농경구는, 서일본 일대에서는 떡갈나무류를 사용하는 것이 일반적이다. 그러나 조엽수림의 중심적 구성요소인 떡갈나무류는 동일본으로 가면서 점점 분포 범위가 감소하며, 또한 당초에는 풍부하였다고 하여도 농경구 등의 제작에 적합한 수 백년 이상 성장한 큰 떡갈나무는 마구잡이 벌채로 점차 고갈되었을 것이다. 예를 들어 군마群馬현 신보新保유적의 경우, 150점 이상의 농경구가 발견되었는데, 떡갈나무류가 점하는 비율은 야요이시대에는 23%였으나 고분시대가 되면 13%로 줄어든다(工楽善通·黒崎直 1994). 당시 간토지방에서는 조엽수림이 미발달하여 원료가 되는 떡갈나무류가 그리 풍부하지 않았을 것이며, 야요이시대의 지속적인 벌목으로 인해 떡갈나무를 입수하기 어려워져 점차 그 비율이 줄어들었을 것이다.

이러한 고고학의 시각 외에, 자연과학의 시각에서는 당시의 식생을 보다 구체적으로 분석하여 목재 사용 패턴을 분석하고 있는데 이러한 연구는 자연목과 가공목이 모두 많은 수로 출토되는 조몬시대 유적을 중심으로 하고 있다.

일본의 최후빙하기에는 전국적으로 가문비나무속, 잎갈나무속, 전나무속, 소나무속 등으로 구성되는 아한대성亞寒帶性침엽수림이 일반적이었으나, 조몬시대에 들어서면서 기후가 온난화되어 냉온대낙엽활엽수림으로 변하고, 더 온난해지는 조몬시대 전기에 서남일본은 붉가시나무아속, 메밀잣밤나무류를 중심으로 하는 조엽수림이, 간토지방은 물푸레나무속, 상수리나무절, 졸참나무절, 밤나무 등의 낙엽활엽수림이, 일본 동북부의 아오모리靑森현 산나이마루야마山內丸山유적에서는 물푸레나무속, 목련속, 단풍나무속 너도밤나무속 등으로 구성되는 냉온대낙엽활엽수림이 된다. 그리고 이러한 삼림대는 기본적으로 조몬시대의 끝까지 유지된다. 물푸레나무속(들메나무) 삼림은 조몬시대에 주부中部~간토지방, 일본 도호쿠東北지역의 저습지에 넓게 분포하고 있었는데, 야요이시대 이후 저습지의 개발로 거의 사라지게 된다. 또한 평지의 삼나무숲은 과도한 목재이용과 저습지의 개발에 의해, 또한 구릉지의 전나무숲도 과도한 목재 이용으로 조몬시대 이후에 없어지게 된다. 결국 이러한 자연림은 조몬사회가 확대되고 인구가 증가하여 취락이 대형화되면서 일상생활을 위한 연료재, 토기소성을 위한 연료재, 생활용구의 재료, 주거나 거대 건축물의 건축재, 토목용재 등의 사용을 위해 벌채되고, 이후 밤나무, 졸참나무절, 상수리나무절, 팽나무속 등으로 구성되는 이차림으로 변해가게 된다(鈴木三男·能城修一 1997).

    조몬시대 전기의 이시카와石川현 마와키眞脇유적에서는 그 전형적인 사례를 볼 수 있다. 마와키유적은 다른 유적과 달리 적송이 우위를 점하고 있다. 적송, 흑송숲은 일반적으로 이차림, 그것도 활엽수림이 조성되지 못할 정도로 과도한 파괴 또는 간섭을 받았을 경우 성립된다고 이야기된다. 이러한 수종이 식생의 주를 이루게 되는 것은 서일본에서는 야요이시대 이후, 간토지방 등에서는 근세 이후이다. 그럼에도 마와키유적에서 국지적으로 소나무류가 우위를 점하고 있는 것은 대량의 돌고래, 고래류 뼈가 출토되는 것과 관련되어, 대량의 연료재가 필요한 상황 등, 이 유적의 특수한 성격과 관련되어 있는 것이다(鈴木三男·能城修一 1997).

    즉 과도한 목재 이용에 따른 식생의 변화 과정은 다음과 같이 생각해 볼 수 있다. 조몬시대의 집단은 마을을 조성하고 그 곳을 거점으로 수혈주거지를 축조하고 연료와 식량을 획득하여 생활한다. 취락을 조성하면서 취락지 자체는 모두 벌목되어 나지화裸地化되며 주위에 있는 삼림을 이용하게 된다. 삼림은 주거지의 건축재 및 각종 부재, 일상 생활 및 토기 소성 등의 연료, 각종 생활용구의 재료 등으로 사용되어 점차 고갈된다. 이와 같은 삼림의 훼손 정도는 이론적으로는 취락에 가까울수록 심하고 취락에서 멀어질수록 적어진다(**그림 33**).

    연료 또는 일회성의 간단한 생활용구를 위한 재료 등, 일상적으로 이용되는 목재는 취락에서 가까운 곳에서 입수하였을 것이고, 굵은 나무가 필요한 대형건조물의 건축재나 목적에 맞는 수종일

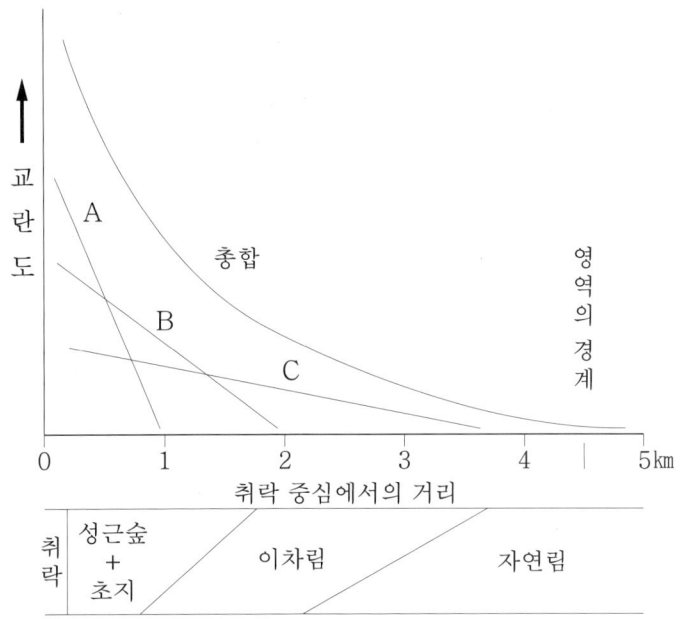

그림 33 조몬시대 취락 주변의 삼림 훼손도와 식생모식도

수록 원거리에서 구해왔을 것이다. 그 결과 취락 주변부터 이차림이 진행되고 일정 정도 떨어진 지점 이후는 자연림의 상태가 유지되었을 것이다. 야요이시대 유적의 경우 구체적인 분석 사례는 없지만 조몬시대의 사례와 크게 다르지 않을 것으로 추정된다.

　이렇듯 일본 선사고고학에서 사용 목재의 변화는 목재 가공 기술 발전에 따라 이용 가능 수종의 확대와 함께 장기간에 걸친 지나친 벌채에 의한 식생의 변화 등 두 가지 시각에서 살펴보고 있다.

III. 한일 선사시대 목기 연구의 문제점과 한계

이상에서 살펴보았듯이 한국과 일본에서 선사시대 목기 연구는 1990년대 이후부터 본격화 되었으며, 다양한 시각에서 연구가 이루어지고 있다. 물론 한국과 일본은 출토 수량, 기종 등에서 큰 차이를 보이기 때문에 연구 결과에서도 상당한 차이를 보이고 있음은 명확하다. 그럼에도 양 지역의 연구 모두 한계와 문제점을 가지고 있다. 다음에서는 그 한계와 문제점을 살펴보고 앞으로의 목기 연구에서 주의해야 할 부분을 살펴보도록 한다.

1. 출토 목기 수량의 한계

출토 목기 수량의 한계는 일본 고고학보다는 한국 고고학에 적용되는 문제이다. 지금까지 한국에서는 100여 개소 이상의 유적에서 상당 수의 목기 유물이 발견되기는 하였지만 시대에 따라 큰 편차를 보여주고 있다. 특히 선사시대의 경우 아직까지 구석기시대의 목기는 발견되지 않았으며, 신석기시대 역시 2개소, 청동기시대 17개소, 초기철기시대 6개소 유적에 불과하다. 청동기시대의 목기 출토 유적이 많은 듯하나 편까지 모두 합쳐도 60여점에 불과하며 실제 기종을 파악할 수 있는 것은 화살대, 도끼 자루, 괭이, 절구 공이 등에 불과하다.

초기철기시대의 대표적인 목기 출토 유적인 신창동유적의 경우 170점의 목기 가운데 40% 가량이 참나무속을 사용(趙現鐘 2012)하고 있어 청동기시대의 목기 수종과 유사한 양상을 보여주고 있다. 식생 변화에 따라 사용되는 목기의 목재 변화를 확인하기 위해서는 신석기시대와 청동기시대의 비교가 가장 적절하겠지만, 지금까지 신석기시대 목기는 매우 드물 뿐이다. 비봉리유적에서는 두 척의 배가 확인되었는데 모두 소나무였으며, 저습지에서 출토된 목재 19점의 수종 분석 결과, 분석이 불가한 3점을 제외하고 상수리나무류가 8점, 소나무 4점, 산뽕나무류가 2점, 밤나무류 1점, 단풍나무류 1점으로 침엽수재의 소나무와 활엽수재의 밤나무류, 상수리나무류, 산뽕나무류, 단풍나무류 등(국립김해박물관 2008)으로 청동기시대와 큰 차이를 보이고 있지는 않다.

시기적 변화, 지역적 차이 등을 구명하기 위해서는 일정 수량의 유물이 출토되어야 할 것이며, 앞으로의 출토를 기다릴 수밖에 없다. 특히 선사시대에도 식생의 차이가 뚜렷했을 북한의 선사시대 목기 자료의 확보가 중요할 것이다.

2. 편년의 문제점

아직까지 토기나 석기 등에 비해 출토되는 목기의 수는 압도적으로 적은 수이기 때문에 명확한 형식 편년이 설정되어 있지 않아 정확한 시대 및 시기를 비정하기 어려운 경우가 적지 않다. 그렇기에 토기 등이 공반되어 출토되지 않는, 예를 들어 수전면에서 목제품만이 출토되는 경우, 유물 자체로 시대를 비정하기는 어렵다. 더욱이 주거지, 분묘 등 그 자체로 대략적인 시대나 시기를 판단할 수 있는 유구가 아니라 대부분의 경우 수로 등에서 다른 시대의 유물과 같이 출토되는 경우가 적지 않은 점은 목기 연구에 있어 큰 장애가 된다.

만약 특정 시대의 단일 유적이라면 문제가 없지만 그러한 경우는 많지 않으며, 특히 시기 구분, 예를 들어 청동기시대 전기와 중기의 시기 구분이 어려운 경우가 많기 때문에 전후 양상의 비교가 어려운 점 역시 문제점 중의 하나이다.

이것은 비단 한국고고학 뿐 아니라 일본고고학에서도 문제가 되는 부분이지만, 출토 수량이 많은 목기, 예를 들어 야요이시대의 목제 농경구의 경우 일정 정도의 형식 편년의 틀이 만들어져 있다. 한국고고학에서 이러한 성과를 비판적으로 수용하여 향후 연구의 전제로 삼아야 할 것이다.

3. 연구 경향의 편중

지금까지 선사시대 목기 유물에 대한 연구는 주로 형태적인 특징과 그 기능을 추론한 연구가 대부분이다. 일반적으로 특정 시대에 가장 많은 수량으로 확인되는 유물, 예를 들어 일본 조몬시대의 경우 용기류, 한국의 청동기시대와 일본의 야요이시대는 목제 농경구를 중심으로 한 연구, 특히 제작 기법과 용도에 초점을 맞추는 연구가 대다수를 차지하고 있다.

그러나 앞에서 살펴보았듯이 목기는 과거 선사시대에 사용되었던 '도구 조성'의 일부분만을 담당하고 있는 것으로, 목기만을 검토하는 것은 당시의 도구 조성에 대해 왜곡된 시각을 줄 수 있다. 이것은 토기와 석기에 모두 해당되는 것으로, 목기 연구는 단순히 목기 자체에 한정된 것이 아니라 토기, 석기, 목기 등 다양한 재질의 도구가 과거 사회에서 상호 영향을 주고받으며 어떠한 식으로 사용되고 그 사용 방식이 변화한 배경 등을 검토해야 할 것이다.

조몬시대 목제 용기류의 검토는 그 대표적인 사례라고 할 것이다. 물론 한국 신석기시대·청동기시대 유적에서는 아직 목제 용기류의 출토 사례가 없기는 하지만 당연히 목제 용기가 사용되었을 것이며 그러한 점에 유의하며 토기 기종 구성, 목기의 사용 등의 연구에 임하여야 할 것이다.

4. 목기 사용 변화와 식생 변화

목기가 다른 재질의 유물과 가장 큰 차이를 보이는 점은 수종 동정을 통해 당시의 식생을 복원할 수 있다는 점이다. 그렇기에 출토 목기의 수종 분석과 유적 주변의 화분분석을 통해 과거 식생을 복원하고자 하는 연구는 최근 한국에서도 적지 않게 시도되고 있다.

그러나 일본 고고학의 사례에서 볼 수 있듯이 사용되는 목재의 변화는 다양한 요인에 의한 것일 수 있다. 기후변동에 의한 식생의 변화, 기술적 한계와 기술 발전에 따른 가공 목재 범위의 확대 또는 지나친 남획에 의한 취락 주변 식생의 변화 등을 생각해 볼 수 있는데, 이러한 요인은 시대별, 지역별 더 나아가 개별 유적이 가지고 있는 특수한 성격에 따라 다양할 수 있다.

그리고 유적에서 출토되는 가공목의 목기만을 대상으로 할 것이 아니라, 자연목, 예를 들어 노지나 주거지의 탄화 목재 등에 대한 수종 분석 등도 활발하게 이루어져야 할 것이다.

한국과 일본의 선사고고학에서는 여러 가지 한계와 문제점을 가지고 있기는 하지만 다양한 시각에서의 연구가 활발하게 이루어지고 있다.

목기는 시간이 지나면 썩어서 없어진다는 재질적 특성상, 잔존되기 어려우며 선사시대 유적에서 출토되는 사례는 지역과 시대에 따라 큰 차이를 보이고 있다. 그럼에도 토기에 비해 내구성이 강하며, 석기에 비해 가공이 쉽고 상대적으로 주변에서 쉽게 재료를 구할 수 있다는 장점을 바탕으로 목기는 과거 사회의 다양한 분야에서 폭 넓게 사용되었을 것이며, 당시의 도구 조성에 중요한 부분을 차지하고 있었을 것이다. 그렇기에 과거 집단이 사용한 도구 조성을 이해하기 위해서는 목기에 대한 검토가 필수적이다. 조몬시대에 확인되는 목제 용기의 경우, 토기와 서로 다른 기능을 담당하고 있다는 것은 대표적인 사례라고 할 수 있다.

또한 목기는 자연에 존재하는 그대로의 재료로 도구를 만든다는 점에서, 수종 복원을 통하여 당시의 식생을 복원하는 것이 가능하다. 물론 이러한 식생의 변화는 일반적으로 생각할 수 있는 기후변화 외에도 기술적 한계와 발전, 과도한 벌목으로 인한 식생 변화, 개별 유적의 상황 등 다양한 요인이 있을 수 있다. 즉 유적에서 출토되는 목기의 수종 변화를 직접적으로 취락 주변의 식생 변화와 연결시켜 해석할 것이 아니라, 화분분석 등을 통해 전체 식생을 복원하고 그 중 어떠한 배경에서 사용되는 목재의 수종이 변화하였는지를 다양한 시각에서 검토하여야 할 것이다.

출토 수량의 한계 등으로 인해 한국의 선사시대 목기 연구가 아직까지 미진한 수준에 머물러 있으나 그에 비해 일본 조몬·야요이시대 목기 연구는 많은 출토량을 바탕으로 다양한 방식의 연구가 이루어지고 있다. 물론 목기는 지역적인 특성을 가지고 있어 한국고고학에 일본의 연구 성과를 직접적으로 적용하기에는 많은 문제점이 있으나, 향후 한국 선사고고학의 목기 연구에 시사하는 점이 적지 않다.

이 글은 이미 발표된 논문—「한일 선사시대 도구 조성 검토: 목기를 중심으로」(『한국학연구』 70, 2019)—의 일부 내용을 발췌·종합·수정한 것임.

06

청동기시대 석기 조성비 비교
Comparing Bronze Age Stone-Tool Assemblages

손준호 Joonho Son

Ⅰ. 석기의 기능 분류
Ⅱ. 석기 조성비 비교

청동기시대는 우리 역사에 있어서 석기가 가장 발달한 시기이다. 구석기시대부터 이어져온 석기문화가 본격적인 농경의 시작과 함께 청동기시대에 만개하였으며, 철기가 일반적으로 사용되기 전까지 도구 가운데 가장 중요한 위치를 차지하게 된다. 특히 석기의 대다수가 다양한 실생활에 이용되었기 때문에, 고고학적으로 당시인의 생활상을 복원하는 데에 유효한 자료라 할 수 있다. 그러나 이러한 중요성에도 불구하고 아직까지 청동기시대의 석기 연구는 그다지 활발하지 않은 편이다. 최근 자료의 증가로 관련 연구 또한 늘어나고 있지만, 여전히 청동기시대의 다른 분야에 비해 상대적으로 소수이며 그나마 편년 및 지역상 연구가 대부분이다.

석기 분석을 통해 당시의 생활상을 복원하는 대표적인 방법이 조성비 비교이다. 출토된 석기의 기종별 쓰임새를 상정한 다음 이들이 차지하는 비율을 비교함으로써, 주로 이루어진 행위가 어떠한 것인지를 짐작할 수 있다. 이를 통해 생계 활동의 변화상이나 지역적 특징, 입지에 따른 차이 등을 살펴보거나, 해당 유적이나 유구의 성격을 규명하고 상호 관계를 추정하는 것도 가능하다. 이제까지 이와 같은 연구가 전혀 없었던 것은 아니지만, 대부분 특정 시기와 지역, 일부 유적과 유구 등의 한정된 자료를 바탕으로 하여 청동기시대의 전반적인 경향성을 파악하기에는 어려움이 있었다. 이러한 문제점을 해결하기 위하여 본고에서는 남한지역 청동기시대의 전체 석기 자료를 대상으로 조성비 비교를 시도해 보고자 한다.

다음 Ⅰ장에서는 조성비 비교를 위한 선행 작업으로서 석기의 기종별 기능 분류를 시도하였는데, 다른 논고를 통해 제시한 필자의 분류안(孫晙鎬 2008:38~43, 2013:64~68)에 최신 연구성과를 반영하여 다시 정리해 보았다. 이러한 기초 작업을 바탕으로 Ⅱ장에서는 청동기시대 석기의 조성비를 다양한 측면에서 비교·분석하였다. 검토 대상 자료는 남한지역 출토품으로 한정하였는데, 이는 북한측 자료의 경우 출토된 석기를 모두 보고하는 사례가 드물기 때문이다. 그리고 최종적으로 비교 결과 확인된 상사성과 상이성의 발생 배경 및 원인을 간단하게나마 생각해 보면서 글을 마무리하였다.

I. 석기의 기능 분류

석기의 기능에 대한 연구는 개별 기종별로 일찍부터 시도되어 왔다. 주로 형태적 특징이나 출토 맥

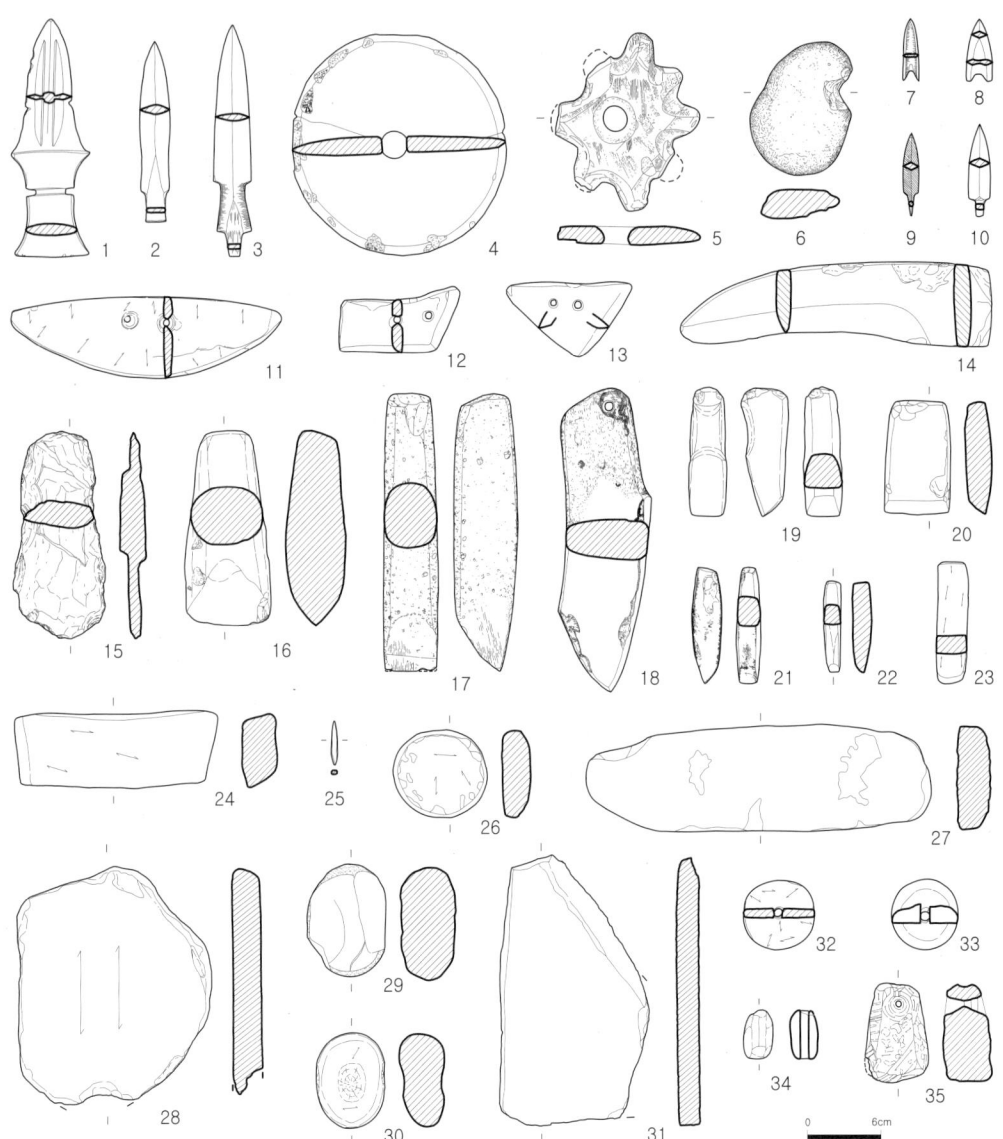

그림 34 청동기시대 석기와 토제품 각종 1. 주교리, 2·12. 석곡리, 3. 천상리, 4·14·19. 송국리, 5. 신정동, 6. 평거동, 7. 구룡리, 8. 마전리, 9. 원수리, 10·13·22·30·35. 관창리, 11·23·24·26·27·29·32·33. 백석동, 15. 조동리, 16. 휴암리, 17. 진라리, 18. 장천리, 20. 나복리, 21. 황토전, 25·28·31. 가학동, 34. 창평동

락을 바탕으로 한 기능 추정이 대부분이었으나, 최근에는 민족지 자료의 활용, 사용 실험, 사용흔 분석 등을 통해 보다 객관적인 근거를 확보하려는 시도가 이루어지고 있다. 앞에서 언급한 바와 같이 이러한 성과들을 활용하여 필자는 이미 청동기시대 석기의 전체적인 기능 및 용도를 상정한 바 있다. 본 장에서는 조성비 비교를 위한 선행 작업으로서 여기에 최신 연구성과를 반영하여 기능별 석기의 종류와 그 특징을 다시 정리해 보겠다.

    석기는 기능에 따라 상징·의례구, 수렵구, 수확구, 굴지구, 벌채구, 목재 가공구, 석기 가공구, 식량 처리구, 방직구, 어구의 총 10가지로 구분된다. 먼저 상징·의례구에는 석검, 환상環狀석부, 다두多頭석부, 부리형석기 등이 있다. 석검은 유병식有柄式(**그림 34**의 **1**)과 유경식有莖式(**2·3**)으로 나누어지는데, 출토 맥락을 근거로 실생활에서의 사용이 주장되기도 한다(李榮文 1997:60). 그러나 생활 유구에서 출토된다고 모두 실용구라 할 수 없으며, 패용이나 소유만으로 신분을 나타내는 상징구일 가능성도 충분하다(孫晙鎬 2009:26). 환상석부(**4**)와 다두석부(**5**)는 족장의 상징구로 보는 견해가 일반적인데(盧爀眞 1984:96), 의기적 성격을 강조하는 주장도 있다(崔承希 2004:78~79). 부리형석기(**6**)에 대해서는 다양한 기능이 상정되기도 하였지만(과학원출판사 1959:37; 國立昌原文化財研究所 2001:210; 安在晧 2004:16; 兪炳琭 2006:229; 李相吉 1998:253~254), 분석 결과 사용 흔적이 전혀 관찰되지 않기 때문에 의례구에 해당할 가능성이 높다(高瀨克範·손민주 2007:60; Takase 2003:459).

    수렵구의 대부분을 차지하는 것은 석촉(**7~10**)이다. 석검 가운데 일부 석창(**3**)으로 분류되는 것들이나 투석도 수렵구에 해당하지만 수량은 매우 적은 편이다. 기본적으로 수렵구는 무기로의 사용이 가능한데, 유물의 형태만으로 이를 구분하는 것은 쉽지 않다. 석촉에 대해서는 민족지 고고학이나 실험 고고학적 연구성과를 바탕으로 편평촉(**7·8**)은 수렵구, 능형촉(**9·10**)은 무기로의 기능이 상정된 바 있지만(손준호 2007:105~107), 이 또한 뚜렷하게 일대일로 대응되는 것은 아니다. 따라서 본고에서는 양자의 기능을 따로 구분하지 않고 모두 수렵구에 포함시켰다. 단, 편평촉이 점차 능형촉으로 대체된다는 점을 감안하여(安在晧 2009:85), 중기 이후는 무기로서의 사용 증가를 염두에 두면서 조성비를 살펴보고자 한다.

    수확구의 대표적 기종은 반월형석도(**11~13**)이다. 이삭을 따는 도구로 사용흔 분석을 통해 구체적인 사용 방식과 작업 대상물 등이 실증적으로 확인된 바 있다(손준호·조진형 2006). 일부 석도에 대해서는 다른 용도가 상정되기도 하지만(金旼志 2012:76~77; 배진성 2005a:381), 주된 기능이 수확이라는 사실은 변하지 않는다. 다양한 형식 가운데 특히 삼각형(13)은 논농사와 관련하여 발생한 것으로 보기도 한다(金相冕 1985:47~48). 이 밖에 석겸(14)도 수확구에 포함시킬 수 있다. 반월형석도에 비해 매우 적은 수량만 확인되는데, 이는 초기 농경 단계에 식물을 모아 밑동을 베는 수확 방식이 선호되지 않았음을 나타낸다. 석겸에 대해서는 잡초 제거와 가지치기(安承模 1985:75), 목재 가공(金度憲 2008:56), 수확 후의 줄기 절단(孫晙鎬 2008:42) 등에 이용되었다는 견해도 있지만, 구체적인 근거는 제시된 바 없다.

다음 굴지구로 타제석부(15), 벌채구로 마제 양인兩刃석부(16)가 상정된다. 이에 대해서는 후술할 편인片刃석부를 포함한 사용흔 분석을 통해 각각의 기능이 입증된 바 있다(윤지연 2007:18). 타제석부는 유구 축조나 식료 채집을 위한 굴착, 양인석부는 목재 획득을 위한 벌채 등에도 이용되지만, 생계와 관련하여 화전을 포함한 밭농사에 사용된 도구로 보는 것이 일반적이다(安在晧 2000:51). 타제굴지구는 사용의 효율을 위해 상대적으로 단면이 납작한 편인데, 이를 통해 양인석부의 미제품과 구분할 수 있다. 양인석부는 날의 측면이 둥근 합인과 직선적인 양인, 단면은 방형, 원형, 편평형으로 세분되지만, 그 기능은 크게 다르지 않은 것으로 추정된다.

목재 가공구로는 다양한 형태와 크기의 편인석부(17~22)를 들 수 있다. 주상柱狀편인석부(17)와 유구有溝·유단有段석부(18·19), 편평편인석부(20)와 석착(21·22)으로 세분되는데, 각각 목재의 1차 가공용과 2차 세부 가공용으로 나누기도 한다(裵眞晟 2000:83). 일반적인 목재 가공 이외에 목제 농구의 제작에도 이용되며, 이러한 도구와 논농사의 상관관계를 감안할 때 농경 관련구로 보는 것이 가능하다(根木修 1976:110~111). 유구석부의 실험 결과 목공구로서의 효율성이 높지 않았다는 주장이나(朴智熙 2007:48) 현대 공구와 비교하여 편평편인석부의 기능을 대패, 자귀, 끌로 세분한 연구도 있지만(全眞賢 2013:44~47), 실제 석기의 사용흔 관찰을 통한 검증이 이루어지지 않아 그대로 받아들이기는 어렵다.

석기 가공구의 대다수를 차지하는 것은 지석砥石(23·24)이며, 기타 소수의 천공구(25)와 찰절구擦切具 등이 포함된다. 지석은 형태에 따라 정형과 부정형, 사용 목적에 따라 날을 세우는 것과 그 외의 공작용으로 구분된다(村田裕一 2002:197). 또, 제작 공정에 따라 다양한 입자가 사용되기도 하며(손준호 2010:45), 대형의 고정 지석에 석재를 마찰시키는 방법과 소형 지석을 움직여 가공하는 방법으로 나눌 수도 있다(宮下健司 1985:256). 소형품의 경우 휴대용으로 추정되기도 하는데(孫晙鎬 2008:41),

이러한 이유 때문에 실제 유적에서 다양한 형태와 크기, 암질의 지석이 출토된다. 나머지 천공용 석추와 찰절구는 매우 적은 수량만 확인된다. 전자는 소형으로 발굴 조사 시 발견이 쉽지 않고, 후자는 특별한 형태를 갖추지 않아 해당 석기인지 판별하기 어렵다는 점이 반영된 결과이다.

식량 처리구에는 갈돌과 갈판(26~28), 고석敲石(29), 요석凹石(30), 대석臺石(31) 등이 있다. 갈돌과 갈판은 제분구, 고석·요석·대석 등은 견과류 파쇄구로 상정된다(平井勝 1991:97). 갈돌과 갈판의 용도에 대해서는 잔존 녹말 분석을 통해 제분과 함께 탈곡 행위까지 추정되기도 하였다(孫晙鎬·上條信彦 2011:36). 그런데 갈돌 중 일부와 고석의 사용흔 분석 결과 하나의 석기에서 식량 처리와 석기 제작 흔적이 모두 확인된 사례가 있다(池谷勝典 2003:107). 갈돌에 적색 물질이 부착되어 안료 제작에 이용된 경우도 존재한다(孫晙鎬 2003:14). 또, 가락동유형의 주거지에서 주로 출토되는 편마암제 고석의 경우 형태상 석기 가공구에 해당할 가능성이 높다(孫晙鎬 2014:80). 이렇게 다양한 용도로 사용될 수 있지만, 석기의 형태만으로 이를 구분하는 것은 어렵기 때문에 본고에서는 일단 식량 처리구로 분류하였다.

마지막 방직구와 어구는 방추차(32·33)와 어망추(34·35)로 대표되며 모두 추에 해당한다. 석제뿐만 아니라 토제도 다수 확인되는데, 무게에 따라 세부 쓰임새는 다르겠지만 큰 범주에서 기능상의 차이는 없다. 개별적으로 목제 축에 끼워 사용하는 방추차와 달리, 어망추는 하나의 그물에 여러 개를 달아 사용하는 경우가 많다. 실제로 유적에서 다수의 어망추가 군집된 상태로 발견되는 사례가 다수 관찰되기 때문에, 석기 간 비율을 왜곡시킬 가능성이 높아 유구나 유적별 조성비 비교 시 분석 대상에서 제외하기도 한다(林尙澤 2001:61). 일반적인 어망추보다 크기가 큰 활석제 석추(35)에 대해서는 중량의 단위를 나타내는 유물로 보는 견해가 있지만(金元龍 1969:283), 낚시용 추로 추정되기도 하여 여기서는 일단 어구에 포함시키고자 한다(下條信行 1984:94~95).

II. 석기 조성비 비교

본 장에서는 남한지역 청동기시대의 전체 석기 자료를 대상으로, 앞에서 상정된 기능별 분류 기준을 적용하여 조성비 비교를 시도해 보고자 한다. 분석 대상은 1,240개 유적, 14,273기 유구에서 출토된

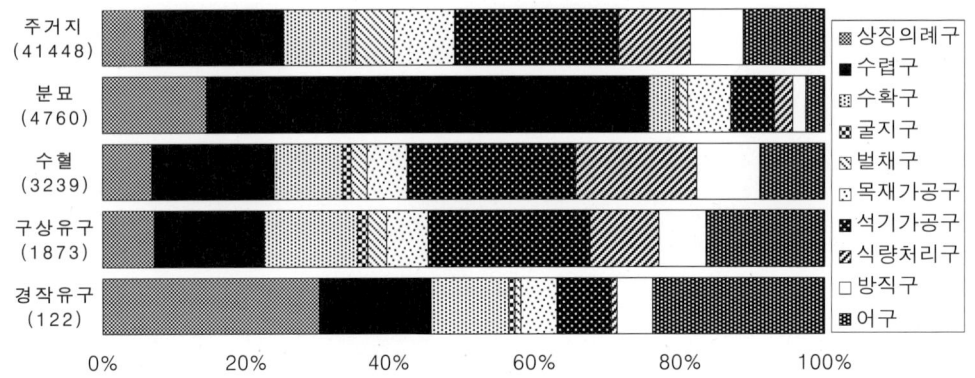

그림 35 유구 종류별 석기 조성비(괄호 안의 숫자는 석기 수량)

총 51,442점의 석기이다. 유구는 종류에 따라 주거지 10,514기, 분묘 1,635기, 기타 수혈 1,608기, 구상유구 501기, 경작유구 15기로 구분되어 주거지가 대다수를 차지한다. 유구 종류별 석기 조성비 가운데 가장 먼저 눈에 띄는 것은 분묘에서 월등히 높은 수렵구의 비율이다(그림 35). 이는 부장품으로 석촉의 수량이 다수를 차지하기 때문이며, 다음으로 상징·의례구가 많은 것은 석검의 부장을 나타낸다. 기타 다른 용도의 석기들은 소수에 불과한데, 부장품보다는 매장주체부 주변에서 수습된 경우가 대부분이다.

나머지 생활 유구 가운데 큰 차이를 보이는 것이 경작유구의 조성비이다. 특히 상징·의례구와 어구의 높은 비율이 두드러지지만, 이는 진주 대평리大坪里유적의 밭에서 부리형석기와 어망추가 다수 출토되었기 때문이다. 검토 대상 경작유구의 수가 15기에 불과하여 이러한 조성비를 전반적인 경향성으로 보기에는 무리가 있다. 경작유구를 제외하면 나머지 생활 유구들의 조성비는 대체로 유사한 편이다. 조성비 비교 시 출토 맥락의 동일성 확보가 필요한 점을 감안하면, 압도적 다수를 차지하는 주거지 출토품만을 대상으로 하는 편이 좋다. 그리고 실생활에 사용되지 않은 상징·의례구를 분석 대상에서 제외하여 생계 경제적 측면을 보다 집중적으로 살펴보고자 한다.

상징·의례구를 제외한 주거지 출토 석기 39,033점의 지역별 조성비를 그래프로 나타내면 **그림 36**과 같다. 지역은 경기, 영서, 영동, 호서, 호남, 영남, 동남해안, 제주의 총 8개로 구분된다. 대체로 지리적 경계를 따라 나누었는데, 영남지역의 경우 문화적 경계에 따라 검단리유형의 핵심 분포 지역

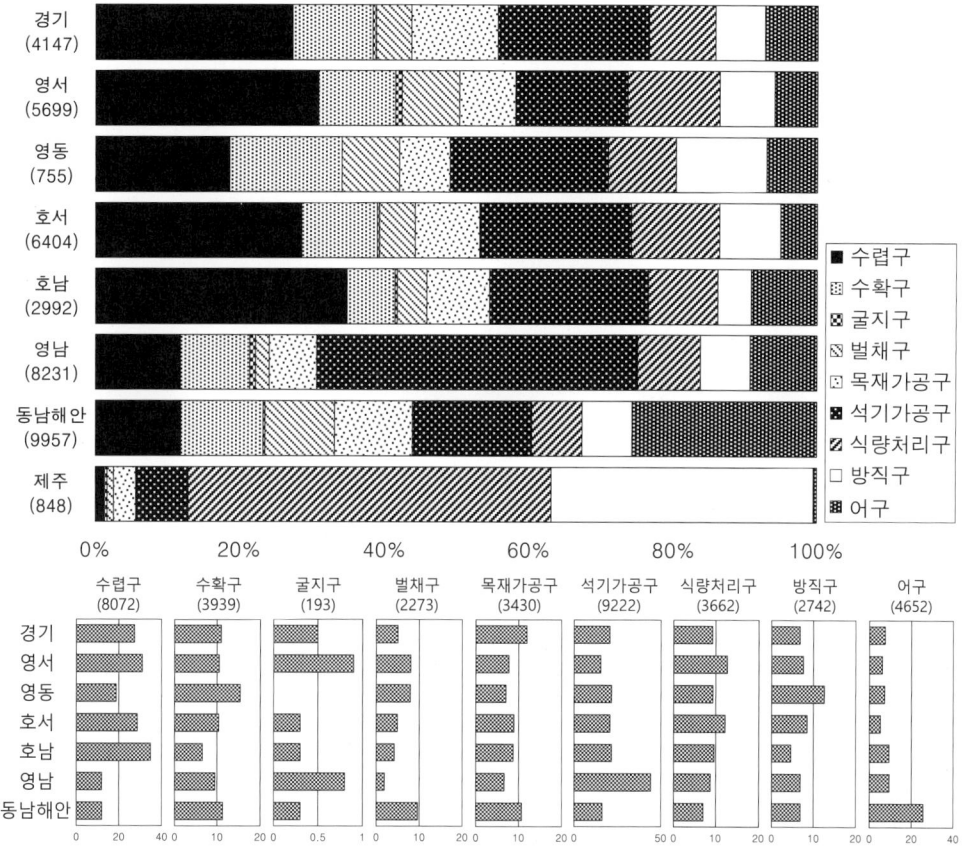

그림 36 지역별 석기 조성비(괄호 안의 숫자는 석기 수량)

인 울산, 경주, 포항을 동남해안으로 세분하였다(裵眞晟 2005b:18~22). 8개의 지역 가운데 눈에 띄게 상이한 조성비를 보이는 곳이 제주도이다. 식량 처리구와 방직구가 높은 비율을 차지하는데, 개별 석기의 형식 또한 육지와 상당한 차이를 보이기 때문에 양자의 직접적인 비교는 어렵다. 따라서 제주지역 출토 석기도 검토 대상에서 제외할 필요가 있다.

제주지역의 자료를 제외한 총 38,185점의 석기 조성비를 기능에 따라 구분한 것이 **그림 36**의 아래쪽 그래프이다. 경기에서 수렵구와 목재 가공구, 영서에서 수렵구, 굴지구, 식량 처리구, 영동에서 수확구와 방직구, 호서에서 수렵구와 식량 처리구, 호남에서 수렵구, 영남에서 굴지구와 석기 가공구, 동남해안에서 벌채구, 목재 가공구, 어구가 높은 비율로 확인된다. 특히 영서와 영남의 굴지구, 영남의 석기 가공구, 영동의 방직구와 수확구, 동남해안의 어구는 다른 지역과 뚜렷한 차이를 보일 정도로 다수가 출토된다. 특정 기능의 도구가 비율상 다수를 차지하는 것은 해당 지역에서 이와 관련된 생계 활동이 상대적으로 빈번하게 이루어졌음을 나타낸다.

굴지구가 영서와 영남에 집중되는 현상은 해당 지역에서 충적지 입지 유적이 다수 확인된 점과 관련된다. 즉, 충적지를 활용한 밭 경작에 굴지구가 다수 이용되었음이 짐작되는데, 이는 대규모 밭 유적이 주로 영남지역에 분포한다는 사실과도 잘 부합한다(김병섭 2013:10~11). 또, 영남에서 석기 가공구의 비율이 압도적인 것은 대평리유적으로 대표되는 석기 제작 전문 취락의 존재를 반영한다(손준호 2010:53). 이와 달리 영동에서는 방직구와 수확구의 비율이 높은 편인데, 특히 상대적으로 재배작물에 대한 의존도가 크지 않은 지역(金民玖·朴正宰 2011:82)에서 수확구인 반월형석도가 다수 출토된 것은 의외이다. 농경과 반월형석도의 관계에 대한 문제는 조성비의 시기적 변화상과 함께 살펴볼 필요가 있어 뒤에서 다시 언급하겠다.

동남해안에서는 어구가 가장 많은 비율을 차지하는데, 이는 어느 정도 이해되는 현상이다. 물론 해당 지역의 유적이 모두 바닷가에 자리하는 것은 아니지만, 강이나 바다를 이용한 어로 활동의 비율이 상대적으로 높았음을 나타낸다. 그런데 해당 지역의 생계방식에 대해 농경보다는 수렵이나 채집에 의존한 것으로 보는 견해가 있다(안재호 2018:11~15). 하지만 이를 반영하는 수렵구나 식량 처리구의 비율은 상대적으로 매우 낮은 편이다. 오히려 벌채구나 목재 가공구의 비율이 높은 것을 볼 때, 밭농사나 논농사가 생각보다 활발하게 이루어졌을 가능성이 있다. 전국에서 가장 많은 수의 논 유적이 조사되었다는 사실(윤호필 2013:307~308)에 좀 더 적극적인 의미를 부여할 수 있을지도 모르겠다.

다음으로 입지별 석기 조성비를 비교해 보고자 한다(**그림 37**). 크게 구릉과 충적지로 구분하였는데, 주변 환경에 따라 생계방식이 달라질 것이라는 예상과 달리 전반적으로 양자 사이에 차이가 크지 않다. 이는 입지와 관련 없이 다양한 생계 활동을 병행하는 농경사회의 일반적인 모습을 반영한 것으로도 볼 수 있다(신숙정 2001:25). 차이점 가운데 구릉에서 벌채구와 목재 가공구, 충적지에서 굴지구가 다수 확인되는 것은 산지와의 접근성이나 충적지에서의 밭 경작을 생각할 때 당연한 결과이

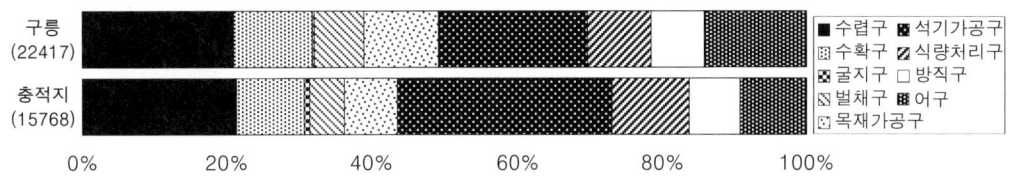

그림 37 입지별 석기 조성비(괄호 안의 숫자는 석기 수량)

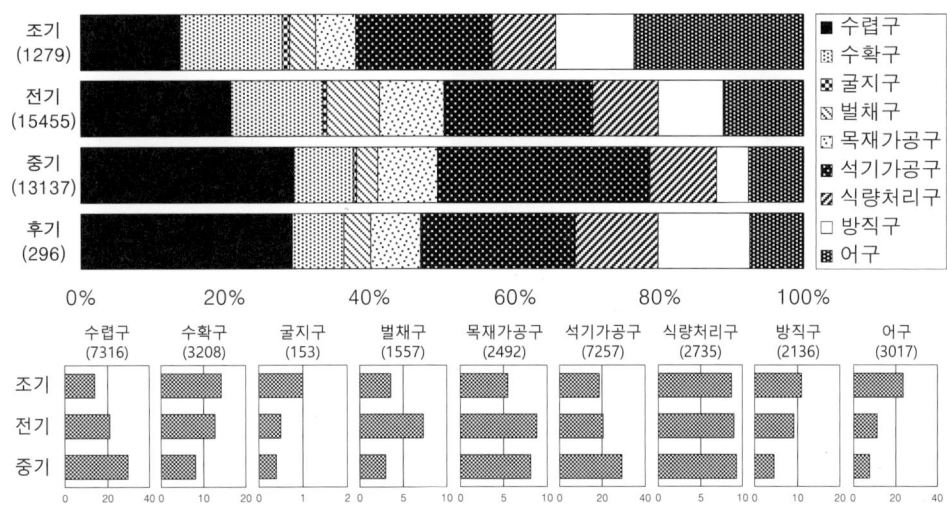

그림 38 시기별 석기 조성비(괄호 안의 숫자는 석기 수량)

다. 단, 구릉의 어구와 충적지 석기 가공구의 상대적 우위는 앞서 언급한 영남지역 충적지의 석기 제작 전문 취락과 동남해안 구릉 유적에서 다량의 어구가 출토된 사실이 반영된 결과로, 지형 조건과 직접적인 관련성을 상정하기는 어렵다.

　입지와 달리 시기별 석기 조성비에서는 상대적으로 뚜렷한 변화상이 관찰된다(**그림 38**). 비교를 위해서는 먼저 석기가 확인된 유구의 소속 시기를 판정해야 하는데, 근거로 삼은 것은 출토 유물의 형식, 주거형, 이상치를 제거한 방사성탄소연대 측정치 등이다. 한 유구에서 서로 다른 시기의 증거들이 충돌하는 경우는 여러 정황을 종합하여 하나의 시기에 소속되도록 하였다. 대체로 미사리유형은 조기, 가락동유형은 전기, 역삼동유형은 전기 또는 중기, 송국리유형이나 검단리유형은 중기로

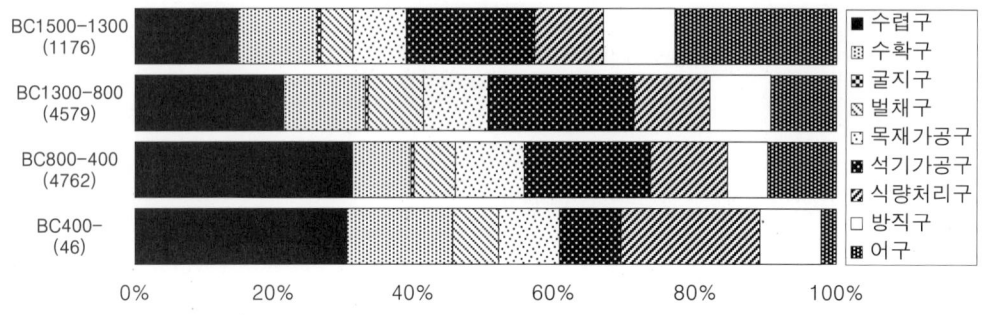

그림 39 탄소연대 측정치에 의한 시기별 석기 조성비(괄호 안의 숫자는 석기 수량)

상정되며, 기타 해당 유형에 포함되지 않는 사례들도 상기한 근거를 최대한 활용해 시기를 부여하였다. 이러한 과정을 거쳐 소속 시기가 밝혀진 석기의 수량은 총 30,167점이다.

    그런데 유구나 유물의 형식만으로 시기를 판정하기에 애매한 경우가 있다. 예를 들어 이른 시기의 요소가 오랫동안 지속된 지역에서는 물질 문화상 조기나 전기적 특징을 보이지만 실제로는 전기나 중기에 해당하는 사례가 발생한다. 그렇다고 절대연대 측정치만을 통해 시기를 구분하는 것은 기본적인 오차 문제를 떠나 분석 대상 자료가 큰 폭으로 줄어들기 때문에 선택하기 어렵다. 따라서 여기서는 필자의 시기 구분이 어느 정도 타당한지를 검증하기 위한 수단으로 탄소연대 측정치에 의한 시기별 석기 조성비를 살펴보고자 한다(그림 39). 이에 해당하는 석기 자료는 총 10,563점이다.

    탄소연대 측정치에 의한 시기는 기존의 연구성과를 감안하여 서기전 1500~1300년, 1300~800년, 800~400년, 400년 이후로 구분하였다. 그림 38과 비교할 때 수량이 많지 않아 왜곡이 심한 후기를 제외하면 대체로 양자의 석기 조성비에 큰 차이는 없다. 특히 조기와 전기는 거의 유사하다. 차이점으로는 중기에 상대적으로 석기 가공구의 비율이 낮은 반면, 벌채구, 목재 가공구, 어구의 비율이 높은 점을 들 수 있다. 그런데 지역별 특징에서 언급한 바와 같이 석기 가공구의 비율이 가장 높은 곳은 영남, 벌채구·목재 가공구·어구가 모두 다수를 차지한 지역은 동남해안이다. 즉, 탄소연대 측정치로 구분된 중기의 조성비에는 상대적으로 영남의 지역성이 약한 대신 동남해안의 지역성이 강하게 반영된 것으로 판단된다.

    이는 탄소연대 측정의 지역적 편중 때문에 발생한 현상이다. 실제로 본고의 분석 대상 가운데 영남은 영동에 이어 두 번째로 적은 탄소연대 측정이 이루어졌으며, 반대로 동남해안은 호서에 이어두 번째로 많은 분석치가 제시되었다. 결국 이러한 연대 측정의 지역적 편차가 해결된다면, 필자가 구분한 시기별 석기 조성비와 탄소연대 측정치에 의해 나누어진 조성비 사이에 차이가 거의 없을 가능성이 높다. 이를 통해 본고에서 필자가 행한 시기 구분의 타당성이 어느 정도 입증되었다고 할 수 있다. 또한 자료만 충분히 확보된다면 분석의 객관성을 높인다는 측면에서 탄소연대 측정치만으로 시기를 구분하여 분석에 활용하는 것도 고려해 볼 만하다.

한편, 구분된 시기 가운데 후기는 중기의 주거지에서 점토대토기가 공반된 경우만을 다루었기 때문에, 편의상 후기라 하였지만 중기의 마지막 단계 정도로 생각하면 된다. 이 때문에 중기와 조성비의 차이가 크지 않고, 대상 자료가 적어 차이점에 대하여 의미를 부여하기도 어렵다. 따라서 이를 제외한 29,871점의 시기별 변화상을 살펴보고자 한다(**그림 38의 아래쪽**). 시기의 흐름에 따라 비율이 증가하는 것은 수렵구, 목재 가공구, 석기 가공구, 반대로 감소하는 것은 수확구, 굴지구, 방직구, 어구 등이다. 벌채구는 전기에 증가하였다가 중기에 다시 감소하며, 식량 처리구는 거의 변화가 없다.

먼저 수렵구의 비율이 높아진 것은 앞에서도 밝힌 바와 같이 무기로서의 석촉 사용량이 증가하였음을 의미한다. 특히 청동기시대 중기 이후 집단 간 갈등이 심화되는데(손준호 2011:19), 이를 반영한 조성비의 변화로 판단된다. 목재 가공구의 증가는 굴지·벌채구의 감소와 연동하여 밭농사에서 논농사 중심으로의 농경 방식 전환을 보여준다. 단, 중기 이후 목재 가공구의 증가 양상이 뚜렷하지 않은 편인데, 3자의 조성비만 따로 구분하여 비교하면 그 차이가 보다 분명하게 관찰된다(**그림 40**). 그리고 석기 가공구의 증가는 석기 생산 활동이 늘어났음을 나타내는데, 상대적으로 제작이 용이하게 개별 석기의 형식이 단순해지는 전반적인 경향성까지 감안하면 대량 생산을 필요로 하는 당시의 사회적 수요를 짐작하는 것도 가능하다.

그런데 농경이 확대된 시점에 수확구가 감소하는 현상은 다소 의외의 결과라 할 수 있다. 수확

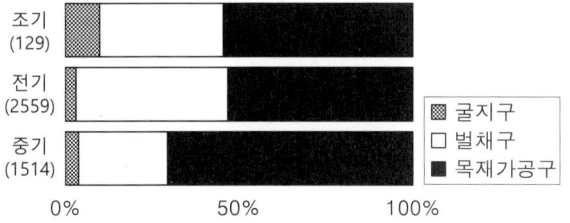

그림 40 굴지·벌채·목재 가공구의 시기별 조성비(괄호 안의 숫자는 석기 수량)

구의 대부분을 차지하는 것은 반월형석도이다. 중기에 개량형인 삼각형석도가 등장하는 점을 감안하면(崔淑卿 1960:35), 도구의 효율성 증가가 수량의 감소로 이어졌을지도 모른다. 한편으로는 목재가공구의 증가 양상과 연결하여 고고학적으로 잔존하기 어려운 목제 수확구로의 대체 가능성도 생각할 수 있다. 앞에서 살펴본 농경이 불리한 영동지역에서 수확구의 비율이 높은 이유도 해당 지역에서 전기 유적의 편중이 심하기 때문이다. 반대로 중기 유적이 절대 다수를 차지하는 호남지역에서는 수확구의 비율이 가장 낮다.

반월형석도가 농경에 이용되었음은 수차례에 걸친 사용흔 분석을 통하여 실증적으로 입증된 바 있다. 따라서 상기한 농경 발달 정도와 반월형석도 수량의 반비례 관계는 쉽게 이해되지 않는다. 석도는 청동기시대의 시작과 함께 중국 동북지역으로부터 유입되며 이 당시는 주로 밭농사에 이용되었을 가능성이 높다. 따라서 조기나 전기 단계의 석도 역시 동일한 용도가 상정된다. 만약 논농사가 본격화되는 중기 이후에도 밭작물을 대상으로만 사용되었다면 출토량의 감소 현상을 어느 정도 이해할 수 있다. 단, 그렇다고 한다면 논농사 전용의 또 다른 도구가 필요하게 되는데, 현재로서는 가장 유력한 후보로 일본열도에서 발견된 목제 수확구를 생각할 수밖에 없다(山崎賴人 2008:68~70).

방직구의 비율이 감소하는 것도 특이한 현상 중 하나이다. 최근 방추차의 크기와 무게 변화를 근거로 중기 이후 실을 뽑아 천을 만드는 기술이 발전하였음을 주장한 연구성과가 제시된 바 있다(박병욱 2015:22). 이러한 견해를 받아들인다면 기술 발전이 해당 도구의 사용량 감소를 가져온 사례가 된다. 반월형석도와 마찬가지로 도구의 효율성 증대나 아니면 다른 대체품의 존재 가능성을 생각해 볼 수도 있다. 한편, 어구의 비율이 낮아지는 것은 농경 이외의 생계방식에 대한 의존도가 줄어드는 자연스러운 현상으로 해석된다. 이와 달리 식량 처리구는 변화가 거의 없는데, 해당 석기 중 견과류 파쇄구가 다수 포함된 점을 감안하면 가장 간단한 생계방식인 채집 활동이 시기에 관계없이 일정하게 유지되었음을 짐작할 수 있다.

이상의 시기별 석기 조성비와 유형별 조성비 사이에 어떠한 차이가 존재하는지를 알아보기 위하여 후자를 그래프로 나타낸 것이 **그림 41**이다. 유형 판정이 가능한 17,977점의 석기를 크게 미사리유형, 가락동유형, 역삼동유형, 송국리유형의 4가지로 구분하였는데, 이 밖에 공통적으로 공렬문토기가 등장하는 흔암리, 조동리, 천전리, 검단리유형 등은 모두 역삼동유형에 포함시켰다. 그런데 구분된 유형이 각각 조기, 전기, 전기~중기, 중기의 시기를 대표하기 때문에, 유형별 조성비의 차이는

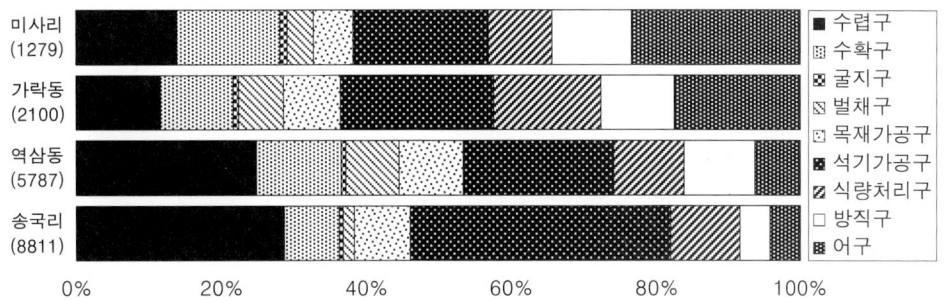

그림 41 유형별 석기 조성비(괄호 안의 숫자는 석기 수량)

시기별 변화상과 크게 다르지 않다. 대체로 미사리유형과 가락동유형, 역삼동유형과 송국리유형의 조성비가 서로 유사한 편인데, 이는 시기적으로 가까운 정도를 반영한 것이라 생각된다.

마지막으로 살펴볼 석기 조성비의 지역별 변화상을 그래프로 나타낸 것이 **그림 42**이다. 단, 이 경우 각 지역마다의 시기적 편중이 있어, 전기와 중기만을 비교하여 논농사가 활발해지는 시점에서의 변화에 초점을 맞추고자 한다. 이러한 분석의 목적은 송국리 문화권과 비송국리 문화권 사이에서 조성비의 변화상에 어떠한 차이가 발생하는지를 파악하기 위함이다. 송국리 문화권에 해당하는 호서, 호남, 영남지역에서는 일반적으로 중기 이후 논농사의 확산에 의해 집약적 농경이 이루어진 것으로 보고 있다(兪炳琭 2014:54). 이와 달리 비송국리 문화권인 경기, 영서, 영동, 동남해안지역에서는 상대적으로 논농사가 활발하지 않았을 가능성이 높다. 수렵 채집 문화의 물질 자료가 주로 해당 문화권에서 확인되는 점도 이러한 사실을 반영한다(安在晧·金賢敬 2015:359~384).

우선 **그림 42**를 보면 전체적으로 지역에 관계없이 변화의 방향이 유사하다는 점이 주목된다. 즉, 지역에 따라 특정 생계방식에 집중하는 모습은 관찰되지만, 전기에서 중기로의 증감 양상은 전체 시기별 변화상과 궤를 같이하고 있다. 이는 변화의 동인이 송국리 문화의 분포 여부와 관련된 농경 발달 정도 이상의 보다 넓은 수준에 있었음을 나타낸다. 여기서 구체적인 원인을 밝히기는 어렵지만, 전·중 전환기에 발생한 기후변화(金範哲 2019:45), 인구증가(金壯錫 2003:49), 계층화 진전(裵眞晟 2007:169) 등 다양한 환경적·사회적·문화적 이유가 개별 혹은 복합적으로 작용하였을 가능성이 상정된다.

전반적으로 변화의 방향은 유사한 편이지만, 세부 지역별로 반대의 변화상이 확인되기도 한다.

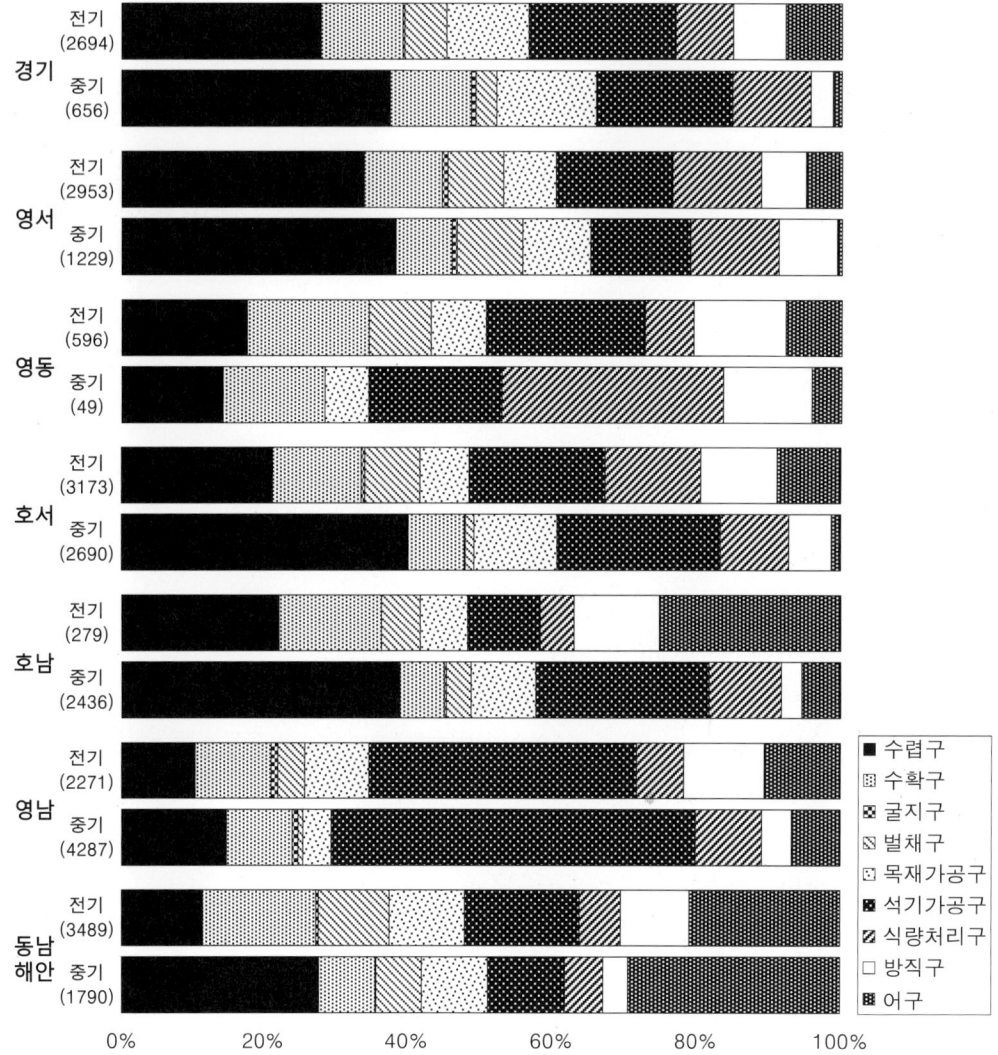

그림 42 지역·시기별 석기 조성비(괄호 안의 숫자는 석기 수량)

경기에서 굴지구 증가, 영서에서 벌채구·방직구의 증가와 석기 가공구 감소, 영동에서 식량 처리구 증가와 수렵구·목재 가공구·석기 가공구의 감소, 호남에서 굴지구 증가, 영남에서 목재 가공구 감소, 동남해안에서 어구 증가와 목재 가공구·석기 가공구의 감소 등이 이에 해당한다. 앞에서 밝힌 바와 같이 시기적 편중이 큰 영동과 호남지역의 경우는 조성비의 변화를 그대로 일반화하기 어렵다. 나머지 지역 중에서는 대체로 비송국리 문화권에서 석기 가공구가 감소되는 현상이 관찰되어, 석기 생산의 증대가 주로 송국리 문화권을 중심으로 이루어졌음을 짐작할 수 있다.

  어구의 경우 동남해안에서만 증가하는데, 이는 앞서 언급한 해당 지역의 독특한 지역성을 반영한다. 한편, 영서에서는 벌채구가 증가하고, 반대로 영남과 동남해안에서는 목재 가공구가 감소한다. 일반적으로 벌채구와 목재 가공구의 조성비는 반비례 관계를 보이는 데 반해, 이 3개 지역의 경우 양자가 성행 시기를 같이한다. 이러한 양상은 북부 규슈지역의 석기 조성비에 대한 분석 결과에서도 확인되어, 삼림 개발과 논 경영이 동시에 진행되었음을 추정한 바 있다(孫晙鎬 2006:22~23). 물론 변화의 방향은 반대이지만 영남과 동남해안지역에서 유사한 양상이 관찰된다는 점은, 농경문화 전파에 있어서 북부 규슈지역과의 관계를 감안할 때 흥미로운 결과라 할 수 있다.

분석 결과 확인된 내용을 정리하면 다음과 같다. 먼저 입지와 관련해서는 구릉과 충적지의 조성비 사이에 특별한 차이를 관찰할 수 없었는데, 이는 다양한 생계 활동을 병행하는 농경사회의 일반적인 모습이 반영된 결과이다. 다음 조성비의 시기적 변화상을 통해 무기로서의 석촉 사용 증가, 밭농사에서 논농사 중심으로의 농경 방식 전환, 석기의 대량 생산을 필요로 하는 사회적 수요, 농경 이외의 생계방식에 대한 의존도 감소, 채집 활동의 일정한 비율 유지 등이 추정되었다. 또, 농경 및 방직 기술의 발전에도 불구하고 해당 도구의 수량이 감소하는 현상에 대하여, 도구의 사용 효율 증대나 대체품의 존재 가능성을 지적하였다.

  석기 조성비의 지역별 비교를 통해서는 지역에 따라 특정 활동에 집중하는 모습을 관찰할 수 있었다. 특히 영서와 영남에서 충적지를 활용한 밭농사, 영남에서 대량 석기 제작과 동남해안에서의 어로 활동 등이 두드러진다. 한편, 송국리 문화권을 중심으로 석기의 대량 생산이 이루어지는 점이나, 농경문화의 전파에 있어 관계가 깊은 영남·동남해안과 북부 규슈지역에서 벌채구와 목재 가공구가 성행 시기를 같이한다는 점도 새롭게 확인되었다. 그리고 마지막으로 이러한 조성비의 변화와 차이를 발생시킨 동인으로 농경의 보급 및 발달 정도 이외에 기후변화, 인구증가, 계층화 진전 등의 복합적인 요소를 제시하였다.

이상과 같이 청동기시대의 석기 조성비를 비교하여 입지, 시기, 지역별 차이와 그 의미에 대하여 간단히 살펴보았다. 기존의 연구성과를 다시 확인하는 내용도 있었지만, 일부 수정하거나 새로운 결과가 제시되기도 하였다. 여러 가능성을 상정하였지만 객관적·논리적 근거의 부족함을 인정하지 않을 수 없다. 단, 분석 대상을 남한지역 전체 석기 자료로 확대하여 청동기시대의 전반적인 경향성을 파악하고자 노력하였다는 점에 의미를 부여하고 싶다. 방대한 자료를 다루다 보니 그 과정에서 많은 실수가 있었을지도 모르겠다. 물의 양이 많아지면 정화력이 높아지는 것처럼 실수가 감추어지기를 기대해 본다.

이 글은 이미 발표된 논문―「청동기시대 석기 조성비 비교」(인문학연구』 117, 2019b)―의 일부 내용을 발췌·종합·수정한 것임.

1974년 大葆臺漢墓 발굴. 중국 베이징시에 소재한 이 무덤은 후한대 기후-묘제의 변화 관계를 보여주는 중요한 자료로 추정된다.

Ⅳ부

시야의 확장: 기후와 문화변동에 대한 중·일 고고학의 이해

조윤재 | 중국 西漢 묘제 변천과 기후변화
端野晋平 | 日本列島への水稲農耕伝播をどう説明するのか
　　　　　 일본열도로의 수도작 전파를 어떻게 설명할 것인가?

중국 西漢 묘제 변천과 기후변화
Shifting Patterns of Western Han's Mortuary Practice and Climate Change in Acient China

조윤재 Yunjae Cho

Ⅰ. 중국 고대 기후변화와 사회변동
Ⅱ. 중국 고대 기후변화와 삼림자원
Ⅲ. 중국 진한의 삼림자원과 생태직관의 설치
Ⅳ. 중국 진한의 삼림자원의 감소현상과 전통 상장제도의 변혁

기후학에서 기후변화는 학문 태동기부터 항상 중요 연구쟁점으로 다루어져 왔으며 동시에 역사학 및 고고학 분야와도 밀접한 연관성을 가지고 있다. 인류 생존환경의 개별 구성요소 중 기후는 불가결의 성격을 지닌 대체불가의 환경적 기반이라는 점에서는 누구도 부정할 수 없는 전제이기도 하다(헌팅턴[한국지역거리학회 옮김] 2013:19). 기후변화는 인류의 생존환경에 직접적인 영향을 끼치며 나아가 인류사회의 역사와 문화에도 지대한 영향을 미치고 있다. 이러한 현상은 현재에도 정도를 달리하여 계속되기 때문에 기후상황 및 그 변화는 인류의 포괄적인 역사문화 발전과 미래가치의 실현에도 구속력을 발휘하고 있다(램[김종규 옮김] 2004:19~20). 그야말로 "문명의 지도를 바꾸는 진짜 힘은 기후"라는 페이건Brian Fagan의 탁견은 사회발전에 있어 인류성을 능가하는 불가항력의 프레임으로 작용할 것이라는 예단을 시사(페이건[남경태 옮김] 2007)하고 있어 인문사회학적 무기력함을 느낄 정도이다.

I. 중국 고대 기후변화와 사회변동

중국의 경우도 역시 예외가 될 수 없다. 다수의 학자가 중국 고대의 기후변화에 대해서 주목해 왔으며 상당한 연구 성과(Fan 2010; 王乃昻 1998; 任振球 1986; 任振球·李致森 1981; 竺可楨 1972; Hinsch 2003)를 도출하기도 하였다. 그러나 초기의 연구경향은 기후변화 자체에 대한 토론과 논의에 편향되었기에 기후변화와 중국 고대사회 변동과 발전이라는 측면과 결부된 접근과 모색은 한계를 드러낼 수밖에 없었다. 이는 기후변화의 전제성前提性과 불가결의 속성을 파악하고 인식하는 데에는 유효한 논거들이었으나 사회발전과 역사성과의 괴리를 조성함으로써 문명형성의 "인류성"을 탐색하는데 필요한, 신뢰할 수 있는 정보들을 제공하는 데에는 한계를 노출하였다. 기후변화는 중국 고대의 자연재해, 인구이동, 남북지역의 경제문화발전 및 개별국가 생산력의 소장消長, 왕조교체 등 중국 고대사회의 변동을 이해하기에는 자료의 적합한 가치를 담보하지 못한 것이 사실이다.

1. 중국 고대의 기후변화

1920년대 이후의 학자들은 중국 역사의 기후변동에 대해 주목(蒙文通 1930; 文煥然 1956; 徐中舒 1930;

쓰可楨 1972; 胡厚宣 1945)하기 시작하였다. 주커전竺可楨은 과거 5,000년 동안의 기온변곡선을 도출해 냄으로써 고대 중국의 기온변화를 각 4기의 한랭기와 온난기로 분기하였다. 4기의 한랭기는 대략 서기전 1100~850년(상商·서주西周 초기), 서력기원 직후~600년(동한東漢·위진남북조魏晉南北朝), 1100~1220년대(북송北宋 말기~남송南宋), 1570~1710년대(명말明末·청초淸初)로 분기하였다. 4기의 온난기는 양샤오仰韶문화 및 은허殷墟시기, 춘추전국春秋戰國, 수隋·당唐, 1400~1900년대 등으로 추정하고 마지막 단계인 15~20세기 초 온난기간은 최온난 시기인 한漢·당唐시기의 온난 정도에 도달하지 못했다는 의견을 제시하였다. 다만 진한 이전 일정기간에 대한 기후예측은 비판(王暉·黃春長 2002; 任振球 1986; 任振球·李致森 1981)의 여지가 노출되었다.

　　상말서주 황하중류지역 기후환경의 변화는 신석기시대 이래 상대 후기에 이르기까지 지속적으로 진행되었던 소위 "홀로세 대온난기大溫暖期 Holocene Climatic Optimum in China"에 처해 있었기에(施雅風 外 1992:1300~1305) 이 시기 황하유역의 기후는 온난습윤 하였으며 자원환경도 우월한 상황이었다. 이러한 온난습윤의 기후는 상 말기에 이르러 변화를 보이면서 환경의 악화가 시작된다. 온난습윤의 기후는 열대건조의 기후로 전환되었다. 서주 황하유역은 한랭기후의 영향으로 건조화가 심화되며 서주 후기 여왕厲王대(서기전 858) 건조화는 절정에 달하며 서주 멸망까지 지속되었다(劉昭民 1994:5)(그림 43). 이는 당시 농작물과 관련된 일부 물후자료를 통해서도 관찰된다. 또 진한秦漢 기후변화에 대해서는 이후 관련연구에 의해 오류가 지적된 바 있는데, 특히 서한과 동한의 교체기에 온난기후에서 한랭기후로 변화하는 양상이 확인되고 있기에 기후변화의 변화폭이 상당한 수준으로 진행되었던 것으로 판단된다(王子今 1995). 이는 한漢 사회의 삼림환경에도 막대한 영향을 미침으로써 목재 수급

그림 43　기후변화 생물기후학자료: 상주의 제사용 서직도량黍稷稻粱 성기盛器인 궤簋와 변籩

의 균형이 깨지는 사건이기도 하였다. 양한兩漢 동안 기온변화의 구체적 변동정황을 살펴보면, 문제文帝(서기전 180~157년)·경제景帝대(서기전 157~141년) 기후는 반복적인 냉온변화를 보이기 시작하였으며, 한 무제武帝대(서기전 141~87년)를 기점으로 기후는 본격적으로 한랭기로 접어들기 시작하면서 전반적인 기온하강을 맞이하게 되었다. 소제昭帝(서기전 94~74년)·선제宣帝대(서기전 73~48년) 기후상태는 다소 호전되나 원제元帝대(서기전 48~33년) 다시 급격하게 악화되는 정황이 확인된다. 왕망王莽정권(9~23년)에 한랭기후는 더욱 심해진 것으로 보인다. 이로보아 서한의 기후이상 현상은 비교적 선명한 기온하강을 보여주고 있으며 비록 한寒·온溫의 변화와 기복은 소폭 존재했으나 전반적인 한랭기후가 지속되었다. 동한에도 한랭기후가 이어지면서 전체 동한은 한랭한 기후환경에 처해 있었다.

2. 기후변화와 중국 고대사회의 변동

중국의 전통 역사학자와 학계는 왕조의 교체 및 고대사회 변동과 발전의 배후에는 정치사회적 요인이 강력하게 작동하였다는 일관된 사유체계를 고수하였다. 이러한 시각과 접근방식은 기후, 자연재해 등의 자연환경적 요인을 배제함으로써 사회발전의 작동배경을 원활하게 인식함에 있어 중대한 결절을 초래하였다. 브라이슨Reid Bryson의 지적에서도 이러한 상호모순의 정황을 인지할 수 있는데, 즉 기후는 항상 역사학자들의 고려 대상에서 누락되었으며 또 한편 기후학자들은 역사에 대한 몰이해로 인해 기후와 역사의 상관성을 구성하는데 실패하였다(Bryson and Murray 1977:2~7).

중국 고대사 및 고고학의 오랜 전통은 고대에 발생한 중대한 역사적 사건, 역사현상을 기후변천과 논의하는 환경을 조성하기에는 사회정치적 요인의 영향력이 막대하였기 때문에 관련주제는 소수의 연구자에 의해서만 다루어졌다. 이들의 연구는 기후변화 및 생태환경 등의 변동인수를 고대사 및 고고학의 실체적 현상과 종합적으로 고찰함으로써 장기간 고착되어 진전을 보지 못했던 문제에 대한 해결의 실마리를 제공하였다.

기후변화와 계기적 인과관계를 보이는 고대사회의 변동은 주로 기온하강과 기후악화에 집중되어 확인되고 있다. 특히 기후변화로 인해 발생한 대량의 인구이동은 전란, 정치사회적 배경 등과는 다른 내부사회 변동을 야기하기 때문에 주목해야하는 사안이기도 하다. 예로 서진 말기, 북송 말기의 대량 인구이동은 기후의 한랭화와 직접적인 연관을 보여주고 있다. 전술했듯이 진한교체기부터 시작된 한랭화는 400년경에 최고조에 달한다. 쓰可楨(1972)의 기온변곡선에 의하면 당시 평균

2.5~3℃ 정도가 하강한 것으로 추정하였는데 지금의 기후와 비교한다면 동일 기후대가 위도 5°정도가 남하한 것으로 볼 수 있다. 이러한 기후변화의 돌발성은 북방 및 서북지역 유목경제를 영위했던 소수민족(흉노匈奴, 선비鮮卑, 갈羯, 저氐, 강羌 등)의 생존환경을 심각하게 악화시켰는데, 그 원인은 이들의 생활형태가 목초와 수계를 좇아 이동하는 "축수초천사逐水草遷徙"의 방식을 유지하였기 때문이다.[51]

    기후악화로 인한 유목지의 축소와 사막화 진행은 농업경제권역과의 충돌을 야기하면서 남쪽으로 이동하였는데 이러한 인구이동의 결과로 발생한 역사적 사건이 "오호십육국五胡十六國", "오호난화五胡亂華" 등으로 농업경제권역의 한족정권을 위협하게 되었다. 대량의 인구이동으로 관중지역 새외민족의 인구비율이 급격하게 증가하였고 종국에는 "융적거반戎狄居半"이라는 국면을 초래하였다.[52] 이와 동시에 한족인구의 대량 남하도 연동되어 발생하게 되는데 이들의 종착지는 장창長江 중하류역의 동남지역으로 장후아이江淮유역의 교주군현僑州郡縣의 설치로 이어졌다(胡阿祥 2003:43).

    북송말기에도 또 한 차례의 인구이동이 발생하였는데 이 시기 역시 수당을 거쳐 북송전기에까지 지속되던 온난기후가 다시 한랭기후로 변화한다. 약 1,100년경을 전후하여 평균 1.5℃의 기온이 하강하면서 동북지역의 여진족 완언부完彥部의 생활환경이 갑작스럽게 악화되면서 이들 세력은 점진적으로 남하하면서 금金을 건립하였다. 동시에 상대적 우월한 생존환경이 지속되던 황하유역의 북송北宋과 충돌하면서 결국 황하유역에 거점을 마련하였다. 금에 패망한 북송의 인구는 황실의 남천으로 다시 장강 하류역으로 이동하면서 고대 중국의 두 번째 인구이동이 발생하였다(葛劍雄 1997:45~47). 표면적으로는 중원의 대량 인구이동이 변경지역 소수민족과의 갈등으로 빚어진 국면으로 이해할 수 있으나 사실 그 배경에는 소수민족이 거주하던 지역의 기후변화가 주된 원인으로 작용한 결과이다.

---

51   『史記』卷110 · 匈奴列傳: "逐水草遷徙, 毋城郭常處耕田之業, 然亦各有分地."

52   『晉書』卷56 · 江統傳: "且關中之人百餘萬口, 率其少多, 戎狄居半, 處之與遷, 必須口實."

II. 중국 고대 기후변화와 삼림자원

1. 중국 고대사회의 삼림생태에 대한 인식

중국 고대사회의 삼림환경에 대한 관심은 생활환경과 직결된 사안이었기에 비교적 이른 시기부터 자료가 확인되고 있다. 최초의 문자자료는 상대의 갑골문에서 확인되는 각종 수종에서 일부 표출되고 있다. 현재까지 석독析讀된 문자 중 상桑, 죽竹, 율栗, 백柏, 유楡, 동棟, 유柳 등이 이에 해당되며 그 외 목자편방木字偏旁을 가진 복사卜辭들이 있으나 구체적인 수종 파악은 이루어지지 못하고 있다(표 08).

갑골문 형상에서 표현된 각종 수목으로 보아 상대사회의 삼림환경에 대한 관심과 인식의 정도를 일부 가늠할 수 있다. 수목을 직접 형상화한 사례 외에도 수목과 연관된 상형象形복사도 다수 보이고 있다. "동東"자의 경우 숲에서 일출하는 광경을 형상화한 모습을 보여주고 있으며 "조朝"자는 총림叢林 혹은 초원에서 일출과 월몰이 이루어지는 광경을 묘사한 것으로 해석하고 있다. "초楚"자는 수목이 우거진 지역에 세워진 항축기단夯築基壇의 목조건축물을 형상화하고 있어 이 또한 수목의 존재를 의식한 갑골甲骨복사이다. "석析"자의 경우 공구를 이용해 나무를 베는 형상으로 채목을 표현한 복사이다. 이들 초기 갑골복사에서 수목 혹은 삼림을 배경으로 한 다양한 형상의 복사들이 출현하는 것이 상대사회의 삼림활용과 수목에 대한 인식을 단적으로 보여주는 자료로 볼 수 있다(표 09).

갑골복사 중 고대 전렵畋獵(陳煒湛 1995:38~39)에 관한 기록이 다수 보이는데 이는 상대에 행해졌던 왕실과 귀족의 수렵행위를 지칭하는 용어이다. 특히 상대 왕실 및 귀족들은 산서성[53] 타이항산太

표 08 상대 수종 관련 갑골복사

한자	栗	柳	桑	竹	櫟	柏
갑골복사						
수종	밤나무	버드나무	뽕나무	대나무	상수리	측백나무

---

53   산서山西성과 섬서陝西성은 동일하게 '산시성'으로 표기하는바, 혼동을 줄이고자 예외적으로 한자음 그대로 쓰도록 한다.

표 09　상대 수종 관련 상형복사

한자	東	朝	莫	蒿	楚	析
상형복사						

그림 44　상대 수종 관련 복사

行山 난루南麓 및 중티아오산中條山 일대에서 빈번하게 전렵을 행하였는데 이 당시 포획한 동물의 수량과 종류에 관한 복사가 출토된 바 있다(李圖 1981:120). 이를 통해 당시 이 지역의 수목식생이 매우 울창하였다는 사실을 알 수 있다(그림 44).

서주, 춘추시대 생성된 관련 기록에서는 더욱 풍부한 수목 생태환경과 수종서식을 관찰할 수 있는데 특히 『詩經』에서는 송松, 백柏, 상桑, 작柞, 회檜, 재梓, 동桐, 유柳, 양楊 등 약 30여 종의 수목을 확인할 수 있다.[54] 전국, 서한초기에 생성된 문헌기록에서도 약 60여 종에 달하는 수목을 기재하고 있다.[55] 이렇듯 수목의 명칭이 증가하는 배경에는 삼림과 수목 자원에 대한 고대사회의 소구가 증폭함과 깊은 연관이 있을 것이다.

2. 중국 고대 삼림의 이용

선진先秦 전적典籍에서 고대 삼림 이용에 관한 기록과 정보는 비교적 구체적이다. 수목자원에 대한 이른 시기의 자료는 『韓非子』의 기재에서 확인할 수 있는데 목재를 가공하여 식기를 왕실에 공급한 정

---

[54]　『詩經』.

[55]　『爾雅·釋木』.

황을 기록하고 있으며[56] 『詩經』 및 『山海經』 등의 문헌에서도 30여 종의 수종을 언급하고 있다. 이로 보아 당시 수종에 대한 초보적인 식별이 이루어졌으며 삼림자원에 대한 일정한 정보를 인지하고 있었던 것으로 추정된다. 개별 수종의 서식환경에 대한 인식과 기록도 확인되고 있는데 습지와 산지에서 각각 서식하는 수종에 대한 정황을 기록하고 있다.[57] 섬서성과 간쑤甘肅성의 황토고원에 걸쳐 형성된 즈우링子午嶺 북부의 수종 분포상황에 대한 기록도 보이는데 동일한 고지대에서 고도 차이에 따른 수목식생에 대한 관찰을 담고 있어 흥미롭다.[58] 이러한 수목식생에 대한 인지는 수목자원에 대한 효율적 이용을 가능케 하였다. 수목의 월별 생장상태와 결실을 파악하고 이에 대한 채집 및 활용을 명시한 사례도 확인된다. 과실의 숙성 상태를 월별로 숙지하고 수목의 생장이 멈추는 시점에 땔감으로 활용하였다.[59]

선진·양한은 철기의 보급으로 목재 가공기술이 숙련됨으로써 목재에 대한 수요가 급격하게 증가하였다. 목조구조물을 구축하는 건축기술이 향상되고 목재 자체의 물성을 체득함으로써 활용도가 향상되었다. 목재사용의 고고자료 중 가장 이른 시기의 물질자료는 간쑤성 신석기시대 주거유적에서 발견되었다. 신석기시대 간쑤성 티엔수이天水시 친안秦安현 따디완大地灣유적의 화재 주거지에서 가공된 건축자재인 방목枋木이 검출됨으로써 선사시기 목재 가공기술의 단편을 관찰할 수 있다(張朋川·郎樹德 1983).

선진의 목재 사용범위는 더욱 확대되면서 건축물의 부자재(周雲庵·範升才 1997), 칠기漆器, 거마구車馬具 부속(中國社會科學院考古硏究所 1980), 선박船舶(廣東農林學院林學系 1977; 廣州市文管處 1977), 관곽棺槨(袁勝文 2014), 생산도구, 생활기 및 도자기陶·소금鹽·숯炭·벽돌塼·기와瓦의 가마窯에 소요되는 연소용 땔감(李欣 2012; 河南省文化局文物工作 1962)등 생활 전반에 걸쳐 대량으로 소비되었다(餘華靑 1983:93). 이후 삼림자원에 대한 개발과 이용은 빠른 속도로 진행되었으며 고대사회를 운용하는

---

56 『韓非子·十過』: "堯釋天下, 舜受之, 作爲食器, 斬木而栽之, 銷銅鐵, 脩其刃, 猶漆黑之以爲器."

57 『詩經·秦風·車鄰』: "阪有漆·隰有栗. 旣見君子·並坐鼓瑟. 今者不樂·逝者其耋."

58 『山海經·西山經』: "西二百五十里, 曰白於之山, 上多松柏, 下多櫟檀, 其獸多牛·羬羊, 其鳥多鴞."

59 『詩經·豳風·七月』: "六月食鬱及薁. 七月亨葵及菽. ·八月剝棗·十月穫稻. 爲此春酒·以介眉壽. 七月食瓜·八月斷壺·九月叔苴. 采茶薪樗. 食我農夫."

경제적 가치로서 국가의 관리와 제한적 활용이 출현하게 되었다. 특히 전국시대 철기의 보급(陳柏泉 1985:207)과 빈번한 전쟁으로 인해 인위적 훼손과 공권력을 통한 독점이 심화되었다.[60] 진한에는 목재의 사회적 수요가 이전 시기를 완전히 능가하는 수준으로 발전하면서 심각한 자원고갈의 현상에 직면하게 되었다(餘明 1999:70).

III. 중국 진한의 삼림자원과 생태직관의 설치

중국 고대사회의 국가생산력은 자원 이용의 효율성과 안정된 공급을 기반으로 확장되었다. 특히 삼림자원은 인구증가에 따른 수요의 폭발적 확증으로 고갈과 훼손에 직면하게 되었다. 인구증가 현상은 각종 사회적 욕구의 다양성이 수반되고 수요가 확대되어 식량 및 생활도구의 소비증가로 이어졌다. 이는 삼림자원의 감소를 야기하는 직접적인 원인으로 작용하였다. 이러한 국면을 인식하고 극복하기 위해 중국의 고대사회는 생태환경을 관리하기 위한 직관과 정책을 마련하여 실행하였다. 비단 삼림자원에 국한된 것이 아니라 산림천택山林川澤 전반에 관한 보호와 제한적 개발을 위한 조치였다.

1. 삼림관리 직관과 삼림보호 정책

선진의 생태환경을 효율적으로 관리하기 위한 직관의 실체는 『周禮』의 기록이 대표적이다. 직관설치의 내용을 살펴보면 천관天官, 지관地官, 춘관春官, 하관夏官, 추관秋官 및 동관冬官 등으로 천관이 여타 오관五官을 통관統管하며 오관의 장長관 아래 총 60여 종의 하부직관이 설치되었다. 이중 지관의 대사도大司徒 아래에 산림천택과 그 부산물을 장관하는 관원을 두었다. 이들 관원 중 산우山虞[61]는 삼림정책

60　『孟子·梁惠王上』:"斧斤以時入山林, 材木不可勝用也."『荀子·王制』:"聖主之制也: 草木榮華滋碩之時, 則斧斤不入山林, 不夭其生. 不絶其長也."『禮記·檀弓上』:"天子之殯也, 菆涂龍輴以槨, 加斧于槨上, 畢涂屋, 天子之禮也."

61　『周禮·地官司徒』:"山虞: 掌山林之政令, 物爲之厲而爲之守禁."

의 법령을 관장하고 삼림의 남벌, 목재의 도벌을 관리하는 직관이다. 임형林衡[62]은 임록林麓을 순찰하고 금령禁令을 집행하는 직무를 담당하였다.

　　진의 통일 후 중앙행정 기구가 "삼공구경제三公九卿制"로 재편되는데 이 중 하나의 직관인 소부少府에서 생태환경에 대한 직무를 관장하였다.[63] 주로 삼림 정령政令을 관리하고 궁실 및 관아시설 등에 대한 식수를 담당하였으며 삼림천택에 대한 일선 업무를 담당한 직관으로 임관林官, 호관湖官 및 피관陂官 등을 설치하였다(羅桂環 1995:85). 한의 삼림직관森林職官은 전반적으로 진의 구제舊制를 전승하여 소부小府를 그대로 존속시키고 그 아래에 임林, 피陂, 호湖, 원苑 등을 관리하는 직관을 설치하였다. 무제대에 원래 소부의 관할이었던 상림원 등의 원유苑囿 관리업무가 수형도위水衡都尉로 배속되었다.[64] 도위 아래에 농관農官, 지감池監, 조옥詔獄, 금포禁圃(張天恩 2001), 농창農倉, 육구六廐 등의 관직을 설치하였다.

　　소부의 주요업무는 전국의 삼림관리 정책과 집행을 관장하였다. 강, 해, 호, 원, 지 등과 연관된 생태환경과 자원에 대한 관리도 주요 업무의 범위에 속하였으며 목재의 벌채와 산택山澤자원에 대한 세수를 징관徵管하는 업무도 담당하였다. 진의 소부는 다수의 삼림관리 속관이 배속되었는데 장작소부將作少府,[65] 희생안무犧牲雁鶩, 원관苑官, 피관 등이 주요 직관이었다(王飛 2015:60). 이들은 황가의 원유와 삼림자원을 관리하는 업무를 담당하였다. 한의 소부는 도수장승都水長丞,[66] 동원장東園匠,[67] 구순령승鉤盾令丞[68] 등을 배속하였다. 동한으로 오면서 소부의 직능이 다소 변화하였는데, 주로 사농司農의

---

62 『周禮·地官司徒』: "林衡: 掌巡林麓之禁令而平其守, 以時計林麓而賞罰之. 若斬木材, 則受法于山虞, 而掌其政令."

63 『漢書』卷19·百官公卿表: "少府, 秦官, 掌山海池澤之稅, 以給共養."

64 『史記』卷30·平準書: "集解: 漢書百官表 :「水衡都尉, 武帝元鼎二年初置, 掌上林苑, 屬官有上林均輸·鍾官·辨銅令.」"

65 『漢書』卷19·百官公卿表: "將作少府, 秦官, 掌治宮室, 有兩丞·左右中候."

66 『通典』職官9: "秦漢又有都水長丞, 主陂池灌溉, 保守河渠, 自太常·少府及三輔等, 皆有其官."

67 『漢書』卷19·百官公卿表: "東園匠十二官令丞, 又胞人·都水·均官三長丞, 又上林中十池監, 又中書謁者·黃門·鉤盾·尚方·御府·永巷·內者·宦者七官令丞."

68 주 19) 참고.

직무를 담당하였고 고공考工 및 도수직능都水職能은 태복太僕과 각 군국郡國으로 이관하여 관리되었다.

　서한은 초·한전쟁의 단락으로 황폐화된 삼림 및 수계에 대한 정책적 관리가 시급해졌다. 국가 생태자원에 대한 효과적 복원은 서한사회의 안정적 생산력을 담보하는데 긴요한 국가적 의제로 대두되었다. 소위 "축리逐利[69]"를 표방하며 진행된 통치전략과 경제사상은 서한사회의 통치계층에게는 더 이상 미룰 수 없는 국가운용 방향이었다.[70] 서한 초기 자오추어晁錯의 삼림자원에 대한 탁견은 삼림과 토지자원의 상관관계를 예단하고 경고한 사례로 당시 사회적 자원에 대한 보호와 관리를 제창하기 위한 정책 제언이었다.[71]

　진한의 삼림자원 남벌과 황폐화를 방지하기 위한 입법사례는 삼림자원에 대한 당시의 인식을 보여주는 좋은 사례이다. 예로 후베이湖北성 징저우荊州시 장링江陵현 장자산張家山 출토 한간漢簡의 율문律文에서 그 정황을 확인할 수 있다. "禁諸民吏徒隸, 春夏毋敢伐材木山林, 及進(壅)堤水泉, 燔草爲灰, 取産(麛)卵(鷇); 毋殺其繩重者, 毋毒魚."(『二年律令·田律』249簡) 즉, 민리 및 일반인의 목재 채벌을 엄금하고 삼림에 대한 무단훼손과 화전을 제한하는 내용으로 삼림에 대한 보호와 관리를 보여주는 대목이다(張家山漢墓竹簡整理小組 1985; 胡平生 1993). 한 문제 및 경제대(서기전 157~141년) 조령條令을 통한 생태자원의 보호와 조림에 대한 조치도 주목할 만하다.[72] 서북지역인 간쑤성 주취안酒泉시 둔황敦煌 쉬앤치앤懸泉에서 출토된 한간의 관부 문서에서도 "毋焚山林"이라는 문구가 확인된 바 있는데 이 역시 삼림 및 수목자원에 대한 남벌을 금지한 법령으로 추정된다(甘肅省文物考古研究所 2000:34).

　진한은 통일제국을 형성한 조대로서 국가의 정치제도 및 관리기구가 전면적으로 정립된 시기로서 삼림관리에 대한 정책이 공식적으로 제정되고 반포되는 행정행위가 이루어진 시기였다. 이는 선

69　『史記』卷30·平準書: "漢興, 接秦之獘, 丈夫從軍旅, 老弱轉糧饟, 作業劇而財匱, 自天子不能具鈞駟, 而將相或乘牛車, 齊民無藏蓋. 於是爲秦錢重難用, 更令民鑄錢, 一黃金一斤, 約法省禁. 而不軌逐利之民, 蓄積餘業以稽市物, 物踊騰糶, 米至石萬錢, 馬一匹則百金."

70　『史記』卷129·貨殖列傳: "天下熙熙, 皆爲利來, 天下壤壤, 皆爲利往."

71　『意林』卷2·晁錯新書3卷: "焚林斬木不時, 命曰傷地, 斷獄立刑不當, 命曰傷人."

72　『漢書』卷4·紀: "吾詔書數下, 歲勸民種樹, 而功未興, 是吏奉吾詔不勤, 而勸民不明也." 『漢書』卷5·紀: "其令郡國務勸農桑, 益種樹, 可得衣食物."

진과 비교해 더욱 구체화된 면모를 보여주고 있는데 법규, 조령 등의 공적 문서를 통해 실현되었다.

2. 삼림자원의 고갈과 그 배경

진한의 삼림자원 이용과 소비는 중앙정부에 의한 행위와 사회적 생활소비재의 필요로 크게 나눌 수 있다. 중앙정부에 의한 이용과 소비는 인구증가, 궁실축조, 전쟁 등의 주요 요인이 작용하였으며 사회적 생활소비재로서는 건축자재, 후장풍속으로 인한 관곽묘제, 생활연료, 광산개발로 인한 야련冶鍊의 연소재[목탄木炭], 농지확장 등이 주요 원인으로 작용하였다.

3. 인구증가

진한에서 통일국가를 형성하면서 노동력을 담보하고 생산력의 기반인 인구의 증가를 국가차원에서 장려한 것은 잘 알려진 사실이다. 전통사회에서 국가생산력의 주요 추동 요소인 인적 자원의 확보는 정책을 통해 구현하였으며 생업의 안정성을 보장해주는 것으로 세수의 확장을 도모하였다.[73] 전국시대는 중국 역사상 인구증가가 격증激增했던 시기로 평가된다. 다수 제후국의 국력 팽창과 제자백가諸子百家의 인구증가 제창[74]으로 인구증식人口增殖의 사회적 환경이 조성되었던 시기였다(王育民 1990:40~42). 진의 통일 후 매년 진행되었던 과도한 토목, 불안정한 생업환경, 말기의 초·한전쟁으로 민호의 이탈과 인구의 감소가 현격해졌으나 서한의 통일 후 양생정책을 통한 생산장려로 서한사회는 다시 인구의 급격한 증가현상이 출현하였다(李劍農 1991:23~27)(표 10[75]).

그러나 인구의 증가는 생산력의 증가를 가져오는 효용을 발휘하였으나 반대급부로 인구압의 증가가 한정자원을 위협하는 요인으로 작용하기 시작하였다. 철제농구와 우경의 보급, 대량의 개간 등으로 삼림자원은 연일 고갈되거나 축소되었으며 각 제후국 간의 광활한 "극지隙地"도 교통로의 확장으로 점차 개발되기 시작하였다. 전국시대 각 도성과 읍성의 규모도 확대되어 주변지역의 삼림환경을 잠식해갔으며 수공업의 발전으로 연소용 목재의 소비도 급증하였다. 특히 이 시기 출현하는

---

73 『禮記·雜記』: "地有餘而民不足, 君子恥之." 『管子·小匡』: "相地而衰其政, 則民不移."

74 『孟子·盡心』: "諸侯之寶三 : 土地, 人民, 政事. 寶珠玉者, 殃必及身."

75 趙文林(1988)의 〈表5〉(p. 77)을 전재·수정하였다.

표 10 서한 초기 인구증가 추이

封邑 및 侯名	初封戶數	封國消滅時點	消滅時點戶口數	年限	증가수치
平陽/曺參	10,600	元鼎二年(서기전 115년)	23,000	약 85년	2배
曲逆/陳平	5,000	元光五年(서기전 130년)	16,000	약 70년	3배
贊/蕭何	8,000	孝文後元四年(서기전 160년)	26,000	약 40년	3배
曲周/酈商	4,000	孝文後元六年(서기전 158년)	18,000	약 40년	4배

"화경수누火耕水耨[76]"의 경작방법은 초목지대를 경작지로 조성하기 먼저 불을 태워 잡초를 제거하는 방식의 농경으로 수목자원에도 심대한 영향을 끼쳤다.

서한 초기의 양생정책으로 산림자원이 일시 회복되는 기미를 보였으나 이후 진의 삼림자원에 대한 보수적 정책이 상당부분 완화되면서 자원의 이용과 개발을 촉진하는 국가운용 기조를 지속하였다.[77] 서한의 임정林政은 주로 개발과 이용에 중점을 두었기에 관련 산업에 소요되는 삼림자원의 적극적 활용을 제도화하였다.[78] 당시 자원이용의 행태를 관찰해보면 산림천택의 자원이 무한한 것으로 인식하였으며 이로 인해 자원고갈이라는 중대한 재난을 야기하며 서한사회 전반에 심각한 영향을 미쳤다(餘明 1999:70).

빈번한 사민徙民과 둔전屯田개발도 삼림자원 고갈의 주요 원인으로 작용하였다. 진 통일 후 대규모의 사민이 이루어졌는데 특히 서기전 215년 멍티엔蒙恬은 대군을 이끌고 오르도스Ordos 이남지역에 주둔하면서 무려 44개의 현을 설치하였다. 내지에서 동행한 수만 명의 민호가 이곳에 둔전을 개간하면서 주변의 생태환경이 악화된 대표적 사례이다.[79] 이외에도 진시황35년(서기전 212년), 36년(서

---

76 『鹽鐵論』卷1·通有: "右蜀·漢之材, 伐木而樹穀, 燔萊而播粟, 火耕而水耨, 地廣而饒財".

77 『史記』卷129·殖貨列傳: "山居千章之材. 安邑千樹棗; 燕·秦千樹栗; 蜀·漢·江陵千樹橘; 淮北·常山已南, 河濟之間千樹萩……木千章, 竹竿萬个, 其 車百, 牛車千兩, 木器 者千枚, 銅器千鈞, 素木鐵器若巵茜千石". 사마천은 당시 서한사회의 삼림이용, 조선, 차마기제조, 죽목벌채가공 등의 성행을 기록하였다.

78 『太平御覽』·治道部: "漢定以來, 百姓賦斂一歲爲四十餘萬. 吏俸用其半, 餘二十萬萬, 藏于都內爲禁錢. 少府所領園地作務之八十三萬萬, 以給宮室供養諸賞賜".

79 『史記』卷110·匈奴列傳: "而始皇帝使蒙恬將十萬之衆北擊胡, 悉收河南地. 因河爲塞, 築四十四縣城臨河, 徙適戍以充之."

기전 211년)에 섬서성 순화 및 북하(지금의 오르도스지역)에 대규모의 사민이 이루어졌다.[80]

서한에는 중앙정부의 조직적인 사민이 이루어졌다. 주로 관동關東의 인구를 도성 소재지인 관중지역으로 강제 사민하면서 관동의 지주 및 관료의 세력약화를 목적으로 한 정치적 사민과 진에서부터 행해져 오던 "수변군戍邊郡"의 유지를 위한 군사적 사민으로 분류할 수 있다. 이들 사민지역의 삼림자원은 대규모 둔전의 개간으로 상당 부분 훼손되었다.

4. 도성 및 궁실축조

중국 고대 목조건축물의 기원은 신석기시대로 소급된다. 따디완이치大地灣一期문화유적(7,800~7,350년 전)의 주거지에서 대량의 목재 부자재가 출토된 바 있다(鄭乃武 1988:563)(그림 45). 이후 목재를 이용한 건축구조물은 신석기시대 말기 급격하게 증가하였고 하夏·상·주에는 도성과 궁실의 출현으로 목재의 수요량이 더욱 증가하였다. 진한의 목조건축물은 와전 소재와 결합되면서 상부구조의 하중이 증가하고, 이를 구조적으로 지탱하는 목재의 규격과 규모는 이전시기에 비해 더욱 대형화되었다. 이러

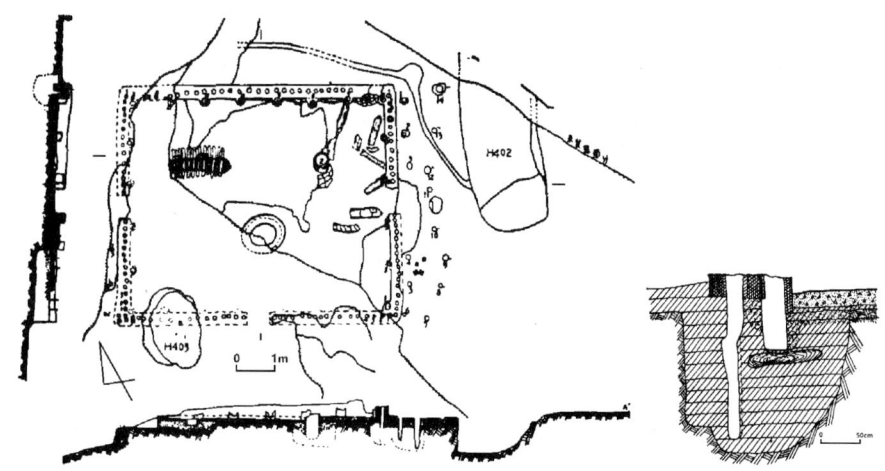

그림 45 따디완 신석기시대 F405 출토 방목

---

80 『史記』卷6·秦始皇本紀: "因徙三萬家麗邑, 五萬家雲陽, 皆復不事十歲." 『史記』卷6·秦始皇本紀: "遷北河·榆中三萬家."

한 대형 토목공정의 증가는 산림자원의 급격한 고갈을 야기하게 된다. 예로 진의 육국六國 통일과정 중 독특한 현상이 관찰되는데, 제후국이 하나씩 소망하게 되면서 진은 함양에 패망한 제후국의 궁실을 모방한 건축물을 수축하였다.[81] 또 아방궁의 수축을 위해 부족한 목재를 충당하기 위해 촉蜀, 형荊지역에서 원거리 수송을 행한 사례도 확인된다.[82] 당시 수축한 궁실의 수량은 관중에 3백여 기, 관외 지역에 4백여 기에 달한 것으로 기록하고 있다. 서북지역에서 목재를 수송한 사실은 고고자료에서도 일부 확인되고 있는데 간쑤성 톈수이天水시 팡마탄放馬灘 1호묘에서 출토된 목판 지도에서 서북지역 북류 수계명 우측에 "송목松木" 채벌구역을 표기하고 있다(曺婉如 1989)(그림 46).

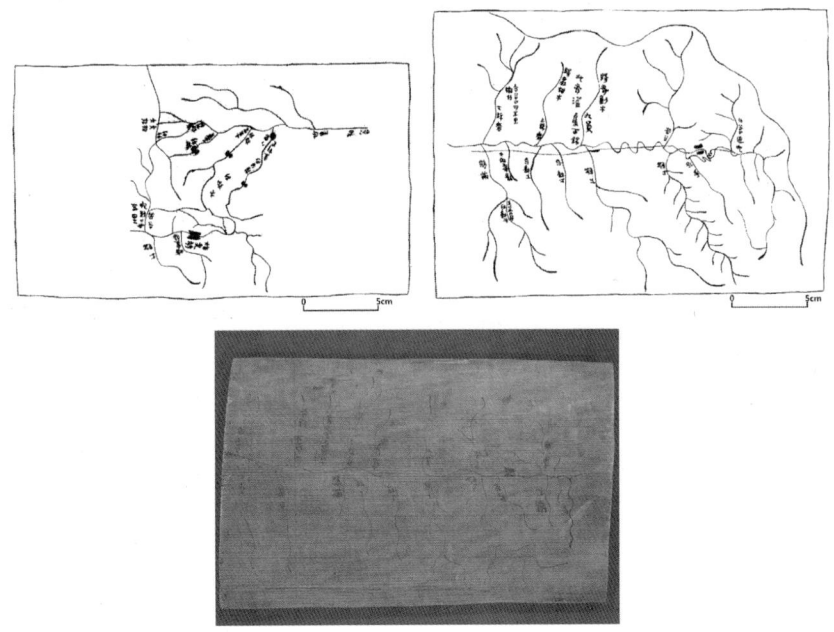

그림 46 톈수이시 팡마탄묘 목판지도

---

81   『史記』卷6・秦始皇本紀:"秦每破諸侯, 寫放其宮室, 作之咸陽北阪上, 南臨渭, 自雍門以東至涇・渭, 殿屋複道周閣相屬."

82   『史記』卷6・秦始皇本紀:"隱宮徒刑者七十餘萬人, 乃分作阿房宮, 或作麗山. 發北山石椁, 乃寫蜀・荊地材皆至. 關中計宮三百, 關外四百餘."

진한의 도성축조는 대형 토목공정을 수반한 통일국가의 상징성을 표출하는 양상을 보여주고 있다. 진의 경우 전국을 통일하기 직전 도읍을 산서성 시엔양咸陽으로 천도하였다. 그러나 옛 도읍인 용청雍城(陝西省社會科學院考古研究所鳳翔隊 1963)과 리양櫟陽(中國社會科學院考古研究所櫟陽發掘隊 1985)은 폐기되지 않고 여전히 도성의 기능을 수행하였다. 국가의 각 대전의식大典儀式을 왕왕 용청에서 거행하기도 하였다. 예로 진시황 9년에 거행된 가관례加冠禮는 용청에서 이루어졌다.[83] 고고자료를 통해서도 옹성의 규모와 도성배치의 완정함을 확인할 수 있다(陝西省雍城考古隊 1985). 성내 다수의 궁관 및 건물지가 발견됨으로써 도성의 배치상태와 규모를 가늠할 수 있으며 성곽 외부에는 대형 능묘가 확인되고 있어 진의 초기 도성으로서 면모를 알 수 있다. 용청은 진의 덕공德公 연간부터 축성을 시작하여 진이 멸망하는 시기까지 계속 진행되었다. 이는 이후 천도한 함양성咸陽城과 함께 진의 정치중심지로서의 역할을 수행한 것으로 해석할 수 있다(**그림 47**).

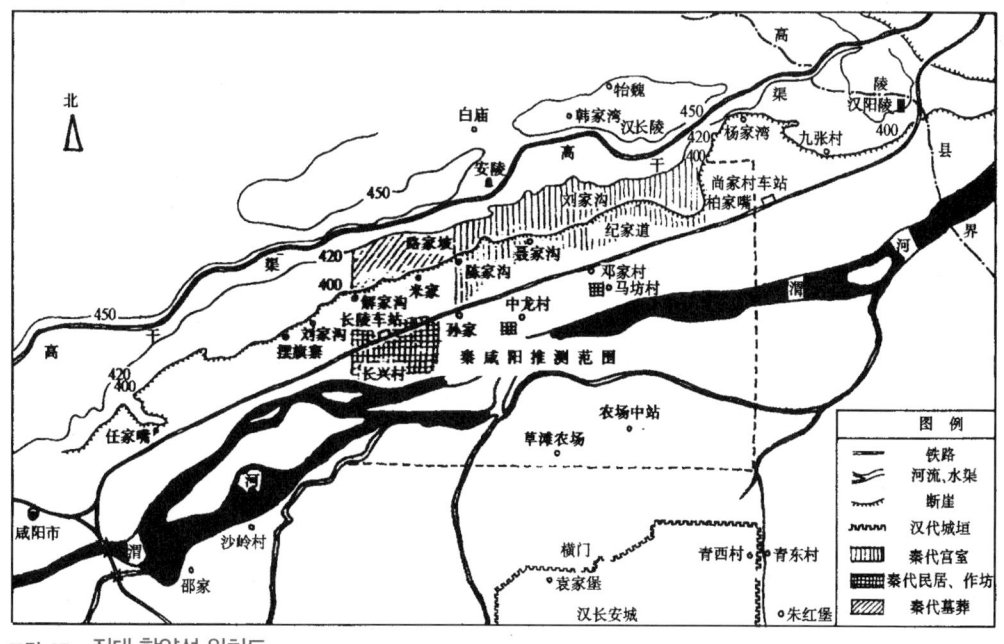

그림 47 진대 함양성 위치도

---

83 『史記』秦始皇本紀第六: "九年, 彗星見, 惑竟天. 攻魏垣·蒲陽. 四月, 上宿雍. 己酉, 王冠, 帶劍."

실제적으로 진 왕조는 리양과 용청을 제외하고도 허난河南성 뤄양洛陽에 남궁南宮과 북궁北宮을 축조하였다. 남궁과 북궁을 증축한 책임자는 당시 재상이었던 뤼부웨이呂不韋로 알려져 있다. 청대학자 구옌우顧炎武의 고증[84]에 의하면 한 고조高祖대부터 왕망 정권에 이르기까지 진의 남궁과 북궁은 폐기되지 않고 잔존한 것으로 보인다. 그러나 도성의 실체에 대한 역사적 증거와 고고자료의 부족으로 본격적인 토론은 이루어지지 못하고 있다. 진이 비록 관중에 도읍을 정하긴 했으나 서주의 동도東都제도를 모방하여 뤄양에 궁궐을 수축하였다.[85] 이로 보아 진·한에도 동도가 존재한 것으로 추정된다.[86]

진한의 도성 축조는 함양성 이후 서한의 장안성長安城 축조단계에서 목재의 사용은 최고조에 달한다. 한 시안성의 조영은 몇 차례 단계를 거치며 완성되는 특징을 보여주고 있다. 한 고조 5년(서기전 202년), 승상 샤오허蕭何의 책임아래 당시 건축가로서 탁월한 실력을 보여주던 양청옌陽成延이 설계하고 시공하였다. 진의 웨이수이渭水 남안의 이궁離宮이었던 흥락궁興樂宮의 유허遺墟 위에 장락궁長樂宮을 축조하였다. 고조 7년(서기전 204년), 장락궁이 완성되자 고조는 뤄양에서 시안으로 천도한다. 뤄양 역시 진의 옛 도읍으로서 고조는 장락궁이 완성되기 전까지 이곳에서 기거하였다. 서기전 198년, 미앙궁未央宮이 완성되고 미앙궁과 장락궁 사이에 무고武庫를 건조하며 도성 북쪽에 북궁과 대시大市를 건립하였다(그림 48·49·50).

한 덕제惠帝 원년(서기전 194년), 한 장안성의 성장城牆을 본격적으로 수축하기 시작하는데 먼저 서성장西城牆과 북성장北城牆을 축조하였다. 당시 성장 수축에 투입된 노동력은 가공할 정도였다. 예로 덕제 3년(서기전 192년) 봄, 조정에서는 시안長安 부근 거의 600리 내의 남녀 노동력 14.6만 명을 성장 수축에 투입하여 덕제 5년(서기전 190년) 9월에 장안성의 모든 성장을 완공하였다. 서기전 189년, 덕제는 고조 6년(서기전 203년)에 조영된 대시의 서쪽에 다시 추가로 서시西市를 조성하여 상업시설을 보강하였다.

한 장안성 내부의 건축물 배치로 인해 패성문覇城門, 복앙문覆盎門, 서안문西安門, 장성문章城門 등

---

84 『歷代宅京記』: "秦時已有南北宮……自高帝迄于王莽, 洛陽南北宮, 武庫皆未嘗廢."

85 『歷代宅京記』: "盖秦雖都關中, 猶倣周東都之制, 建宮闕于洛陽."

86 『輿地志』: "秦時已有南·北宮"

그림 48 한 장안성 서안문 동문도東門道유적 및 미앙궁 전전 및 초방전椒房殿유적

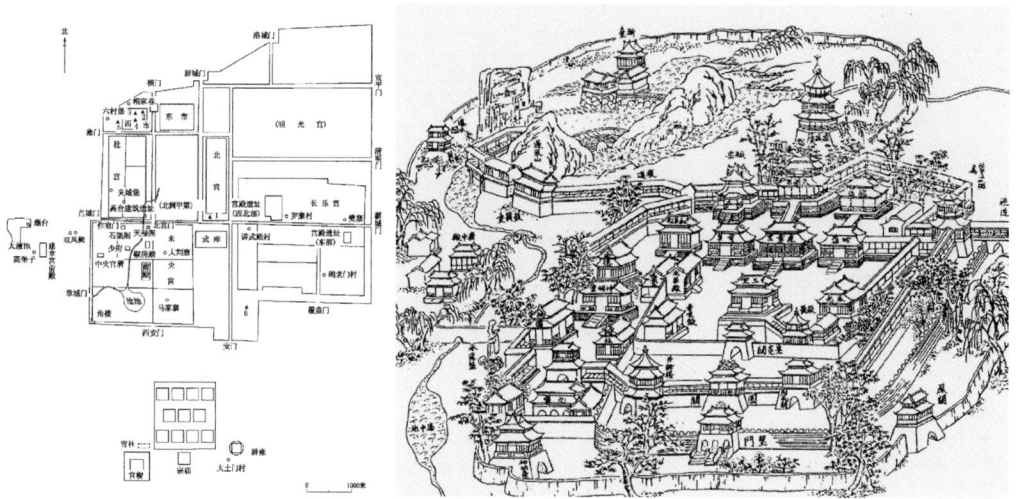

그림 49 한 장안성유적 평면도 및 건장궁도建章宮圖

은 진입하자마자 장락궁과 미앙궁 등의 궁전 구조물과 연접하게 되지만 그 외 8곳의 성문은 각각 도성내의 대로와 연결되어 남북 혹은 동서방향으로 연장되어 십자형 혹 T자형의 도로망을 형성하고 있다. 『三輔黃圖』에는 "長安八街九陌"이라 적고 있는데 즉 8조條의 도로가 성문과 직접 통해 있다는

199

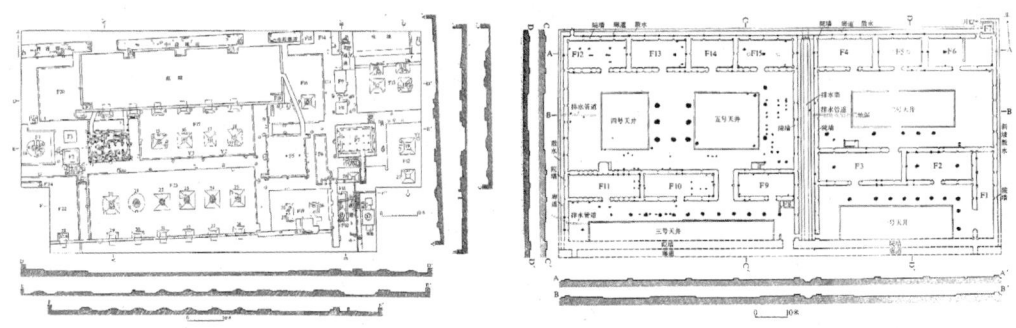

그림 50 미앙군 소부 및 중앙관서 유적 평·단면도

의미일 것이다. 이 중에서 안문대가安門大街는 그 길이가 무려 5,500m로 남북방향의 주축 도로이다. 그 다음으로 선평문대가宣平門大街로 3,800m에 이르며 한 장안성 동북부 동서방향의 주축도로이다.

이로 보아 도성축조공정에 소모된 목재의 규모와 양은 가공할 수준이었으며 이를 공급하기 위한 삼림자원의 확보는 주변지역은 물론 상대적으로 삼림자원이 풍부한 역외지역에서 이루어졌을 가능성이 높다.

5. 전쟁과 무구

중국 고대사회의 전쟁은 갈등과 충돌을 해결하기 위한 정치적 행위로서 그 빈도수는 측정이 불가능할 정도이다. 특히 춘추전국시대부터 횡행한 화공火攻의 운용은 고대사회의 생태환경에 지대한 악영향을 끼쳤다. 선진문헌의 기록에서 화공을 통한 전쟁수행 기사가 다수 확인되고 있다.[87] 화공의 대상은 비단 삼림자원 뿐만 아니라 가옥, 농지, 도성 등 적국의 기반시설 전반에 걸쳐 진행되었다. 전쟁 수행시 필요한 대형전함 및 목선(孫占民·程林 2010; 楊泓 1997), 전차의 제작, 성지의 수축, 변방군사의 생활연료 등에도 수목자원이 대량으로 소모되었다(王飛 2015:137~139)(그림 51·52).

---

87 『墨子·非攻』: "入其國家邊境, 芟刈其禾稼, 斬其樹木, 墮其城郭, 以湮其溝池, 攘殺其牲牷, 燔潰其祖廟." 『管子·霸形』: "其後楚人攻宋·鄭, 燒蓺熯焚·鄭地. 使城壞者不得復築也, 屋之燒者不得復葺也, 令其人有喪雌雄, 居室如鳥鼠處穴, 要宋田, 夾塞兩川, 使水不得東流. 東山之西, 水深滅垝, 四百里而後可田也."

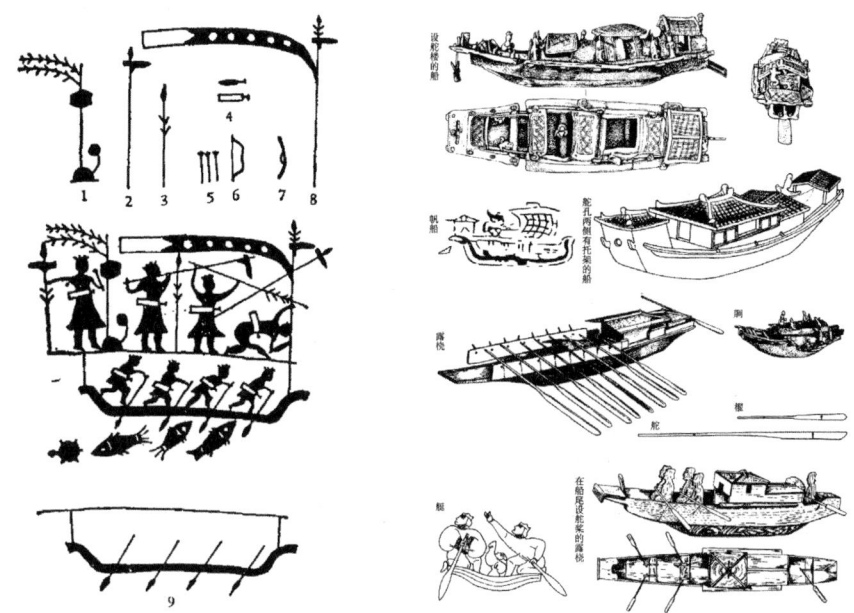

그림 51 허난성 웨이후이衛輝시 산비야오전山彪鎭 전국시대 동감銅鑒 수전水戰문양과 서한 목선

그림 52 진한의 마차

6. 일반 도시 및 목조건축물

도성 외에 지방 도시의 성곽 및 일반 원락, 가옥 등의 축조[88]에도 대량의 목재가 소비되었다. 진한 중국 전역의 제후국 및 군국의 치소, 원락, 도시기반시설 등에 사용되는 목재의 구입은 주로 문벌세족의 거주공간, 예제禮制건축, 장원莊園건축 등을 구축하기 위해 이루어졌으며 일반 거주민의 소형 가옥도 기본적으로 목조건축물이 대종을 이루었다. 목재의 소비량은 서한 초·중기 거의 정점에 이르러 의식주행의 생활소비를 제외한 예제용 목재의 과도한 소비는 점점 제한을 받게 되었다(그림 53).

그림 53 진한의 일반 성읍城邑 및 원락院落 건축물

---

88 『漢書』卷49·晁錯: "然後營邑立城, 製里割宅, 通田作之道, 正阡陌之界, 先爲築室, 家有一堂二內, 門戶之閉, 置器物焉, 民至有所居, 作有所用, 此民所以輕去故鄕而勸之新邑也."

202

7. 후장풍속: 관곽묘제 및 차마갱

진한의 묘제는 기본적으로 구제의 전통을 습용하였다. 상·주부터 성행하던 수혈식 관곽묘제를 계승하며 여전히 대형묘의 성행과 대량의 부장품을 매납하는 "사사여생事死如生"의 규범을 고수하였다. 특히 관곽은 일반 수목재료로는 제작이 불가능하며 특정 수종과 일정한 수령을 이룬 목재를 선택적으로 채벌하여 제작하였다. 전국시대 제후국의 팽창과 예제상의 "참월僭越"현상은 상장에서도 표출되면서 대형 관곽을 사용한 묘장들이 속출하였다. 일상생활에 소구되는 목재의 소비량이 이미 포화상태에 이르면서 일반인의 소형 묘장은 서서히 대체재를 모색하기 시작하면서 전을 사용한 분묘가 등장하기 시작하였다. 서한의 차마갱 배장 전통이 급격하게 감소한 것도 이러한 배경에서 기인했을 가능성이 높다(그림 54).

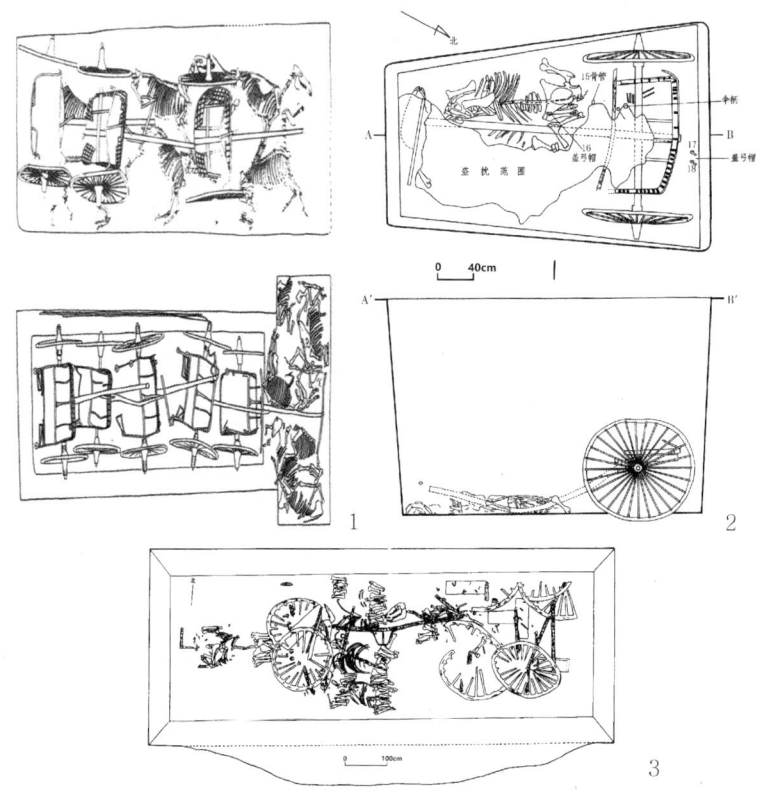

그림 54 차마갱 1. 춘추, 2. 전국, 3. 서한

상층부의 관곽묘제는 여전히 성행함으로서 서한사회의 계층분화를 극명하게 보여주고 있다. 그러나 수목자원의 고갈과 생태환경 및 기후의 변화 등으로 야기된 식생의 악화는 상층부 묘제전통에도 결국 영향을 미칠 수밖에 없을 것이다. 묘제의 전환과 그 배경에 대해서는 Ⅳ장에서 상론하겠다.

Ⅳ. 중국 진한의 삼림자원의 감소현상과 전통 상장제도의 변혁

1. 춘추전국시대 목곽묘의 "제택화현상"

춘추시대 묘장의 형식이 지상건축물을 모방하는 정황의 단초가 확인되기 시작한다. 진한에 접어들며 동실묘洞室墓의 채용이 급증하면서 묘장형식은 필연적으로 지상 건축물을 모방하는 "제택화현상第宅化現像"이 본격화되는 단계에 이른다. 평면형태를 단순하게 모방하는 정도를 묘실 내부공간을 궁전의 내실구조의 건축적 기교와 기술을 차용하는 수준까지 도달한다. 위·진에서는 이러한 풍조가 다소 감퇴하였으나 묘실 내부의 세밀한 모방은 더욱 성행하는 행태가 나타난다. 그러나 양택과 음택의 근본적인 구조가 동일할 수 없기에 여러 고분 자료에서는 음택의 고유한 기능과 성격의 표출을 관찰할 수 있다. 즉 현생과 승천이 공존하는 실체를 고분벽화의 자료에서 인지할 수 있다.

춘추시대 관중 및 중원지역에는 이미 동실묘 혹은 공심전묘空心塼墓가 출현하지만 상층부의 묘제에는 별다른 파급이 확인되지 않는다. 이들은 여전히 전통적인 수혈식 목곽묘를 고수하였다. 그러나 목곽묘의 구조적 변화가 감지되는데, 바로 목곽의 공간적 분할을 시도한 분상分箱 혹은 분실分室의 현상이 선명하게 보이기 시작한다. 전국시대 초기 후베이성 쑤이저우隨州시 쩡호이무曾侯乙墓의 경우, 목곽은 6개의 장방형 방목을 쌓아 제작하였으며 북, 동, 서 및 중실의 4실을 구획하였다(隨縣擂鼓墩一號墓考古發掘隊 1979). 각 실의 평면형태는 장방형을 갖추고 있으며 각 실 간에는 소동小洞을 두어 서로 통하도록 설계하였다. 소동의 크기는 높이와 너비가 0.5m를 넘지 못한다. 중실의 면적이 가장 넓다. 편종編鐘, 편경編磬 및 다수의 악기樂器와 청동예기를 안치하였다. 북실이 가장 작은데 2점의 동항銅缸과 200여 점의 목간을 부장하였다. 동실東室에는 묘주墓主의 중첩관重疊棺과 9구의 배장관陪葬棺을 안치하였다. 서실西室은 중실과 병렬하고 있으며 면적은 조금 작다. 13구의 배장관을 안치하였다. 분실의 부장 양태를 보아 이미 쩡호이의 생전을 재현하기 위한 장치로 판단되는데, 각 실은 향향饗享을 행하는 대청大廳 공간으로서의 중실寢室, 서재를 표현한 북실北室, 피장자의 관을 안치한 동실[침실寢室], 노비들이 기거하던 공간으로서의 서실 등으로 구획하였다. 전국시대 초묘의 경우 분상의 많고 적음에 따라 고분의 등급을 4단계로 분류할 수 있다(俞偉超 1985). 예로 허난성 신양信陽시 창타이꽌長臺關 M1(河南省文化局文物工作隊第二隊 1957), M2 및 후베이성 징조우荊州시 장링江陵현 티엔싱꽌天星觀M1(湖北省荊州地區博物館 1982)과 같이 두상頭箱, 좌우변상左右邊箱, 족상足箱 및 관상棺箱 등 5개의 분상으로 구획하였는데 가장 최상위계층의 목곽구조이다. 즉 주대 궁실제도의 반영이라는 측면에서 이해한다면 이러한 개별 분상은 전조(당堂), 후침(실室), 좌우방의 시설로 대입할 수 있다(그림 55).

2. 진한의 목곽묘 "제택화현상"과 횡혈식 묘제 출현

진한의 목곽묘 공간구획 현상은 더욱 증폭되며 묘역의 지상건축도 성행하게 된다. 지상건축의 대표적인 구조는 거대봉분, "사사여생"의 규제를 준수하기 위한 침전 및 사시제향四時祭享을 공봉供奉하기 위한 편전便殿 등이다. 아울러 도성의 위장圍牆을 모방한 능원陵垣, 영혼의 출입을 매개하는 신도神道 및 신분과 위계를 상징하는 석조물, 부시罘罳 및 궐闕 등도 대거 출현한다. 서한 초기 목곽묘의 "제택화현상"이 두드러지는 고분은 도성인 장안 부근과 제릉인 장릉의 배장구역 내에서 발견된 2기의 목곽묘이다(陝西省文管會 1977; 鄭洪春 1990). 목곽묘 내부와 토광의 벽면을 지상건축물의 공간구획과 구조물을 재현한 것과 같은 효과를 의도하고 있다. 서한 중기 이후 시점인 제릉, 제후왕릉 및 황후릉 등 최상위계의 고분을 제외하고 한대사회에 동실묘의 채용이 급격하게 증가하는데 특히 애묘崖墓, 전실묘, 화상석(전)묘, 벽화묘의 출현이 눈에 띄게 급증한다. 이 시기 부부합장묘의 출현으로 추가장을 위한 공심전묘의 부장祔葬 현상이 나타난다. 이러한 합장의 출현은 묘실내부의 입체화와 공간의 확장을 가져오는 계기로 작용한다. 서한 후기에 이르면 소형 실심전實心塼으로 축조한 전실묘가 공심전묘를 완전히 대체하고 묘실내부에 이실이 구축되며 전후실의 구조와 묘실 천정부의 궁륭정 처리가 출현하게 된다. 이러한 전실묘의 형성은 후일 한반도 서북지역의 낙랑지역에서 그대로 재현된다.

전형적인 초기 전실묘의 축조방식은 일반적으로 먼저 수혈식 갱을 굴착하고 다시 수평식 횡혈을 만들어 묘실공간을 확보한 다음 전을 이용해 묘실구조를 체축砌築한다. 묘실구조가 완성되면 관을 안치하고 수장기물을 매납한다. 일부 전실묘의 경우 경사식 묘도를 낸 경우도 있고 수혈갱 저부에 직접 묘실을 체축한 경우도 있다. 묘전의 종류와 체축 방법의 다양성으로 인해 전실묘의 구조는

그림 55 쩡호이무 목곽 분실 현상

매우 복잡한 형식을 갖추며 발전한다. 이러한 전실묘의 출현이 얼핏 돌출적으로 비쳐지는 것은 재료의 획기성과 묘실구조의 급변성이 가장 큰 이유가 될 것이다. 사실 이와 비슷한 구조를 가지고 있는 묘제가 이전시기부터 존재하였다. 전국시대 산서 및 섬서 지역에서는 토동묘土洞墓라는 묘제형식이 사용되었다. 묘장의 구조는 초기 전실묘와 같이 수혈갱을 굴착한 후 다시 횡으로 동혈洞穴을 파들어 간 형식이다. 초기에는 동혈의 용도가 수장기물을 매납하는 감龕의 용도로 사용되었다가 이후 동혈의 면적이 점점 넓어져 관재를 안치하는 장소로 변용되었을 것이다. 한편 전국시대 만기 하남지역에서는 수혈공심전곽묘竪穴空心塼槨墓가 출현하는데 묘광의 형태는 수혈목곽묘와 동일하나 목곽대신 공심전空心塼을 이용한 전곽을 체축한 것이 차이점이다. 수장기물로 추측되는 공심전곽묘 묘주의 사회적 지위는 하층관리 혹은 일반 사족士族 신분을 넘어서지는 못하고 있다. 전곽의 내구성은 자연히 목곽보다 월등하였을 것이다. 그래서 이 시기부터 묘주의 유택이 반영구적인 지속성을 가지도록 하는 새로운 장속의 개념이 출현했다고 보는 의견도 제기되고 있다(李如森 1995).

그러나 이러한 새로운 장속의 관념이 사회적으로 열세에 처해 있던 중하급 계층에서 먼저 구현된다는 것은 논리적으로 검토의 여지가 있다. 또 묘장 조영에 소용되는 축조재료의 구득에 장애가 발생했다는 의견도 개진되고 있다. 즉 당시 자연환경의 변화로 인해 목재의 공급이 용이하지 않았음을 상정하고 있다. 그래서 경제적으로 박약한 계층들은 비용cost이 높은 목재를 포기하고 상대적으로 저렴한 벽돌을 선택하여 묘장을 조영하였을 것으로 추정하고 있다(Thorp 1982:123; 楊哲峰 2005:190). 물론 강한 개연성을 가지는 추리이지만 최근까지의 고고자료 중 이를 직접적으로 설명해줄 수 있는 자료는 아직 없는 상황이다. 한의 횡혈식묘제는 동실묘와 상당한 친연성을 가지고 있는 것은 분명해 보인다.

새로운 묘장구조의 출현은 매장주체의 하장下葬방법에서 가장 돌출적으로 구현된다. 전통적인 수혈식 묘장의 상하 수직 방향의 하장체계는 횡혈식 묘장 구조의 형성으로 수평 방향(혹은 경사식傾斜式 하장)의 하장체계를 생성시킨다. 횡혈식실묘의 출현은 묘실 내부공간의 확대라는 건축구조적 발전축을 중심으로 변용되어 간다. 이는 묘실 내부 공간의 여유 있는 구획을 가능하게 함으로써 묘실 내부에서의 전제奠祭를 가능하게 하였으리라 추정할 수 있다(趙胤宰 2007). 이 시기 묘장 자료에서도 일정 부분 현시해주고 있으며 전제와 관련성이 있는 시설과 기물들이 확인되고 있다. 다만 이 부분에 대한 문헌기재가 현재로서는 그리 명료하지 못한 상황이다.

3. 삼림자원 고갈과 묘제변천의 상관관계

중국 서한의 상징의례 변천과 묘장 건축자재의 대체현상은 여러 가지 사회적 요인이 작용한 결과로 추정하고 있다(浦慕州 1993:193~205). 고대사회의 정치사회적 함의는 비단 묘제변천 뿐만 아니라 당해 사회의 사유방식과 인식체계에 직간접적으로 영향을 미쳤다. 이러한 요인 중 기후 및 생태변화의 관점에서 접근하여 묘제변천의 배경을 설명하려는 노력은 거의 전무하였다. 최근 기후생태학 연구자들에 의해 묘제변천에 대한 추단이 시도되고 있으나 그 또한 역사적 맥락에 대한 이해와 인식이 전면적이지 못했기에 "기후氣候 혹은 생태 결정론"을 간단하게 대입시켜 설명하려는 경향이 농후하여, 고고학계나 역사학계에서 긍정적인 검토가 이루어지지 못하였다.

　　진한까지 지속되었던 기후의 한랭화, 삼림자원에 대한 적극적인 개발, 정부의 공공행위 및 당시 사회의 일상적 목재 소비 등의 요인은 상주 이래로 희소했던 인구와 광대한 미개발지역은 이 시기부터 격화된 인구증가(인구압), 공공재 및 소비재로서의 이용 확장으로 식생의 변화와 수목자원의 과도한 활용으로 이어지면서 목재의 고갈현상이 출현하게 되었다. 목재자원의 고갈은 빠른 속도로 소비를 위축하였으며 특히 후장의 상장의례에도 물리적 영향을 미쳤을 것이다. 묘제변천의 시작이 하위계층의 소형묘에서 먼저 확인되는 점은 시사하는 바가 크다. 저장浙江성 일부지역에서 서한 중만기 수혈식 토광묘에 벽돌(공심전)과 목재를 동시에 사용한 사례(趙胤宰 2007:193~194)가 보고된 바 있어 이러한 추정의 개연성을 가능하게 한다. 이러한 생태환경의 변화와 이와 연동되는 해당자원의 고갈현상은 서한사회의 상장예속을 변화시킬 정도의 파급성이 충분하다고 판단된다. 수혈식에서 횡혈식으로 전이된 상장예속의 변화는 정치사회적 변화 가족제도의 변화에서 구명하는 것이 합리적인 추정이겠으나, 묘장 건축자재의 대체는 생태환경과 자원고갈의 시각으로 설명하는 것이 더욱 효과적일 것이다.

신석기시대부터 전국시대·진한까지 진행된 기온저하 현상은 전반적으로 중국 고대 삼림생태에 불리한 여건을 조성하게 되었다. 상·주의 생태자원에 대한 이용이 한정적이고 인구증가의 속도도 완만했기에 수목자원에 대한 부족현상이 가시화되지는 않았다. 그러나 춘추전국시대부터 시작된 인구압의 출현과 다수의 제후국諸侯國 및 군국郡國이 등장하면서 수목자원에 대한 소비가 폭발적으로 증가하였다. 이러한 소비의 증가추세는 서한 중기까지 지속되면서 서한사회에 경종을 울리게 된다. 각종 법규와 조령 등의 행정적 조치를 구비하며 삼림자원에 대한 보호와 남용을 제한하는 분위기가 형성되었다. 이러한 사회적 분위기는 일상생활과 생산에 소비되는 수목자원 외에 관리와 제한이 가능한 의례적 부분에 소구되는 수목자원의 남용현상을 중시했을 것이다. 중국 고대사회의 핵심 예제였던 상장喪葬의 기본 틀의 전환을 가져온 것은 이러한 불가항력적인 사회적 공공재의 감소와 고갈현상이 주요 원인으로 작용했을 것이다.

이 글은 이미 발표된 논문—「中國 秦漢時期 環境氣候變化와 西漢墓制 變遷과의 상관성」(『湖西考古學』 45, 2020)—의 일부 내용을 발췌·종합·수정한 것임.

08

日本列島への水稲農耕伝播をどう説明するのか
考古学における気候変動データ適用の試み

How Can the Adoption of Rice Farming on Paddy Be Explained?:
Archaeological Use of Climate Data

端野晋平 Shimpei Hashino

Ⅰ. 水稲農耕開始前後の列島・半島間交流
Ⅱ. 風成砂丘の形成からみた気候変動
Ⅲ. 炭素14年代の較正曲線からみた気候変動
Ⅳ. 水稲農耕伝播のメカニズム（予察）

日本列島(以下，列島と略する)の縄文時代の終わりごろに導入される水稲農耕の起源は，近接する朝鮮半島(以下，半島と略する)に求められる．水稲農耕とともに，それと不可分な関係にある文化も導入され，結果として列島では弥生文化が成立することとなる．そして，このような出来事の背後に，半島からの人間集団の渡来と一定の関与を想定する見解も提出されており，これまで農耕の開始，人の移動，文化変化といった人類史における普遍的なテーマについて，活発な議論が行われてきた．ところが，半島から列島への水稲農耕伝播のメカニズムについては，まだはっきりとした回答は得られていない．

　本稿ではまず，これまでの考古学研究の成果をふまえ，当該期における列島・半島間交流の実態を明らかにする．つづいて，水稲農耕伝播のメカニズムを解明するための要素として，気候変動に注目し，風成砂丘の形成が示す寒冷期とその考古学的時期，炭素14年代の較正曲線からみた気候変動と風成砂丘の形成期，暦年代との関係について議論する．最後に，これまでの議論を総合することによって，水稲農耕伝播のメカニズムについて予察したい．

I. 水稲農耕開始前後の列島・半島間交流

本章では，水稲農耕伝播のメカニズムを議論する前に，考古学の研究成果にもとづき，当該期における列島・半島間交流の実態を明らかにしたい．今日，列島での水稲農耕出現期は縄文時代晩期後葉(山ノ寺・夜臼Ⅰ式期)[89]，半島でのそれは無文土器時代[90]中期前半(休岩里式期)と考えられている(図 56・57)．先行研究(宮本一夫 2005；松本直子 1996；前田義人・武末純一 1994；田中良之 1986；片岡宏二 1999)をふまえると，列島で水稲農耕が導入される過程は大きく，以下の二段階に分けてとらえることができる．

---

[89]　この時期から弥生時代とみて，「早期前半」に位置づける考え方がある．しかし，筆者は弥生的文化構造の成立を象徴する板付Ⅰ式壺の出現をもって弥生時代の開始と考えているので，この考えを採らない．

[90]　現在，韓国考古学界では，これに相当する時代の前半期を「青銅器時代」と呼ぶ考えが支配的である．筆者はこの時代名称を使用することについて，とくに国際社会での一定の有用性を認めているが，同時に問題点も感じており，使っていない(端野晋平 2018)．

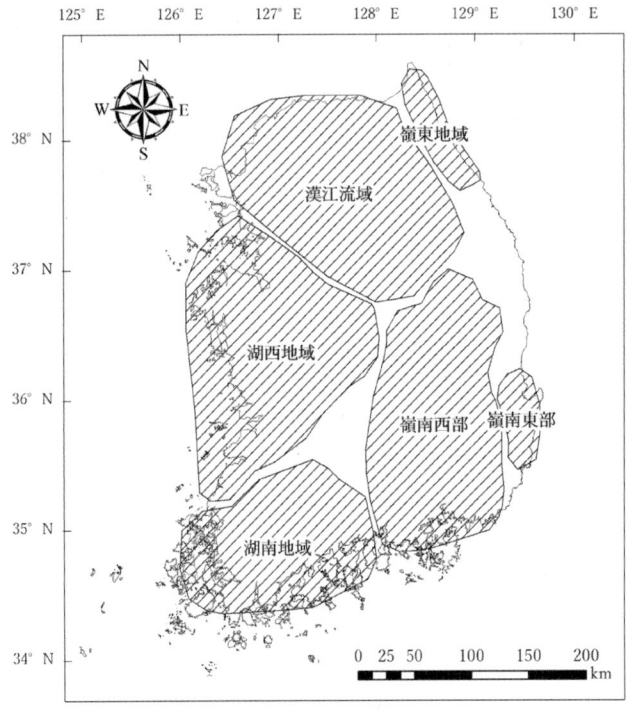

　渡来第1段階: 水稲農耕は試行的で一般化しなかったものの, 孔列土器や石庖丁, 赤色塗彩浅鉢などが半島南部との交流と渡来人の存在を暗示する無文土器時代前期後半(駅三洞式期)/縄文時代晩期中葉(黒川式期).

　渡来第2段階: 水田をはじめ, 農耕具, 各種の工具, 磨製石鏃・石剣, 壺形土器, 松菊里型住居, 支石墓などの様々な文化要素が体系的に出現し, 水稲農耕が本格化する無文土器時代中期前半(休岩里式期)/縄文時代晩期後葉(山ノ寺・夜臼I式期).

図 56　朝鮮半島南部の地域区分

地域区分		朝鮮半島南部						日本列島		
		漢江流域	嶺東地域	湖西地域	湖南地域	嶺南西部	嶺南東部	九州北部		
無文土器時代	早期		渼沙里式					縄文時代	晩期	広田式
	前期		可楽里式							黒川式
			駅三洞式							
	中期	北漢江 泉田里式		休岩里式		検丹里式				山ノ寺・夜臼I式
				松菊里式				弥生時代	前期	夜臼II式
										板付I式　a/b
										板付II式　a/b/c
	後期		水石里式						中期	城ノ越式
			勒島式							

図 57　縄文・弥生時代と無文土器時代の併行関係

このような段階性を有する両地域間の交流を語るうえでの鍵概念として，筆者は「情報伝達網」を定義づけた(端野晋平 2014a)．「情報伝達網」とは，交易・婚姻・移住などの様々な手段を媒介とする一定のコミュニケーションが保証された人間関係を基盤とする情報の受け渡し回路の集合体のことである．すると，当該期・地域においては，考古学的な諸事象からみて，位相の異なる二者の「情報伝達網」が存在するといえる．すなわち，半島・列島それぞれに形成された「密な情報伝達網」と，半島・列島間を横断する「粗な情報伝達網」の二者である．「密な情報伝達網」は，半島南部でいえば可楽里式土器・駅三洞式土器・欣岩里式土器が表わす前期無文土器文化圏，列島で言えば九州島を中心とした黒川式土器分布圏の背後に横たわっているものである．そして，もう一つの「粗な情報伝達網」は，土器に施された孔列，赤色塗彩などの部分的な要素の広がり，あるいは貫川遺跡の石庖丁のような普遍的ではない単発的な外来文化の存在が表わす，「密な情報伝達網」を横断する範囲に横たわっているものである．

　以上のことをふまえ，渡来第2段階における半島から列島への文化の広がりを，「情報伝達網」の形成と機能に着目して考えてみよう．まず，渡来第2段階の松菊里型住居，三角形石庖丁，松菊里型土器の分布をみると，これは渡来第1段階の前期無文土器の分布範囲に収まることが分かる．このことから，無文土器時代前期に形成され機能していた「密な情報伝達網」を背景として，(先)松菊里文化が半島南部の各地へと拡散していったといえる．また先述の通り，渡来第1段階には九州北部において，半島からの渡来を物語る文化要素が断片的に出現する．これは，「密な情報伝達網」の外側の，半島南部と九州北部とを横断する範囲に「粗な情報伝達網」が広がっていたことを意味する．そして渡来第2段階になると，水稲農耕と不可分な文化要素が九州北部に体系的に伝わるのは，このような「粗な情報伝達網」が前段階に形成・機能しており，この段階にも健在であったからこそだといえる．

　ところで，このような「情報伝達網」は，半島 → 列島という一方向だけの情報伝達に機能していたであろうか．いや，決してそうではない．韓国の慶尚南道網谷里遺跡(慶南発展研究院歴史文化센터 2009)では，九州北部での一定期間の滞在あるいは彼我の交流を通じて，列島の土器情報を知り得た無文土器人の手による突帯文系土器が出土している(端野晋平 2010a)(**図58**)．すなわち，このことは，半島から列島へ水稲農耕と文化要素が体系的に伝わる渡来第2段階にあっても，情報伝達は半島 → 列島という方向だけの一方通行ではなく，逆方向の列島 → 半島という流れもあり得たということを意

味する.

では,渡来第2段階に列島に出現した水稲農耕とそれと不可分な関係にある文化は,半島のどこから伝来したのであろうか.渡来文化の出発地を追求することは,水稲農耕伝播のメカニズムを解明するための土台づくりという観点から不可欠な作業である.この作業を貫徹し場所の特定ができてはじめて,その場所で何が起こったのかというメカニズムの問題へと進むことができるのである.

これまで筆者は,列島の水稲農耕開始期に出現する支石墓,松菊里型住居,石庖丁,丹塗磨研壺といった物質文化の系統学的研究を行うことによって,渡来文化の出発地の問題にアプローチしてき

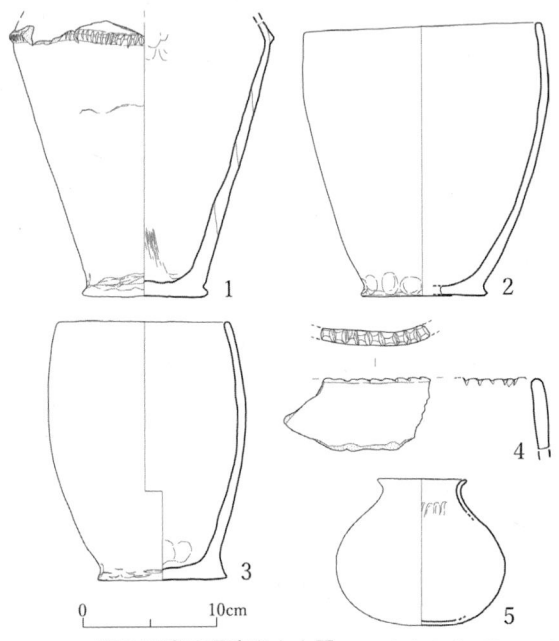

図58 網谷里遺跡環濠出土土器 1.は突帯文系土器,2~5.はそれに共伴した無文土器

た(端野晋平 2003a・b, 2008a・b, Hashino 2011).これらの物質文化を研究対象として選んだのは,資料の蓄積が十分であり,かつ半島南部で地域性が比較的明瞭であると予想されたからである.研究結果を総合すると,主として南江流域や洛東江下流域の文化が海を越え,水稲農耕とともに列島の九州北部へと渡来したものと考えられる.さらに,今日の考古学・自然人類学の成果(田中良之 1991, 2002;田中良之・小澤佳憲 2001)を参照すれば,このような文化伝播の背景には,彼我の交流に加え,少数の人間集団の渡来が想定される.当然のことながら,そうした渡来人の故地についても,南江流域や洛東江下流域を,その候補にあげることができよう.なお,ここでの半島・列島間の地域間関係は,誤解を招かぬよう説明すると,南江流域・洛東江下流域と玄界灘沿岸地域との間に最も密に形成されており,その周辺にいくにつれ薄まっていくというグラデーション構造をなしているというように理解されるものである(図59).

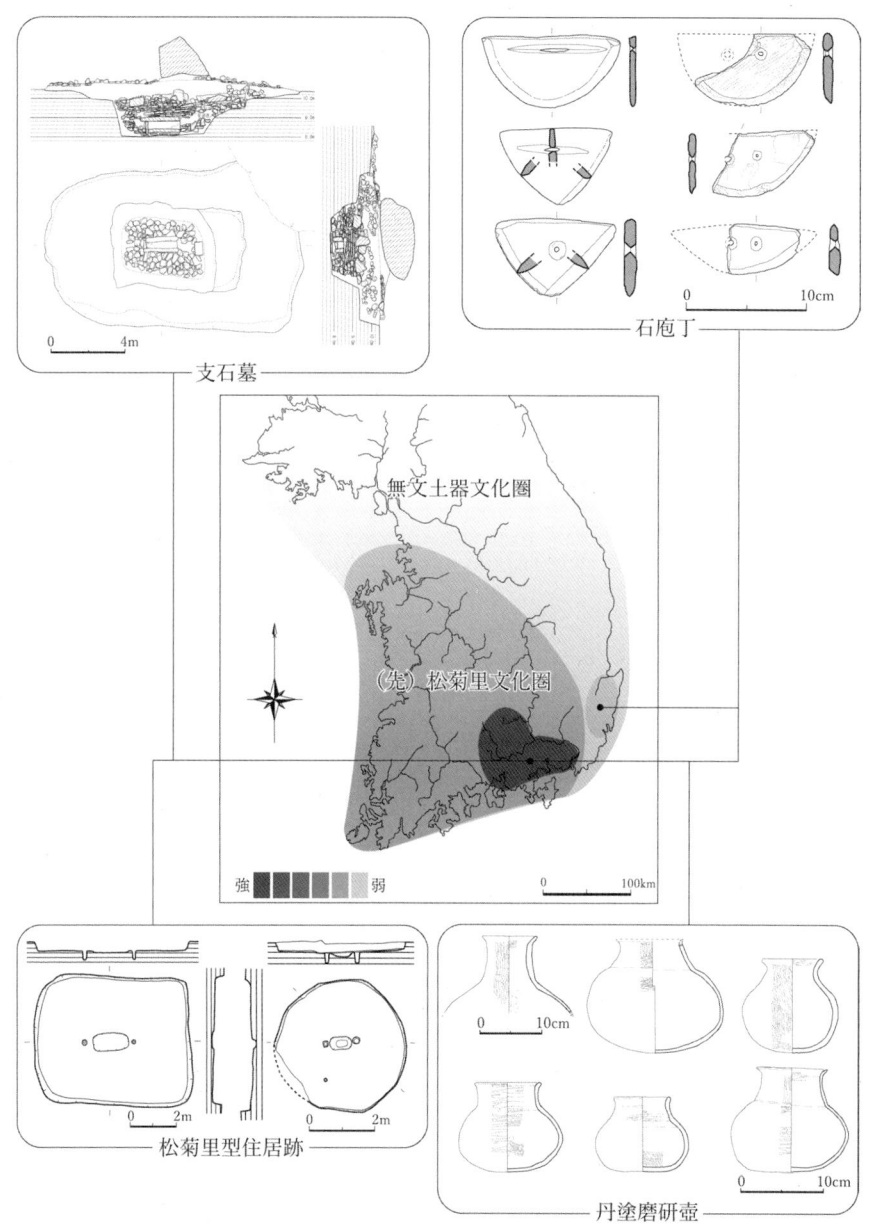

図 59　渡来人の故地の推定: 研究対象とした物質文化それぞれの分析結果にもとづいて, 日本列島の物質文化との親縁性の濃淡を表示.

II. 風成砂丘の形成からみた気候変動

　従来より，日本考古学界では農耕伝播のメカニズムを説明するための要素として，気候変動が注目されてきた．考古学において，気候変動を説明変数に据えて，過去の社会・文化の変化を説明しようとするとき，まず気候変動データが示す，寒冷化あるいは温暖化が考古学的時期区分のどこに対応するかが問題となる．筆者は，遺跡の調査記録から風成砂丘の形成時期を検討することによって，この問題にアプローチしている甲元眞之の研究(甲元眞之2004a・b, 2007, 2008)に注目している．

　列島各地の河口付近には，砂質海岸が分布している．これは，河川上流から運ばれてきた砂や付近の海食崖が波浪により浸食され生じた砕屑物が堆積してできたものである．このような砂質海岸において甲元が注目するのは，寒冷化に伴う海水準の低下により形成された風成砂丘である．甲元はその形成メカニズムについて，寒冷化により海水準が低下し，浅い海底に堆積していた砂が地上に露出することで，風で吹き飛ばされ，海岸部に形成されたと説明している(甲元眞之2004b)．

　甲元眞之(2008)の砂丘形成時期を知るための方法は明快である．発掘調査により確認された砂丘内部のクロスナ層や，砂丘上位あるいは上面から掘り込まれた遺構から出土した遺物の時期を手がかりとする．砂丘は砂の供給が止むか少なくなると，草や灌木が繁茂することとなり，腐植土の堆積が進むこととなる．結果として形成されたクロスナ層は，砂丘の形成が一段落し，人間がそこを利用可能になったことを示す．このような性格を有するクロスナ層を鍵として，砂丘の安定期を導くことができる．一方，砂丘形成の開始期については，風成砂層の直下に堆積した文化層の時期によって求められる．

　ここでは，甲元眞之(2008)の理解に従いつつ，私見も交えて，縄文・弥生移行期の砂丘形成の時期を示す遺跡例を詳しくみていこう．まず，砂丘形成の開始期については，長崎県大浜遺跡(長崎県教育委員会1998)で知ることができる．この遺跡では，縄文時代晩期黒川式土器の単純層の上部に，風成砂層の堆積が確認されている(**図60**)．これは黒川式期以降に風成砂層が形成されたことを示し，その背後に海水準の低下と寒冷化を読み取ることができる．

　一方，砂丘の安定期についてはどうか．山口県吉母浜遺跡では，風成砂層前面の傾斜に沿って堆積したクロスナ層から突帯文土器が出土しており，弥生時代中期の墓がこの上位の層より確認され

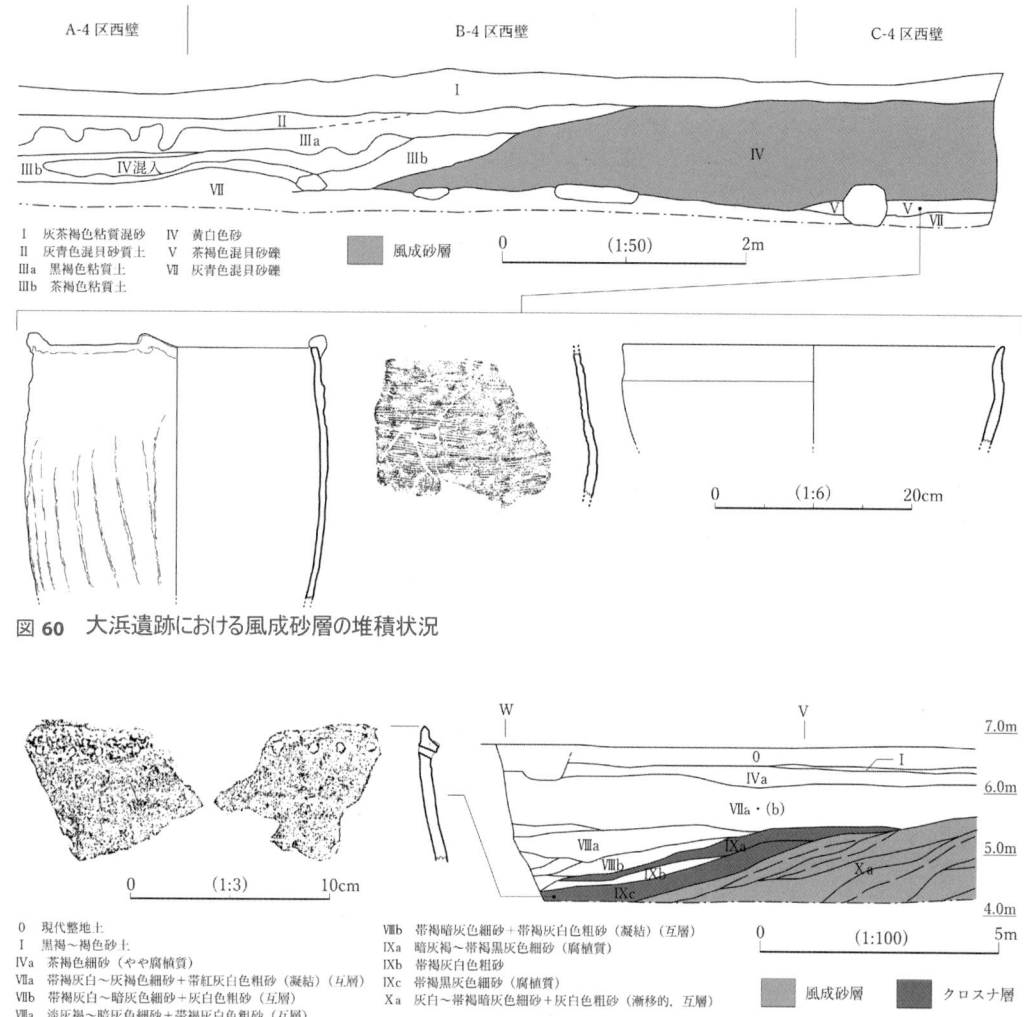

図 60 大浜遺跡における風成砂層の堆積状況

図 61 吉母浜遺跡における風成砂層の堆積状況

ている(図61).この事実から,砂丘の形成は縄文時代晩期の突帯文期から弥生時代中期前半にかけて停滞したことを読み取れる(水島稔夫 1985).

　福岡県新町遺跡(志摩町教育委員会 1987)では,沿岸の砂丘上に縄文時代終末期から弥生時代開始

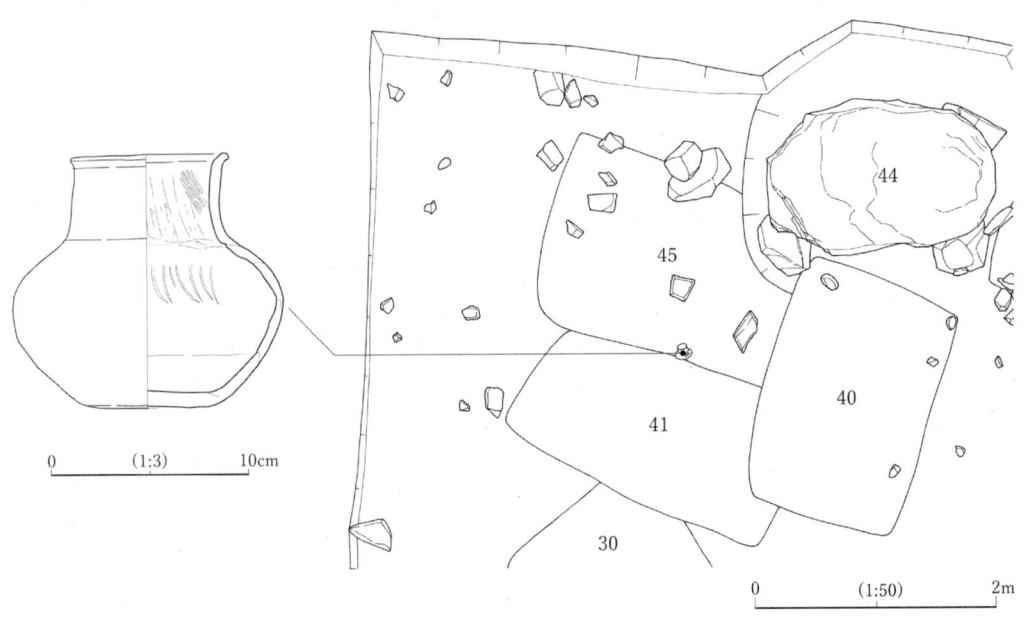

図 62　新町遺跡45号墓とその副葬土器

期にかけての支石墓などからなる墓地が調査されており，この期間に砂丘の形成が一時停止していたことがわかる．甲元眞之(2008)は，砂丘安定期を知ることができる遺跡のなかでも，この遺跡から把握できる時期が最もさかのぼるものとみている．墓に副葬された土器のうち，最も古いものは45号墓の口頸部が直立する壺で，これは筆者の編年(端野2016)でいえば，縄文時代晩期後葉の山ノ寺・夜臼Ⅰ式土器である(図 62)．福岡県藤崎遺跡もまた，このような砂丘上に立地する遺跡である．ここで時期が最もさかのぼるのは，第8地点第101号甕棺(福岡市教育委員会 1982)であり，これは橋口達也の甕棺編年(橋口達也 1992)でいえば，曲り田古式(山ノ寺・夜臼Ⅰ式)の特徴を有している(図 63)．砂丘安定期を示す遺跡のなかでも，とくに新町遺跡，藤崎遺跡の例からみて，砂丘形成は山ノ寺・夜臼Ⅰ式期の一時期までには停止し，砂丘の利用が可能な状態にあったといえ，その背後に気候が温暖化へと転じたことを想定可能である．

以上の砂丘形成から知られる，この時期の寒冷期は列島西部という地域に限った現象ではない．甲元は，世界各地で確認されている紀元前一千年紀前葉の寒冷化現象との対比などから，地球規模での寒冷化現象の一端とみなしている(甲元眞之 2008)．筆者は半島南部・列島西部双方における気候変動研究の成果を整理したことがある．この砂丘形成が示す寒冷期は，列島での他のデータが示す寒冷期や，田崎博之(2008a・2010)が半島の遺跡データにより示した寒冷期と比較的，調和しており(端野晋平 2014b, 2018)(図 64・65)，やはり地球規模での寒冷期とみなすことができる．

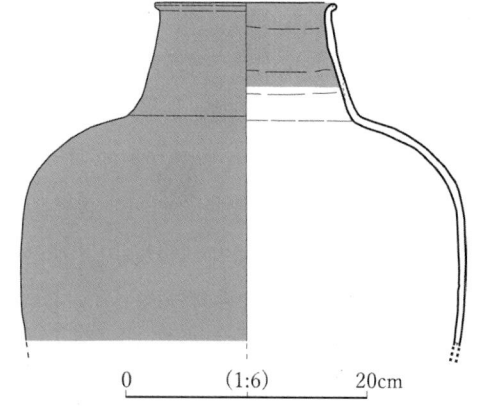

図 63　藤崎遺跡第8地点第101号甕棺

III. 炭素14年代の較正曲線からみた気候変動

　つづいて，風成砂丘の形成から推定された寒冷期を，暦年代の中に位置づけ，そして，これがあらためて地球規模での気候現象であることを示したい．それには，炭素14年代の較正曲線が最適である．今日，較正曲線は，炭素14年代を実年代へと較正するための基礎データベースとして，広く知られているが，そればかりではなく，過去の気候変動を知るためのデータとしても有益である．較正曲線は実年代の判明した樹木試料などの炭素14年代測定記録からなり，その形状は過去の大気中の14C量の増減を示す．この14C量の増減から，過去の気候変動を読み取るわけである．これはどういうことか．太陽物理学，宇宙気候学の研究動向(宮原ひろ子 2009, 2014; 増田公明 2012; 片岡龍峰 2010)を参照して以下，説明しよう．

　大気中の14Cは地球外から降り注ぐ宇宙線によって生成されることから，14Cの量が多いときほど宇宙線の量が多かったといえる．ここで宇宙線量と気候変動とを結びつけるのが，デンマークの

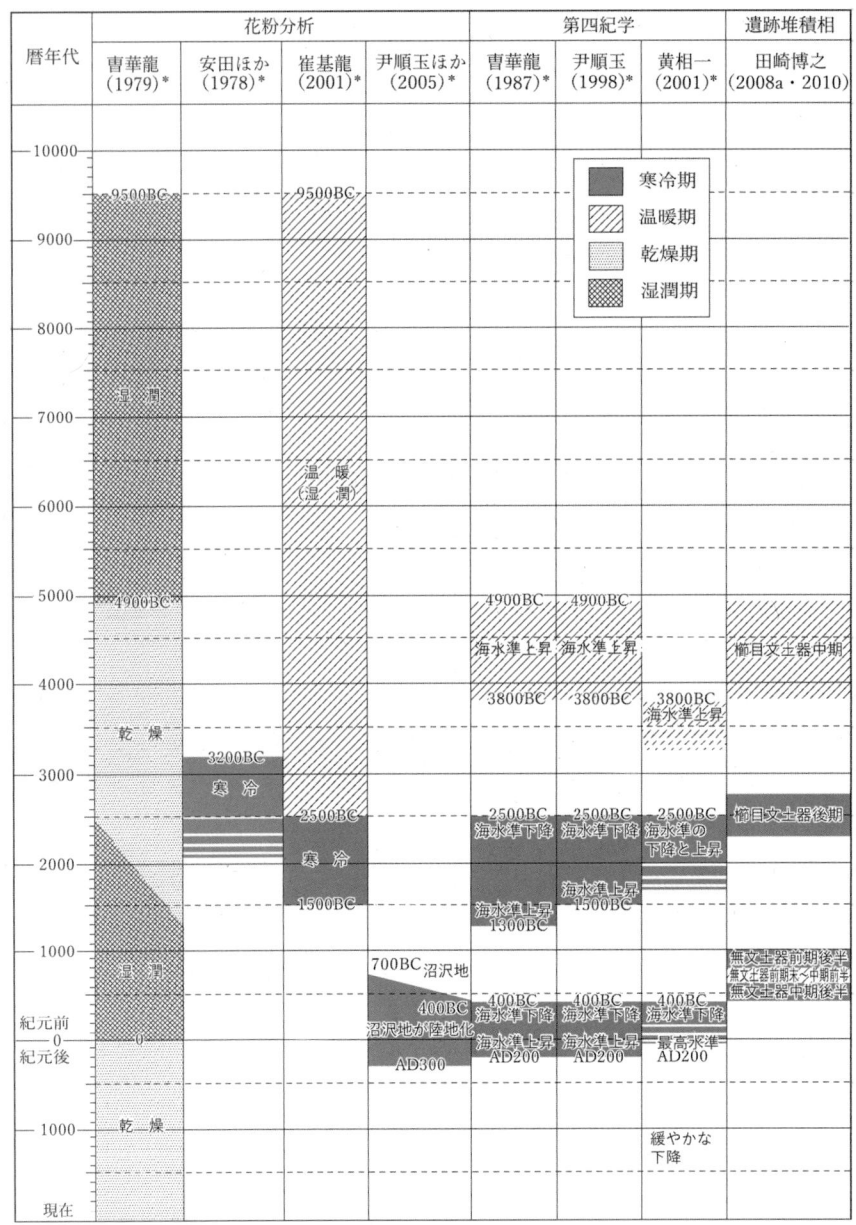

図 64　朝鮮半島南部における気候変動データの比較＊IntCal04による較正年代

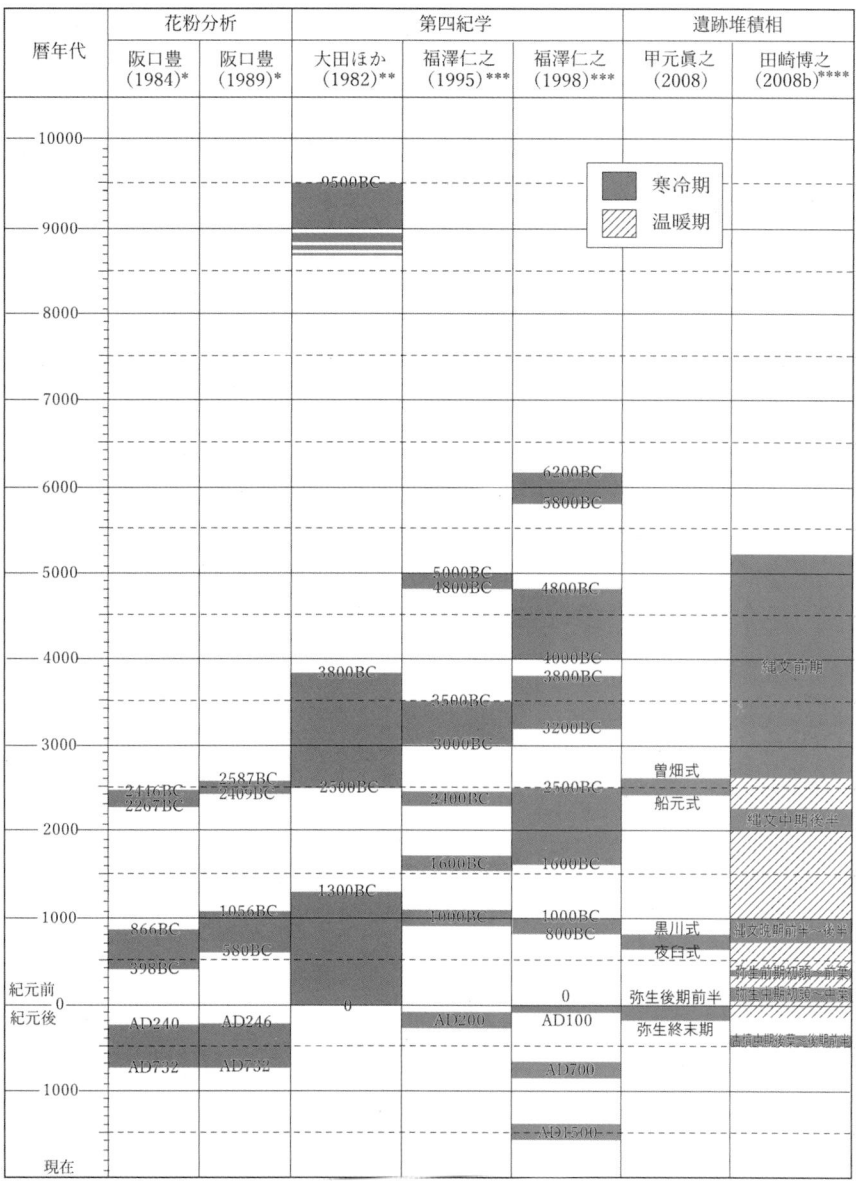

図 65　日本列島西部における気候変動データの比較．* 阪口豊による較正年代，** IntCal04 による較正年代，*** 年縞年代，**** 縄文前期の暦年代は埋蔵文化財研究会 (1996) 掲載の炭素 14 年代を IntCal04 によって較正した値を用いた．

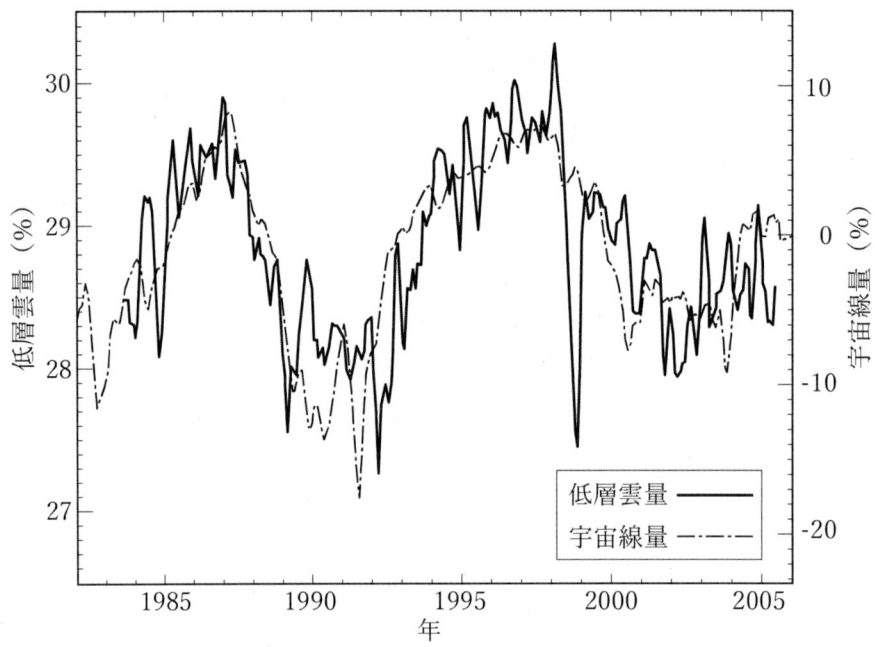

図 66　低層雲量と宇宙線量の変動

スベンスマルクらによって提唱された学説である．それは，地球に降り注ぐ宇宙線が雲の量を増減させているというものである．そのメカニズムについてはいまだ解明されていないものの，全球の雲の面積と宇宙線量の変動のあいだには，強い相関が確認されている(図 66)．このような理解に立てば，宇宙線量の増加 → 雲の増加 → 太陽熱量の低下 → 気温の低下という流れで，寒冷化のメカニズムの説明が可能であり，このことは数日から数億年という，あらゆる時間スケールで成立している見込みがある(Svensmark 2007).[91]

　ところで，気候変動を説明する変数として，門外漢でもすぐ思い浮かべるのが，太陽から地球に

---

[91]　田中良之はこれと同様の考え方を，丸山茂徳(2008)を引用して紹介し，炭素14年代の較正曲線上での寒冷期の読み取りに活用した(田中良之 2011)．筆者も考古学的時期，寒冷期の暦年代を較正曲線により検討する中で，丸山茂徳(2008)を引用したが(端野晋平 2014a, 2018)，ここではその元になった論文を取り上げた．

届く放射量の変化であろう．実際，太陽活動の変化と気候変動の一致は，十数年から数千年という幅広い時間スケールで報告されている．太陽活動の変化を示す太陽磁場は，飛来する宇宙線から地球を守るバリアの役割を果たすので，太陽活動の増減と宇宙線量の増減とは逆相関の関係にある．このことから，地球大気中の14C量の増減から太陽活動の変化を読み取ることができる．ところが，太陽活動の変化に伴う放射量の増減は，全体の0.1％程度と非常にわずかで，気候変動を説明できるほどの影響力をもたない．このようなこともあって，気候に大きく関与するであろう雲の発生に目をつけたスベンスマルクらの学説が注目を集めているわけである．

さて，以上のことをふまえると，炭素14年代の較正曲線において，急に上がったり平坦になったりしている部分は14Cが増加傾向にある時期＝寒冷期，下がる部分は14Cが減少傾向にある時期＝温暖期というように評価できる．では，渡来の二段階それぞれの暦年代および，渡来や文化変化への関与が想定される寒冷化の時期はどうであろうか．筆者は，田中良之(2011)と岩永省三(2011)から示唆を受けつつ，黒川式期と山ノ寺・夜臼Ⅰ式期の間の砂丘形成期を，730calBC〜600calBCの較正曲線が横ばいから急激に上昇する範囲にあて，黒川式期と山ノ寺・夜臼Ⅰ式期の境界を600calBCとみたい(図67)．較正曲線は600calBC以降，急激に下降する．この時期に気候が温暖化するとともに砂丘が安定し，福岡県新町遺跡などの墓地遺跡が砂丘上に形成され始めたとみることができる．このような年代観は，無文土器時代前期・中期の炭素14年代に対する統計的検討(端野晋平 2010b)からみても矛盾はない．

以上のことから，渡来第1段階・第2段階の年代は次のように考えられる．すなわち，渡来第1段階の始まりは，730calBCごろの寒冷期の始まりに対応する．そして，渡来第2段階は，600calBCごろから始まるものと考えられる．なお，ここでの較正曲線から導かれる年代をそのまま実年代とみるには慎重を要する．宇宙線量の増加期と寒冷期の間にはタイムラグがあることを考慮すると，実年代は較正年代より確実に新しくなるからである．ただ，筆者にはそれがどの程度新しくなるのか分からない．そのため，以下，年代については，較正年代そのものの意味で，○○calBCと表記する．

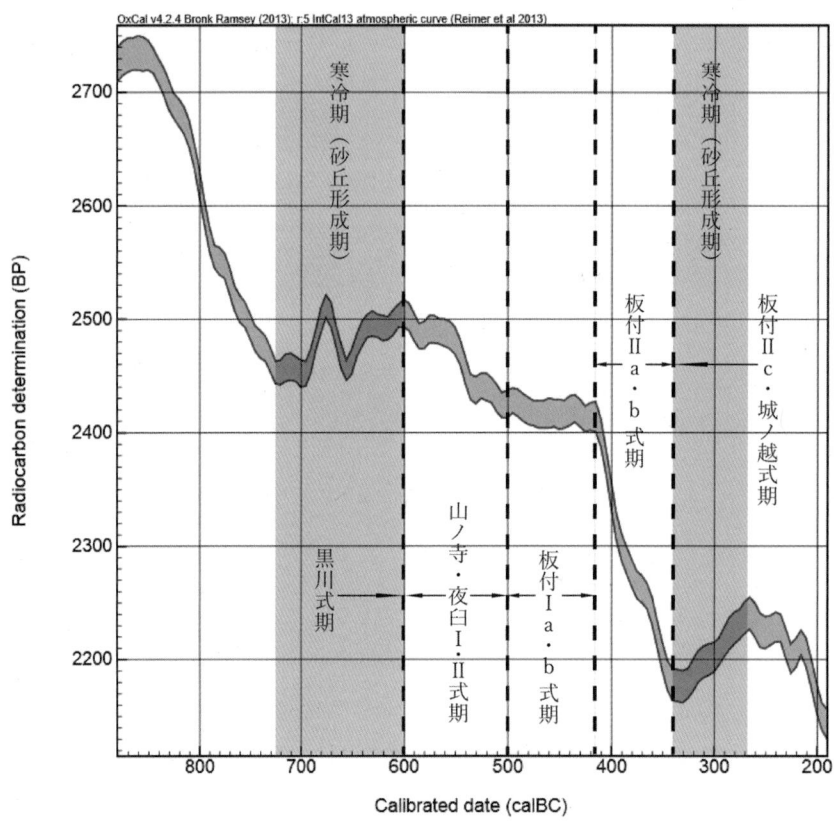

図 67　較正曲線からみた寒冷期とその時期(試案)：板付Ⅰa・b式期と板付Ⅱc・城ノ越式期の較正年代上の位置づけは田中良之(2011)の人骨年代を参照した．板付Ⅰa・b式期も較正曲線の形状からみて，寒冷期の可能性がある．グレー部分は寒冷期を示す．OxCal4.2.4より作成．

Ⅳ．水稲農耕伝播のメカニズム(予察)

最後に，これまでの議論を総合して，水稲農耕伝播のメカニズムについて，予察したい(**図68**)．渡来第1段階の始まりは，730calBCごろからの寒冷期の開始と時を同じくする．そして，この気候の悪化は，畑作を主たる生業としていた前期無文土器社会に農業生産力の低下をもたらす．気候の悪化にとも

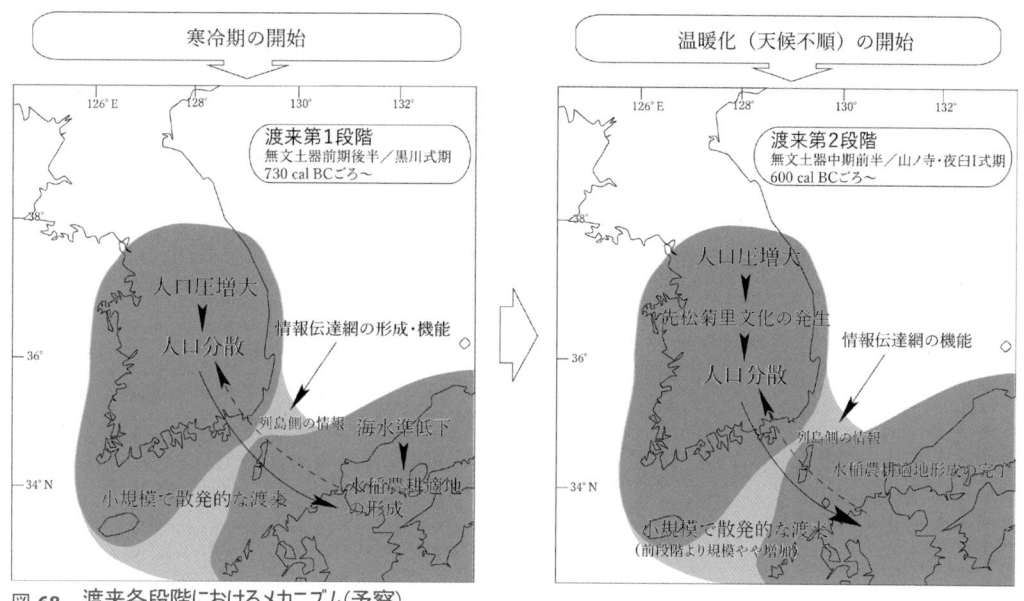

図 68　渡来各段階におけるメカニズム(予察)

ない，一つの集落に居住する人口を支えるために十分な生産力を確保できなくなると，その解決策の一つとして，人口の分散が行われる．この人口の分散は，無文土器人が農耕にとってより好条件を求め，列島にまで及ぶことになる．その結果として，半島・列島間を横断する情報伝達網が形成される．同時に列島各地では，海水準の低下により，後に水稲農耕適地となる沖積低地や後背湿地が形成される．

　続いて，渡来第2段階は600calBCごろから始まるが，この段階には気候は温暖化し，これに伴い洪水リスクが高まる．洪水による農作物の被害や農地の喪失が渡来の要因となる．慶尚南道大坪里玉房2地区などでは，おおむね無文土器時代中期前半に属する畑地が洪水砂によって埋没したことが確認されている(慶尙大學校博物館 1999)(図 69)．このような自然災害を要因とする生産力の低下は，集落内における人口圧の増大を招く．これに対して，無文土器社会は，より積極的に人口の拡散によって解決を図ろうとする．そうした文化的適応の結果が(先)松菊里文化の成立というかたちで表れる．この段階における半島→列島の渡来や交流は，前段階に比べて，やや活発化する．これは，半島・列島

225

図69　大坪里遺跡玉房2地区の畑跡

間に形成された情報伝達網を通じて，列島側に存在する水稲農耕に好ましい自然条件や人・社会などに関する情報が，この段階以前の無文土器社会にすでに蓄積されていたことを背景にすると考えられる．そして，このような情報伝達網の存在を可能にしたのは，前段階に列島に移住した渡来人やその子孫，あるいは彼らと近しい関係にある列島在来人と無文土器人との間に確立していた人間関係のネットワークであっただろう．

以上，水稲農耕開始前後の列島・半島間交流，風成砂丘の形成，炭素14年代較正曲線からみた気候変動の研究成果をふまえ，水稲農耕伝播のメカニズムについて大胆に予察した．言うまでもなく，本稿

で提示したメカニズムのモデルは，仮説の域にとどまっている．これを検証するためには，渡来人の故地と推定される地域の集落を，生態学的観点から詳細に検討することが不可欠である．今後，集落分析を通じて，人間集団が環境変化に対して，どのように適応したのか，そしてなにゆえ列島への渡来を招くこととなったのかを追跡していく予定である．また，渡来の要因としては，寒冷化だけではなく，天候不順にともなう自然災害，たとえば洪水による農地や居住地の被害などを裏づける証拠も視野に入れて議論していく必要があるように思う．ともあれ，本稿が今後の弥生時代開始論のたたき台となれば幸いである．

08

일본열도로의 수도작 전파를 어떻게 설명할 것인가?
고고학에서의 기후변동 데이터 적용 시도

How Can the Adoption of Rice Farming on Paddy Be Explained?:
Archaeological Use of Climate Data

端野晋平 Hashino Shimpei
번역: 이민영

Ⅰ. 수도작 개시 전후 일본열도-한반도간 교류
Ⅱ. 풍성사구의 형성에서 본 기후변동
Ⅲ. 방사성탄소연대의 교정곡선으로 본 기후변동
Ⅳ. 예찰: 수도작 전파 기제

일본열도의 조몬繩文시대 말에 도입되는 수도작의 기원은 근접하는 한반도에서 찾을 수 있다. 수도작水稻作과 함께, 그것과 불가분의 관계에 있는 문화도 도입되어 결과적으로 일본열도에서는 야요이弥生문화가 성립하게 된다. 그리고 이런 사건의 배후에, 한반도부터의 인간 집단 도래와 일정한 관여를 상정하는 견해도 제기되고 있어, 지금까지 농경의 시작, 사람의 이동, 문화 변화 등 인류사에서 보편적인 주제에 대해서 활발한 논의가 이루어져왔다. 그러나, 한반도에서 일본열도로의 수도작 전파의 기제機制, mechanism에 대해서는 아직 뚜렷한 답은 얻지 못했다.

이 글에서는 우선 지금까지의 고고학 연구의 성과를 바탕으로 해당 시기에 일본열도·한반도간 교류의 실태를 밝힌다. 이어서 수도작 전파의 기제를 해명하기 위한 요소로서 기후변동에 주목하여 풍성사구의 형성이 나타내는 한랭기와 그 고고학적 시기, 방사성탄소연대의 교정곡선에서 본 기후변동과 풍성사구의 형성기, 역曆연대와의 관계에 대하여 논의한다. 마지막으로, 지금까지의 논의를 종합하여 수도작 전파의 기제를 예찰하고자 한다.

I. 수도작 개시 전후 일본열도-한반도간 교류

이 장에서는 수도작 전파의 기제를 논의하기 전에 고고학의 연구 성과를 토대로 해당 시기의 일본열도·한반도간 교류의 실태를 밝히고자 한다. 오늘날 일본열도에서의 수도작 출현기는 조몬시대 만기 후엽(야마노테라山／寺·유우스 I 식夜臼 I 式기),[89] 한반도에서의 무문토기시대[90] 중기 전반(휴암리식기)으로 생각된다(그림 56·57). 선행연구(宮本一夫 2005; 松本直子 1996; 前田義人·武末純一 1994; 田中

---

[89] 이 시기부터 야요이시대로 보고 '조기 전반'으로 규정하는 견해가 있다. 그러나 필자는 야요이적 문화 구조의 성립을 상정하는 이타즈케 I 식板付 I 式 호형토기의 출현을 야요이시대의 개시라고 생각하고 있기 때문에 이 주장을 채택하지 않았다.

[90] 현재 한국 고고학계에서는 이에 해당하는 시대의 전반기를 '청동기 시대'라고 부르는 생각이 지배적이다. 필자는 이 시대명칭을 사용하는 것에 대해, 특히 국제사회에서의 일정한 유용성을 인정하고 있지만, 동시에 문제점도 느끼고 있어 사용하지 않고 있다(端野晋平 2018).

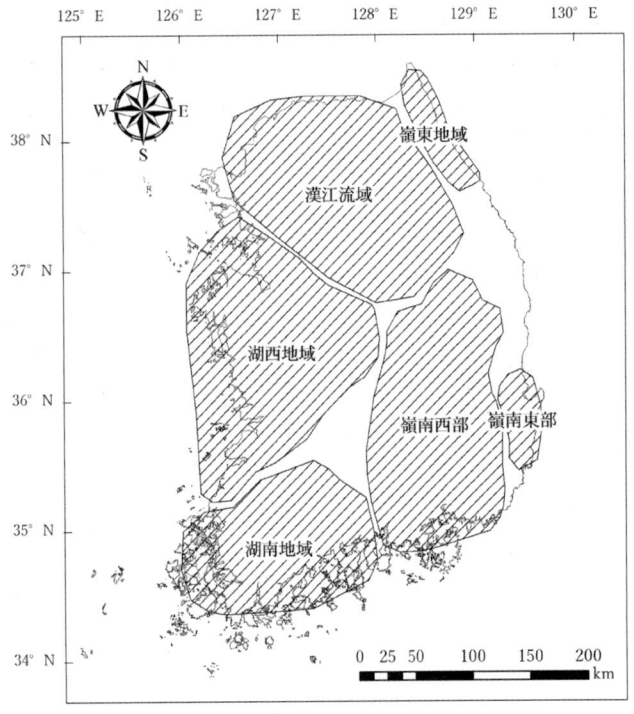

良之 1986; 片岡宏二 1999)를 근거로 하면 일본열도로 수도작이 도입되는 과정은 크게 다음과 같은 두 단계로 나누어 파악할 수 있다.

도래 1단계: 수도작은 시험적으로 일반화하지는 않았지만, 공렬토기나 석도, 적색마연천발赤色磨硏淺鉢토기 등이 한반도 남부와 교류와의 도래인의 존재를 암시하는 무문토기시대 전기/조몬시대 만기 중엽(구로카와식黑川式기).

도래 2단계: 수전 개시, 농경구, 각종 공구, 마제석촉·석검, 호형토기, 송국리식 주거, 지

그림 56 남한지역 구분

地域区分		朝鮮半島南部						日本列島		
		漢江流域	嶺東地域	湖西地域	湖南地域	嶺南西部	嶺南東部	九州北部		
無文土器時代	早期			渼沙里式				繩文時代	晩期	広田式
	前期			可楽里式						黒川式
				駅三洞式						
	中期	北漢江泉田里式		休岩里式		検丹里式				山ノ寺・夜臼Ⅰ式
										夜臼Ⅱ式
				松菊里式				弥生時代	前期	板付Ⅰ式 a/b
	後期			水石里式						板付Ⅱ式 a/b/c
				勒島式					中期	城ノ越式

그림 57 조몬·야요이시대와 무문토기시대의 병행관계

석묘 등 다양한 문화 요소가 체계적으로 출현하며, 수도작이 본격화하는 무문토기 중기(휴암리식기)/조몬 시대 만기 후엽(야마노테라·유우스 I 식기).

　이러한 단계성을 가진 양 지역간의 교류를 설명하는 열쇠 개념으로 필자는 '정보전달망'을 정의했다(端野晋平 2014a). '정보전달망'이란 교역·혼인·이주 등의 다양한 수단을 매개로 하는 일정한 커뮤니케이션이 보증된 인간관계를 기반으로 하는 정보 교환 회로의 집합체를 말한다. 그러면 해당 시기·지역에 있어서는 고고학적인 여러 현상으로 보아, 위상이 다른 양자의 '정보전달망'이 존재한다고 할 수 있다. 즉, 한반도·일본열도 각각에 형성된 '긴밀한 정보 전달망'과 한반도·일본열도 사이를 횡단하는 '미약한 정보전달망' 두 가지이다. '긴밀한 정보 전달망'은 한반도 남부에서는 가락동식·역삼동식·흔암리식 토기가 나타내는 전기 무문토기문화권, 일본열도에서는 규슈九州를 중심으로 한 구로카와식 토기 분포권의 배경에 가로놓여 있는 것이다. 그리고 또 하나의 '미약한 정보전달망'은 토기에 표현된 공렬, 홍도 또는 채도 등의 부분적인 요소의 확대, 혹은 후쿠오카福岡현 누키가와貫川유적 석도와 같은 보편적이지 않은 단발적인 외래문화의 존재가 나타내는 '긴밀한 정보전달망'을 횡단하는 범위에 가로놓여 있는 것들이다.

　이상의 것을 근거로 하여 도래 제2단계에서의 한반도에서 일본열도로의 문화 확산을 '정보전달망'의 형성과 기능에 주목하여 생각해 보자. 우선 도래 제2단계의 송국리식 주거, 삼각형석도, 송국리식 토기의 분포를 보면, 이것은 도래 제1단계인 전기 무문토기의 분포범위 내에 들어가는 것을 알 수 있다. 이 때문에, 무문토기시대 전기에 형성되어 기능하고 있던 '긴밀한 정보전달망'을 배경으로, (선先)송국리문화가 한반도 남부의 각지로 확산되어 갔다고 볼 수 있다. 또, 전술한대로, 도래 제1단계에는 규슈 북부에서 한반도로부터의 도래를 말해주는 문화 요소가 단편적으로 출현한다. 이것은 '긴밀한 정보전달망'의 바깥쪽, 한반도 남부와 규슈 북부를 횡단하는 범위에 '미약한 정보전달망'이 퍼지고 있었다는 것을 의미한다. 그리고 도래 제2단계가 되면, 수도작과 불가분한 문화요소가 규슈 북부에 체계적으로 전해지는 것은, 이러한 '미약한 정보 전달망'이 전前단계에 형성·기능하고 있었으며, 이 단계에도 건재했기 때문이라고 할 수 있다.

　그런데 이러한 '정보전달망'은 한반도 → 일본열도라는 한 방향만의 정보전달로 기능하고 있었던 것일까? 아니, 결코 그렇지는 않다. 한국의 창원 망곡리網谷里유적(慶南発展研究院歷史文化센터 2009)

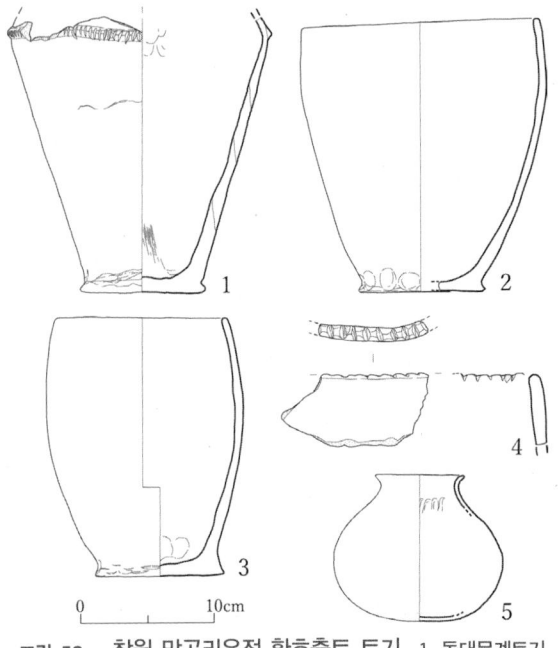

그림 58 창원 망곡리유적 환호출토 토기 1. 돌대문계토기,
2~5. 공반한 무문토기

에서는 규슈 북부에서 일정기간 체류 혹은 상호교류를 통해 일본열도의 토기정보를 알아낸 무문토기인이 제작한 돌대문계토기가 출토되고 있다(端野晋平 2010a)(그림 58). 즉, 이것은 한반도에서 일본열도로 수도작과 문화요소가 체계적으로 전해지는 도래 제2단계에도 정보전달은 한반도 → 일본열도라는 방향만의 일방통행이 아니라, 역방향의 일본열도 → 한반도라는 흐름도 있을 수 있었다는 것을 의미한다.

그렇다면 도래 제2단계로 일본열도에 출현한 수도작과 그것과 불가분의 관계에 있는 문화는 한반도의 어디에서 전래된 것일까. 도래문화의 기원지를 찾는 것은 수도작 전파의 기제를 규명하기 위한 토대를 만든다는 관점에서 불가결한 작업이다. 이 작업을 관철하고 그 장소를 특정할 수 있어야만 비로소 그 장소에서 무슨 일이 일어났는가하는 기제의 문제로 나아갈 수 있는 것이다.

그동안 필자는 일본열도의 수도작 개시기에 출현하는 지석묘, 송국리식 주거, 석도, 적색마연호壺 같은 물질문화의 계통학적 연구를 통해, 도래문화의 출발지 문제에 접근해왔다(Hashino 2011; 端野晋平 2003a·b, 2008a·b). 이러한 물질문화를 연구대상으로 선택한 것은, 자료의 축적이 충분하며, 한반도 남부에서 지역성이 비교적 명료할 것으로 예상하였기 때문이다. 연구 결과를 종합하면, 주로 남강 유역과 낙동강 하류 유역 문화가 바다를 넘고, 수도작과 함께 일본열도의 규슈 북부로 넘어 온 것으로 보인다. 또한, 오늘날 고고학·자연인류학의 성과(田中良之 1991, 2002; 田中良之·小澤佳憲 2001)를 참조하면 이러한 문화전파의 배경에는 피아의 교류 외에 소수 인간 집단의 도래가 상정된다. 당연한 일이지만, 그러한 도래인의 고지故地에 대해서도 남강 유역이나 낙동강 하류역을 그 후보로 들

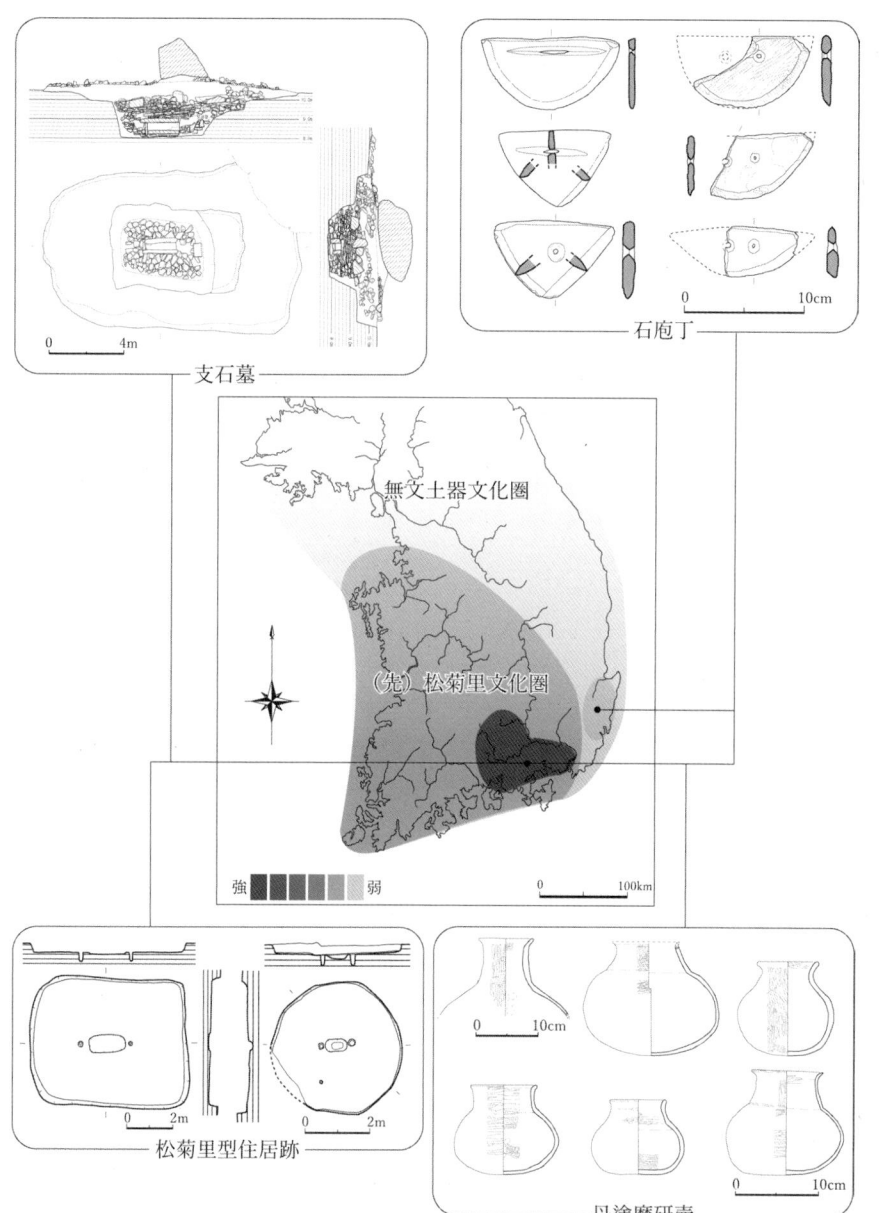

그림 59 도래인의 고지추정자료: 연구대상으로 삼은 물질문화 각각의 분석결과를 토대로 일본열도의 물질문화와의 친연성 親緣性 정도를 농담으로 표시.

수 있을 것이다. 또, 여기서의 한반도·일본열도 간의 지역 관계는 오해를 초래하지 않도록 설명하면, 남강 유역·낙동강 하류역과 현해탄玄海灘 연안지역 사이에 가장 조밀하게 형성되어 있으며, 그 주변으로 갈수록 희미해져 가는 그라데이션 구조를 이루고 있다고 이해할 수 있다(**그림 59**).

II. 풍성사구의 형성에서 본 기후변동

종래보다 일본 고고학계에서는 농경전파의 기제를 설명하기 위한 요소로, 기후변동이 주목되어 왔다. 고고학에서는 기후변동을 설명변수로 하고, 과거의 사회·문화의 변화를 설명하고자 할 때, 우선 기후변동 데이터가 나타내는 한랭화 또는 온난화가 고고학적 시기 구분의 어디에 대응할 것인지가 문제다. 필자는 유적 조사기록에서 풍성사구의 형성 시기를 검토함으로써 이 문제에 접근하고 있는 고모토 마사유키甲元眞之의 연구(甲元眞之 2004a·b, 2007, 2008)에 주목하였다.

　일본열도 각지의 하구 부근에는 사질 해안이 분포되어 있다. 이것은 하천 상류로부터 운반되어 온 모래나 부근의 해식애가 풍랑에 의하여 침식되어 생긴 쇄설물이 퇴적되어 생긴 것이다. 이러한 사질해안에 있어서 그가 주목하는 것은 한랭화에 따른 해수면의 저하로 형성된 풍성 사구이다. 그는 그 형성 기제에 대하여 한랭화에 의하여 해수면이 저하되어 얕은 해저에 퇴적되어 있던 모래가 지상에 노출됨으로써 바람에 날려 해안부에 형성되었다고 설명하고 있다(甲元眞之 2004b).

　그가 사구 형성시기를 알아내기 위한 방법은 명료하다. 발굴 조사에서 확인된 사구 내부의 흑색부엽사질토층[クロスナ層, Black Humus Sand층]과, 사구 상위 혹은 상면에서 파고들은 유구에서 출토된 유물의 시기를 단서로 삼았다. 사구는 모래의 공급이 멈추거나 적어지면, 풀과 관목이 무성하고, 부식토의 퇴적이 진행된다. 결과적으로 형성된 흑색부엽사질토층은 사구의 형성이 끝나고, 인간이 그 곳을 이용 가능하게 되었을 것이다. 이러한 성격을 가진 흑색부엽사질토층은 열쇠로, 사구의 안정기를 알 수 있다. 한편, 사구형성 시작기는 풍성사층 바로 아래에 퇴적된 문화층의 시기에 따라 구할 수 있다.

　여기에서는, 그(甲元眞之 2008)의 이해에 따르고, 사견을 더하여 조몬·야요이 이행기의 사구 형성 시기를 나타내는 유적의 예를 자세히 보고자한다. 우선, 사구 형성의 개시기에 대해서는, 나가사

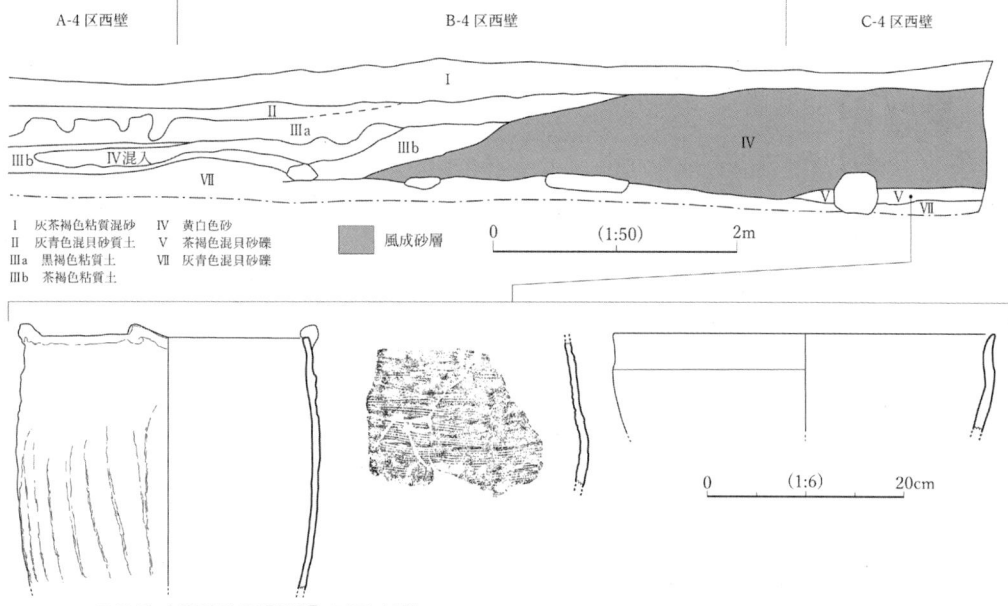

그림 60 오오하마유적의 풍성사층 퇴적 상황

키長崎현 오오하마大浜유적(長崎県教育委員会 1998)에서 알 수 있다. 이 유적에서는 조몬시대 만기 구로 카와식 토기의 단순층單純層의 상부에 풍성사층의 퇴적이 확인되고 있다(그림 60). 이는 구로카와식 이 후에 풍성사층이 형성되었음을 보여 주며, 그 배경에 해수면의 저하와 한랭화를 읽어낼 수 있다.

한편, 사구의 안정기는 어떨까? 야마구치山口현 요시모하마吉母浜유적에서는 풍성사층 전면의 경사를 따라 퇴적된 흑색부엽사질토층에서 돌대문토기가 출토되었으며, 야요이시대 중기의 무덤이 이 상위층에서 확인되었다(그림 61). 이 사실로부터 사구의 형성은 조몬시대 만기인 돌대문기부터 야 요이시대 중기 전반에 걸쳐 정체되었음을 알 수 있다(水島稔夫 1985).

후쿠오카현 신마치新町유적(志摩町教育委員会 1987)에서는, 연안의 사구 상에 조몬시대 종말기부 터 야요이시대 개시기까지 지석묘 등으로 구성된 묘지가 발견되었으며, 이 기간에 사구의 형성이 일 시 정지됐던 것을 알 수 있다. 고모토 마사유키(2008)는 사구 안정기를 알 수 있는 유적 중에 이 유적 이 가장 앞선 것으로 보고 있다. 무덤에 부장된 토기 중 가장 오래된 것은 45호묘의 구경부가 직립하 는 호로, 이것은 필자의 편년(端野晋平 2016)로 말하면, 조몬시대 만기 후엽의 야마노테라·유우스 I

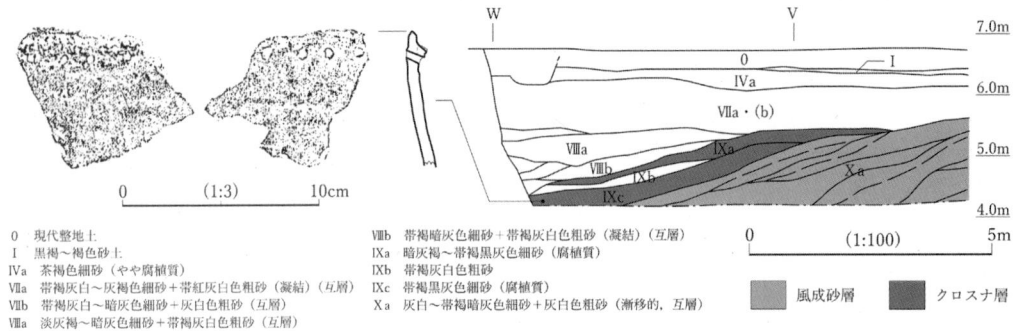

그림 61　요시모하마유적의 풍성사층 퇴적 상황

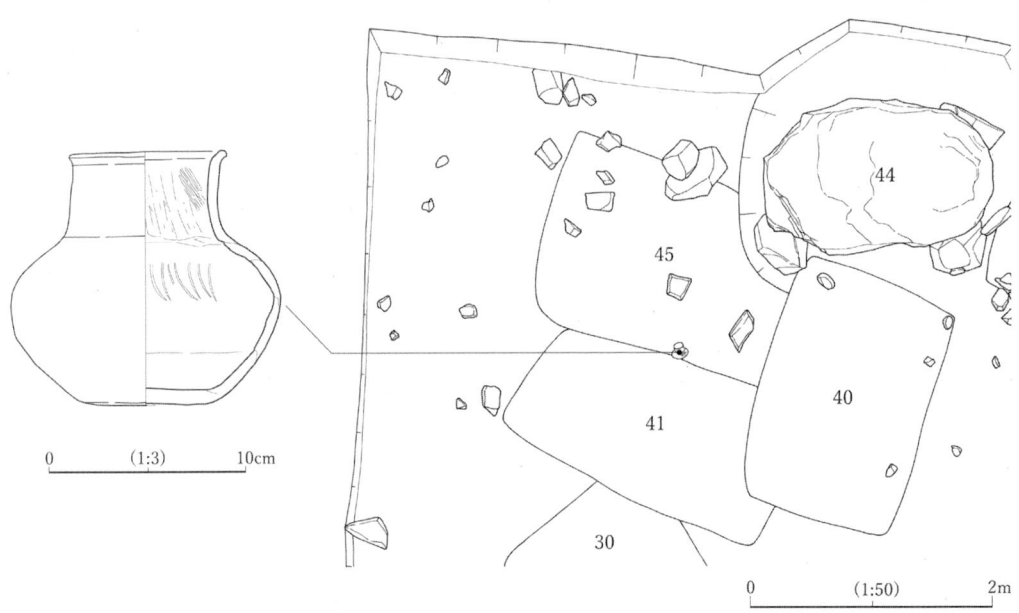

그림 62　신마치유적 45호묘와 부장 토기

식 토기이다(그림 62). 후쿠오카현 후지사키藤崎유적도 이러한 사구 상에 위치한 유적이다. 여기에서 시기가 가장 앞선 것은, 제8지점 제101호 옹관(福岡市敎育委員會 1982)이며, 이는 하시구치 타츠야橋口達也의 옹관 편년(橋口達也 1992)으로 보면 둘 다 마가리타고식曲)田古式(야마노테라·유우스Ⅰ식)의 특징을 가지고 있다(그림 63). 사구 안정기인 유적 중에서도 특히 신마치유적, 후지사키유적의 예에서 보아, 사구 형성은 야마노테라·유우스 I 식기의 일시까지는 정지되어 사구의 이용이 가능한 상태에 있었다고 할 수 있으며, 그 배경에 기후가 온난화로 바뀐 것으로 상정할 수 있다.

이상의 사구 형성에서 알려진, 이 시기의 한랭기는 일본열도 서부 지역에 국한된 현상은 아니다. 고모토 마사유키는, 세계 각지에서 확인된 기원전 1천년기 전엽의 한랭화 현상과 대비 등으로 보아, 지구 규모의 한랭화 현상의 한 부분으로 간주하고 있다(甲元眞之 2008). 필자는 한반도 남

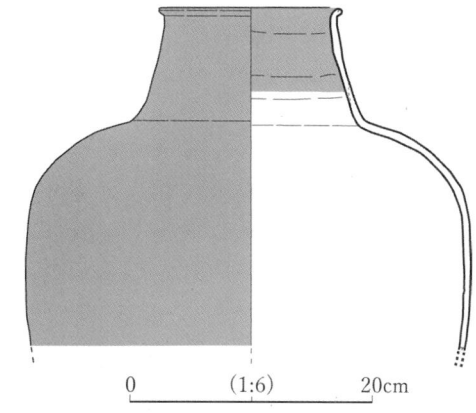

그림 63 후지사키유적 제8지점 제101호 옹관

부·일본열도 서부 양쪽에서의 기후변동 연구의 성과를 정리했다. 이 사구 형성이 나타내는 한랭기는, 일본열도에서의 다른 데이터가 나타내는 한랭기나 고모토 마사유키(2008a, 2010)가 한반도의 유적 데이터로 발견한 한랭기와 비교적 일치하며(端野晋平 2014b, 2018)(**그림 64 · 65**), 역시 지구 규모의 한랭기로 볼 수 있다.

III. 방사성탄소연대의 교정곡선으로 본 기후변동

이어서 풍성사구의 형성으로 추정된 한랭기를 역연대 속에 위치시켜 역으로 전지구적 현상인지를 파악하고자 한다. 그것에는 방사성탄소연대의 교정곡선이 최적이다. 오늘날 교정 곡선은, 방사성탄소연대를 실제 실연대로 교정하기 위한 기초 자료로 널리 알려지고 있지만, 그것만 아니라 과거 기후변동을 알기 위한 데이터로도 유익하다. 교정곡선은 실연대가 판명된 수목시료 등의 방사성탄소연대 측정기록으로 이루어지며, 그 형상은 과거 대기 중의 14C량의 증감을 나타낸다. 이 14C량의 증감으로부터 과거의 기후변동을 읽어내는 것이다. 이것은 어떤 것인가. 대양물리학, 우주기후학의 연구동향(宮原ひろ子 2009, 2014; 增田公明 2012; 片岡龍峰 2010)을 참조하여 이하에 설명하겠다.

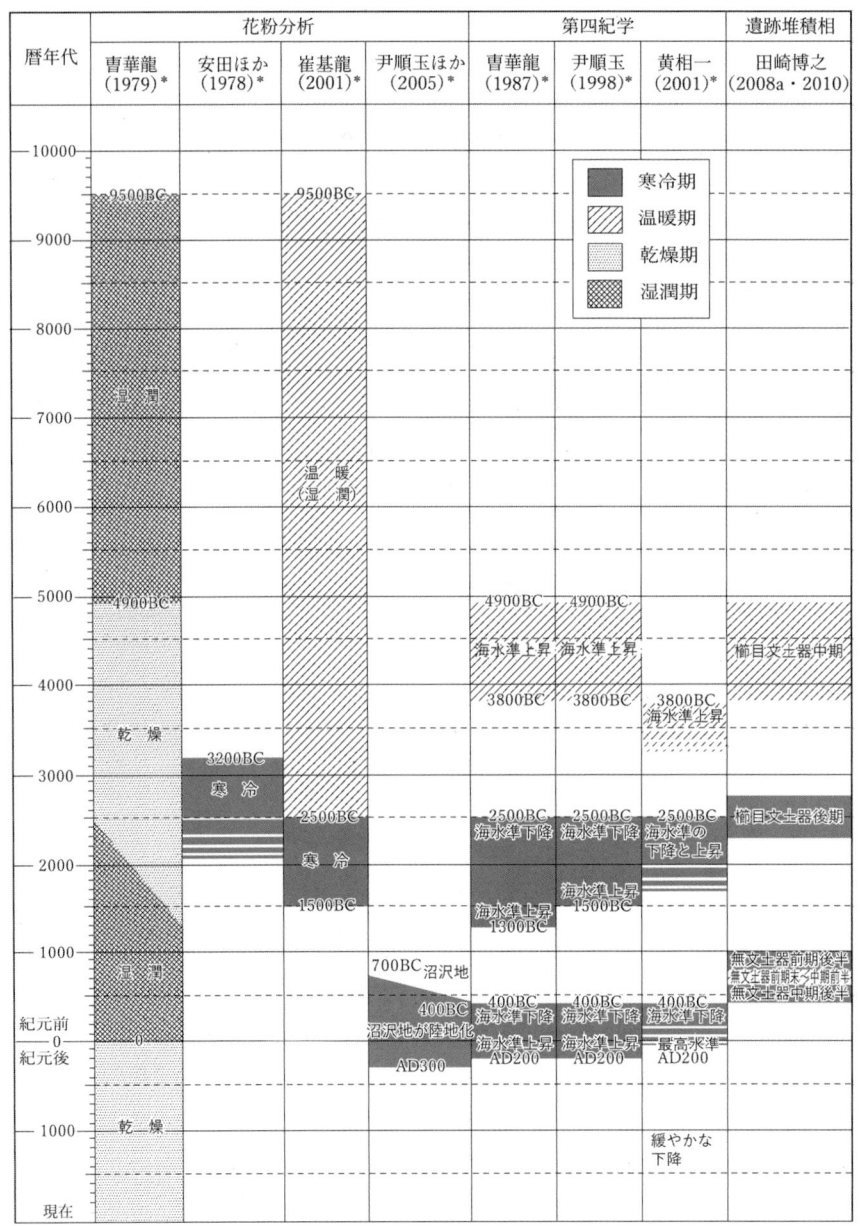

그림 64 한반도 남부 기후변동 데이터 비교 * IntCal04에 의한 교정연대

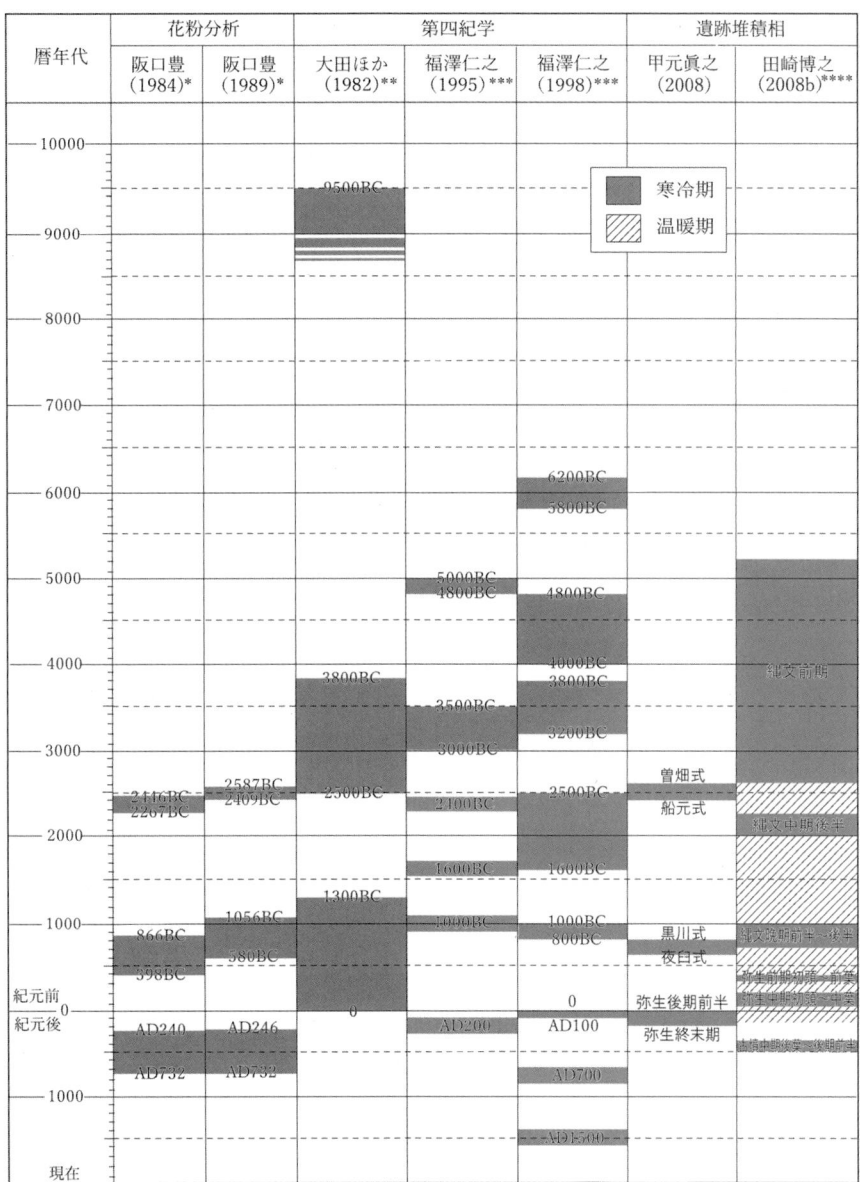

그림 65 일본열도 서부 기후변동 데이터 비교 * 사타구치 유타카阪口豊에 의한 교정연대, ** IntCal04에 의한 교정연대, *** 호상점토층湖狀粘土層, varves연대, **** 조몬시기의 역연대는 매장문화재연구회埋蔵文化財研究会(1996)에 게재된 방사성탄소 연대를 IntCal04에 의해 교정한 값을 사용했다.

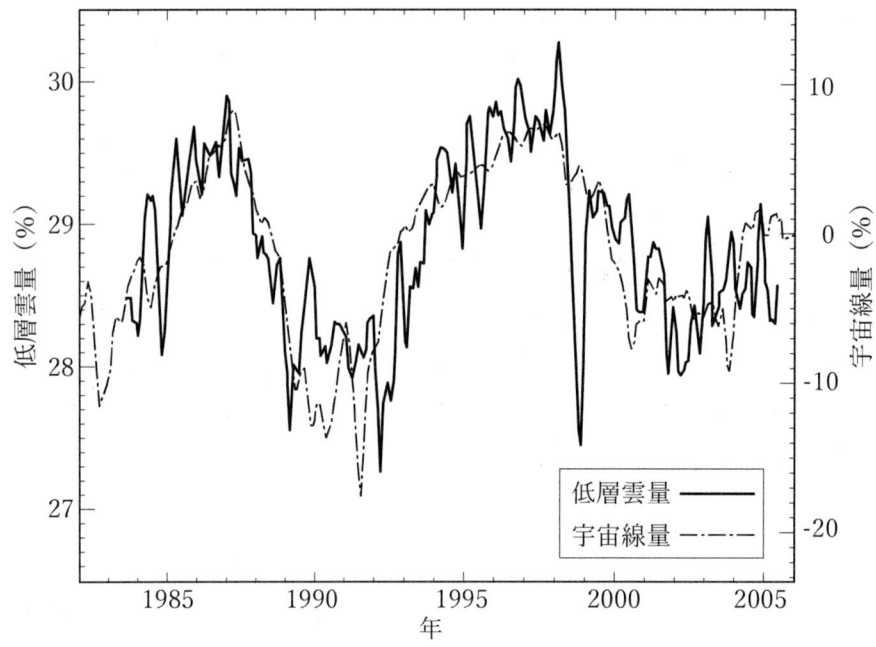

그림 66 저층의 운량과 우주선 양의 변동

　　대기 중의 14C는 지구 밖에서 쏟아지는 우주선宇宙線에 의해 생성되기 때문에, 14C의 양이 많을수록 우주선의 양이 많았다고 할 수 있다. 여기서 지구에 쏟아지는 우주선과 기후변동을 연결하는 것이 덴마크의 스벤스마르크Henrik Svensmark 등에 의해 제창된 학설이다. 그것은 지구에 쏟아지는 우주선이 구름의 양을 증감시키고 있다는 것이다. 그 기제에 대하여는 아직 해명되고 있지 않으나 전 구의 구름 면적과 우주 선량의 변동 사이에는 강한 상관관계가 확인되고 있다(**그림 66**). 이러한 이해에 입각하면 우주 선량의 증가 → 구름의 증가 → 태양열량의 저하 → 기온의 저하라는 흐름으로 한 랭화의 기제의 설명이 가능하며, 이것은 수일에서 수억년이라는 모든 시간대에 걸쳐 이뤄지고 있을 가능성이 있다(Svensmark 2007).[91]

---

[91] 다사키 히로유키田中良之는 이와 같은 생각을 마루야마 시게노리丸山茂徳(2008)의 논문을 인용하여 소개하고 방사성탄소연대 교정곡선 상에서의 한랭기 판독에 활용하였다(田中良之 2011). 필자도 고고학적 시기,

그런데, 기후변동을 설명하는 변수로 문외한이라도 가장 먼저 떠오르는 것은 태양으로부터 지구에 이르는 방사량의 변화일 것이다. 실제로 태양 활동의 변화와 기후변동의 일치는 수십 년에서 수천 년 사이라는 폭넓은 시간 스케일로 보고되고 있다. 태양 활동의 변화를 나타내는 태양자기장은 날아오는 우주선으로부터 지구를 보호하는 장벽 역할을 하기 때문에, 태양 활동의 증감과 우주선 양의 증감과는 역상관 관계가 있다. 이 때문에 지구 대기 중의 14C량의 증감으로부터 태양 활동의 변화를 읽을 수 있다. 그런데 태양 활동의 변화에 따른 방사량의 증감은 전체의 0.1% 정도로 아주 적어서 기후변동을 설명할 만한 영향력을 가지고 있지 못하다. 이러한 이유로 기후에 크게 관여할 구름의 발생에 주목한 스벤스마르크의 학설이 주목을 끌고 있는 것이다.

이상과 같은 것을 근거로 하면 방사성탄소연대의 교정곡선에서 갑자기 오르거나 평탄해진 부분은 14C가 증가경향에 있는 시기=한랭기, 내려가는 부분은 14C가 감소경향에 있는 시기=온난기로 평가할 수 있다. 그렇다면 도래 2단계 각각의 역연대 및 도래나 문화변화에 관여할 것으로 예상되는 한랭화 시기는 어떻게 될까. 필자는 다나카 요시유키田中良之(2011)와 이와나가 쇼조岩永省三(2011)로부터 제안을 받아, 구로카와식기와 야마노테라·유우스 I 식기 사이의 사구형성기를 서기전 730~600년의 교정곡선이 완만하다가 급격히 상승하는 범위에 맞추어 구로카와식기와 구로카와식기와 야마노테라·유우스 I 식기의 경계를 서기전 600년으로 보고자 한다(그림 67). 교정곡선은 서기전 600년 이후 급격히 하강한다. 이 시기에 기후가 온난화됨과 동시에 사구가 안정되고 신마치유적 등의 분묘유적이 사구 상에 형성되기 시작했다고 볼 수 있다. 이러한 연대관은 무문토기시대 전·중기의 방사성탄소연대에 대한 통계적 검토(端野晋平 2010b)로 보아도 모순은 없다.

이상으로부터 도래 제1단계·제2단계의 연대는 다음과 같을 것으로 추정된다. 즉, 도래 제1단계의 시작은 서기전 730년경의 한랭기의 시작에 대응한다. 그리고 도래 제2단계는 서기전 600년경부터 시작되는 것으로 생각된다. 또한 여기서의 교정곡선에서 도출되는 연대를 그대로 실제 연대로 보기에는 신중을 요한다. 우주선량의 증가기와 한랭기 사이에는 시차가 있는 것을 고려하면, 실연대

한랭기의 역연대를 교정곡선으로 검토하는 가운데 그(丸山茂徳 2008)의 논문을 인용하였는데(端野晋平 2014a, 2018), 여기서는 그 토대가 된 논문을 다루었다.

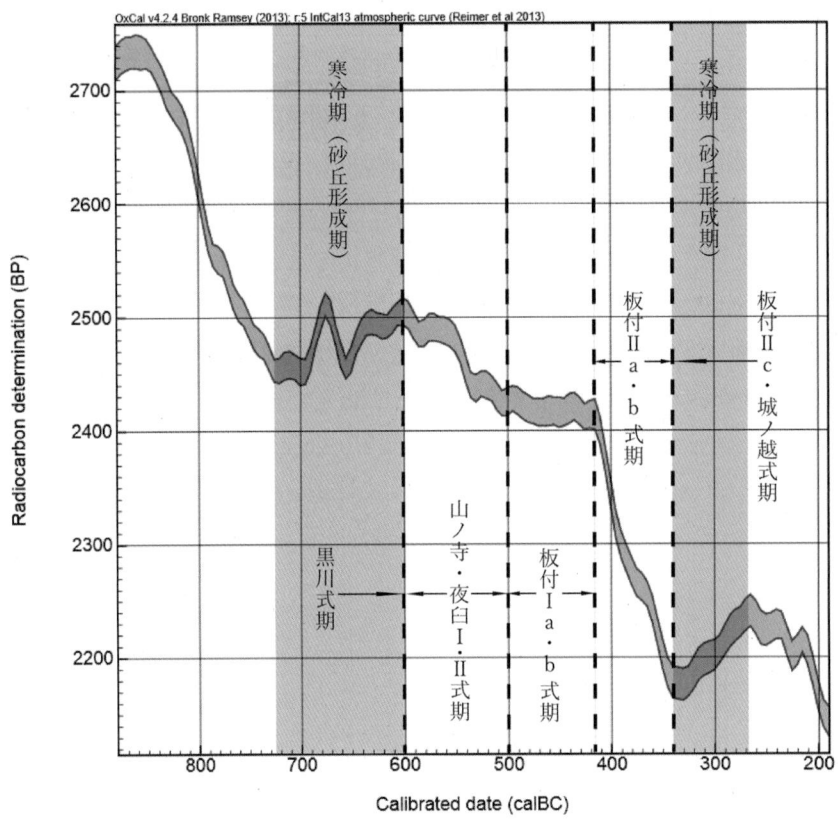

그림 67　교정곡선으로 본 한랭기와 그 시기: 이타즈케Ⅰa·b식기와 이타즈케Ⅱc·조노코시식城ノ越식기의 교정연대 위의 위치는 다나카 요시유키(2011)의 인골연대를 참고했다. 이타즈케Ⅰa·b식기도 교정곡선의 형상으로 보아 한랭기일 가능성이 있다. 회색부분은 한랭기를 나타낸다. OxCal4.2.4를 사용.

는 교정연대보다 확실히 늦어지기 때문이다. 다만 필자는 그것이 어느 정도 늦어질지 모른다. 그 때문에 이하 서기전 ○○년으로 표기한 연대는 교정연대(○○calBC) 그 자체의 의미로 사용한다.

Ⅳ. 예찰: 수도작 전파 기제

마지막으로 지금까지의 논의를 종합하여 수도작 전파의 기제에 대해 고찰하고자 한다(**그림 68**). 도래 제1단계의 시작은 서기전 730년경부터 한랭기 시작과 때를 같이 한다. 그리고 이 기후의 악화는 밭농사를 주된 생업으로 삼았던 전기 무문토기사회에 농업생산력의 저하를 가져온다. 기후의 악화에 따라 한 취락에 거주하는 인구를 지탱하기 위해 충분한 생산력을 확보할 수 없게 되면, 그 해결책의 하나로서 인구의 분산이 이루어진다. 이 인구의 분산은 무문토기인이 농경에 있어서 보다 좋은 조건을 찾아 일본열도에까지 이르게 된다. 그 결과로서 한반도·일본열도 사이를 횡단하는 정보전달망이 형성된다. 동시에 일본열도 각지에서는, 해수면의 저하로, 후에 수도작에 적합한 지역이 되는 충적저지대나 배후습지가 형성된다.

이어서, 도래 제2단계는 서기전 600년경부터 시작되는데, 이 단계에는 기후가 온난화 되고, 이에 따라 홍수 위험이 높아진다. 홍수에 의한 농작물 피해나 농지 상실이 도래 요인이 된다. 진주 대

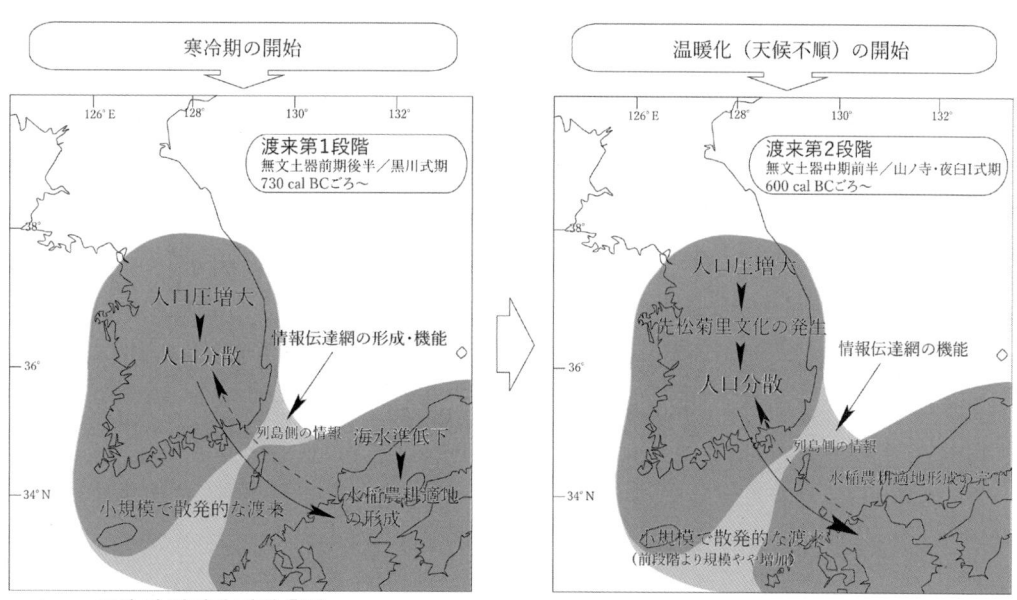

그림 68 도래 각 단계의 기제 추정

그림 69 대평리 옥방 2지구의 밭 유구

평리大坪里 옥방玉房 2지구 등에서는 대체로 무문토기시대 중기 전반에 속하는 밭유구가 홍수 모래에 의해 매몰된 것이 확인되고 있다(慶尙大學校博物館 1999)(**그림 69**). 이러한 자연재해를 요인으로 하는 생산력의 저하는 취락내에 있어서의 인구압의 증대를 초래한다. 이에 반해 무문토기사회는 보다 적극적으로 인구의 확산 문제를 해결하려고 한다. 그러한 문화적 적응의 결과가 (선)송국리문화의 성립이라고 하는 형태로 나타난다. 이 단계에서 한반도 → 일본열도의 도래와 교류는 전 단계에 비해서 조금 활발해진다. 이는 한반도·일본열도 사이에 형성된 정보전달망을 통해서, 일본열도 측에 존재하는 수도작에 적합한 자연조건이나 사람·사회 등에 관한 정보가 이 단계 이전의 무문토기사회에 이미 축적된 것을 배경으로 한다고 생각된다. 그리고 이러한 정보전달망의 존재를 가능하게 한 것은, 전 단계에 일본열도에 이주한 도래인과 그 자손, 혹은 그들과 가까운 관계에 있는 일본열도 재래

인과 무문토기인 사이에 확립하는 인간관계의 네트워크였던 것이다.

이상, 수도작 개시 전후의 일본열도·한반도간 교류, 풍성사구의 형성, 방사성탄소연대 교정곡선에서 본 기후변동의 연구성과를 근거로 수도작 전파의 기제에 대해 대담하게 예찰했다. 말할 필요도 없이, 이 글에서 제시한 기제의 모델은 가설의 경역에 머무르고 있다. 이것을 검증하기 위해서는 도래인의 고지로 추정되는 지역의 취락을 생태학적 관점에서 자세히 검토하는 것이 필수적이다. 앞으로 취락분석을 통해 인간 집단이 환경변화에 어떻게 적응했는지, 그리고 왜 일본열도로의 도래를 초래하게 되었는지 추적해 나갈 것이다. 또한, 도래되는 요인으로는 한랭화뿐만 아니라, 기상불순에 따른 자연재해, 예를 들어 홍수에 의한 농지나 거주지의 피해 등을 뒷받침하는 증거도 염두에 두고 논의해 나갈 필요가 있다고 생각한다. 어쨌든, 본고가 이후의 야요이시대 개시론의 토대가 되었으면 한다.

이 글은 이미 출판된 책—『初期稻作文化と渡來人：そのルーツを探る』(2018)—의 일부 내용을 발췌·종합·수정한 것임.

고고유적 주변의 퇴적층위. 고고유적 및 주변의 퇴적양상은 당시 환경은 물론 유적형성, 인간행위유형에 관한 결정적 정보를 제공하기도 한다.

총론

한국 선사시대 기후변동 연구의 미래
Future Research for Climate Change in Korean Prehistory

신숙정 Sookchung Shin

Ⅰ. '연구사업'의 성과와 과제
Ⅱ. 한국 선사시대 기후변동에 대한 향후연구를 위하여

이 책은 『동북아 기후변화 맥락에서 본 한국 선사시대 도구문화의 추이』라는 큰 제목 아래 개별 연구자들의 연구 8편을 모은 것이다. "우리나라 선사시대 사람들의 삶과 문화의 변동에 (고)기후변화가 어떤 영향을 끼쳤을까?" 하는 궁금증이 연구의 직접적인 계기이다. 물론 서론에서 밝혔듯이, 실제 문제의식은 보다 거시적으로 현재 우리가 직면한 환경적 위기에 대한 대응과 회생력을 제고하는 데에도 뻗어있다.

I. '연구사업'의 성과와 과제

8편의 개별 논문은 4개 부류—편제상 부部—로 나뉜다. I 부는 한국 선사·고대 '기후변화-사회문화변동' 관계 이해의 토대로서 필자의 「한국 선사고고학의 (고)환경 인식」(1장)과 김범철의 「한국 선사시대 생계전략의 변화와 기후」(2장)로 꾸며졌다. 필자의 글은 기후연구의 서장序章이라고 할 것으로, 한국의 선사시대 환경 요소들—인간생활에 영향을 미치는 기후, 지형, 식생 등—의 분석 작업 소개이다. 김범철의 연구는 최근에 이루어진 해상도 높은 기후분석 결과를 가지고 한국의 선사시대 고기후궤적 복원을 시도한 것이다. II부에서는 한국 선사·고대의 기후변화 이해를 위한 방법적 시도들이 소개되었는데, 박정재의 「홀로세 기후변화와 한반도 과거 사회」(3장), 최진무의 「고고자료 관리를 위한 GIS 활용」(4장)이다. 박정재가 다루는 많은 기후 대리자료 및 고고자료를 관리하는 체계로서 GIS를 소개하는 짜임새를 갖추었다. III부는 이 책의 본론이라고 할 수 있는 한국 선사시대 도구문화와 기후 편이다. 이기성의 「한일 선사시대 목제도구 조성의 이해」(5장), 손준호의 「청동기시대 석기 조성비 비교」(6장) 연구로 구성되었다. 연구사업이 원래 목표로 하였던 한국의 신석기/청동기시대 기후궤적과 도구의 상관관계 가운데 먼저 도구의 변천을 집대성하였는데, 두 논문에서 모두 기능별 석기 조성이 기후변화에 따른 인간 활동의 변화를 반영하는 주요영역으로 언급되었다. 마지막 IV부는 기후와 문화변동에 대한 중·일 고고학의 이해로서 조윤재의 「중국 西漢 묘제 변천과 기후변화」(7장), 하시노 신페이의 「일본열도로의 수도작 전파를 어떻게 설명할 것인가?日本列島への水稲農耕伝播をどう説明するのか」(8장)가 소개되고 있다. 두 논문은 한반도로부터 시야를 확장하려는 연구팀의 좋은 의도를 보여주는데, 연구자들도 이 연구사업의 목표를 늘 기억하면서 작업했다고 사료된다.

각 연구의 개요는 서론에서 소개되었으므로 여기에서는 각장에서 거둔 성과와 남겨진 문제들의 향후 연구(?)방향을 제시·요청하는 것에 치중하고자 한다. 어떠한 큰 연구 과제를 수행하고 나면 언제나 약간의 미진한 느낌도 갖게 되는데 이것은 위와 같이 짜임새 있게 구성된 프로젝트에서도 남아있다. 하나의 연구사업은 목표에 맞는 여러 개의 작은 연구주제로 나뉘어 저마다의 전공자들에게 맡겨진다. 각각의 연구제목들은 전체 통합주제뿐만 아니라, 개별 주제들 간의 긴밀한 관련성을 가지는 것으로 채택된다. 그러나 각 연구들을 수합하면 예상과 다소 다른 경우도 생겨나는데, 저마다의 주제에 몰두하다보니 통합주제에 다소 소홀해질 수 있기 때문이다. 이번 연구사업에서도 일부 그러한 양상들이 있었으나, 전체로는 통합주제를 충실하게 상기하면서 연구태도를 견지해 나갔다고 자평할 수 있다. 미진했다고 여겨지는 부분들은 다음번 연구의 과제가 될 것이란 점에서 고무적이다.

2장은 인류문화의 전 시기에 비추어 너무 짧은 홀로세 가운데서도 매우 일부 시기인 청동기시대의 기후와 사회문화경제상의 변화를 대비해본 것이다. 저자가 말한 대로 청동기시대의 기후 연구 자체가 영성하기 때문에 쉽지 않은 작업이며, 그러다보니 한국 청동기시대의 연구에서 이런 작업이 이루어진 적이 없다. 글쓴이의 매우 많은 고심 끝에 탄생한 그림 07은 매우 산뜻한 기획이다. 향후 청동기시대의 사회·문화·경제의 변동을 추론할 때 많이 인용될 것으로 예견된다. 다만 "한랭화로 환경이 나빠지면 농경의 해체만 일어나는가?", "이것이 수도작水稻作의 경우에 해당된다면, 당시 사람들은 한랭화에 어울리는 대체작물의 개발, 확보를 서두르지 않았겠는가?" 등에 대한 답변도 제시되어야 할 것이다. 또한 기후와 농경행위의 상관관계에 주로 주목하나 우리나라에서는 수도작의 개시과정과 그 실체에 대한 해상도 높은 연구가 부족하다. 이에 대한 연구가 나와야 하겠다.

3장은 홀로세의 기후변화를 오랫동안 추구해온 연구자의 최근 견해이다. 이 프로젝트의 성격에 맞게, 그간 분석해온 자료들의 종합을 통해 홀로세 기후 전체를 통관하고, 사회문화변화 원인의 하나로서 기후를 지목하고 있다. 글쓴이는 홀로세라는 짧은 시기를 대상으로 하면서도 항상 거시적인 시각을 유지하는데, 동시기 전세계의 산소동위원소·해수면 온도자료나 고기후를 지시하는 대리자료들을 동원하여 한반도 기후변화의 추이를 비교한다. 한편 거시적 시각의 위험성(예를 들면 중국 내륙지역의 동굴 석순자료의 인용 등)을 예의주시하고, 유사한/특별한 기후변화의 추이를 보일 때는 언제나 그에 대한 합리적인 추론을 끌어낸다—인도 몬순과 동아시아 몬순의 홀로세 변화가 서로 차이 났던 이유 등—. 본인의 분석자료와 주변의 자료를 지속적으로 통합하여 홀로세와 한반도의 기후를 설명하는 노력도 게을리 하지 않는다. 이를 통해 한반도의 홀로세 기후변화는 점점 더 정밀하게 복원되고, 실체에 가까워질 것이다. 최근에 자주 활용되는 SPD자료와 수목화분비율(AP/T)을 통해 기후/식생변화가 고대사회에 어떤 영향을 미쳤는지 살펴보는 작업은 매우 흥미롭고, 의미 있는 작업이다. 앞으로 선사/고대인들의 생활에 대한 유의미한 해석을 다수 촉발시킬 것이다.

4장은 제목대로 GIS를 소개하는 장이다. 고고학처럼 공간을 주 연구대상으로 하나 그러한 성격의 자료 관리에 어두운 고고학자들에게 매우 유익할 장이다. 다만 이 장에서는 유적 데이터베이스 작성과 지오코딩 등 GIS를 처음으로 소개하고 있으니 차후의 GIS 활용 연구는 어떤 방향으로 이루어져야 할 것인가 하는 과제가 남았다. 주지하다시피 GIS란 인간생활에 필요한 공간정보를 효율적으로 활용하기 위한 정보 시스템이며, 공간자료의 수집, 관리뿐만 아니라 처리·활용의 측면에 대해서도 주목해야 할 것이다. 특히 GIS의 핵심기능 가운데 공간추정과 지형분석 등이 있는데, 이들은 기후를 추구하는 고고학자들에게 절대적으로 필요한 요소이다. 장차 고고학자들과 GIS 연구자들과의 긴밀한 협업이 이루어져야 할 것이다.

5장은 한일 선사시대유적에서 출토되는 목기를 다루었다. 목기 출토가 적은 우리나라 신석기~초기철기시대 목기의 종합, 목재를 제공하는 식생의 변화를 추정하고, 이어서 목기 출토가 풍부한 일본 조몬繩文~야요이彌生시대의 목기 소개와 식생의 변화를 종합한 것이다. 글쓴이는 일본의 경우 목재 가공기술이 발전함에 따라 이용 가능 수종이 확대되고, 장기간의 벌채로 식생의 변화가 일어났다는 결론에 도달한다. 목기 → 목재 → 식생 추정의 과정을 통해 당시의 기후연구를 하는 데에는 비약과 난관이 많겠으나 장차 더 심도 있게, 지속적으로 연구한다면 이 프로젝트의 목적에 상당히 근접하게 될 것이다.

6장은 남한의 청동기시대 1,240개 유적에서 출토된 51,442점의 석기를 분석한 방대한 작업이다. 글쓴이는 지형적으로 구릉과 충적지 출토 석기 조성비 차이에 별다른 차이가 없고, 지역에 따라 특정 농사활동에 집중하는 모습이 나타나며, 석기 조성비의 변화와 차이를 발생시킨 동인으로는 농경의 발달/보급 이외에 기후변화, 인구증가, 계층화 진전 등의 복합적인 요소가 있다고 언급하였다. 추후에 청동기시대의 환경과 기후변화를 고려한 연구―아마도 환경, 기후, 지형 등이 제공하는 암석, 석재와 석기 조성의 관계 등―가 나올 것이라고 예견된다. 청동기시대유적 발굴 시 획득/분석된 환경자료를 활용하고, 석기들과 당시의 농경 실체를 연결하는 작업들도 이어질 것이다.

7장은 중국으로 시야를 확대한 연구이다. 글쓴이는 중국 고대의 기후변화를 먼저 개관하고 중국 고대사회의 변동과 기후변화를 대비한다―이 짧은 내용 속에 방대한 내용을 축약시키기가 얼마나 어려웠겠는가라는 점에서, 글쓴이가 본 연구사업의 목적에 충실했음을 알 수 있다―. 다음으로 중국 고대의 삼림이용, 기후변화―기온저하 현상―가 삼림자원에 불리했던 점, 그럼에도 삼림자원의 수요가 폭증하고 삼림자원이 고갈됨에 따라 서한 말기부터 전축계통 묘제를 활성화하는 방향으로 묘제 변천이 일어났다는 논지이다. 다만 중국은 크고 넓고 자료는 방대하므로 저자의 취향과 논지에 따른 자료의 선택이 상존한다는 점도 주의해야 하겠다. 또 기온저하가 삼림자원의 부족만을 가져오는가? 그러한 기후에 적응하는 수목자원의 생장에 대해 살펴볼 필요도 있다.

　　마지막 8장은 한반도에서 일본열도로 수도작이 전파되는 메커니즘을 당시의 기후변화와 관련지어 밝혀보려는 시도(가설)이다. 글쓴이는 수도작 전후 남한, 일본열도에 각각 '긴밀한 정보전달망'과 '느슨한 정보전달망'이 있다고 가정한다. 이는 검증할 수 없는 사실이나 우리의 고고학에 이렇게 자유롭고 창의적인 가설제시가 매우 부족하다는 점에서 고무적이다. 다만 이후의 논의에서 각 정보전달망이 어떻게 기후변화와 조응하며 구체적 역할을 했는지가 잘 제시되지 않았으므로, 이는 앞으로의 과제이다. 저자는 AMS자료를 활용, 서기전 730년의 한랭기부터 (한반도에서) 일본열도로의 도래를 상정한다. 이때 남한과 일본의 기후변화는 궤를 같이 한다고 추정한다. 그런데 한반도와 일본의 홀로세 후기에 대해 글쓴이가 제시한 기후변동 데이터들은 몇 안되며 상당히 오래된 자료들로서 해상도가 많이 떨어진다. 일본의 한랭기를 입증하는 자료로는 풍성사구가 지목되었다. 글쓴이가 제시한 풍성사구는 글의 내용상 해안사구가 더 정확하다. 해안사구를 대상으로 한다면 한반도의 예를 들어 파랑이 강한 동해안 대 서해안의 해안사구 형성과정 차이나, 해안사구에 공반되는 사구열beach ridges, 제간습지swale, 석호lagoon의 형성 등의 지형적 변수가 많고, 사구의 퇴적시간을 알아낼 때도 사구의 형성은 누중의 법칙과 상관없다는 점 등 많은 변수가 고려되어야 할 것이다. 이러한 상황에서 어떤 지역의 지형에 대한 고려 없이 '고고학자'가 특정한 '해안사구'만을 대리자료로 일본열도의 한랭기를 이해하기에는 상당한 부담이 따른다. 차후 지형학자·기후학자들과 고고학자의 학제적 협업이 이루어진다면 좋은 연구가 나올 수 있을 듯하다.

　　이번 '연구사업'은 위와 같은 내용으로 마무리되었다. 위 연구들에서 미진했던 부분들은 사업과 상관없이 계속 탐구될 것이다. 다만 '기후'라는 주제의식에 너무 충실한 나머지 '기후' 자체만을 들여다보기 때문에, 기후와 문화변화의 대응양상이 잘 풀리지 않은 측면도 있었다고 여겨진다. 나무만 보고 숲을 잘 못 보았다고 할까? 약간의 아쉬움도 남았다. 결국, 기후란 무엇인가? 사업을 마무리하는 입장에서 개념을 다시 한 번 정리해보자.

II. 한국 선사시대 기후변동에 대한 향후연구를 위하여

기후는 지구상의 어느 지역에서 1년을 주기로 반복되는 대기의 종합 평균상태이다. 인류의 문화는 기후환경의 변화와 대응하는데, 기후·환경변화를 이해하려면 하나의 시스템으로 기후환경을 다루어야한다. 여기에는 대기권, 해양권, 암석권, 빙권, 생물권이 있다. 이들이 복잡하게 상호작용하면서 기후변화를 가져오는 것이다. 기후를 구성하는 대기의 여러 현상(기후요소)에는 일조, 강수, 기온, 습도, 기압, 바람 등이 있으며 기후요소의 분포에 영향을 미치는 인자―곧, 기후인자―로는 위도, 지형, 식생, 해류 등이 중요하다. 기후를 구분할 때는 발생적 기후구분과 경험적 기후구분이 있는데 전자는 기단과 같이 기후요인 중심의 분석이며 후자는 식생분포같이 기후의 결과를 관찰하는 구분이 있는데, 고고학에서 필요로 하는 것은 후자에 가깝다(이광호 2010; 이승호 2020; 한국지리정보연구회 1996 등 참조).

위 단락은 향후 기후연구에서 우리가 주의할 점들을 임의로 발췌해본 내용이다. 그 가운데 고고학자로서 무엇보다 중시해야 할 점은 기후인자로서의 지형이다. (유적을 연구대상으로 하는) 고고학자로서는 지형요소를 배제하고는 어떤 지역의 기후도 선명하게 그려지지 않는다. 사실상 어떤 지역의 기후regional climate를 파악할 때는 기후 앞에 사막기후, 산악기후, 해안기후 등 기후를 수식하는 지형적 특징이 들어간다. 이때 그 지역의 식생에 대해서도 미리 짐작할 수 있다. 기후연구 시 꼭 동반 연구되기를 바란다.

첨언으로서, 이 연구사업의 대상지역은 동북아시아라는 거대지역이다. 이곳에서는 한·중·일 삼국의 문화교류가 대단히 활발히 일어났으나 지형/기후적 측면에서는 매우 복잡다양한 곳이다. 중국 랴오닝성遼寧省만 보더라도 시랴오허西遼河 이서로 가면 초원지대의 면모를 보이면서 기후·식생이 달라짐을 느끼게 되는 것이다. 이 책 3장에서는 한반도에서도 "…해양의 영향을 많이 받는 한반도 남부와 상대적으로 그 영향이 덜한 북부 간에 기후 변화차이가 적지 않았을 것으로…" 분석된 바 있는데, 영역을 확대하여 동북아시아라는 거대지역의 기후변화를 (이 글의 서론에서 기획한 바대로) 통합적·미시적으로, 더욱이 해상도 높게 살펴본다는 것은 매우 어려운 일이었음에 틀림없다—저자들의 노고를 위무한다—.

앞으로 이루어질 연구 가운데, "온난/한랭을 되풀이하는 옛 기후의 실제 변화정도는 어떠했을까?", "현재의 온도보다 몇도 정도 내려갔을 때 한랭이라고 할 것인가?"라는 큰 부분이 있다. 대부분의 기후학자들은 그 정도를 수치로 제시해주지는 않으나 고고학자들이 가장 궁금한 부분은 이 대목일 것이다. 이것은 아직 수치로 제시하기 어려운 연구현황 때문일듯하나 장차 명확해질 것이다. 이 점에 대해 2020년 11월 한국신석기학회 창립 30주년 기념 학술대회에서 발표된 내용은 매우 시사적이다. 이상규와 박가영(2020)은 베이어Beyer, Robert M 등의 데이터를 한반도의 신석기시대 기후에 적용해 시뮬레이션 작업을 해보았다. 그 데이터는 복수의 기후 시뮬레이션 모델과 방법들을 결합하고 변수를 조정해 120,000년 전~18세기 산업혁명의 세계 기후를 복원한 것이다. 여기에서 신석기시대 '조기 → 전기 → 중기' 등을 따라 연평균기온이 제시되었다. 장차 모델-방법 자체도 개량될 것이고, 그에 따른 기온의 변화, 선사 고대의 기온에 대한 적용 등이 활발해질 것이다. 현재 많은 기후/지리/지형학자들이 다양한 연구방법·대리자료를 통해 옛 기후/기온을 연구 중인데, 이러한 계량적인 방법도 기온변화 추적방법으로 한 몫을 담당할 것으로 기대된다.

이 '연구사업'에 참가한 전 연구자들이 꺼려하거나 방어적인 태도를 보이는 기후/환경결정론에 대한 언급으로 이 글을 맺으려한다. 재레드 다이아몬드의 글을 인용해보자.

"…그러나 역사학자들 틈에서 이 같은 환경의 차이들을 언급하기만 하면 당장 '지리적 결정론'이라는 딱지가 붙는데, 그렇게 되면 화를 내는 사람들이 생긴다. 이 명칭 속에는 어떤 불쾌감이 내포되어 있는 듯하다. 가령 인간의 창의성은 아무 소용도 없다는 뜻이냐, 우리들 인간이 기후 동물군 식물군 따위를 통하여 정해진 대로 움직이는 수동적 로봇에 불과하다는 것이냐, 하는 식으로 말이다. 물론 이런 걱정들은 기우에 지나지 않는다. 인간의 창의성이 없었다면 우리 모두는 오늘날까지도 수백 만 년 전의 선조들처럼 석기로 고기를 썰어 먹어야 했을 것이다. 모든 인간사회에는 창의적인 사람들이 있다. 다만 어떤 환경은 다른 환경에 비해 더 많은 재료를 구비하고 있으며 발명품을 이용할 수 있는

제반 여건도 한결 유리하다는 점이 다를 뿐이다."(다이아몬드[김진준 옮김] 1999:594)

인류문화의 변천과정에 기여한 원인이 기후 하나뿐이겠는가? 그 인자를 너무 과장할 것도 아니나 너무 경원시할 필요는 없을 것이다. 기후는 우리 인류에게 매우 중요하다. 더하여 환경 전체와의 관련성을 생각하고 이를 아우르는 관점을 가져야하겠다.

참고문헌

【사료】

『孟子』
『墨子』
『史記』
『山海經』
『詩經』
『輿地志』
『歷代宅京記』
『鹽鐵論』
『禮記』
『意林』
『爾雅』
『周禮』
『晉書』
『太平御覽』
『通典』
『韓非子』
『漢書』

【국문】

甲元眞之[윤선경 譯], 2014, 「기후변동과 고고학」, 『문물』 4, pp. 319~377, 한국문물연구원.

慶南発展研究院歷史文化센터, 2009, 『마산 진북 망곡리유적 I』.

慶尙大學校博物館, 1999, 『晋州 大坪里 玉房 2地區 先史遺蹟』.

高瀨克範·손민주, 2007, 「晋州 生物産業團地 造成敷地 內 耳谷里遺蹟 出土 부리형석기·반월형석도의 使用痕 分析」, 『東亞文化』 2·3, pp. 55~73, 東亞細亞文化財研究院.

고아름·Tanaka Yukiya·Kashima Kaoru, 2013, 「규조분석을 이용한 화진포의 퇴적환경 복원」, 『한국지형학회지』 20-2, pp. 15~25, 한국지형학회.

과학원출판사, 1959, 『회령 오동 원시유적 발굴보고』, 유적발굴보고 7.

국가기술표준원, 2016, 「KS X ISO19108 지리정보-시간스키마」 [웹문서], https://standard.go.kr/KSCI/standardIntro/getStandardSearchView.do?pageUnit=10&pageIndex=1&menuId=503&topMenuId=502&ksNo=KSXISO19108&tmprKsNo=KSXISO19108&reformNo=02. (accessed by 2020.01.28.)

국립가야문화재연구소, 2008, 『한국의 고대목기: 함안 성산산성을 중심으로』, 국립가야문화재연구소 연구자료집 제41집.

국립가야문화재연구소, 2012, 『한국목기자료집 I: 농기구 및 공구편』.

국립가야문화재연구소, 2013, 『한국목기자료집 II: 용기 및 생활구편』.

국립가야문화재연구소, 2013, 『한일 고대 목기유물의 연구 성과와 향후 과제』, 국립가야문화재연구소 국제학술심포지엄.

국립가야문화재연구소, 2014, 『한국목기자료집 III: 무기·의례구·기타』.

국립가야문화재연구소, 2016, 『선사와 고대 목기·목간의 최신 연구 현황과 과제』, 국립가야문화재연구소·복천박물관 심포지엄.

국립광주박물관, 2012, 『2,000년 전의 타임캡슐』, 광주 신창동유적 사적 지정 20주년 기념 특별전.

國立金海博物館·昌寧郡, 2008, 『飛鳳里』.

국립문화재연구소, 2015a, 「한국 신석기시대 고고식물 압흔분석 보고서」.

국립문화재연구소, 2015b, 「동아시아 고고식물: 선사시대 한국편」.

국립문화재연구소, 2015c, 「동아시아 고고식물: 선사시대 중국편」.

국립문화재연구소, 2015d, 「동아시아 고고식물: 선사시대 일본편」.

國立昌原文化財研究所, 2001, 『晋州 大坪里 漁隱 2地區 先史遺蹟』 I.

국사편찬위원회, 1974, 『한국사 1: 고대·한국의 선사문화』, 서울: 국사편찬위원회.

國史編纂委員會, 1983, 『韓國史論 12: 韓國의 考古學 I』, 서울: 國史編纂委員會.

국토지리정보원, 2018, 「수치지도란」 [웹문서], http://sd.ngii.go.kr:9000/sub/order/digimap_info.jsp?serv_cd=3&mmenu=1&smenu=1. (accessed by 2020.01.28.)

畿甸文化財研究院r·영진씨엔아이, 2007, 『驪州 淵陽里 舊石器遺蹟』.

김권구, 2008, 「한반도 청동기시대의 목기에 대한 고찰: 남한지역의 목기를 중심으로」, 『한국고고학보』 67, pp. 41~70, 한국고고학회.

김권구, 2015, 「청동기시대: Ⅲ-1-2. 목기」, 『영남의 고고학』, pp. 145~149, 영남고고학회 편, 서울: 사회평론.

김기봉, 2009, 「환경사란 무엇인가: 환경과 인간의 상호작용의 역사」, 『西洋史論』 100, pp. 5~37, 한국서양사학회.

김남신, 1994, 「전곡리 용암대지 피복물의 형성과 변화과정」, 『第四紀學會誌』 8-1, pp. 43~68, 韓國第四紀學會.

김남신·이민부·신근하, 2003, 「GIS를 이용한 거창·가조분지의 선사유적 입지 지형요소별 유형화」, 『한국지형학회지』 10-2, pp. 267~281, 한국지형학회.

김도헌, 2005, 「고고자료에서 본 고대의 농업: 영남지역을 중심으로」, 『선사·고대의 생업경제』, 제9회 복천박물관 학술발표회, pp. 27~51, 복천박물관.

김도헌, 2008a, 「先史·古代 木製農具에 대한 斷想」, 『考古廣場』 2, pp. 2~10, 釜山考古學會.

金度憲, 2008b, 「선사·고대의 농구 조합과 생산력의 변화: 영남지역을 중심으로」, 『嶺南考古學』 47, pp. 40~55, 嶺南考古學會.

김도헌, 2016, 「선사시대 목기의 연구 성과 검토: 농공구를 중심으로」, 『선사와 고대 목기·목간의 최신 연구 현황과 과제』, pp. 17~35, 국립가야문화재연구소·복천박물관.

金蓮玉, 1984, 「韓國의 小氷期 氣候: 歷史 氣候學的 接近의 一試論」, 『地理學과 地理教育』 14, pp. 1~16, 서울대학교 지리교육과.

김만규·장동호·박종철·김용민·신종국·송의정·심상육, 2006, 「유적지 평면도 전산화를 통한 지리정보시스템 개발과 고고학적 활용방안 연구」, 『한국지형정보학회지』 3-3, pp. 21~33, 한국지형학회.

김명진, 2005, 「단일입자 재현법을 이용한 고고학 시료의 광 여기 루미네선스 연대측정」, 『錦江考古』 2, pp. 153~170, 忠淸文化財硏究院.

김명진, 2006, 「극세립 석영(63-126㎛)을 이용한 천안 청당동 구석기유적 고토양층의 OSL 연대측정」, 『錦江考古』 3, pp. 189~204, 忠淸文化財硏究院.

김민구, 2007, 「부여 송국리유적 장방형주거지 출토 탄화목재의 연구: 건축재 선택양식의 이해를 위한 시고(試考)」, 『韓國上古史學報』 55, pp. 5~32, 韓國上古史學會.

김민구, 2015, 「한국 청동기시대 농경도구」, 『한국 청동기문화 개론』, 중앙문화재연구원 엮음, pp. 110~127, 과천: 진인진.

金民玖·朴正宰, 2011, 「江原 嶺東地域 靑銅器時代 벼農事와 農耕集約化」, 『한국고고학보』 79, pp. 67~88, 한국고고학회.

金旼志, 2012, 「靑銅器時代 開始期의 漢江 中上流地域 石器 樣相」, 嶺南大學校 大學院 碩士學位論文.

김범철, 2010, 「호서지역 지석표의 시공간적 특징」, 『한국고고학보』 74, pp. 46~75, 한국고고학회.

金範哲, 2018, 「溫暖濕潤 혹은 寒凉乾燥?: 韓國 先史時代 文化變動에 대한 氣候考古學的 接近 試論」, 『湖西考古學』 39, pp. 4~31, 호서고고학회.

金範哲, 2019, 「韓國 先史時代 生計(經濟)戰略의 時·空間的 變異와 氣候」, 『湖西考古學』 44, pp. 32~53, 호서고고학회.

金範哲·崔鎭武, 2021, 「청동기시대 氣候와 食料資源 분포에 대한 이해: 고고유적 출토 生態資料 해석을 바탕으로」, 『한국상고사학보』 112, pp. 5~30, 한국상고사학회.

김병섭, 2013, 「영남지역 청동기시대 농경유적 재고」, 『慶南硏究』 8, pp. 2~29, 경남발전연구원 역사문화센터.

金相冕, 1985, 「三角形石刀의 一硏究」, 嶺南大學校 大學院 碩士學位論文.

김성중, 2009, 「고기후 복원의 의의와 기후변화 역사」, 『지식의 지평』 6, pp. 194~206, 대우재단.

김성환, 2009, 「낙동강 삼각주연안 사주섬 퇴적환경 연구」, 『한국지형학회지』 16-4, pp. 119~129,

한국지형학회.

金元龍, 1969, 「仁川 出土의 一石錘」, 『歷史敎育』 11·12, pp. 279~287, 歷史敎育硏究會.

김은영, 2018, 「한반도 신석기시대 생계 체계의 변동과 취락 경관의 변화: 중서부 지역 자료를 중심으로」, 『토지 활용과 경관의 고고학』, 제42회 한국고고학전국대회, pp. 53~60, 한국고고학회.

金壯錫, 2003, 「충청지역 송국리유형 형성과정」, 『韓國考古學報』 51, pp. 33~55, 韓國考古學會.

김재윤, 2004, 「韓半島 刻目突帶文土器의 編年과 系譜」, 『韓國上古史學報』 46, pp. 31~70, 韓國上古史學會.

김재윤, 2005, 「동북아시아의 신석기시대에서 청동기시대로의 전환기 연구」, 『北方史論叢』 8, pp. 99~149, 東北亞歷史財團.

金在弘, 2001, 「新羅 中古期 村制의 成立과 地方 社會 構造」, 서울大學校 大學院 博士學位論文.

김정숙·우경식·홍완·안덕임·김상태, 2011, 「서산 대죽리패총과 김해 회현리패총에서 발견되는 백합과조개(Veneridae)를 이용한 고환경 복원 연구」, 『지질학회지』 47-5, pp. 485~497, 대한지질학회.

김정윤·윤순옥·양동윤·황상일, 2017a, 「한반도 고해수면 변동 복원을 위한 규조-환경변수 상관관계 연구: 곰소만 동부 조간대 지역을 대상으로」, 『한국지형학회지』 24-2, pp. 79~90, 한국지형학회.

김정윤·윤순옥·양동윤·황상일, 2017b, 「규조기반 전이함수를 활용한 Holocene 중기 이후 고창군 신덕리 일대의 정량적 해수면 변동」, 『한국지형학회지』 24-3, pp. 13~25, 한국지형학회.

김정윤·황상일·윤순옥, 2016, 「울산시 태화강 하류부의 Holocene 중기 이래 해수면변동과 고지형 변화」, 『한국지형학회지』 23-1, pp. 61~75, 한국지형학회.

김종연·김주용·양동윤·윤현수·이상헌·김정찬·남욱현·오근창·김진관, 2006, 「하남시 일대 한강 하류 하천 퇴적층의 연구 2: 퇴적층의 층서에 대한 고찰」, 『한국지형학회지』 13-2, pp. 55~73, 한국지형학회.

김종욱·장호완·최정헌·최광희·변종님, 2007, 「울진 후정-죽변 일대의 해안단구 퇴적물에 대한 OSL 연대측정」, 『한국지형학회지』 14-1, pp. 15~27, 한국지형학회.

김주용, 2007, 「강원도 동해안의 해안단구 지형발달: 최근 동해안 단구지형 연구자료 고찰을 중심으로」, 『강원도 동해안 지역의 구석기문화』, 한국구석기학회 제8회 학술대회, pp. 17~29, 한국구석기학회.

김주용, 2013a, 「하안단구」, 『韓國考古學專門事典: 舊石器時代編』, 대전: 국립문화재연구소.

김주용, 2013b, 「후빙기」, 『韓國考古學專門事典: 舊石器時代編』, 대전: 국립문화재연구소.

김주용·박영철·양동윤·봉필윤·서영남·이윤수·김진관, 2002, 「진주 집현 장흥리 유적 제4기 퇴적층 형성 및 식생환경 연구」, 『第四紀學會誌』 16-2, pp. 9~21, 韓國第四紀學會.

김지성·남욱현·임현수, 2016, 「인류세(Anthropocene)의 시점과 의미」, 『지질학회지』 52-2, pp. 163~171, 대한지질학회.

김진철·음철헌·양동윤·김기동·정대교·최현구, 2010, 「광여기 루미네선스(OSL) 연대측정을 이용한 만리포 해안 사구층의 고환경 예비연구」, 『지질학회지』 46-3, pp. 207~219, 대한지질학회.

김창환·배선학, 2006, 「문화유적의 공간적 입지 유형 분석」, 『한국지역지리학회지』 12-5, pp. 583~594, 한국지역지리학회.

김태우·윤홍식·김광배, 2019, 「지역별 평균해수면에 의해 결정된 우리나라 해안의 해면경사」, 『한국지리정보학회지』 22-1, pp. 51~61, 한국지리정보학회.

김향주·박영숙·이종덕, 2011, 「서해 보령시 삽시도 지역에서 산출된 규조를 이용한 홀로세 고환경 해석」, 『지질학회지』 47-4, pp. 370~377, 대한지질학회.

김현준, 2005, 「조선시대의 자연재해(自然災害)」, 『전원과 자연』 47, pp. 2~7, 한국농공학회.

김혜령·윤순옥, 2007, 「고고학유적에서 이용 가능한 대리자료와 한반도 홀로세 후기 인간활동」, 『錦江考古』 4, pp. 89~113, 忠淸文化財硏究院.

김혜령·윤순옥·황상일, 2016, 「울산 태화강 하류 태화동 홀로세 중·후기 식생환경 변화」, 『한국지형학회지』 23-1, pp. 1~13, 한국지형학회.

김혜령·윤순옥·황상일·이병철, 2012, 「천안 성정동 지역의 화분분석 결과를 통한 Pleistocene 후기 고환경복원」, 『대한지리학회지』 47-2, pp. 179~192, 대한지리학회.

남욱현, 2018, 「한국의 제4기 육상 미고결 퇴적물 연구 현황」, 『지질학회지』 54-1, pp. 107~119, 대한지질학회.

남욱현·김주용·양동윤·봉필윤·高安克己·유강민, 2004, 「영산강 하구 현세 환경변동의 유기지화학적 및 생물학적 증거」, 『지질학회지』 40-4. pp. 441~454, 대한지질학회.

남욱현·임재수, 2011, 「한반도 홀로세 온난기후 최적기와 지표환경 변화」, 『第四紀學會誌』 25-1, pp. 15~30, 韓國第四紀學會.

盧爀眞, 1984, 「江原地方의 磨製石斧」, 『論文集』 2, pp. 89~120, 翰林大學.

다이아몬드, 재레드 [김진준 옮김], 1999, 『총, 균, 쇠: 무기, 병균, 금속은 인류의 운명을 어떻게 바꿨는가』, 서울: 문학사상사.

東亞大學校博物館, 1984, 『上老大島』.

東亞大學校博物館, 2019, 「附: 東三1地區 公有水面埋立事業地區 內 影島 東三洞 遺蹟 Ⅱ」, 『釜山 太宗臺 遊園地 進入道路 擴張區間 內: 影島東三洞遺蹟』, pp. 91~179.

램, 휴버트 H.[김종규 옮김], 2004, 『기후와 역사: 기후·역사·현대세계』, 파주: 한울아카데미.

렌프류, 콜린·반, 폴[이희준 옮김], 2006, 『현대 고고학의 이해』, 서울: 사회평론.

렌프류, 콜린·반, 폴[이성주·김종일 옮김], 2010, 『考古學의 主要 槪念』, 삼강문화재연구원 번역총서 4, 진주: 考古.

로영대, 1962, 「함북 화대군 털코끼리 발굴지에 발달한 니탄층의 포자 화분 조합(胞子 花粉 組合)」, 『문화유산』 4, pp. 49~54, 평양: 과학원 출판사.

류은영·남욱현·양동윤·김주용, 2005, 「한국 서해 연안습지의 규조 및 고환경 연구」, 『지질학회지』 41-2, pp. 227~239, 대한지질학회.

류춘길, 2013, 「고생물학적 분석을 통한 신석기시대의 환경」, 『한국 매장문화재 조사연구방법론 8』, pp. 83~149, 대전: 국립문화재연구소.

류춘길·강소라·정성교, 2005, 「낙동강 삼각주 서부지역의 제4기 후기 고환경 변화」, 『韓國地球科學會誌』 26-5, pp. 443~459, 한국지구과학회.

류춘길·강소라·정성교·전용문, 2011, 「제4기 후기 해수면 변동에 의한 낙동강 삼각주 북부의 고환경 변화」, 『지질학회지』 47-3, pp. 213~233, 대한지질학회.

류춘길·박영숙, 2014, 「고성 문암리 유적의 고환경 및 지형발달 연구」, 『高城 文岩里 遺蹟 Ⅱ: 分析

報告書』, pp. 16~109, 국립문화재연구소.

마슬린, 마크[남경태 옮김], 2010, 『뜨거운 지구, 역사를 뒤흔들다』, 고양: 예지.

문영롱·윤순옥·황상일, 2017, 「세종시 금강 우안(右岸)지역의 지형특성과 홀로세 후기 고환경복원」, 『한국지형학회지』 24-4, pp. 1~12, 한국지형학회.

박경, 1998, 「탄소동위원소를 이용한 미국 중부평원의 고기후 복원」, 『第四紀學會誌』 12-1, pp. 119~131, 한국지형학회.

박경·박지훈, 2011, 「충남 부여지역의 홀로세 기후변화: 탄소동위원소분석과 대자율분석을 이용하여」, 『대한지리학회지』 46-5, pp. 396~412, 대한지리학회.

박경·손일, 2007, 「제주도 김녕·월정 사구의 OSL 연대 측정결과와 그 의미」, 『한국지형학회지』 14-2, pp. 39~51, 한국지형학회.

朴炳權·金源炯, 1981, 「東海岸 潟湖堆積環經에 關한 硏究」, 『지질학회지』 17-4, pp. 241~249, 대한지질학회.

박병욱, 2015, 「紡錘車 분석을 통한 청동기시대 호서지역 製絲術 변화」, 『한국고고학보』 94, pp. 4~31, 한국고고학회.

박정재, 2008, 「우리나라의 고기후 복원을 위한 습지 퇴적물의 안정동위원소 분석 가능성 연구」, 『대한지리학회지』 43-4, pp. 477~494, 대한지리학회.

박정재, 2013, 「남한 지역의 홀로세 중후기 기후변화」, 『기후연구』 8, pp. 127~142, 건국대학교 기후연구소.

박정재, 2017, 「한반도 홀로세 기후변화 연구의 최근 성과」, 『동아시아에서의 한국 상고사』, 한국상고사학회 창립 30주년 기념 제48회 학술대회, pp. 177~194, 한국상고사학회.

박정재, 2018, 「한반도 홀로세 후기 기후와 적도 태평양 해수면 온도 간의 연관성」, 『한국지역지리학회지』 24-1, pp. 121~134, 한국지역지리학회.

박정재, 2019, 「홀로세 단기 한랭화의 동인과 한반도의 고대 사회에 미친 영향」, 『국토지리학회지』 53-4, pp. 407~414, 국토지리학회지.

박정재, 2021, 「한반도의 홀로세 기후 변화와 선사시대 사회 변동」, 『대한지리학회지』 56-2, pp. 215~229, 대한지리학회.

박정재·김민구, 2011, 「홀로신 중기 광주광역시 연산동 일대의 고식생 및 고기후 변화」, 『대한지리학회지』 46-4, pp. 414~425, 대한지리학회.

박종길·김병수·정우식·김은별·이대근, 2006, 「한반도에 영향을 주는 태풍의 통계적 특성 변화」, 『대기』 16, pp. 1~17, 한국기상학회.

박종철·박지훈, 2011, 「GIS분석과 사면 미지형별 경사도를 이용한 충남 아산지역에 있어서 청동기시대 주거지 입지의 최적 지형환경」, 『한국지형학회지』 18-2, pp. 65~80, 한국지형학회.

박지훈, 2006, 「장재천 유역의 최종빙기 최성기 이후 사면물질 이동」, 『한국지형학회지』 13-4, pp. 31~43, 한국지형학회.

박지훈, 2010, 「화분분석을 이용한 아산시 온양천 유역의 후빙기 후기 환경변화」, 『한국지형학회지』 17, pp. 39~48, 한국지형학회.

박지훈, 2011a, 「지형학적 관점에서 본 고대인의 생활터전 유형 및 시굴 추천지점: 충남 아산 '온주지구 도시개발 사업부지'를 사례로」, 『第四紀學會誌』 25-2, pp. 25~37, 韓國第四紀學會.

박지훈, 2011b, 「한국의 제4기 환경연구: 최종간빙기~홀로세 환경연구를 중심으로」, 『한국지형학회지』 18-4, pp. 97~126, 한국지형학회.

박지훈, 2014, 「충남 부여 궁남평야 충적층의 퇴적구조」, 『한국지형학회지』 21-1, pp. 81~93, 한국지형학회.

박지훈·김경진, 2012, 「시대변천에 따른 주거지 입지환경 변화 연구: 대전분지의 청동기시대와 원삼국시대를 사례로」, 『한국지형학회지』 19-2, pp. 99~111, 한국지형학회.

박지훈·박종철, 2011, 「GIS분석을 이용한 천안 백석동유적그룹의 청동기시대 주거지 입지의 최적 지형환경」, 『한국지형학회지』 18-1, pp. 85~100, 한국지형학회.

박지훈·오규진, 2007, 「천안 근교 구릉지 소유역의 만빙기 이후 사면물질이동」, 『한국지형학회지』 14-3, pp. 55~69, 한국지형학회.

박지훈·이애진, 2013, 「인천 영종도 운서동유적그룹의 신석기시대 주거지 최적 입지환경」, 『한국지형학회지』 20-3, pp. 15~25, 한국지형학회.

박지훈·이애진, 2017, 「충남 공주 제민평야의 홀로세 환경연구」, 『한국시형학회지』 24-2, pp. 65~78, 한국지형학회.

박지훈·이애진, 2018, 「능선환경으로 본 천안 백석동 청동기시대 취락의 최적 입지환경: 지형분석과 GIS분석을 이용한 주거지 입지 특성에 주목하여」, 『한국지형학회지』 25-4, pp. 103~116, 한국지형학회.

박지훈·장동호, 2008a, 「牙山市 湯井面 一帶 最終氷期 最盛期 以後 丘陵斜面의 削剝過程」, 『한국지형학회지』 15-2, pp. 67~83, 한국지형학회.

박지훈·장동호, 2008b, 「천안시 통정골 유역의 최종빙기 최성기 이후 사면물질이동」, 『한국지형학회지』 15-3, pp. 87~106, 한국지형학회.

박지훈·장동호, 2009, 「충남 아산 근교 구릉지 소유역에 있어서 사면 미지형과 청동기시대 주거지 분포와의 대응관계」, 『한국지형학회지』 16-2, pp. 43~61, 한국지형학회.

박지훈·장동호, 2010, 「牙山 湯井平野의 花粉分析」, 『한국지형학회지』 17-2, pp. 53~61, 한국지형학회.

박지훈·장동호·김찬수, 2012, 「대전지역에 있어서 선사·고대 유적의 입지환경」, 『한국지형학회지』 19-1, pp. 41~54, 한국지형학회.

朴智熙, 2007, 「남한지역 유구석부의 형식변화와 실험고고학적 방법에 의한 기능변화 추론」, 漢陽大學校 大學院 碩士學位論文.

박철웅·김인철, 2012, 「지석묘의 입지특성과 축조방식에 대한 지형학적 고찰: 효산리, 대산리를 중심으로」, 『한국지형학회지』 19-3, pp. 23~36, 한국지형학회.

박충선·윤순옥, 2004, 「한국의 Loess 연구 동향과 전망」, 『韓國第四紀學會 학술대회』, 한국제4기학회 2004년도 하계학술대회, pp. 11~15, 韓國第四紀學會.

박충선·윤순옥·황상일, 2007a, 「한국 뢰스 연구의 성과 및 논의」, 『한국지형학회지』 14-4, pp. 29~45, 한국지형학회.

박충선·윤순옥·황상일, 2007b, 「전북 부안 화강암지역 뢰스-고토양 연속층의 퇴적물 특성과 기원지」, 『대한지리학회지』 42-6, pp. 898~913, 대한지리학회.

박희두, 2001, 「西海岸 古群山 列島와 蝟島 周邊 섬들의 舊海濱 堆積物」, 『한국지형학회지』 8-2, pp. 11~20, 한국지형학회.

裵眞晟, 2000, 「韓半島 柱狀片刃石斧의 硏究」, 釜山大學校 大學院 碩士學位論文.

배진성, 2005a,「無文土器時代 石器의 地域色과 組成變化」,『사람과 돌』, 국립대구박물관.

裵眞晟, 2005b,「檢丹里類型의 成立」,『韓國上古史學報』48, pp. 5~28, 韓國上古史學會.

裵眞晟, 2007,「無文土器文化의 成立과 階層社會」, 釜山大學校 大學院 博士學位論文.

裵眞晟, 2014,「石製工具의 確立과 展開」,『考古廣場』14, pp. 25~44, 釜山考古學會.

백세익·정대교·신승원·김진철·박용희·임현수, 2016,「낙동강 하구 삼각주 퇴적물을 이용한 홀로세 고환경 연구」,『지질학회지』52-1, pp. 15~30, 대한지질학회.

釜山大學校博物館, 1981,『金海水佳里貝塚 Ⅰ』.

서울大學校博物館, 1984,『鰲山里遺蹟』.

성춘택, 2019,「구석기시대의 종말: 한국 구석기 퇴적층 최상부 "명갈색층" 재고」,『한국상고사학보』103, pp. 5~36, 한국상고사학회.

소상영, 2015,「한국 신석기시대 환경과 문화변동」,『考古學誌』21, pp. 41~65, 국립중앙박물관.

소상영, 2019,「한국 신석기시대 기후 변화와 사회문화적 변동」,『기후의 고고학』, 제39회 호서고고학회 학술대회, pp. 29~44, 호서고고학회.

孫晙鎬, 2003,「磨製石器 分析을 통한 寬倉里遺蹟 B區域의 性格 檢討」,『韓國考古學報』51, pp. 5~31, 韓國考古學會.

孫晙鎬, 2006,「韓日 靑銅器時代 石器 比較」,『嶺南考古學』38, pp. 5~25, 嶺南考古學會.

손준호, 2007,「마제석촉의 변천과 형식별 기능 검토」,『한국고고학보』62, pp. 90~113, 한국고고학회.

孫晙鎬, 2008,「石器 組成比를 통해 본 靑銅器時代 生計와 社會經濟」,『韓國靑銅器學報』3, pp. 36~61, 韓國靑銅器學會.

孫晙鎬, 2009,「湖西地域 磨製石劍의 變化相」,『湖西考古學』20, pp. 4~33, 호서고고학회.

손준호, 2010,「청동기시대 석기 생산 체계에 대한 초보적 검토」,『湖南考古學報』36, pp. 37~62, 湖南考古學會.

손준호, 2011,「청동기시대 전쟁의 성격」,『고고학』10-1, pp. 5~26, 중부고고학회.

손준호, 2013,「청동기시대 석기 연구의 최신 동향」,『崇實史學』31, pp. 49~81, 崇實史學會.

손준호, 2019a,「청동기시대 석기 분류」,『歷史學研究』74, pp. 1~28, 호남사학회.

손준호, 2019b, 「청동기시대 석기 조성비 비교」, 『인문학연구』 117, pp. 323~350, 충남대학교 인문과학연구소.

손준호, 2021, 「중국 동북지역 청동기시대 석기 연구」, 『江原史學』 36, 江原史學會.

孫晙鎬·上條信彦, 2011, 「청동기시대 갈돌·갈판의 사용흔 및 잔존 녹말 분석」, 『中央考古研究』 9, pp. 1~47, 中央文化財研究院.

손준호·조진형, 2006, 「고배율 현미경을 이용한 반월형석도의 사용흔 분석」, 『야외고고학』 1, pp. 1~31, (사)한국문화재연구기관협회.

신숙정, 2001, 「우리나라 청동기시대의 생업경제」, 『韓國上古史學報』 35, pp. 1~31, 韓國上古史學會.

신숙정, 2017, 「고고학 속의 과학」, 『동아시아에서의 한국 상고사』, 한국상고사학회 창립 30주년 기념 제48회 학술대회, pp. 1~16, 한국상고사학회.

신순철, 2010, 「V-2-다. 목기」, 『대구 매천 택지개발사업지구내 大邱 梅川洞遺蹟』, pp 339~343, 嶺南文化財研究院.

신영호, 2011, 「홀로세 충남 모산만 하구역내 간석지의 퇴적과정」, 『한국지형학회지』 18-3, pp. 37~51, 한국지형학회.

신재봉·Toshiro Naruse·유강민, 2005, 「뢰스-고토양 퇴적층을 이용한 홍천강 중류에 발달한 하안단구의 형성시기」, 『지질학회지』 41-3, pp. 323~333, 대한지질학회.

신재봉·유강민·Toshiro Naruse·Akira Hayashida, 2004, 「전곡리 구석기 유적 발굴지인 E55S20-Ⅳ 지점의 미고결 퇴적층에 대한 뢰스-고토양 층서에 관한 고찰」, 『지질학회지』 40-4, pp. 369~381, 대한지질학회.

싱거, 프레드·에이버리, 데니스[김민정 옮김], 2009, 『지구온난화에 속지마라』. 서울: 동아시아.

安承模, 1985, 「韓國 半月形石刀의 硏究」, 서울大學校 大學院 碩士學位論文.

安承模, 2009, 「비평_청원 소로리 토탄층 출토 볍씨 재고」, 『한국고고학보』 70, pp. 192~237, 한국고고학회.

안승모, 2011, 「신석기문화의 성립과 전개」, 『한국 신석기문화 개론』, 중앙문화재연구원 편, pp. 61~98, 서울: 서경문화사.

安在晧, 2000, 「韓國 農耕社會의 成立」, 『韓國考古學報』 43, pp. 41~66, 韓國考古學會.

安在晧, 2004, 「中西部地域 無文土器時代 中期聚落의 一樣相」, 『韓國上古史學報』 43, pp. 1~24, 韓國上古史學會.

安在晧, 2009, 「南韓 青銅器時代 研究의 成果와 課題」, 『동북아 청동기문화 조사연구의 성과와 과제』, 서울: 학연문화사.

安在晧, 2012, 「墓域式支石墓의 出現과 社會相 -韓半島 南部의 青銅器時代 生計와 墓制의 地域相」, 『湖西考古學』 26, pp. 38~73, 호서고고학회.

안재호, 2018, 「울산의 청동기시대 문화와 그 역할」, 『울산지역 청동기시대 연구성과와 쟁점』, pp. 9~20, 울산대곡박물관·한국청동기학회 공동학술대회.

安在晧·金賢敬, 2015, 「青銅器時代 狩獵採集文化의 動向」, 『牛行李相吉教授 追慕論文集』, pp. 356~389, 이상길교수추모논문집간행위원회, 과천: 진인진.

안형기, 2010, 「고고학연구에 있어 GIS 활용」, 『文化財』 43-3, pp. 180~207, 국립문화재연구소.

양우헌·소광석, 2008, 「우리나라 주변 바다의 이해: 6. 서해안 홀로세 퇴적층서와 해수면 변동」, 『科學敎育論叢』 33, pp. 15~22, 全北大學校科學敎育研究所.

양재혁, 2008, 「해수면 변동에 따른 남해안의 지형발달과정과 해안기후단구」, 『한국지형학회지』 15-1, pp. 93~110, 한국지형학회.

양재혁, 2011, 「거제도 동부해안에서 파악되는 홀로세 고해수준면과 지형발달과정」, 『한국지형학회지』 18-1, pp. 101~112, 한국지형학회.

오건환, 1994, 「낙동강 삼각주의 북부의 고환경」, 『第四紀學會誌』 8-1, pp. 33~42, 韓國第四紀學會.

오경섭·박용안·김여상, 1995, 「천수만 간월도층의 퇴적 후 변형상(Cryoturbation)으로 해석되는 제4기 최후빙기의 한반도 서해안의 고환경」, 『第四紀學會誌』 9, pp. 43~60, 韓國第四紀學會.

吳世筵, 1995, 「중부지방 원삼국시대 문화에 대한 연구: 주거양상을 중심으로」, 『韓國上古史學報』 19, pp. 257~302, 韓國上古史學會.

오세종, 2012, 『DB 설계입문자를 위한 데이터베이스 설계 및 구축』, 파주: 생능출판사.

오정식, 2018, 「한국 서해안 적황색 반고결 퇴적층의 특징과 형성 연대에 관한 논의: 증도 우전해안 퇴적층과의 대비」, 『한국지리학회지』 7-1, pp. 58~68, 한국지리학회.

오현덕·김성태·우상은·조용일, 2014, 「GPR 탐사와 GIS 기법을 이용한 부여 금강사지 입지 연구」, 『文化財』 47-4, pp. 120~135, 국립문화재연구소.

오현덕·신종우, 2010, 「GPR탐사를 통해 본 경주 월성의 유적 분포 현황 연구」, 『文化財』 43-3, pp. 306~335, 국립문화재연구소.

우경식·김진경, 2005, 「제주도 협재 지역에 분포하는 해안사구의 구성성분과 형성시기: 홀로세 후기의 해수면 변화에 대한 고찰」, 『지질학회지』 41-4, pp. 499~510, 대한지질학회.

윌킨스, 키스·스티븐스, 크리스[안승모·안덕임 옮김], 2007, 『환경고고학』, 서울: 학연문화사.

유근배·공달용·이현아·김찬웅·임종서, 2016, 「동굴생성물(석순)을 이용한 한반도 고기후 연구: 홀로세의 몬순 변화를 중심으로」, 『한국지역지리학회지』 22-2, pp. 439~449, 한국지역지리학회.

유근배·류호상·신영호, 2017, 「한국의 홀로세 기후변화 복원을 위한 과제」, 『국토지리학회지』 51-2, pp. 177~193, 국토지리학회.

유동근·이광수·강년건·이보연·공기수·김길영·장세원·이상헌·김진철, 2017, 「낙동강 삼각주의 층서 및 퇴적역사」, 『지질학회지』 53-5, pp. 619~630, 대한지질학회.

유동근·장정해·이호영·김성필·남승일·공기수, 2004, 「낙동강하구 외해역 내대륙붕 홀로세 퇴적층의 층서 및 퇴적환경」, 『지질학회지』 40-4, pp. 395~407, 대한지질학회.

兪炳琭, 2006, 「一名 '부리형석기' 用途에 대한 小考」, 『石軒鄭澄元敎授 停年退任記念論叢』, pp. 219~233, 釜山考古學硏究會·論叢刊行委員會.

兪炳琭, 2014, 「韓半島 南部 早·前期~中期 聚落의 變遷과 農耕」, 『청동기시대 한·일 농경문화의 교류』, pp. 45~64, 제8회 한국청동기학회 학술대회.

윤경익, 2010, 「데이터 모델의 종류와 의미」, 『micro Software』, 2010년 4월호, p. 272, 서울: 마소 인터렉티브.

尹順玉, 1998, 「江陵 雲山충적평야의 後期의 環境変化와 地形発達」, 『대한지리학회지』 33-2, pp. 127~143, 대한지리학회.

윤순옥·김혜령·황상일·최정민, 2005, 「밀양 금천리의 홀로세 후기 환경변화와 농경활동」, 『韓國考古學報』 56, pp. 27~48, 韓國考古學會.

윤순옥·김애선·황상일, 2010, 「부여 능산리 충적평야 퇴적상과 지형발달」, 『第四紀學會誌』 24-1, pp. 35~45, 韓國第四紀學會.

윤순옥·김애선·황상일, 2016, 「충남 부여 능산리 충적평야의 홀로세 후기 고환경 변화」, 『第四紀學會誌』 23-3, pp. 1~11, 韓國第四紀學會.

윤순옥·김혜령, 2001, 「김포충적평야의 홀로세 후기 환경변화」, 『第四紀學會誌』 15-2, pp. 83~91, 韓國第四紀學會.

윤순옥·김효선·황상일, 2009, 「경포호의 식물규소체(phytolith) 분석과 Holocene 기후변화」, 『대한지리학회지』 44-6, pp. 691~705, 대한지리학회.

윤순옥·박충선·황상일, 2010, 「뢰스-고토양 퇴적물의 전처리 과정에 따른 입도분석 결과 비교」, 『대한지리학회지』 45-5, pp. 553~572, 대한지리학회.

윤순옥·박충선·황상일, 2011, 「충남 서산 해미지역 뢰스-고토양 연속층의 지구화학적 특성」, 『지질학회지』 47-4, pp. 343~362, 대한지질학회.

윤순옥·박충선·황상일, 2012, 「울산시 언양 지역 최종빙기 뢰스 형성과 퇴적물 특성」, 『한국지형학회지』 19-4, pp. 157~168, 한국지형학회.

윤순옥·박충선·황상일, 2013, 「진천분지 뢰스-고토양 연숙층의 형성과 퇴적 환경」, 『한국지형학회지』 20-3, pp. 1~14, 한국지형학회.

윤순옥·박충선·황상일·Toshiro Naruse, 2007, 「대천지역 뢰스-고토양 연속층의 풍화특성」, 『지질학회지』 43-3, pp. 281~296, 대한지질학회.

윤순옥·황상일, 2010a, 「강원도 양양 오산리 쌍호일대 Holocene 환경변화」, 『한국지형학회지』 17-2, pp. 41~52, 한국지형학회.

윤순옥·황상일, 2010b, 「고려사를 통해 본 한국 중세의 자연재해와 가뭄주기」, 『한국지형학회지』 17, pp. 85~98, 한국지형학회.

윤지연, 2007, 「사용흔 분석을 통한 석부의 기능 연구」, 『한국고고학보』 63, pp. 4~33, 한국고고학회.

윤호필, 2013, 「한반도 출토 경작유구(논유구·밭유구) 집성표」, 『농업의 고고학』, 서울: 사회평론.

이광호, 2010, 『인간과 기후환경』, 서울: 시그마프레스.

李基星·朴柄旭, 2013, 「무문토기시대 마제석촉 형식변화 요인에 대한 검토」, 『湖西考古學』 28, pp.

34~57, 호서고고학회.

이기성, 2015, 「도구와 수공생산」, 『한국 청동기문화 개론』, 중앙문화재연구원 엮음, pp. 128~147, 과천: 진인진.

이기성, 2018, 「기후 변동의 고고학: 일본고고학 연구 사례의 비판적 검토」, 『先史와 古代』 56, pp. 107~129, 韓國古代學會.

이기성, 2019, 「한일 선사시대 도구 조성 검토: 목기를 중심으로」, 『한국학연구』 70, pp. 133~167, 고려대학교 한국학연구소.

이기성, 2020, 「신석기시대의 기후 변동과 석기 조성의 변화」, 『한국문화연구』 38, pp. 7~41, 이화여자대학교 한국문화연구원.

이동영, 1999, 『韓國 第四紀學 硏究』, 고 이동영박사 추모집 간행위원회, 서울: 혜안.

李東注, 2009, 「동삼동유적에서 확인된 환경변동의 흔적과 그 성격」, 『韓國新石器硏究』 18, 韓國新石器學會.

이상규·박가영, 2020, 「신석기시대 기후변화와 어로변화」, 『기후변화와 신석기시대 문화변동』, 한국신석기학회 창립 30주년 기념 학술대회, pp. 106~114, 한국신석기학회.

李相吉, 1998, 「無文土器時代의 生活儀禮」, 『環濠集落と農耕社會の形成』, pp. 241~279, 九州考古學會·嶺南考古學會 第3回 合同考古學大會.

이상헌, 2008, 「호수 및 습지 퇴적물에 함유된 화분을 이용한 고기후 연구 동향」, 『지질학회지』 44-1, pp. 105~117, 대한지질학회.

이상헌, 2009, 「한국 중서부지역의 홀로세 후기 옥수수 화분분석에 대한 고고화분학적 예비고찰」, 『지질학회지』 45-6, pp. 697~709, 대한지질학회.

이상헌·김주용·오근창·양동윤·류은영·오규진, 2006, 「화분분석을 이용한 아산시 풍기동 지역의 후기 플라이스토세 고환경」, 『지질학회지』 42-1, pp. 57~68, 대한지질학회.

이상헌·류은영·김주용·남욱현·양동윤·신숙정, 2005, 「경기도 일산 이산포지역의 후기 홀로세 고환경 변화 연구: 화분과 규조분석」, 『지질학회지』 41-3, pp. 295~322, 대한지질학회.

이승호, 2020, 『기후학』, 서울: 푸른길.

이애진·박지훈, 2016, 「충남 공주시 문화유적의 입지특성: 지형분석과 GIS 분석을 이용하여」, 『한국지리학회지』 5-2, pp. 143~154, 한국지리학회.

이연규, 2005, 「한국 남해해역 패류군집에서 나타나는 시간평균화 현상과 최종 빙하기 이후 해수면 변동」, 『한국지구과학회지』 26-6, pp. 541~550, 한국지구과학회.

李榮文, 1997, 「全南地方 出土 磨製石劍에 관한 硏究」, 『韓國上古史學報』 24, pp. 7~71, 韓國上古史學會.

이영민·김형찬·송윤호, 2008, 「시추공 온도자료를 이용한 고기후 연구에 대한 개관」, 『자원환경지질』 39-1, pp. 95~102, 대한자원환경지질학회.

이용일·이선복, 2002, 「용인시 평창리 구석기유적 발굴지 고토양 특성과 이의 고고지질학적 적용」, 『지질학회지』 38-4, pp. 471~489, 대한지질학회.

이의한, 2000, 「청동기시대 부여지방의 자연환경과 인간생활」, 『대한지리학회지』 35-3, pp. 489~501, 대한지리학회.

이정철, 2012, 『한강유역의 구석기문화』, 과천: 진인진

李鎭永, 2006, 「GIS를 利用한 南韓의 考古遺蹟立地 豫測모델 硏究」, 忠南大學校 大學院 博士學位論文.

이진영·김진철·임재수·홍세선·고재원, 2015, 「제주도 외도동 제4기 퇴적층의 토양쐐기 형성시기」, 『지질학회지』 51-6, pp. 605~610, 대한지질학회.

이진영·홍세선·양동윤·김주용, 2011, 「남한에 분포하는 유적의 분포특성」, 『한국지리정보학회지』 14-2, pp. 14~27, 한국지리정보학회.

이한동·김교원, 2012, 「GIS를 이용한 울산지역 선사유적 입지분석 및 분포예측」, 『한국지리정보학회지』 15-3, pp. 23~35, 한국지리정보학회.

이홍종·손준호, 2012, 「충적지 취락의 지형환경」, 『嶺南考古學』 63, pp. 37~61, 嶺南考古學會.

이희연, 2003, 『GIS 지리정보학』, 파주: 법문사.

이희진, 2016, 「환위계적 적응순환 모델로 본 송국리문화의 성쇠」, 『한국청동기학보』 18, pp. 24~53, 한국청동기학회.

林尙澤, 2001, 「中西部 新石器時代 石器에 대한 初步的 檢討 Ⅰ」, 『韓國新石器硏究』 1, pp. 57~81, 韓國新石器硏究會.

장병오·신성욱·최기룡, 2006, 「지리산 왕등재늪의 식생변천사 연구」, 『한국생태학회지』 29, pp. 287~293, 한국생태학회.

장병오·양동윤·김주용·최기룡, 2006, 「한반도 중서부지역의 후빙기 식생변천사」, 『Jounal of Ecology and Field Biology』 29-6, pp. 573~580, 한국생태학회.

장진호·박용안, 1996, 「한국 서해안의 곰소만 조간대에서 현세 해수면 상승과 해침층후」, 『한국지구과학회 학술발표논문집』, pp. 26~27, 한국지구과학회.

全眞賢, 2013, 「편평편인석부의 기능과 용도에 관한 연구」, 『韓國靑銅器學報』 12, pp. 28~60, 韓國靑銅器學會.

정대교·김복혜, 2008, 「호수 및 습지퇴적물을 이용한 국내·외 고기후 연구 현황과 향후 연구 방향」, 『지질학회지』 44-1, pp. 81~92, 대한지질학회.

정대교·김복혜, 2008, 「호수 및 습지퇴적물을 이용한 국내·외 고기후 연구 현황과 향후 연구 방향」, 『지질학회지』 44-1, pp. 81~92, 대한지질학회.

정수옥, 2013, 「고대 한국의 목기 출토 현황과 특징: 함안 성산산성 출토품을 중심으로」, 『한국전통문화연구』 1, pp. 213~240, 한국전통문화대학교.

鄭一·韓美珍, 2011, 「Ⅴ-2-2. 구상유구」, 『광주 효천2지구 주택건설부지 내 문화유적 발굴 조사 보고서Ⅰ 光州 老大洞·杏岩洞遺蹟: 신석기·청동기·고려시대』, pp. 87~88. 全南文化財硏究院.

정창식, 2002, 「해안단구에 대한 연대측정」, 『지질학회지』 38-2, pp. 279~291, 대한지질학회.

정혜경·박지훈·김정빈, 2010, 「탄소동위원소분석을 이용한 한국 홀로세의 기후환경변화: 서해 영종도지역을 사례로」, 『한국지구과학회지』 31-4, pp. 313~321, 한국지구과학회.

정훈진·강동석, 2010, 「고고학적 공간정보의 취득관리와 GIS」, 『야외고고학』 9, pp. 153~197, 한국문화유산협회.

조경남·우경식, 2008, 「동굴생성물을 이용한 고기후 연구: 국내외 연구현황 및 미래 연구방향」, 『지질학회지』 44-1, pp. 93~104, 대한지질학회.

趙胤宰, 2017, 「中國 先秦·漢唐時期 藏氷, 造氷 및 冷藏遺蹟 考古資料 考察」, 『先史와 古代』 54, pp. 133~180, 韓國古代學會.

조윤재, 2020, 「中國 秦漢時期 環境氣候變化와 西漢墓制 變遷과의 상관성」, 『湖西考古學』 45, pp. 4~33, 호서고고학회.

조윤재, 2021, 「중국 진한시기 기후·수계환경 변화와 도성입지 및 배도제 운영과의 상관성」, 『湖西考古學』 48, pp. 210~237, 호서고고학회.

조태섭, 2005, 『화석환경학과 한국 구석기시대의 동물화석』, 서울: 혜안출판사.

조태섭, 2015, 「우리나라 후기 갱신세시기의 동물과 기후변화」, 『白山學報』 103, pp. 5~30, 白山學會.

趙現鐘, 2000, 「農工具의 變遷과 生産量의 增大」, 『韓國 古代의 稻作文化』, 國立中央博物館 學術심포지움, pp. 45~67, 國立中央博物館.

趙現鐘, 2008, 「韓國 初期 稻作文化 研究」, 全南大學校 博士學位論文.

趙現鐘, 2012, 「신창동 유적의 木器와 漆器」, 『2,000년 전의 타임캡슐: 광주 신창동 유적 사적 지정 20주년 기념 특별전』, pp. 226~243, 국립광주박물관.

조현종, 2014, 「목기의 종류와 특징」, 『청동기시대의 고고학 5: 道具論』, 이청규·손준호 편, pp. 122~145, 서울: 서경문화사.

趙現鍾·申相孝·張齊根, 1997, 「Ⅵ-2. 新倉洞出土 木器에 대한 小考」, 『光州 新倉洞 低濕地 遺蹟 Ⅰ』, pp. 121~129, 國立光州博物館.

曺華龍, 1987, 『韓國의 沖積平野』, 서울: 敎學硏究社.

천선행, 2010, 「고김해만을 둘러싼 해수면변동재고」, 『考古廣場』 6, pp. 25~54, 釜山考古學會.

최광희, 2014, 「고성 문암리 유적 지형과 퇴적층 발달과정」, 『高城 文岩里 遺蹟 Ⅱ: 分析報告書』, pp. 110~115, 국립문화재연구소.

최광희·김종욱·최정헌·변종민·홍성찬·신영규·이석조, 2008, 「원산도 해안사구 퇴적층에 대한 OSL 연대측정과 그 의미」, 『한국지형학회지』 15-4, pp. 39~51, 한국지형학회.

崔基龍, 2001a, 「무제치늪의 화분분석 연구」, 『第四紀學會誌』 15-1, pp. 13~20, 韓國第四紀學會.

최기룡, 2001b, 「한반도의 벼농사 개시기와 자연환경」, 『한국 농경문화의 형성』, 제25회 韓國考古學 全國大會, pp. 9~19, 韓國考古學會.

최기룡·김기현·김종원·김종찬·이기길·양동윤·남욱현, 2005, 「영산강 유역 범람원 퇴적물의 화분분석 연구」, 『한국생태학회지』 28, pp. 37~43, 한국생태학회.

최성길·타무라 토시카즈·미야우치 타카히로·츠카모토 스미토, 2018, 「한반도 남동부해안 해성단구의 분류와 편년에 있어서 본 연구에서 도출된 OSL연대적용의 한계성 검토」, 『한국지형학회지』 25-4, pp. 63~75, 한국지형학회.

최성재·박지훈·이애진, 2016, 「충남 공주지역 문화유적의 지리적 입지 연구」, 『한국지리학회지』 5-3, pp. 303~313, 한국지리학회.

崔淑卿, 1960, 「韓國 摘穗石刀의 硏究」, 『歷史學報』 13, pp. 23~53, 歷史學會.

崔承希, 2004, 「韓半島 出土 環狀·多頭石斧 硏究」, 釜山大學校 大學院 碩士學位論文.

최진무, 2018, 「고고학자료 정리를 위한 시공간 데이터베이스 구성에 관한 연구: 신석기 유적 관리를 사례로」, 『국토지리학회지』 52-1, pp. 99~110, 국토지리학회.

최진무, 2019, 「유적 위치정보 기록을 위한 지오코딩 방안 연구」, 『국토지리학회지』 53-1, pp. 21~30, 국토지리학회.

崔鎭武·金範哲, 2021, 「고고현상의 空間性에 대한 定量的 理解: 靑銅器時代 石製道具 분포에 대한 連續·多層的 分析을 기초로」, 『고조선단군학』 44, pp. 1~27, 고조선단군학회.

트리거, 부르스[성춘택 옮김], 2010, 『고고학사』, 서울: 사회평론.

페이건, 브라이언 편[이승호·김맹기·황상일 공역], 2011, 『완벽한 빙하시대』, 서울: 푸른길.

페이건, 브라이언[남경태 옮김], 2007, 『기후, 문명의 지도를 바꾸다』, 고양: 예지.

페이건, 브라이언[남경태 옮김], 2011, 『뜨거운 지구, 역사를 뒤흔들다』, 고양: 예지.

프라이스, T. 더글러스[이희준 옮김], 2020, 『고고학의 방법과 실제』, 서울: 사회평론.

한국고고학회 편, 2010, 『한국고고학강의(개정신판)』, 서울: 사회평론.

한국신석기학회·토지주택박물관, 2020, 『기후 변화와 신석기시대 문화 변동』, 한국신석기학회 창립 30주년 기념 2020년도 정기학술대회.

한국에스리, 2005, 「세계측지계와 ArcGIS를 이용한 좌표변환」 [웹문서], Technical Note, 한국에스리, http://www.biz-gis.com/?module=file&act=procFileDownload&file_srl=67348&sid=894b44240d3f057bd14354bcaea6558a. (accessed by 2020.01.28.)

한국지리정보연구회, 1996, 『자연지리학 사전』, 서울: 한울아카데미.

한창균, 2008, 「한국의 후기 구석기시대 자연환경」, 『한국고고학보』 66, pp. 4~47, 한국고고학회.

한창균, 2011,「환경고고학이란 무엇인가」,『유적조사와 고환경분석』, 2011년도 매장문화재 전문 교육 조사연구특강, pp. 797~816, 한국문화재조사연구기관협회.

함아름·신승원·김진철·정상용·Sharma Komal·정대교, 2018,「낙동강 삼각주 퇴적체 중부지역에서 채취한 시추퇴적물 시료를 이용한 신생대 제 4기 후기 퇴적환경변화연구」,『지질학회지』54-1, pp. 47~59, 대한지질학회.

헌팅턴, 엘스워스[한국지역거리학회 옮김], 2013,『문명과 기후』, 서울: 민속원.

현상민·木元克典, 2011,「유공충 각질의 Mg/Ca비: 고기후 및 고해양의 지시자」,『지질학회지』47-5, pp. 527~546, 대한지질학회.

湖南文化財研究院, 2007a,「유적지 퇴적층의 고식생(화분) 분석」,『光州 東林洞遺蹟 Ⅰ』, pp. 61~73.

湖南文化財研究院, 2007b,「부록 6. 저습지 1, 2차 의뢰 목재유물의 수종」,『光州 東林洞遺蹟 Ⅰ』, pp. 318~338.

호서고고학회, 2019,『기후의 고고학』, 제39회 호서고고학회 학술대회.

홍성찬, 2018,「한반도 해안단구 퇴적물에 대한 OSL 연대측정 결과 고찰」,『한국지리학회지』7-2, pp. 157~164, 한국지리학회.

홍성찬·최정헌·김종욱, 2010,「홀로세 중기 이후 신두리 해안사구의 성장: 기후변화 및 해수면 변동과의 관련 가능성」,『한국지형학회지』17-2, pp. 87~98, 한국지형학회.

황상일, 1998,「일산 충적평야의 홀로세 퇴적환경 변화와 해면변동」,『대한지리학회지』33-2, pp. 143~163, 대한지리학회.

黄相一, 2001,「한강 하류 일산들에서의 현세 해수면변동」,『한국의 제4기환경』, 박용안·공우석 외, pp. 150~152, 서울: 서울대학교출판부.

황상일·강창혁·윤순옥, 2011,「경남 거창분지 정장리 뢰스-고토양 연속층의 퇴적물 특성과 편년」,『대한지리학회지』46-1, pp. 1~19, 대한지리학회.

황상일·김정윤·윤순옥, 2009,「고김해만 북서지역의 Holocene 후기 환경변화와 지형발달」,『한국지형학회지』16-4, pp. 85~99, 한국지형학회.

황상일·김정윤·윤순옥, 2013,「창녕 비봉리지역의 Holocene 중기 해면변동」,『대한지리학회지』

48-6, pp. 837~855, 대한지리학회.

황상일·박충선·윤순옥, 2009,「전북 완주군 봉동 하안단구 상부 뢰스-고토양 연속층의 풍화특성과 기원지」,『대한지리학회지』44-4, pp. 463~480, 대한지리학회.

황상일·윤순옥, 1995,「반구대 암각화와 후빙기 후기 울산만의 환경변화」,『第四紀學會誌』9-1, pp. 1~18, 韓國第四紀學會.

황상일·윤순옥, 2002,「울산시 황성동 세죽해안의 Holocene 중기 환경변화와 인간생활」,『韓國考古學報』48, pp. 35~58, 韓國考古學會.

황상일·윤순옥, 2011,「해수면변동으로 본 한반도 홀로세 기후변화」,『한국지형학회지』18-4, pp. 235~246, 한국지형학회.

황상일·윤순옥·조화룡, 1997,「Holocene 中期에 있어서 道垈川流域의 堆積環境 變化」,『대한지리학회지』32-4, pp. 403~420, 대한지리학회.

황상일·정무열·윤순옥, 2016,「밀양 수산제 일대 Holocene 후기 해수면변동」,『한국지형학회지』23-4, pp. 1~15, 한국지형학회.

황상일·황범진·윤순옥, 2017,「김해 율하 지역 화분분석을 통한 홀로세 중기 이래 고환경 복원」,『한국지형학회지』24-2, pp. 51~64, 한국지형학회.

【영문】

Ahn, Sung-Mo, and Jaehoon Hwang

    2015 Temporal Fluctuation of Human Occupation during the 7th – 3rd Millennium cal BP in the Central-Western Korean Peninsula. Quaternary International 384:28-36.

Ahn, Sung-Mo, Jangsuk Kim, and Jaehoon Hwang

    2015 Sedentism, Settlements, and Radiocarbon Dates of Neolithic Korea. Asian Perspectives 54(1):113-143.

Alley, Richard B., Jochem Marotzke, William D. Nordhaus, Jonathan T. Overpeck, Dorothy

M. Peteet, Roger A. Pielke Jr., Raymond T. Pierrehumbert, Piter B. Rhines, Thomas F. Stocker, Lynne D. Talley, and John. M. Wallace

>2003 Abrupt Climate Change. Science 299:2005-2010.

Alley, Richard B., Pau A. Mayewski, Todd Sowers, Minze Stuiver, Kendrick C. Taylor, and Piter U. Clark

>1997 Holocene Climatic Instability: A Prominent, Widespread Event 8200 yr Ago. Geology 25(6):483-486.

Andersen, K. Katrine, Azuma Nobuhiko, Jean-Marc Barnola, Matthias Bigler, E. Pierre Biscaye, Nicolas Caillon, Jérôme Chappellaz, Henrik B. Clausen, Dorthe Dahl-Jensen, Hubertus Fischer, Jacqueline Flückiger, Diedrich Fritzsche, Yoshiyuki Fujii, Kumiko Goto-Azuma, Karl Grønvold, Niels Gundestrup, Margareta Hansson, Christof Huber, Christine S. Hvidberg, Sigfús J. Johnsen, Ulf Jonsell, Jean Jouzel, Sepp Kipfstuhl, Amaëlle Landais, Markus Leuenberger, Réginald Lorrain, Valérie Masson-Delmotte, Heinz Miller, Hideaki Motoyama, Hideki Narita, Todd Popp, Sune O. Rasmussen, Dominique Raynaud, Regine Röthlisberger, Urs Ruth, Denis Samyn, Jakob Schwander, Hitoshi Shoji, Marie-Louse Siggard-Andersen, Jørgen Peder Steffensen, Tomas Stocker, Árný E. Sveinbjörnsdóttir, Anders Svensson, Masasuke Takata, Jean-Louis Tison, Thorsteinn Thorsteinsson, Okitsugu Watanabe, Frank Wilhelms, and James W. C. White

>2004 High-Resolution Record of Northern Hemisphere Climate Extending into the Last Interglacial Period. Nature 431:147-151.

Bard, Édouard, Frauke Rostek, and Corinne Sonzogni

>1997 Interhemispheric Synchrony of the Last Deglaciation Inferred from Alkenone Palaeothermometry. Nature 385: 707.

Barker, Stephen, Paula Diz, Maryline J. Vautravers, Jennifer Pike, Gregor Knorr, Ian R. Hall, and Wallas S. Broecker

>2009 Interhemispheric Atlantic Seesaw Response During the Last Deglaciation. Nature

457:1097-1102.

Beyer, Robert M., Mario Krapp, and Andrea Manica

    2020 High-Resolution Terrestrial Climate, Bioclimate and Vegetation for the Last 120,000 Years. Scientific Data 7(1):236(1-9).

Branch, Nicholas P., Matthew Canti, Peter Clark, and Chris Turney

    2005 Environmental Archaeology: Theoretical and Practical Approaches. London: Hodder Education.

Broecker, Wallace. S.

    1997 Thermohaline Circulation, the Achilles Heel of Our Climate System: Will Man-Made CO_2 Upset the Current Balance?. Science 278:1582-1588.

Broecker, Wallace S., James P. Kennett, Benjamin P. Flower, James T. Teller, Sue Trumbore, Georges Bonani, and Willy Wolfli

    1989 Routing of Meltwater from the Laurentide Ice Sheet During the Younger Dryas Cold Episode. Nature 341:318.

Brothwell, Don R., and Eric. S. Higgs

    1963 Science in Archaeology: A Comprehensive Survey of Progress and Research. New York: Basic Books.

Bryson, Reid A., and Thomas J. Murray

    1977 Climates of Hunger: Mankind and the World's Changing Weather. Madison: University of Wisconsin Press.

Butzer, Karl W.

    1964 Environment and Archeology: An Introduction to Pleistocene Geography. Chicago: Aldine.

Butzer, Karl W.

    1982 Archaeology as Human Ecology: Method and Theory for a Contextual Approach. Cambridge: Cambridge University Press.

Chang, Cheong-Hee (張貞姬), and Choon-Min Kim (金遵敏)

    1982 Late-Quaternary Vegetation in the Lake of Korea (영랑호, 월함지 및 방어진의 제4기 이후의 식피의 변천). Korean Journal of Botany 25(1):37-53.

Chen, Fahu, Qinghai Xu, Jianhui Chen, H. John B. Birks, Jianbao Liu, Shengrui Zhang, Liya Jin, Chengbang An, Richard J. Telford, Xianyong Cao, Zongli Wang, Xiaojian Zhang, Kandasamy Selvaraj, Houyuan Lu, Yuecong Li, Zhuo Zheng, Haipeng Wang, Aifeng Zhou, Guanghui Dong, Jiawu Zhang, Xiaozhong Huang, Jan Bloemendal, and Zhiguo Rao

    2015 East Asian Summer Monsoon Precipitation Variability since the Last Deglaciation. Scientific Reports 5:11186.

Chen, Peter Pin-Shan

    1976 The Entity-Relationship Model: Toward a Unified View of Data. ACM Transactions on Database Systems 1(1):9-36.

Cheng, Bo, Fahu Chen, and Jiawo Zhang

    2013 Palaeovegetational and Palaeoenvironmental Changes since the Last Deglacial in Gonghe Basin, Northeast Tibetan Plateau. Journal of Geographical Sciences 23:136-146.

Cheng, Hai, Dominik Fleitmann, R. Lawrence Edwards, Xianfeng Wang, Francisco W. Cruz, Augusto S. Auler, Augusto Mangini, Yongjin Wang, Xinggong Kong, Stephen J. Burns, and Albert Matter

    2009 Timing and Structure of the 8.2 kyr BP Event Inferred from $\delta^{18}O$ Records of Stalagmites from China, Oman, and Brazil. Geology 37:1007-1010.

Childe, Vere Gordon

    1950 The Urban Revolution. Town Planning Review 21:3-17.

Constantine, Mark, Minkoo Kim, and Jungjae Park

    2019 Mid-to Late Holocene Cooling Events in the Korean Peninsula and Their Possible Impact on Ancient Societies. Quaternary Research 92:98-108.

Crema, Enrico R., Junko Habu, Kenichi Kobayashi, and Marco Madella

    2016 Summed Probability Distribution of 14C Dates Suggests Regional Divergences in the Population Dynamics of the Jomon Period in Eastern Japan. PLoS One 11(4):e0154809.

Crowley, Thomas, and M. Brian Unterman

    2013 Technical Details Concerning Development of a 1200 yr Proxy Index for Global Volcanism. Earth System Science Data 5:187–197.

Crumley, Carole L., ed.

    1994 Historical Ecology: Cultural Knowledge and Changing Landscapes. Santa Fe: School of American Research Press.

Cullen, Heidi M., Peter B. Demenocal, Sidney Hemming, Gary Hemming, Francis H. Brown, Thomas Guilderson, and Frank Sirocko

    2000 Climate Change and the Collapse of the Akkadian Empire: Evidence from the Deep Sea. Geology 28(4):379–382.

Delaygue, Gilles, and Bard Édouard

    2011 An Antarctic View of Beryllium-10 and Solar Activity for the Past Millennium. Climate Dynamics 36:2201–2218.

Dincauze, Dena Ferran

    2000 Environmental Archaeology: Principles and Practice. Cambridge: Cambridge University Press.

Dixit, Yama, David A. Hodell, and Cameron A. Petrie

    2014 Abrupt Weakening of the Summer Monsoon in Northwest India ~4100 yr Ago. Geology 42(4):339–342.

Domínguez-Villar, David, Ian J. Fairchild, Andy Baker, Xianfeng Wang, R. Lawrence Edwards, and Hai Cheng

    2009 Oxygen Isotope Precipitation Anomaly in the North Atlantic Region during the 8.2

Ka Event. Geology 37(12):1095–1098.

Donders, Timme H., Friederike Wagner-Cremer, and Henk Visscher
    2008 Integration of Proxy Data and Model Scenarios for the Mid-Holocene Onset of Modern ENSO Variability. Quaternary Science Reviews 27(5):571–579.

Dryzek, John S., Richard B. Norgaard, and David Schlosberg
    2011 Climate Change and Society: Approaches and Responses. *In* The Oxford Handbook of Climate Change and Society. J.S. Dryzek, R.B. Norgaard, and D. Schlosberg, eds. Pp. 3–13. Oxford: Oxford University Press.

Dykoski, Carolyn A., R. Lawrence Edwards, Hai Cheng, Daoxian Yuan, Yanjun Cai, Meiliang Zhang, Yushi Lin, Jiaming Qing, Zhisheng An, and Justin Revenaugh
    2005 A High-Resolution, Absolute-Dated Holocene and Deglacial Asian Monsoon Record from Dongge Cave, China. Earth and Planetary Science Letters 233:71–86.

Evans, John G., and Terry O'Connor
    1999 Environmental Archaeology: Principles and Methods (1st ed.). Stroud: Sutton.

Fan, Ka-Wai
    2010 Climatic Change and Dynastic Cycles in Chinese History: A Review Essay. Climate Change 101:565–573.

Fisher, Christopher T., J. Brett Hill, and Gary M. Feinman
    2009a The Archaeology of Environmental Change: Socionatural Legacies of Degradation and Resilience. Tucson: University of Arizona Press.

Fisher, Christopher T., J. Brett Hill, and Gary M. Feinman
    2009b Introduction: Environmental Studies for Twenty-First-Century Conservation. *In* The Archaeology of Environmental Change: Socionatural Legacies of Degradation and Resilience. C.T. Fisher, J.B. Hill, and G.M. Feinman, eds. Pp. 1–12. Tucson: University of Arizona Press.

Foster, David R., Frederick Swanson, John Aber, Ingrid Bruke, Nicholas Brokaw, David Tilman, and Alan Knapp

    2003 The Importance of Land-Use Legacies to Ecology and Conservation. BioScience 53(1):77-88.

Fujiki, Toshiyuki, and Yoshinori Yasuda

    2004 Vegetation History during the Holocene from Lake Hyangho, Northeastern Korea. Quaternary International 123-125:63-69.

Gamble, Clive

    2001 Archaeology: The Basics. London: Routledge.

Hashino, Simpei

    2011 The Diffusion Process of Red Burnished Jars and Rice Paddy Field Agriculture from the Southern Part of the Korean Peninsula to the Japanese Archipelago. *In* Coexistence and Cultural Transmission in East Asia. N. Matsumoto, H. Bessho, and M. Tomii, eds. Pp. 203-221. One World Archaeology. Walnut Creek: Left Coast Press.

Head, Lesley

    2000 Cultural Landscapes and Environmental Change. London: Arnold.

Holling, Crawford Stanley, and Lance H. Gunderson

    2002 Resilience and Adaptive Cycles. *In* Panarchy: Understanding Transformations in Human and Natural Systems. L.H. Gunderson and C. Holling, eds. Pp. 25-62. Washington, D.C.: Island Press.

Hu, Chaoyong, Gideon M. Henderson, Junhua Huang, Shucheng Xie, Ying Sun, and Kathleen R. Johnson

    2008 Quantification of Holocene Asian Monsoon Rainfall from Spatially Separated Cave Records. Earth and Planet Science Letters 266(3&4):221-232.

Hwang, Sangill, Chung-Sun Park, Soon-Ock Yoon, and Jongnam Choi

    2014 Origin and Weathering Properties of Loess-Paleosol Sequence in the Goseong Area on the East Coast of South Korea. Quaternary International 344:17-31.

Jenkins, Gareth

    1974 A Note on Climatic Cycles and the Rise of Chinggis Khan. Central Asiatic Journal 18(4):217–226.

Ji, Shen, Xingqi Liu, Sumin Wang, and Ryo Matsumoto

    2005 Palaeoclimatic Changes in the Qinghai Lake Area during the Last 18,000 Years. Quaternary International 136(1):131–140.

Jiang, Wenying, Zhengtang Guo, Xiangjun Sun, Haibin Wu, Guoqiang Chu, Baoyin Yuan, Chritine Hatté, and Jöel Guiot

    2006 Reconstruction of Climate and Vegetation Changes of Lake Bayanchagan (Inner Mongolia): Holocene variability of the East Asian monsoon. Quaternary Research 65(3):411–420.

Jo, Kyoung-nam, Sangheon Yi, Jin-Yong Lee, Kyung Sik Woo, Hai Cheng, Lawrence R. Edwards, and Sang-Tae Kim

    2017 1000-Year Quasi-Periodicity of Weak Monsoon Events in Temperate Northeast Asia since the Mid-Holocene. Scientific Reports 7:15196.

Kawahata, Hodaka, Hisashi Yamamoto, Ken'ichi Ohkushi, Yusuke Yokoyama, Katsunori

Kim, Han-Kyoung, and Kyong-Hwan Seo

    2016 Cluster Analysis of Tropical Cyclone Tracks over the Western North Pacific Using a Self-Organizing Map. Journal of Climate 29(10):3731–3751.

Kim, Ju Yong, Soobum Chang, Won Hak Choi, Heedong Jang, and Seon-Gyu Choi

    2004 Geohazard Potential and Paleoseismology Based on Coastal Geomorphology and Structural Development. *In* Field Guidebook in 2004-Special Lecture Course of Geohazard and Paleoseismology. J. McCalpin, J.y. Kim, and S. Chang, eds. Pp. 52–85. Daejeon: KIGAM.

Kim, Minkoo, Heung-Nam Shin, Shinhye Kim, Dong-jung Lim, Kyuhee Jo, Ara Ryu, Haesun Won, Semi Oh, and Noh, Hyengsin

2015 Population and Social Aggregation in the Neolithic Chulmun Villages of Korea. Journal of Anthropological Archaeology 40:160-182.

Kimoto, Hideki Ohshima, and Hiroyuki Matsuzaki

2009 Changes of Environments and Human Activity at the Sannai-Maruyama Ruins in Japan during the Mid-Holocene Hypsithermal Climatic Interval. Quaternary Science Reviews 28:964-974.

Kobashi, Takuro, Jeffrey P. Severinghaus, Edward J. Brook, Jean-Marc Barnola, and Alexi M. Grachev

2007 Precise Timing and Characterization of Abrupt Climate Change 8200 Years Ago from Air Trapped in Polar Ice. Quaternary Science Reviews 26:1212-1222.

Komoto, Masayuki, and Hiroki Obata, eds.

2005 Zaisanovka 7 Site, in Primorsky, Russia: Preliminary Result of Excavation in 2004 (Study on the Environmental Change of Early Holocene and Prehistoric Subsistence System in Far East Asia). Kumamoto: Kumamoto University.

Kug, Jong-Seong, Min-Seop Ahn, Mi-Kyung Sung, Sang-Wook Yeh, Hong-Sik Min, and Young-Ho Kim

2010 Statistical Relationship between Two Types of El Niño Events and Climate Variation over the Korean Peninsula. Asia-Pacific Journal of Atmospheric Sciences 46(4):467-474.

Kuzmin, Yaroslav V.

1998 Early Agriculture in Primorye, Russian Far East: New Radiocarbon and Pollen Data from Late Neolithic Sites. Journal of Archaeological Science 25(8):813-816.

Lamberg-Karlovsky, C. C.

1972 Neolithic Villagers and Farmers: Introduction. *In* Old World Archaeology: Foundations of Civilization. C.C. Lamberg-Karlovsky, ed. Pp. 61-65. Readings from Scientific American. San Francisco: W.H. Freeman.

Lee, Min Kyung, Seung Hyoun Lee, Yong Il Lee, Ho Il Yoon, and Kyu-Cheul Yoo
> 2014 Rare Earth Element Composition of Paleo-Maar Sediments (Latest Pleistocene-Early Holocene), Jeju Island, Korea: Implications for Asian Dust Record and Monsoon Climate. Quaternary International 344:32-42.

Liu, Fenggui, and Zhaodong Feng
> 2012 A Dramatic Climatic Transition at ~4000 cal. yr BP and Its Cultural Responses in Chinese Cultural Domains. The Holocene 22(10):1181-1197.

Liu, Jianbao, Fahu Chen, Jianhui Chen, Xiaojian Zhang, Jian Liu, and Jan Bloemendal
> 2014 Weakening of the East Asian Summer Monsoon at 1000–1100 AD within the Medieval Climate Anomaly: Possible Linkage to Changes in the Indian Ocean–Western Pacific. Journal of Geophysical Research: Atmospheres 119:2209-2219.

Liu, Jianbao, Jianhui Chen, Xiaojian Zhang, Yu Li, Zhiguo Rao, and Fahu Chen
> 2015 Holocene East Asian Summer Monsoon Records in Northern China and Their Inconsistency with Chinese Stalagmite δ^{18}O Records. Earth-Science Reviews 148:194-208.

Maher, Barbara A.
> 2008 Holocene Variability of the East Asian Summer Monsoon from Chinese Cave Records: A Re-Assessment. The Holocene 18(6):861-866.

McGranahan, Gordon, Deborah Balk, and Bridget Anderson
> 2007 The Rising Tide: Assessing the Risks of Climate Change and Human Settlements in Low Elevation Coastal Zones. Environment and Urbanization 19(1):17-37.

McNeill, John Robert
> 2005 Diamond in the Rough: Is There a Genuine Environmental Threat to Security?. International Security 30(1):178-195.

Moy, Christopher M., Geoffrey O. Seltzer, Donald T. Rodbell, and David M. Anderson
> 2002 Variability of El Niño/Southern Oscillation Activity at Millennial Timescales during the Holocene epoch. Nature 420:162-165.

Muller-Beck, Hansjurgen

    1972 Prehistoric Swiss Lake-Dwellers. *In* Old World Archaeology: Foundations of Civilization. C.C. Lamberg-Karlovsky, ed. Pp. 226-232. Readings from Scientific American. San Francisco: W.H. Freeman.

Nicholls, Robert J., Susan Hanson, Celine Herweijer, Nicola Patmore, Stéphane Hallegatte, Jan Corfee-Morlot, Jean Château, and Robert Muir-Wood

    2008 Ranking Port Cities with High Exposure and Vulnerability to Climate Extremes: Exposure Estimates. OECD Environment Working Paper No. 1: Pari, Organisation for Economic Co-operation and Development.

O'Connor, Terry, and John G. Evans

    2005 Environmental Archaeology: Principles and Methods (2nd ed.). Stroud: Sutton.

Oh, Yongje, Matthew Conte, Seungho Kang, Jangsuk Kim, and Jaehoon Hwang

    2017 Population Fluctuation and the Adoption of Food Production in Prehistoric Korea: Using Radiocarbon Dates as a Proxy For Population Change. Radiocarbon 59(6):1761-1770.

Oppo, Delia W., Yair Rosenthal, and Braddock K. Linsley

    2009 2,000-Year-Long Temperature and Hydrology Reconstructions from the Indo-Pacific Warm Pool. Nature 460:1113-1116.

Park, Jungjae

    2017 Solar and Tropical Ocean Forcing of Late-Holocene Climate Change in Coastal East Asia. Palaeogeography, Palaeoclimatology, Palaeoecology 469:74-83.

Park, Jungjae, Jinheum Park, Sangheon Yi, Jincheul Kim, Eunmi Lee, and Qiuhong Jin

    2018 The 8.2 Ka Cooling Event in Coastal East Asia: High-Resolution Pollen Evidence from Southwestern Korea. Scientific Reports 8:12423.

Park, Jungjae, Jinheum Park, Sangheon Yi, Jin Cheul Kim, Eunmi Lee, and Jieun Choi

    2019 Abrupt Holocene Climate Shifts in Coastal East Asia, Including the 8.2 Ka, 4.2 Ka, and 2.8 Ka BP Events, and Societal Responses on the Korean Peninsula. Scientific Reports 9:10806.

Park, Jungjae, Jiwoo Han, Qiuhong Jin, Junbeom Bahk, and Sangheon Yi
2017 The Link between ENSO-Like Forcing and Hydroclimate Variability of Coastal East Asia during the Last Millennium. Scientific Reports 7(1):8166.

Park, Jungjae, Keun Bae Yu, Hyoun Soo Lim, and Young Ho Shin
2012 Holocene Environmental Changes on the East Coast of Korea. Journal of Paleolimnology 48(3):535-544.

Park, Jungjae, and Young Ho Shin
2010 East Asian Monsoon History as Indicated by C/N Ratios and $\delta^{13}C$ Evidence from the Estuarine Tidal Flat Sediments in the West Coast of Korea. Journal of the Korean Geographical Society (대한지리학회지) 45(5):541-552.

Park, Jungjae, Young Ho Shin, and Roger Byrne
2016 Late-Holocene Vegetation and Climate Change in Jeju Island, Korea and Its Implications for ENSO Influences. Quaternary Science Reviews 153:40-50.

Pederson, Neil, Amy E. Hessl, Nachin Baatarbileg, Kevin J. Anchukaitis, and Nicola Di Cosmo
2014 Pluvials, Droughts, the Mongol Empire, and Modern Mongolia. Proceedings of the National Academy of Sciences 111(12):4375-4379.

Putnam, Aaron E., David E. Putnam, Laia Andreu-Hayles, Edward R. Cook, Jonathan G. Palmer, Elizabeth H. Clark, Chunzeng Wang, Feng Chen, George H. Denton, and Douglas P. Boyle, Scott D. Bassett, Sean D. Birkel, Javier Martin-Fernandez, Irka Hajdas, John Southon, Christopher B. Garner, Hai Cheng, and Wallace S. Broecker
2016 Little Ice Age Wetting of Interior Asian Deserts and the Rise of the Mongol Empire. Quaternary Science Reviews 131:33-50.

Rasmussen, S. Olander, Bo M. Vinther, Henrik Brink Clausen, and Katrine K. Andersen
2007 Early Holocene Climate Oscillations Recorded in Three Greenland Ice Cores. Qua-

ternary Science Reviews 26:1907-1914.

Redman, Charles L.

    2005 Resilience Theory in Archaeology. American Anthropologist 107(1):70-77.

Redman, Charles L., Margaret C. Nelson, and Ann P. Kinzig

    2009 The Resilience of Social Landscapes: Lesson from Hohokam. *In* The Archaeology of Environmental Change: Socionatural Legacies of Degradation and Resilience. C.T. Fisher, J.B. Hill, and G.M. Feinman, eds. Pp. 15-39. Tucson: University of Arizona Press.

Renfrew, Colin, and Paul G. Bahn

    2004 Archaeology: Theories, Methods, and Practice. New York: Thames and Hudson.

Renssen, Hans, Hugues Goosse, Thierry Fichefet, Victor Brovkin, Emmanuelle Driesschaert, and Frank Wolk

    2005 Simulating the Holocene Climate Evolution at Northern High Latitudes Using a Coupled Atmosphere-Sea Ice-Ocean-Vegetation Model. Climate Dynamics 24(1):23-43.

Rind, David, Peter Demenocal, Gary L. Russell, Sukeshi Sheth, Dan Collins, Gavin A. Schmidt, and James Teller

    2001 Effects of Glacial Meltwater in the GISS Coupled Atmosphere-Ocean Model: Part I: North Atlantic Deep Water Response. Journal of Geophysical Research 106(D21):27335-27353.

Shackley, Myra L.

    1981 Environmental Archaeology. London: Allen & Unwin.

Shennan, Stephen, Sean S. Downey, Adrian Timpson, Kevan Edinborough, Sue Colledge, Tim Kerig, Katie Manning, and Mark G. Thomas

    2013 Regional Population Collapse Followed Initial Agriculture Booms in Mid-Holocene Europe. Nature Communications 4:2486.

Shoda, Shin'ya

  2010 Radiocarbon and Archaeology in Japan and Korea: What Has Changed Because of the Yayoi Dating Controversy?. Radiocarbon 52(2):421-427.

Son, Hye-Young, Jong-Yeon Park, and Jong-Seong Kug
  2015 Precipitation Variability in September over the Korean Peninsula during ENSO Developing Phase. Climate Dynamics 46:1-12.

Stanley, Jean-Daniel, Michael D. Krom, Robert A. Cliff, and Jamie C. Woodward
  2003 Short Contribution: Nile Flow Failure at the End of the Old Kingdom, Egypt: Strontium Isotopic and Petrologic Evidence. Geoarchaeology 18(3):395-402.

Stebich, Martina, Kira Rehfeld, Frank Schlütz, Pavel E. Tarasov, Jiaqi Liu, and Jens Mingram
  2015 Holocene Vegetation and Climate Dynamics of NE China Based on the Pollen Record from Sihailongwan Maar Lake. Quaternary Science Reviews 124:275-289.

Stott, Lowell, Kevin Cannariato, Robert Thunel, Gerald H. Haug, Athanasios Koutavas, and Steve Lund
  2004 Decline of Surface Temperature and Salinity in the Western Tropical Pacific Ocean in the Holocene Epoch. Nature 431:56-59.

Svensmark, Henrik
  2007 Cosmoclimatology: A New Theory Emerges. Astronomy & Geophysics 48(1):118-124.

Takase, Katsunori, 2003, 「Use-Wear Analysis of 'Beak-Shaped Stone Tool' from Dongho-dong Site, Daegu, Korea」, 『大邱 東湖洞遺蹟』, pp. 459~462, 嶺南文化財研究院.

Thomas, Elizabeth R., Eric W. Wolff, Robert Mulvaney, Jorgen P. Steffensen, Sigfus J. Johnsen, Carol Arrowsmith, James W. C. White, Bruce Vaughn, and Trevor Popp
  2007 The 8.2 Ka Event from Greenland Ice Cores. Quaternary Science Reviews 26:70-81.

Thompson, Lonnie G., Ellen Mosley-Thompson, Mary E. Davis, Keith A. Henderson, Henry H. Brecher, Victor S Zagorodnov, Tracy A. Mashiotta, Ping-Nan Lin, Vladimir N. Mikhalenko, Douglas R. Hardy, D. R., and Beer Jürg

2002 Kilimanjaro Ice Core Records: Evidence of Holocene Climate Change in Tropical Africa. Science 298:589-593.

Thorp, Robert L.

1982 The Mortuary Art and Architecture of Early Imperial China. 2 Vols. Ann Arbor: University Microfilms International.

van de Noort, Robert

2013 Climate Change Archaeology: Building Resilience from Research in the World's Coastal Wetlands. Oxford: Oxford University Press.

Wang, Wei, and Zhaodong Feng

2013 Holocene Moisture Evolution across the Mongolian Plateau and Its Surrounding Areas: A Synthesis of Climatic Records. Earth-Science Reviews 122:38-57.

Wang, Yongjin, Hai Cheng, R. Lawrence Edwards, Xinggong Kong, Xiaohua Shao, Shitao Chen, Jiangyin Wu, Xiouyang Jiang, Xianfeng Wang, and Zhisheng An

2008 Millennial-and Orbital-Scale Changes in the East Asian Monsoon over the Past 224,000 Years. Nature 451:1090-1093.

Wang, Yongjin, Hai Cheng, R. Lawrence Edwards, Yaoqi He, Xinggong Kong, Zhisheng An, Jiangying Wu, Megan J. Kelly, Carolyn A. Dykoski, and Xiangdong Li

2005 The Holocene Asian Monsoon: Links to Solar Changes and North Atlantic Climate. Science 308(5723):854-857.

Wanner, Heinz, Lorenzo Mercolli, Martin Grosjean, and Stefan P. Ritz

2015 Holocene Climate Variability and Shange: A Data-Based Review. Journal of the Geological Society 172:254-263.

Wheatley, David, and Mark Gillings

2002 Spatial Technology and Archaeology: The Archaeological Applications of GIS. London: Taylor & Francis.

Wilkinson, Keith, and Chris Stevens

2003 Environmental Archaeology: Approaches, Techniques & Applications. Stroud: Tempus.

Woodruff, Jonathan D., Jennifer L. Irish, and Suzana J. Camargo

2013 Coastal Flooding by Tropical Cyclones and Sea-Level Rise. Nature 504:44-52.

Xu, Deke, Houyuan Lu, Guoqiang Chu, Naiqin Wu, Caiming Shen, Can Wang, and Limi Mao

2014 500-Year Climate Cycles Stacking of Recent Centennial Warming Documented in an East Asian Pollen Record. Scientific Reports 4:1-7.

Yan, Hong, Liguang Sun, Delia W. Oppo, Yuhong Wang, Zhonghui Liu, Zhouqing Xie, Xiaodong Liu, and Wenhan Cheng

2011 South China Sea Hydrological Changes and Pacific Walker Circulation Variations over the Last Millennium. Nature Communications 2:293.

Yi, Sangheon, and Ju-Yong Kim

2012 Pollen Analysis at Paju Unjeong, South Korea: Implications of Land-Use Changes since the Late Neolithic. The Holocene 22(2):227-234.

Zeuner, Frederick Everard

1945 The Pleistocene Period, Its Climate, Chronology and Faunal Successions. London: Ray Society.

Zeuner, Frederick Everard

1963 A History of Domesticated Animals. London: Hutchinson.

【중문】

葛劍雄, 1997, 『中國移民史』第一卷, 福州: 福建人民出版社.

廣東農林學院林學系, 1977, 「廣州秦漢造船工場遺址的木材鑑定」, 『考古』 1977-4, pp. 257~261, 中國社會科學院考古研究所.

廣州市文管處, 1977,「廣州秦漢造船工場遺址試掘」,『文物』1977-4, pp. 1~17, 國家文物局.

裘善文·李取生·夏玉梅·王璟璐, 1992,「东北西部沙地古土壤与全新世环境」,『中国全新世大暖期气候与环境』, pp. 153~160, 北京: 海洋出版社.

羅桂環, 1995,『中國環境保護史稿』, 北京: 中國環境科學出版社.

劉敘傑, 2003,『中國古代建築史』第一卷, 北京: 中國建築工業出版社.

劉昭民, 1982,『中國歷史上氣候之變遷』, 臺北: 臺灣商務印書館.

劉昭民, 1994,『中國歷史上氣候之變遷』, 臺北: 臺灣商務印書館.

劉允東, 2008,「中國古代的車馬坑陪葬」,『文物世界』2008-6, pp. 44~49, 山西省文物局.

李劍農, 1991,『中國古代經濟史稿』, 武漢: 武漢大學出版社.

李伯重, 1999,「氣候變化與中國歷史上人口的幾次大起大落」,『人口研究』23-1, pp. 15~19, 中國人民大學.

李如森, 1995,『漢代喪葬制度』, 長春: 吉林大學出版社.

李圃, 1981,『甲骨文選讀』, 上海: 華東師範大學出版社.

李欣, 2012,「秦漢社會的木炭生產和消費」,『史學集刊』2012-5, pp. 110~117, 吉林大學.

滿志敏, 1992,「黃淮海平原仰韶溫暖期的氣候特征探討」,『歷史地理』10, pp. 261~272, 上海: 上海人民出版社.

蒙文通, 1998,「中國古代北方氣候考略」,『古地甄微』蒙文通文集第4卷, pp. 1~3, 成都: 巴蜀書社(原載: 蒙文通, 1930,『史學雜志』第2卷 第3·4期, 國立成都大學史學研究會)

文煥然, 1956,「從秦漢時代中國的柑桔荔枝地理分布大勢之史料來初步推斷當時黃河中下遊南部的常年氣候」,『福建師範學院學報(自然科學版)』1956-2, pp. 1~18, 福建師範學院.

北京市大葆臺西漢墓博物館, 2015,『大葆臺漢墓文物』, 北京: 文物出版社.

西安市文物局, 2012,『漢長安城遺址保護』, 北京: 文物出版社.

徐中舒, 1930,「殷人服象與象之南遷」,『中央研究院歷史語言研究所集刊』第二本, pp. 60~75, 臺北: 中央研究院歷史語言研究所.

石璋如, 2017,『中国考古报告集之二-小屯殷墟文字·乙编』, 臺北: 中央研究院歷史語言研究所.

陝西省文管會, 1977,「咸陽楊家灣漢墓發掘簡報」,『文物』1977-10, pp. 10~21, 國家文物局.

陝西省社會科學院考古研究所鳳翔隊, 1963,「秦都雍城遺址勘察」,『考古』1963-8, pp. 410~422, 中國社會科學院考古研究所.

陝西省雍城考古隊, 1985,「秦都雍城鑽探試掘簡報」,『考古與文物』1985-2, pp. 14~21, 陝西省考古研究所.

孫機, 2001,『中國古輿服論叢』, 北京: 文物出版社.

孫機, 2008,『漢代物質文化資料圖說』, 上海: 上海古籍出版社.

孫占民·程林, 2010,「秦漢樓船考」,『昆明學院學報』2010-2, pp. 72~74, 昆明學院.

隨縣擂鼓墩一號墓考古發掘隊, 1979,「湖北隨縣曾侯乙墓發掘簡報」,『文物』1979-7, pp. 1~32, 國家文物局.

施雅風, 1992,「中國全新世大暖期的氣候波動與重要事件」,『中國科學(B輯化學生命科學地學)』1992-12, pp. 1300~1305, 中國科學院國家自然科學基金委.

楊哲峰, 2005,「漢墓結構和隨葬釉陶器的類型及其變遷」, 北京大學考古文博學院博士學位論文.

楊泓, 1997,「水軍和戰船-中國古代軍事裝備剳記之五」,『文物』1997-3, pp. 76~82, 國家文物局.

於希賢, 1995,「近四千年來中國地理環境幾次突發變異及其後果的初步研究」,『中國歷史地理論叢』1995-2, pp. 45~34, 陝西師範大學西北歷史環境與經濟社會發展研究中心.

餘明, 1999,「西漢林政初探」,『四川師範大學學報(社會科學版)』1999-4, pp. 65~71, 四川師範大學.

餘華青, 1983,「秦漢林業初探」,『西北大學學報(哲學社會科學版)』1983-4, pp. 92~99, 西北大學.

王乃昂, 1998,「中西古代氣候學的概念模式及其比較」,『自然科學史研究』1998-1, pp. 1~8, 中國科學院自然科學史研究所.

王飛, 2015,『先秦兩漢時期森林生態文明研究』, 北京: 中國社會科學出版社.

王蘇民·薛濱·夏威嵐, 1997,「希門錯2000多年來氣候變化的湖泊記錄」,『第四紀研究』1997-1, pp. 62~69, 中國第四紀研究委員會.

王育民, 1990,「先秦時期人口芻議」,『上海師範大學學報(哲學社會科學版)』1990-2, pp. 33~42, 上海師範大學.

王子今, 1995,「秦漢時期氣候變遷的歷史學考察」,『歷史研究』1995-2, pp. 3~19, 中國社會科學院.

王顥等, 2015,「雍城六號秦公陵園兆溝西南側中小型墓葬與車馬坑發掘簡報」,『考古與文物』2015-4,

pp. 15~20, 陝西省考古研究所.

王會昌, 1996,「2000年來中國北方遊牧民族南遷與氣候變化」,『地理科學』16-3, pp. 274~279, 中國科學院東北地理與農業生態研究所.

王暉·黃春長, 2002,「商末黃河中遊氣候環境的變化與社會變遷」,『史學月刊』2002-1, pp. 13~18, 河南大學.

袁勝文, 2014,「槨制度的產生和演變述論」,『南開學報(哲學社會科學版)』2014-3, pp. 94~101, 南開大學.

俞偉超, 1989,『考古類型學的理論與實踐』, 北京: 文物出版社.

印群, 2001,『黃河中下游地區的東周墓葬』, 北京: 社會科學文獻出版社.

任振球, 1986,「中國近五千年來氣候的異常期及其天文成因」,『農業考古』1986-3, pp. 298~303, 江西省社會科學院.

任振球·李致森, 1981,「行星運動對中國五千年來氣候變遷的影響」,『全國氣候變化學術討論會文集』, 中央氣像天氣氣候研究所, pp. 107~116, 北京: 科學出版社.

張家山漢墓竹簡整理小組, 1985,「江陵張家山漢簡概述」,『文物』1985-1, pp. 9~15, 國家文物局.

張德二, 1998,「中國曆史文獻檔案中的古環境記錄」,『地球可行進展』13-3, pp. 273~277, 國家自然科學基金委員會地球科學部.

張朋川·郎樹德, 1983,「甘肅秦安大地灣遺址1978至1982年發掘的主要收穫」,『文物』1983-11, pp. 21~30, 國家文物局.

張天恩, 2001,「"禁圃"瓦當及禁圃有關的門題」,『考古與文物』2001-5, pp. 55~59, 陝西省考古研究所.

鄭乃武, 1988,「大地灣遺址」,『中國大百科全書(考古學)』, 胡喬木, p. 75, 北京: 中國大百科全書出版社.

鄭洪春, 1990,「試論龍山文化晚期的社會形態」,『文博』1990-4, pp. 52~56, 陝西省文物局.

曹婉如, 1989,「有關天水放馬灘秦墓出土地圖的幾個問題」,『文物』1989-12, pp. 78~85, 國家文物局.

趙建龍, 1983,「秦安大地灣405號新石器時代房屋遺址」,『文物』1983-11, pp. 15~20, 國家文物局.

趙文林, 1988,『中國人口史』, 北京: 人民出版社.

趙胤宰, 2007,「長江中下游漢六朝塼墓的建築結構與技術研究」, 北京大學考古文博學院博士學位論文.

周書燦, 2007,「20世紀中國歷史氣候研究述論」,『史學理論研究』2007-4, pp. 127~136, 中國社会科學院世界歷史研究所.

周雲庵·範升才, 1997,「陝西古代森林消耗初探-論建築用材」,『西北林學院學報』1997-1, pp. 104~107, 西北林學院.

中國社會科學院考古研究所, 1980,『滿城漢墓發掘報告』, 北京: 文物出版社

中國社會科學院考古研究所隊, 1996,『漢長安城未央宮』, 北京: 中國大百科全書出版社

中國社會科學院考古研究所櫟陽發掘隊, 1985,「秦漢櫟陽城址的勘探和試掘」,『考古學報』1985-3, pp. 353~381, 中國社會科學院考古研究所.

陳柏泉, 1985,「江西地區歷史時期的森林」,『農業考古』1985-2, pp. 204~214, 江西省社會科學院.

陳海, 2001,「茂陵陪葬墓車馬坑貳號車的復原研究」,『考古與文物』2001-5, pp. 65~70, 陝西省考古研究所.

陣煒湛, 1995,『甲骨文田獵刻辭研究』, 廣州: 廣東教育出版社

竺可楨, 1964,「論我國氣候的幾個特點及其與糧食作物生產的關系」,『地理學報』30-1, pp. 1~13, 中國科學院地理科學與資源研究所.

竺可楨, 1972,「中國近五千年來氣候變遷的初步研究」,『考古學報』1972-1, pp. 15~38, 中國社會科學院考古研究所.

蒲慕州, 1993,『墓葬與生死-中國古代宗敎之省思』, 臺北: 聯經出版社業公司.

河南省文化局文物工作, 1962,『葦縣鐵生溝』, 北京: 文物出版社.

河南省文化局文物工作隊第二隊, 1957,「我國考古史上的空前發現信陽長臺關發掘一座戰國大墓」,『文物參考資料』1957-9, pp. 21~32, 中國社會科學院考古研究所.

何雙全, 1989,「天水放馬灘秦墓出土地圖初探」,『文物』1989-2, pp. 12~25, 國家文物局.

湖北省荊州地區博物館, 1982,「江陵天星觀1號楚墓」,『考古學報』1982-1, pp. 71~116, 中國社會科學院考古研究所.

胡阿祥, 2003,「東晉南朝僑州郡縣釋例」,『許昌學院學報』2003-3, pp. 43~48, 許昌學院.

胡平生, 1993,「中國湖北張家山漢墓出土竹簡概說」,『漢簡研究の現狀と展望』, 大庭脩 編, pp. 41~42, 大阪: 關西大學出版部.

胡厚宣, 1945, 「氣候變遷與殷代氣候檢討」, 『甲骨學商史論叢』第2集, 胡厚宣 編, pp. 380~390, 北京: 成都齊魯大學國學研究所.

Hinsch Bret, 2003, 「氣候變遷和中國曆史」, 『中國曆史地理論叢』 2003-2, pp. 50~65, 陝西師範大學.

【일문】

アチックミューゼアム, 1936, 『民具蒐集調査要目』.

加藤緑, 2006, 『日本考古學の原點』, 東京: 新泉社.

甲元眞之, 2004a, 「東アジアの動静からみた弥生時代の開始年代」, 『弥生時代の実年代』, 春成秀爾・今村峯雄 編, pp. 174~180, 東京: 学生社.

甲元眞之, 2004b, 「砂丘の形成と考古学」, 『日本の初期農耕文化と社会』, 甲元眞之 編, pp. 15~24, 東京: 同成社.

甲元眞之, 2007, 「環境変化の考古学的検証」, 『砂丘形成と寒冷化現象』, 平成17年度~18年度科学研究費補助金研究成果報告書, pp. 7~31, 熊本大学文学部.

甲元眞之, 2008, 「気候変動と考古学」, 『文学部論叢歴史学篇』, 熊本大学文学部, pp. 1~52, 熊本: 熊本大学文学部.

高橋學, 2003, 『平野の環境考古學』, 東京: 古今書院.

工藤雄一郎, 2014, 『舊石器・繩文時代の環境文化史』, 東京: 新泉社.

工楽善通・黒崎直, 1994, 「木工文化の始まり」, 『季刊考古学』 47, pp. 14~17, 東京: 雄山閣.

橋口達也, 1992, 「大形棺成立以前の甕棺の編年」, 『九州歴史資料館研究論集』 17, pp. 19~40, 九州歴史資料館.

宮本一夫, 2005, 「園耕と縄文農耕」, 『韓・日新石器時代農耕問題』, 第6回 新石器時代 共同學術大會 發表資料集, pp. 111~130, 韓国新石器学会・慶南文化財研究院.

宮原ひろ子, 2009, 「太陽活動と宇宙線, そして気候変動」, 『科学』 79-12, pp. 1380~1382, 東京: 岩波書店.

宮原ひろ子, 2014, 『地球の変動はどこまで宇宙で解明できるか』, 京都: 化学同人.

宮下健司, 1985, 「日本における研磨技術の系譜」, 『論集日本原史』, 東京: 吉川弘文館.

根木修, 1976, 「木製農耕具の意義」, 『考古學研究』22-4, pp. 93~116, 考古學研究會.

今村峰雄・藤尾慎一郎, 2009, 「炭素14の記録から見た自然環境変動: 弥生文化成立期」, 『弥生時代の考古学 2: 弥生文化誕生』, 設楽博己・藤尾慎一郎・松木武彦 編, pp. 47~58, 東京: 同姓社.

吉田光邦, 1985, 「技術史から見た人間のかかわりについて: 木器の歴史」, 『デザイン学研究』50, pp. 6~9, 日本デザイン学会.

奈良国立文化財研究所, 1985, 『木器集成図録 近畿古代篇』, 奈良国立文化財研究所史料 第27冊.

奈良国立文化財研究所, 1993, 『木器集成図録 近畿原始篇』, 奈良国立文化財研究所史料 第36冊.

能城修一, 2009, 「木材・種実遺体と古生態」, 『縄文時代の考古学 3. 大地と森の中で』, 小杉康・谷口康浩・西田泰民・水ノ江和同・矢野健一 編, pp. 91~104, 東京: 同成社.

端野晋平, 2003a, 「支石墓伝播のプロセス: 韓半島南端部・九州北部を中心として」, 『日本考古学』16, pp. 1~25, 日本考古学協会.

端野晋平, 2003b, 「韓半島南部丹塗磨研壺の再検討: 編年・研磨方向を中心として」, 『九州考古学』78, pp. 1~21, 九州考古学会.

端野晋平, 2008a, 「松菊里型住居の伝播とその背景」, 『九州と東アジアの考古学』, 九州大学考古学研究室50周年記念論文集, 九州大学考古学研究室50周年記念論文集刊行会, pp. 45~72, 九州大学考古学研究室50周年記念論文集刊行会.

端野晋平, 2008b, 「計測的・非計測的属性と型式を通じた石包丁の検討: 韓半島南部と北部九州を素材として」, 『日本考古学』26, pp. 41~67, 日本考古学協会.

端野晋平, 2010a, 「近年の無文土器研究からみた弥生早期」, 『季刊考古学』113, pp. 31~34, 東京: 雄山閣.

端野晋平, 2010b, 「朝鮮半島南部無文土器時代前・中期炭素14年代の検討: 歴博弥生開始年代に対する検討もかねて」, 『古文化談叢』65-2, pp. 217~247, 九州古文化研究會.

端野晋平, 2014a, 「渡来文化の形成とその背景」, 『列島の初期稲作の担い手は誰か』, 公益財団法人古

代学協会, pp. 79~124, 東京: すいれん舎.

端野晋平, 2014b,「朝鮮半島・日本列島における過去の気候変動データの検討」,『東アジア古文化論
　　　攷 1 ~』, 高倉洋彰先生退職記念論集刊行会, pp. 318~335, 福岡: 中国書店.

端野晋平, 2016,「板付Ⅰ式成立前後の壺形土器: 分類と編年の検討」,『考古学は科学か』, 田中良之先
　　　生追悼論文集 上, 田中良之先生追悼論文集編集委員会, pp. 325~349, 福岡: 中国書店.

端野晋平, 2018,『初期稲作文化と渡来人: そのルーツを探る』, 東京: すいれん舎.

大田陽子・松島義章・森脇広, 1982,「日本における完新世海面変化に関する研究の現状と課題」,『第
　　　四紀研究』21, pp. 133~143, 日本第四紀学会.

鈴木三男・能城修一, 1997,「縄文時代の森林植生の復元と木材資源の利用」,『第四紀研究』36-5, pp.
　　　329~342, 日本第四紀学会.

網谷克彦, 2007,「木器製作のムラ 鳥浜貝塚」,『縄文時代の考古学 6. ものづくり』, 小杉康・谷口康
　　　浩・西田泰民・水ノ江和同・矢野 健一 編, pp. 112~122, 東京: 同成社.

埋蔵文化財研究会, 1996,『考古学と実年代』, 大阪: 埋蔵文化財研究会.

福岡市教育委員会, 1982,『藤崎遺跡』.

福澤仁之, 1995,「天然の「時計」・「環境変動検出計」としての湖沼の年縞堆積物」,『第四紀研究』34-3,
　　　pp. 135~149, 日本第四紀学会.

福澤仁之, 1998,「氷河期以降の気候の年々変動を読む」,『科学』68-4, pp. 353~360, 東京: 岩波書店.

山崎頼人, 2008,「収穫具(穂摘具・鎌)」,『季刊考古學』104, pp. 67~71, 東京: 雄山閣.

山田昌久, 1983,「6. 木製品」,『縄文文化の研究 7. 道具と技術』, 加藤晋平・藤本強・小林 達雄 編, pp.
　　　263~284, 東京: 雄山閣出版.

山田昌久, 1993,「日本列島における木質遺物出土遺跡文献集成: 用材から見た人間・植物関係史」,
　　　『植生史研究』1, pp. 1~242, 日本植生史学会.

山田昌久, 2007,「木の利用と実験考古学」,『縄文時代の考古学 6. ものづくり』, 小杉康・谷口康浩・西
　　　田泰民・水ノ江和同・矢野 健一 編, pp. 73~84, 東京: 同成社.

山田昌久, 2012,『木の考古学 出土木製品用材データベース』, 大津: 海青社.

上原真人, 1994,「日常生活の道具 入れもの」,『季刊 考古学』47, pp. 18~23, 東京: 雄山閣.

小野有五, 1988,「最終氷期における東アジアの雪線高度と古気候」,『第四紀研究』26-3, pp. 271~280, 日本第四紀学会.

小泉格, 2009,「海洋堆積物中の微化石に基づく古環境・古気候変動: 日本周辺の最終間氷期を例として」,『地質学雑誌』115-7, pp. 311~324, 日本地質学会.

孫晙鎬, 2014,「韓半島青銅器時代における集落の石器組成比較と生業」,『考古學研究』61-1, pp. 72~92, 考古學研究會.

松本直子, 1996,「認知考古学的視点からみた土器様式の空間的変異: 縄文時代晩期黒色磨研土器様式を素材として」,『考古學研究』42-4, pp. 61~84, 考古學研究會.

水島稔夫, 1985,「層序」,『吉母浜遺跡』, pp. 16~20, 下関市教育委員会.

辻誠一郎, 1997,「植物と気候」,『弥生文化の研究 1: 弥生人とその環境 (2版)』, pp. 160~173, 東京: 雄山閣.

辻誠一郎, 2009,「縄文時代の植生史」,『縄文時代の考古学 3. 大地と森の中で』, 小杉康・谷口康浩・西田泰民・水ノ江和同・矢野健一 編, pp. 67~77, 東京: 同成社.

安田喜憲・塚田松雄・金遵敏・任良宰, 1978,「韓国における環境変遷史と農耕の起源」,『文部省海外学術調査報告書』, 東京: 文部省.

岩永省三, 2011,「弥生時代開始年代再考: 青銅器年代論から見た」,『AMS年代と考古学』, 高倉洋彰・田中良之, pp. 39~87, 東京: 学生社.

魚津知克, 2013,「日本古代の木製農具・工具」,『한일 고대 목기유물의 연구 성과와 향후 과제』, 국립가야문화재연구소 국제학술심포지엄 자료집, pp. 31~66, 국립가야문화재연구소.

外山秀一, 2006,『遺跡の環境復原』, 東京: 古今書院.

外山秀一, 2008,『自然と人間との關係史』, 東京: 古今書院.

原田尚美・木元克典・岡崎裕典,・長島佳菜・Timmermann Axel・阿部彩子, 2009,「北西部北太平洋海底堆積物に記録された表層および中・深層循環の1,000年スケール変動」,『第四紀研究』48-3, pp. 179~194, 日本第四紀学会.

長崎県教育委員会, 1998,『大浜遺跡』.

田崎博之, 2007,「發掘調査データからみた砂堆と沖積低地の形成過程」,『砂丘形成と寒冷化現象』,

平成17年度~18年度科學研究費補助金研究成果報告書, pp. 56~70, 熊本大学文学部.

田崎博之, 2008a,「発掘調査データからみた土地環境とその利用: 北部九州玄界灘沿岸における検討」,『地域・文化の考古学 (下條信行先生退任記念論文集)』, 愛媛大学法文学部考古学研究室, pp. 323~342, 松山: 下條信行先生退任記念事業会.

田崎博之, 2008b,「朝鮮半島における青銅器時代の環境変遷と土地利用」,『日本水稲農耕の起源地に関する総合的研究』, 宮本一夫, pp. 105~124, 福岡: 九州大学大学院人文科学研究院考古学研究室.

田崎博之, 2010,「朝鮮半島南部における新石器時代中期~青銅器時代の気候変動と農耕化プロセス」,『先史学・考古学論究Ⅴ-下巻- 甲元眞之先生退任記念』, 龍田考古学会, pp. 925~938, 熊本: 龍田考古学会.

前田義人・武末純一, 1994,「北九州市貫川遺跡の縄文晩期の石庖丁」,『九州文化史研究所紀要』39, 九州大学九州文化史研究所, pp. 65~90, 福岡: 九州大学附属図書館付設記録資料館九州文化史資料部門.

田中良之, 1986,「縄文土器と弥生土器 1. 西日本」,『弥生文化の研究』3, 金関恕・佐原眞, pp. 115~125, 東京: 雄山閣出版.

田中良之, 1991,「いわゆる渡来説の再檢討」,『横山浩一先生退官記念論文集Ⅱ: 日本における初期弥生文化の成立』, 高倉洋彰, pp. 482~505, 福岡: 文献出版.

田中良之, 2002,「弥生人」,『古代を考える 稲・金属・戦争 -弥生-』, 佐原真, pp. 47~76, 東京: 吉川弘文館.

田中良之, 2011,「AMS年代測定法の考古学への適用に関する諸問題」,『AMS年代と考古学』, 高倉洋彰・田中良之, pp. 131~161, 東京: 学生社.

田中良之・小澤佳憲, 2001,「渡来人をめぐる諸問題」,『弥生時代における九州・韓半島交流史の研究』, 田中良之, pp. 3~27, 福岡: 九州大学大学院比較社会文化研究院基層構造講座.

町田章, 1975,「木工技術の展開」,『古代史発掘 ④ 稲作の始り』, pp. 117~129, 東京: 講談社.

町田章, 1979,「木器の製作と役割」,『日本考古学を学ぶ(2)』, pp. 64~83, 東京: 有斐閣.

町田章, 1997,「4. 木器の生産」,『弥生文化の研究 5. 道具と技術 1』, 金関恕・佐原真 編, pp. 27~36,

東京: 雄山閣.

鳥居龍藏, 1917, 「平安南道黃海道古蹟調查報告書」, 『大正五年度古蹟調查報告』, pp. 767~863, 京城: 朝鮮總督府.

趙現鐘, 1994, 「韓国先史時代の木工文化」, 『季刊考古学』 47, pp. 71~77, 東京: 雄山閣.

曹華龍, 1979, 「韓国東海岸における後氷期の花粉分析学的研究」, 『東北地理』 31-1, pp. 23~35, 東北地理学会.

仲辻慧大, 2013, 「弥生時代木製品研究における立野遺蹟の位置づけ」, 『第12回和歌山弥生・古墳研究会』, pp. 1~8, 和歌山弥生・古墳研究会.

増田公明, 2012, 「太陽活動が地球気候に及ぼす影響 − 銀河宇宙線によるエアロゾル生成 − 」, 『エアロゾル研究』 27-3, pp. 264~268, 日本エアロゾル学会.

池谷勝典, 2003, 「礫石器の使用痕研究」, 『古代』 113, pp. 97~114, 早稲田大學考古學會.

志摩町教育委員会, 1987, 『新町遺跡』.

村上拓馬・勝田長貴・高松武次郎・高野雅夫・山本鋼志・中村俊夫・河合崇欣, 2011, 「アジア大陸内陸部の古気候変動: バイカル湖の湖底堆積物の化学分析から」, 『名古屋大学加速器質量分析計業績報告書』 22, 名古屋大学年代測定資料研究センター, pp. 65~71, 名古屋: 名古屋大学年代測定資料研究センタ.

村田裕一, 2002, 「工具-砥石」, 『考古資料大觀』 9, pp. 197~200, 東京: 小學館.

勅使河原彰, 1988, 『日本考古學史: 年表と解説』, 東京: 東京大学出版会.

樋上昇, 2009, 「木製農耕具と耕作の技術」, 『弥生時代の考古学 6. 弥生時代のハードウエア』, 設楽博己・藤尾慎一郎・松木武彦 編, pp. 64~74, 東京: 同成社.

樋上昇, 2014, 「弥生~古墳時代集落における森林資源の管理と利用」, 『植生史研究』 22, pp. 47~56, 日本植生史学会.

阪口豊, 1984, 「日本の先史・歴史時代の気候: 尾瀬ヶ原に過去7600年の気候変化の歴史を探る」, 『自然』 39-5, pp. 18~36, 東京: 中央公論社.

阪口豊, 1989, 『尾瀬ヶ原の自然史』, 東京: 中央新書.

貝塚爽平・太田陽子・小疇尚・小池一之・野上道男・町田洋・米倉伸之 編, 1985, 『寫眞と圖でみる地

形學』, 東京: 東京大學出版會.

片岡宏二, 1999, 『弥生時代渡来人と土器・青銅器』, 東京: 雄山閣.

片岡龍峰, 2010, 「宇宙線と雲形成:フォーブッシュ現象で雲は減るか?」, 『地学雑誌』119-3, pp. 519~526, 東京地学協会.

平井勝, 1991, 『彌生時代の石器』, 東京: ニュー・サイエンス社.

下條信行, 1984, 「彌生・古墳時代の九州型石錘について」, 『九州文化史研究所紀要』29, pp. 71~103, 九州大學九州文化史研究施設.

丸山茂徳, 2008, 「地球温暖化論に騙されるな!」, 東京: 講談社.

横山將三郎, 1933, 「釜山府絶影島東三洞貝塚報告」, 『史前學雑誌』5-4, pp. 1~49, 史前學会.

横山將三郎, 1934, 「油坂貝塚について」, 『小田先生頌壽紀念朝鮮論集』, 小田先生頌寿記念会, pp. 1041~1073, 京城: 大阪屋号書店.

黒崎直, 1997, 「くわとすき」, 『弥生文化の研究 5. 道具と技術 1』, 金関恕・佐原真 編, pp. 77~84, 東京: 雄山閣.

발표논문목록

다음에 제시된 18편의 논문은 책 출간의 배경이 된 연구 사업―「동북아 기후변화 맥락에서 본 한국 선사시대 도구문화의 추이」(한국학 특정분야 기획연구, 과제번호: AKS-2016-SRK-1230001)―의 수행과정에서 산출된 것이다.

金範哲, 2018, 「溫暖濕潤 혹은 寒凉乾燥?: 韓國先史時代 文化變動에 대한 氣候考古學的 接近 試論」, 『湖西考古學』 39, pp. 4~31, 湖西考古學會.

金範哲, 2019, 「韓國 先史時代 生計(經濟)戰略의 時·空間的 變異와 氣候」, 『湖西考古學』 42, pp. 32~53, 湖西考古學會.

金範哲·崔鎭武, 2021, 「청동기시대 氣候와 食料資源 분포에 대한 이해: 고고유적 출토 生態資料 해석을 바탕으로」, 『한국상고사학보』 112, pp. 5~30, 한국상고사학회.

박정재, 2018, 「한반도 홀로세 후기 기후와 적도 태평양 해수면 온도 간의 연관성」, 『한국지역지리학회지』 24-1, pp. 121~134, 한국지역지리학회.

박정재, 2019, 「홀로세 단기 한랭화의 동인과 한반도 고대 사회에 미친 영향」, 『국토지리학회지』 53-4, pp. 407~414, 국토지리학회.

박정재, 2021, 「한반도의 홀로세 기후 변화와 선사시대 사회 변동」, 『대한지리학회지』 56-2, pp. 215~229, 대한지리학회.

손준호, 2019a, 「청동기시대 석기 분류」, 『歷史學硏究』 74, pp. 1~28, 湖南史學會.

손준호, 2019b, 「청동기시대 석기 조성비 비교」, 『인문학연구』 117, pp. 323~350, 충남대학교 인문과학연구소.

손준호, 2021, 「중국 동북지역 청동기시대 석기 연구」, 『江原史學』 36, 江原史學會.

이기성, 2018, 「기후 변동의 고고학: 일본고고학 연구 사례의 비판적 검토」, 『先史와 古代』 56, pp. 107~129, 韓國古代學會.

이기성, 2019, 「한일 선사시대 도구 조성 검토: 목기를 중심으로」, 『한국학연구』 70, pp. 133~167,

고려대학교 한국학연구소.

이기성, 2020, 「신석기시대의 기후 변동과 석기 조성의 변화」, 『한국문화연구』 38, pp. 7~41, 이화여자대학교 한국문화연구원.

趙胤宰, 2017, 「中國 先秦·漢唐時期 藏氷, 造氷 및 冷藏遺蹟 考古資料 考察」, 『先史와 古代』 54, pp. 133~180, 韓國古代學會.

조윤재, 2020, 「中國 秦漢時期 環境氣候變化와 西漢墓制 變遷과의 상관성」, 『湖西考古學』 45, pp. 4~33, 호서고고학회.

조윤재, 2021, 「중국 진한시기 기후·수계환경 변화와 도성입지 및 배도제 운영과의 상관성」, 『湖西考古學』 48, pp. 210~237, 호서고고학회.

최진무, 2018, 「고고학자료 정리를 위한 시공간 데이터베이스 구성에 관한 연구: 신석기 유적 관리를 사례로」, 『국토지리학회지』 52-1, pp. 99~110, 국토지리학회.

최진무, 2019, 「유적 위치정보 기록을 위한 지오코딩 방안 연구」, 『국토지리학회지』 53-1, pp. 21~30, 국토지리학회.

崔鎭武·金範哲, 2021, 「고고현상의 空間性에 대한 定量的 理解: 靑銅器時代 石製道具 분포에 대한 連續·多層的 分析을 기초로」, 『고조선단군학』 44, pp. 1~27, 고조선단군학회.

그림출처

【본문그림】

그림 01   金範哲(2018)의 〈도면 3〉(p. 20)을 전재 후 수정함.
그림 02   金範哲(2018)의 〈도면 4〉(p. 21)를 전재 후 수정함.
그림 03   이홍종·손준호(2012)의 〈도면 2〉(p. 38)를 전재함.
그림 04   金範哲(2019)의 〈도면 3〉(p. 39)을 전재 후 수정함.
그림 05   Jo et al. (2017)의 〈Figure 3-a〉(p. 4)를 전재함.
그림 06   金範哲(2019)의 〈도면 5〉(p. 43)를 전재함.
그림 07   金範哲(2019)의 〈도면 6〉(p. 43)을 전재 후 수정·보완함.
그림 08   Park et al. (2018)의 〈Figure 3〉(p. 4)을 전재함.
그림 09   Park et al. (2018)의 〈Figure 4〉(p. 6)를 전재함.
그림 10   Park (2017)의 〈Fig. 3〉(p. 77)을 전재함.
그림 11   Park (2017)의 〈Fig. 4〉(p. 78)를 전재함
그림 12   Constantine et al. (2019)의 〈Figure 6〉(p. 104)을 전재함.
그림 13   Park et al. (2019)의 〈Figure 9〉(p. 11)를 전재함.
그림 14   Park et al. (2017)의 〈 Figure 4〉(p. 7)를 전재함.
그림 15   최진무(2018)의 〈그림 4〉(p. 104)를 전재함.
그림 16   최진무(2018)의 〈그림 5〉(p. 105)를 전재함.
그림 17   최진무(2018)의 〈그림 6〉(p. 106)을 전재함.
그림 18   국가기술표준원(2016)의 〈그림 3〉(p. 10)을 수정·편집함.
그림 19   최진무(2019)의 〈그림 5〉(p. 26)를 전재함.
그림 20   최진무(2019)의 〈그림 7〉(p. 28)을 전재함.
그림 21   최진무(2019)의 〈그림 8〉(p. 28)을 전재함.

그림 22   저자(최진무)직접 제작.

그림 23   저자(최진무)직접 제작.

그림 24   저자(최진무)직접 제작.

그림 25   저자(최진무)직접 제작.

그림 26   저자(최진무)직접 제작.

그림 27   저자(최진무)직접 제작.

그림 28   저자(최진무)직접 제작.

그림 29   김도헌(2016)의 〈도면 3〉(p. 29)을 전재 후 수정함.

그림 30   山田昌久(1983)의 〈第4図〉(p. 271)를 전재 후 수정·편집함.

그림 31   山田昌久(1983)의 〈第1表〉(p. 280)를 전재 후 재제도·수정함

그림 32   黒崎直(1997)의 〈第1図〉(p. 78)와 〈第2図〉(p. 81)를 전재 후 수정·편집함.

그림 33   鈴木三男·能城修一(1997)의 〈図5〉(p. 334)를 전재 후 재제도·수정함.

그림 34   손준호(2019b)의 〈그림 1〉(p. 327)을 전재함.

그림 35   손준호(2019b)의 〈그림 2〉(p. 331)를 전재함.

그림 36   손준호(2019b)의 〈그림 3〉(p. 333)을 전재함.

그림 37   손준호(2019b)의 〈그림 4〉(p. 334)를 전재함.

그림 38   손준호(2019b)의 〈그림 5〉(p. 335)를 전재함.

그림 39   손준호(2019b)의 〈그림 6〉(p. 336)을 전재함.

그림 40   손준호(2019b)의 〈그림 7〉(p. 338)을 전재함.

그림 41   손준호(2019b)의 〈그림 8〉(p. 339)을 전재함.

그림 42   손준호(2019b)의 〈그림 9〉(p. 341)를 전재함.

그림 43   劉昭民(1994)의 〈圖51·52·53〉(p. 51)을 전재 후 편집함.

그림 44   石璋如(2017)의 〈2908〉을 전재함.

그림 45   趙建龍(1983)의 〈圖2·3〉(p. 16)을 전재 후 수정·편집함.

그림 46   何雙全(1989)의 〈圖4〉(p. 14)와 〈圖5〉(p. 15)를 전재 후 수정·편집함.

그림 47   劉敍傑(2003)의 〈圖4-15〉(p. 330)를 전재함.

그림 48 西安市文物局(2012)의 〈圖3〉과 〈圖10〉을 전재 후 편집함.

그림 49 西安市文物局(2012)의 〈圖2〉와 〈圖4〉를 전재 후 편집함.

그림 50 中國社會科學院考古硏究所隊(1996)의 〈圖32〉(p. 53)와 〈圖52〉(p. 127)를 전재 후 수정·편집함.

그림 51 楊泓(1997)의 〈圖一〉(p. 77)과 孫機(2008)의 〈圖32〉(p. 142)를 전재 후 수정·편집함.

그림 52 孫機(2008)의 〈圖25〉(p. 117)와 孫機(2001)의 〈圖2-1〉(p. 23)을 전재 후 수정·편집함.

그림 53 孫機(2008)의 〈圖49〉(p. 224)의 도면을 전재 후 수정·편집함.

그림 54 劉允東(2008)의 〈圖三-2·3〉(p. 46)과 王顥等(2015)의 〈圖六〉(p. 18) 및 陳海(2001)의 〈圖一〉(p. 66)을 전재 후 수정·편집함.

그림 55 隨縣擂鼓墩一號墓考古發掘隊(1979)의 〈1〉(p. 25)을 전재함.

그림 56 端野晋平(2018)의 〈図2-11〉(p. 154)을 전재함.

그림 57 端野晋平(2018)의 〈図2-12〉(p. 154)을 전재함.

그림 58 저자(端野晋平) 직접 제작.

그림 59 端野晋平(2018)의 〈図8-1〉(p. 454)을 전재함.

그림 60 저자(端野晋平) 직접 제작.

그림 61 저자(端野晋平) 직접 제작.

그림 62 저자(端野晋平) 직접 제작.

그림 63 福岡市敎育委員會(1982)의 〈第102図〉(p. 103)를 전재 후 재제도·편집함.

그림 64 端野晋平(2018)의 〈図3-1〉(p. 192)을 전재함.

그림 65 端野晋平(2018)의 〈図3-2〉(p. 200)을 전재함.

그림 66 Svensmark (2007)의 〈3〉(p. 1.19)을 전재 후 수정함.

그림 67 端野晋平(2018)의 〈図8-7〉(p. 488)을 전재함.

그림 68 저자(端野晋平) 직접 제작.

그림 69 저자(端野晋平) 직접 제작.

【부별표지그림】

서론	https://en.wikipedia.org/wiki/Last_Glacial_Period#/media/File:IceAgeEarth.jpg
Ⅰ부	國立金海博物館·昌寧郡(2008)의 〈圖版 52-⑤〉(p. 232)를 전재 후 수정함.
Ⅱ부	https://en.wikipedia.org/wiki/File:Misc_pollen.jpg
Ⅲ부	국립광주박물관(2012)의 수록 도면(p. 30)을 전재함.
Ⅳ부	北京市大葆臺西漢墓博物館(2015)의 수록 도면(p. 8)을 전재함.
총론	畿甸文化財研究院·영진씨엔아이(2007)의 〈원색사진 2〉(p. 3)를 전재함.

찾아보기

ㄱ

가라코·가기유적 148, 154
가락동유형 167, 171, 174~175
검단리유형 168, 171, 174
경사이동 64
고석 167
고토양 27, 43~44, 48~50, 54, 61~62, 75
공간좌표 311
공심전 204~205, 207~208
구로카와식 230~231, 235, 241
궁실 191, 193, 195~196, 205
기제 28, 71, 87~88, 92, 94, 96, 104, 229, 232, 234, 240, 243, 245, 252
기후궤적 18, 20~21, 27~28, 33, 67, 70~82, 249
기후변동고고학 19, 28~29
기후원격상관 90, 96
기후진동 26, 67, 70

ㄴ

네트워크 245
논리적 모델 111, 112
농경 18~19, 24, 35, 40, 53, 59~60, 64, 68~70, 88, 141, 145~146, 148~149, 152~155, 159, 163, 166, 170, 173~177, 194, 229, 234, 243, 250~251
누적확률분포 98~99, 251

ㄷ

다두석부 165
다중대리자료 44, 48
대리자료 38, 74~77, 82, 249~250, 252, 254
대평리유적 168, 170, 243~244
도로유적 148
도리하마패총 148
도메인 110~113, 133
도성 107, 193, 195, 197~200, 202, 205
동림동유적 141~143, 146
동인 68, 70, 81, 91, 175, 177, 185, 251
등거동굴 76, 97

ㄹ

뢰스 27, 44, 49~50, 61
Leaflet 라이브러리 107, 120, 123~124, 133

ㅁ

마가리타고식 236
마와키유적 156
마운더 극소기 100, 102
먼지량 96~97

311

몬순 52, 89~94, 103, 250
묘제 18, 28, 193, 203~208, 249, 252
무결성 108, 110
문암리유적 42, 51, 61~62
물영아리 75~76, 88, 94~96, 100~102, 104
미사리유형 171, 174~175

ㅂ

반월형석도 165~166, 170, 174
방사성탄소연대 28, 171, 229, 237~241, 245
방추차 144, 167, 174
백룡동굴 76~78
범계 23
부리형석기 165, 168
비금도 88~89, 91~93, 104
비봉리유적 30, 42, 56, 68, 141, 143, 158
빙하 14, 35, 38, 42, 47, 49~50, 52, 75, 87, 90~91, 93, 96, 155

ㅅ

사사여생 203, 205
사회생태적 19
사회주체 82
산나이마루야마유적 156
산소동위원소 38, 75, 89~91, 93, 97, 250
삼각형석도 166, 174, 231

생계전략 27, 82, 249
생물기후학 184
생활소비재 193
서한 28, 184~185, 188, 192~195, 198, 201~208, 252
석순 75~78, 89~91, 250
소나무속 51, 60, 70, 146~147, 155
소빙기 25, 59, 74, 88, 96, 100, 104
송국리문화, 유형 53, 99, 104, 171, 174~175, 177, 231, 244
송국리유적 143, 147~148, 164
수도작 28, 68~69, 74, 82, 99, 229~232, 243~245, 249~250, 252
수목자원 188~189, 192, 194, 200, 204, 208, 252
수목화분비율 96~99, 251
시간 객체 114, 133
시공간 데이터베이스 108, 132~133
신마치유적 235~236, 241
신보유적 155
신빙기 74
신창동유적 140, 144, 158
실심전 205
쌀농사 68~69, 74, 82, 98
4.2 ka 사건 20, 52, 74, 76, 79~81, 88, 96, 98, 104

ㅇ

야마노테라·유우스 I 식 229~231, 235~237, 241
야요이문화, 시대 99~100, 104, 139, 145, 148~149, 152~157, 159, 161, 229~230, 234~235, 245, 251
양인석부 166
엘니뇨남방진동 20, 52, 88, 92, 94, 103
역삼동유형 171, 174~175
열염순환 52, 87
영거드라이어스기 24, 87, 89
오산리유적 61~62
오오하마유적 235
요석 167
요시모하마유적 235~236
웹 지도 120, 123
유구석부 166
유단석부 166
유적관리 107
유적 데이터 107, 109~112, 123, 132~133
이타즈케유적 155
인구증가 69, 81, 83, 175, 177, 190, 193~194, 208, 251
인류세 38, 65
ArcGIS 111~112
html 124~127, 130

Openstreet 지도 120, 123, 133
UML 111
UTM-K 118~119, 133

ㅈ

작물재배 68~69, 81~82
장기적인 안목 22~24
재앙론적 해석 68
저전리유적 142~143
전실묘 205~207
전쟁 102, 190, 192~193, 200
정규화 108, 110, 133
정보전달망 231, 243~244, 252
제택화현상 204~205
조노코시식 242
조몬시대 41, 139, 145, 148~157, 159~161, 229~231, 234~235, 251
조성비 28, 163, 165, 167~178, 249, 151
좌표계 114, 116~119, 133
주상편인석부 144, 152, 154, 166
중세온난기 24~26, 74, 100, 103~104
지리정보체계 27, 43
지오코딩 114, 133, 251

ㅊ

차마갱 203

참나무속 51, 95, 146~147, 158
천곡동유적 147
최후빙하극성기 46, 48, 50, 54

ㅌ

태양일사량 94, 97
태풍 94~95, 101~104
토양쐐기 49~50
퇴적물 38, 42, 44~46, 52~56, 59, 64, 75, 88~91, 94, 97, 100
투석 165

ㅍ

패총 41~43, 51, 68~69, 148
편평편인석부 144, 152, 154, 166
포매호 88~89, 96~98, 104
풍성사층 234~236
프록시 89~90, 94, 98, 101~102, 104
8.2 ka 사건 20, 52~53, 74, 76, 79, 87~89, 91~93, 104

ㅎ

학제적 27, 35, 37, 40, 60~61, 65, 252
한정행위 63
해수면변동 27, 41, 43~46, 50, 52~56, 65, 70
허상동굴 76, 91, 93

호상점토층 239
홀로세 기후최적기 17, 45, 53, 70, 89~90, 98, 103
화분분석 27, 43~44, 46~47, 52~53, 57, 60, 70, 75, 84, 89~90, 94, 96, 115, 146~147, 160
환경결정론 17, 23, 27~28, 53, 67~68, 82, 104, 254
환상석부 165
환원주의 68, 79, 82
회생력 19, 249
횡축메르카토르 117
후지사키유적 236~237
흑색부엽사질토층 234~235